中国历史文化大讲堂·文博系列

刘毅　总主编

中国古代佛教文物

隋　璐　著

南开大学出版社

天　津

图书在版编目(CIP)数据

中国古代佛教文物 / 隋璐著. —天津：南开大学
出版社，2010.7
（中国历史文化大讲堂. 文博系列）
ISBN 978-7-310-03443-7

Ⅰ.①中… Ⅱ.①隋… Ⅲ.①佛教－历史文物－简介
－中国　Ⅳ.①K87②B949.2

中国版本图书馆 CIP 数据核字(2010)第 101798 号

南开大学出版社出版发行
出版人：肖占鹏
地址：天津市南开区卫津路 94 号　　邮政编码：300071
营销部电话：(022)23508339　23500755
营销部传真：(022)23508542　　邮购部电话：(022)23502200

＊

河北昌黎太阳红彩色印刷有限责任公司印刷
全国各地新华书店经销

＊

2010 年 7 月第 1 版　　2010 年 7 月第 1 次印刷
787×1092 毫米　16 开本　13.75 印张　2 插页　350 千字
定价：26.00 元

如遇图书印装质量问题，请与本社营销部联系调换，电话：(022)23507125

总　序

　　《中国历史文化大讲堂·文博系列》第一批推出《中国古代陶瓷器》、《中国古代青铜器》、《中国古代玉器》、《中国古代书画》、《中国古代紫砂器》、《中国古代佛教文物》、《中国古代建筑》和《中国古代陵墓》，共八种。它们是关于上述诸门类文物及文化遗产的概述性著作，大都是以各位作者各自的授课讲义为基础整理修订而成，其基本属性是大学本科专业教材。

　　南开历史学科有重视教材建设的优良传统。积极倡导创办博物馆学专业的郑天挺教授曾经在 1960 年代初担任全国文科教材历史组的主要负责人，主持史学教材选编工作；本专业的首任主任王玉哲教授不仅有专著《中国上古史》传世，还在 1980 年代末组织骨干教师编写了国内第一部中国古代物质文化史教材——《中国古代物质文化》，在国内各高校文博考古专业中产生了广泛的影响。教材编纂的耗时费力是有经历者所共知的。一部好的教材，应该高屋建瓴，具有完整的知识体系、合理的编排结构；对于原始数据的利用，应该是在消化吸收的基础上，以清晰合理的思路来统帅编排，使之条理化、系统化；行文要符合教材的特点，深入浅出，并尽量适应读者群的需要；还特别要注意学术观点的普适性（不一定都是作者本人或作者所赞同的），而很多涉及的问题也不能深入展开，只宜点到为止；一些新兴的学科门类或分支的教材，还具有很强的原创性，与专著几无差异。同样地，一部好的教材，应该是进入不同学科领域的最佳引路者，有些不但能使读者得其门径，还可能会使之受益终身；教材的编纂，能够不断促进教学内容的更新，使课程体系乃至整个专业的学科体系进一步完善；教材建设是学科发展的基础性工作之一，也是专业建设水平的重要标志。

　　南开大学文物与博物馆学科发端于 1960 年代初，1979 年 9 月重新组建博物馆学专业，隶属于历史系。1980 年秋季开始面向全国招收本科生，是全国同类专业中创办最早的。专业创办之初，在课程设置、讲授内容等方面均无成宪可循，文物考古类课程则先后聘请北京故宫博物院、中国历史博物馆（现中国国家博物馆）、天津艺术博物馆（现天津博物馆）等单位的有关专家讲授。到上世纪 80 年代中后期，本系教师已经相继自己开设出"中国古代物质文化史"、"中国考古学通论"、"中国古代青铜器"、"中国古代玉器"、"中国古代陶瓷器"等课程，它们以及稍后的"中国古代陵寝制度研究"、"中国古代佛教文物"、"中国古代书画"、"中国古代建筑"等，有不少在高校相同或相近专业中都属首创。今年是南开大学文博专业正式创办 30 周年，通过 30 年间几代教师的不懈努力，文博类课已经在南开大学栽植成功，师资队伍建设也取得了明显的成果。

受中国文物研究传统的影响和中国博物馆发展现状的制约，文物考古类课程在各高校文博专业课程中都占有很大比重，南开大学文博专业也不例外。这类课程一直是我们的教学重点，讲义等基本教学数据也最为完整。这套《中国历史文化大讲堂·文博系列》虽然不完全是教材，但它们毕竟是以讲义为基础编纂而成，其突出特点是知识体系完备，言简意赅、深入浅出。时下坊间有关文物考古鉴赏类、知识普及类图书不少，但精品不多。教材比专门考古报告的不同之处，是它的全面性和突出重点、简明扼要；而比普及信息类书籍的不同之处，是其科学严谨，在资料翔实可靠、准确深刻等方面，更为一般介绍性著述所无可比拟。

《中国历史文化大讲堂·文博系列》的构想最初由莫建来先生提出，后经反复协调筹划，决定由我组织先期编纂第一辑八册，作者以本系教师为主，也有现在其他单位工作的原本系博士生和研究生。希望这八册只是一个开端，这套丛书今后能够继续编辑出版；其内容将不再局限于不同门类的文物，形式也将不仅局限于教材；除本系教师以外，作者还将逐渐扩大到其他曾经在南开文博系（专业）工作过和学习过的人，以及所有南开文博的有缘者。

刘　毅

2010 年 1 月 1 日

目　录

第一章　石窟寺

第一节　概　述

一、中国石窟寺的产生与发展

石窟寺是在河畔山崖开凿的佛教寺庙，来源于古印度，在佛教创立之前已经出现，佛教借鉴了这种形式，石窟寺也伴随佛教的发展与传播渐次流行。在佛教发源地印度和佛教早期传播地阿富汗、巴基斯坦、伊朗等国都保留了许多坐禅、礼佛的石窟遗迹，著名的有孟买东南的卡尔利石窟及温迪亚山中的阿旃陀石窟等。古印度的石窟寺主要包括"支提"与"精舍"两类[①]。"支提"多呈马蹄形平面，前部空间供僧众集合，其功能类似佛寺中的讲堂；后部半圆形空间的中心位置安置舍利塔，僧众可绕塔礼佛。"精舍"又称"毗诃罗"，一般平面方形，窟室后壁安置舍利塔，或设讲堂，窟壁上常常凿出数个小窟，此类石窟可供说法、礼佛及居住使用。石窟寺作为佛教寺院的特殊类型，也具有一般寺院的功能，因而在许多石窟中，不同功能的洞窟往往组合在一起，构成功能完整的组合。

中国的石窟寺约发端于 3 世纪，盛行于 5 至 8 世纪，最晚的可到 16 世纪[②]，延续时间长，数量多，分布广，内容丰富，特色鲜明，具有很高的历史及艺术价值。

佛教东传经由中亚，翻越葱岭，首先进入新疆地区。这一地区的石窟寺作为佛教及佛教艺术的重要载体，影响了中原地区石窟的开凿。新疆地区主要流行中心柱窟、大像窟、僧房窟及禅窟。中心柱窟仿照以塔为中心的塔庙式佛寺布局，可供佛教信徒右旋绕塔礼拜供养，基本保持了窟室后部马蹄形平面，上覆穹窿顶的古印度特征。"毗诃罗"式禅窟及僧房窟可供僧人禅修、居住，反映了佛教初传时，小乘佛教的盛行。除僧房窟外，窟内都绘有壁画，绝大部分原置塑像，6 世纪以前，塑绘内容多表现释迦、交脚弥勒和佛传、本生、因缘故事等小乘佛教题材。

十六国时期，中原地区连年战乱，社会动荡，这就为佛教的传播提供了有利条件。丝绸之路南、北两道在进入河西走廊时首先于敦煌汇集，受到东西方文化的交互影响，河西地区于 4 世纪后期至 5 世纪初期开始了石窟寺的营建活动，以凉州（今甘肃武威）为中心，由北凉时期的武威天梯山石窟、西秦时期的永靖炳灵寺石窟以及张掖金塔寺、马蹄寺石窟、酒泉

---

① 罗哲文，王振复：《中国建筑文化大观》，北京大学出版社，2001 年，第 325 页。
② 宿白：《中国石窟寺考古》，《中国石窟寺研究》，文物出版社，1996 年，第 16 页。

文殊山石窟等共同构成了河西石窟的独特风貌，在洞窟形制、塑绘题材与风格等方面主要受到西域的影响，被称为"凉州模式"[①]。

南北朝时期，凿建石窟之风已遍及中国西部及中原地区，从地理分布上看，西起新疆，东至山东，南至浙江，北至辽宁，都有石窟寺存留至今，从而形成了中国石窟寺开凿的第一个高潮。5世纪前期，北魏统一了中原北方地区，在北凉佛教的影响下，于北魏文成帝复法以后，由昙曜主持开凿了著名的云冈石窟。北魏迁都前，平城（今大同）一直是中原北方石窟开凿的中心地区，其洞窟形制、造像式样及题材等共同构成了"云冈模式"[②]。洞窟形制主要有大像窟、中心塔柱窟、方形或长方形佛殿窟、禅窟等。早期开凿的洞窟还不够成熟，稍后的二期洞窟则更加符合中国传统规范。中国早期石窟多由禅僧开凿，地点一般选择依山傍水、环境幽静、远离城市之所，开窟的目的多与修禅有关，坐禅必须先于石窟中观像，入定后方可见"佛影"，因此，早期石窟基本按照禅观的要求雕塑或绘画佛像。除禅观之外，修功德及保存经像也是佛教徒开窟造像的重要目的，这种通过建造佛像做功德的行为从禅僧迅速扩展到广大僧俗信徒，云冈、龙门石窟中就有许多带有题记的中小型窟龛，至隋唐时期，石窟寺已成为礼佛的重要场所，修禅的功能逐渐淡化。这一时期，在玄学的影响下，中原地区的佛教更倾向于大乘佛学，因而塑绘题材主要表现《法华经》、《维摩诘经》等大乘经典内容[③]。云冈石窟艺术以石刻造像为主，早期造像明显受到印度犍陀罗、笈多风格的影响，带有较多外来因素。北魏时期，云冈周围还有太原天龙山石窟、平顺宝岩寺石窟，向东有宣化下花园石窟、济南千佛山石窟、徐州云龙山石窟，最远端达辽宁义县万佛堂石窟，这些石窟寺的开凿在很大程度上都受到了"云冈模式"的影响。

5世纪末，北魏孝文帝迁都洛阳，开始营建龙门石窟，早期开凿的古阳洞、宾阳洞等都继承了云冈昙曜五窟的风格。太和改制以后，南方佛像的式样与风格，如螺发、褒衣博带式佛装、悬裳式衣摆、秀骨清像等逐渐影响到龙门石窟，并延续至东、西魏时期，其洞窟形制与云冈相比趋于简化，本土化及模拟寺院殿堂建制的特征更加显著，龙门石窟的开凿也带动了洛阳及其周边地区巩义石窟、偃师水泉石窟、渑池鸿庆寺等石窟寺的营建。

6世纪前期，北朝统治中心转移到了邺城及长安附近，东部地区形成以邺城和晋阳为中心的新石窟群，其中响堂山石窟和天龙山石窟最具代表性。西部地区的石窟寺基本上没有受到朝代更迭的影响，在原有地点继续开凿。这一时期的窟龛形制、造像式样具有上承北魏，下启隋唐的过渡特征。

隋唐时期，社会经济文化繁荣，手工业渐渐独立，佛教在理论上有了新的突破，统治者对于佛教也基本采取了支持态度，中国的佛教进入了极盛期。唐以前开凿的新疆库木吐喇石窟、甘肃敦煌莫高窟、天水麦积山、永靖炳灵寺石窟、宁夏固原须弥山石窟、河南洛阳龙门石窟、山西太原天龙山石窟等在隋唐时期续有建造，一些石窟寺更在此期达到鼎盛。唐代新开凿的石窟主要集中在陕西地区及南方地区，如陕西的彬县大佛寺、麟游慈善寺，四川的广元千佛崖及皇泽寺石窟、巴中石窟、安岳石窟等。隋唐时期的石窟寺不仅分布范围大大扩展，数量大增，石窟艺术更是大放异彩。洞窟类型丰富，空间宽敞，随着大乘佛教的流行及佛教寺庙的本土化，佛殿窟逐渐取代了戒行礼拜所需的中心塔柱窟和修禅的毗诃罗窟成为主流，

---

① 宿白：《凉州石窟遗迹与"凉州模式"》，《考古学报》1986年第4期。
② 宿白：《平城实力的集聚和"云冈模式"的形成与发展》，《中国石窟寺研究》，文物出版社，1996年，第114页。
③ 闫文儒：《中国石窟艺术总论》，天津古籍出版社，1987年，第63页。

模仿木构佛殿的特点日益显著，并出现了佛殿中心设坛的佛坛窟。窟前接建木构堂阁的摩崖龛像也十分盛行，这种依山镌像、露顶开龛的做法主要受到了南方影响[①]。这一时期，随着佛教诸多宗教派别，如法相宗、天台宗、华严宗、禅宗、密宗等的渐渐形成，反映这些信仰的塑绘内容更为复杂。随着佛教的逐步社会化，出现了"俗讲"、"变文"等艺术形式，经变画在石窟壁画中逐渐流行，特别是唐代巨幅净土变壁画所处的地位逐步上升。与之相应的，弥勒、阿弥陀等反映净土信仰的造像日益增多，甚至成为主尊中的大宗[②]。此外，观音信仰在民间也拥有了深厚的基础。受到南朝齐梁时期张僧繇画风的影响，这一时期的造像注重表现体积感和肌肉质感，形成了丰腴健美的风格。

中晚唐时期，中原地区经历了安史之乱及黄巢起义，社会经济文化遭受了极大的破坏，再加上唐武宗时期的"会昌法难"，抑制了佛教的发展，其它宗派渐趋衰落，而禅宗得以存留并继续发展，密宗则盛行于西南、西北、东南等地，中国石窟寺的开凿中心转移到政治、经济相对稳定，文化较为发达的四川地区，这一地区的石窟寺也由北部向中、南部扩展。五代时期，中原北方地区朝代更迭频繁，后周世宗的灭法运动，更使北方佛教深受打击，伴随着佛教的世俗化发展以及木构寺院建筑的日趋成熟，石窟寺呈现出衰落的态势。这一时期营建或续建的石窟寺减少，主要集中在政局相对稳定的南方及西北地区，有吐鲁番伯孜克里克石窟、敦煌莫高窟、四川大足石窟、杭州西湖沿岸的石窟寺以及云南剑川石钟山石窟等。在洞窟形制方面，出现了背屏式佛坛窟，南方地区仍流行凿建摩崖龛像。塑绘题材中，观音、地藏、天王、文殊像比重增加，反映了观音信仰及密宗的盛行。

宋、辽、夏、金、元各代，石窟开凿地点减少，但在陕西延安地区、浙江杭州地区、四川大足地区、云南大理地区及西藏地区等还有规模较大的开窟（龛）造像活动，罗汉群像、藏传密宗题材增多，体现出禅宗的壮大及藏传佛教流行。由于儒释道三教的逐渐融合，石窟造像中还出现三教杂糅的题材以及与佛教无关的石窟寺，如山东益都云门山的陈抟洞、河北北响堂山的岳飞洞、山西太原天龙山的全真道教石窟等等。明清时期也有小规模的开凿石窟寺、重塑或改塑造像等活动，但总体上，石窟寺已逐渐衰落而荒废了。

二、中国石窟分区

中国的石窟寺根据洞窟形制及主要造像差异大致可以分为四个区域，即新疆地区、中原北方地区、南方地区和西藏地区[③]。

新疆地区的石窟寺主要分布在自喀什向东的塔里木盆地北沿路线上，集中于三个区域：（一）古龟兹区。即今库车、拜城一带，位于新疆中部，北倚天山，南对昆仑，西通疏勒，东接焉耆，隔一沙漠与于阗接壤，为丝路北道的要冲，物产丰饶，不仅民族文化发达，而且与内地往来密切，佛教最为兴盛，主要石窟寺有拜城境内的克孜尔石窟，库车境内的克孜尔尕哈石窟、库木吐喇石窟和森木塞姆石窟等。这一地区的石窟寺分布集中，洞窟数量多，规模较大，延续时间较长，在吸收外来文化、融汇民族形式的基础上，至3、4世纪形成了自身特色，并直接影响了龟兹以东的广大地区。（二）古焉耆区。在新疆焉耆回族自治区七格星一带，石窟寺主要有位于焉耆西约40公里的七格星石窟。（三）古高昌区。在新疆吐鲁番附近，

---

① 宿白：《南朝龛像遗迹初探》，《考古学报》1989年第4期。

② 李涛，《佛教与佛教艺术》，西安交通大学出版社，1989年，第212页。

③ 宿白：《中国石窟寺考古》，《中国石窟寺研究》，文物出版社，1996年，第17页。

是内地通往西域的门户，古为"车师前部"，西汉时以"高昌壁"得名，是汉文化与西域文化交流融合的重要地点，其政治、经济、文化中心在今吐鲁番县城东南的哈拉和卓附近，即高昌故城。保存了一些佛教寺塔遗迹和石窟寺，有开凿较早的吐峪沟石窟，规模较大的伯孜克里克石窟，以及拜西哈尔石窟、奇康湖石窟、胜金口石窟、雅尔湖石窟等。在新疆地区的石窟寺中，克孜尔石窟规模最大，开凿最早，大约开凿于 3 世纪，兴盛于 4 至 5 世纪。其它两区的石窟寺开凿时间略晚，约在 5 世纪，最晚的洞窟可能延续到 13 世纪。

中原北方地区指新疆以东、淮河流域以北，以迄长城内外的广大地区。这一地区的石窟寺数量多，内容复杂，发展脉络比较清晰，是中国石窟寺的主要组成部分，又可细分为四区：（一）河西区。主要分布于河西走廊的敦煌、酒泉、张掖、武威四镇附近。河西走廊是中西交通的枢纽，同时也是佛教及佛教艺术东传的重要纽带。敦煌东连走廊，西通葱岭，雄踞玉门关和阳关，汇集丝绸之路的南北两道。敦煌一带的石窟群有莫高窟、西千佛洞、安西榆林窟、东千佛洞等，其中建窟最早，规模最大，延续时间最长，内容最丰富的当属莫高窟。酒泉附近有玉门昌马石窟和文殊山石窟，张掖地区有肃南金塔寺石窟和武威天梯山石窟等。这些石窟寺，除榆林窟、东千佛洞的开凿年代较晚之外，大都保存着 5 至 6 世纪的遗迹。武威天梯山石窟有可能是历史上著名的凉州石窟遗迹。（二）甘宁黄河以东区。主要石窟寺有甘肃永靖炳灵寺石窟、天水麦积山石窟、庆阳平定川石窟、庆阳南北石窟寺、泾川王母宫石窟及宁夏固原须弥山石窟等，分布范围较广。永靖、天水石窟始凿于 5 世纪，固原、庆阳石窟寺的始凿年代略晚，炳灵寺石窟第 169 窟无量寿佛龛还有西秦时期的纪年题记，这是中国现存窟龛中有明确纪年的最早的一处。（三）陕西区。这一地区是研究中国北方晚期石窟的重要地区。石窟寺分布分散，每个地点的洞窟数量不多，主要集中于西安附近和陕北地区，有彬县大佛寺、麟游慈善寺、耀县药王山、富县石泓寺、黄陵万佛寺、延安万佛洞、子长钟山石窟、志丹城台石窟等，开凿年代较晚，多数石窟开凿于 6 世纪以后，少数窟龛早至 6 世纪，7 世纪石窟开凿的地点增多，如彬县大佛寺石窟、耀县药王山等，11 至 13 世纪是陕北地区营建石窟的盛期，此外，这一地区还有许多佛道混合洞窟，其中开凿于西魏大统元年（535 年）的洞窟中出现了佛像及老君像，为目前发现最早的佛道合开洞窟。（四）晋豫及其以东区。这一地区是北方政治、经济以及佛教文化的中心，佛教遗迹数量多，创始时间较早，出现了许多由皇室显要开凿的石窟寺，汇集了全国的财力、人才、优秀工匠，构成了中国石窟寺的主流，并对于周边地区以及其它区域的石窟寺产生了深远影响，同时承袭关系比较清楚，充分表现了佛教石窟逐步东方化的具体过程，在全国的石窟寺中占有重要地位。这一地区的石窟寺主要有 5 至 6 世纪北魏皇室开凿的大同云冈石窟、鹿野苑石窟和洛阳龙门石窟、巩义石窟，6 至 7 世纪开凿的邯郸响堂山石窟和太原天龙山石窟等。此外，5 至 6 世纪开凿的义县万佛堂石窟、渑池鸿庆寺石窟、济南黄花岩石窟，7 世纪初开凿的安阳宝山石窟等也都与上述主流石窟有着密切关系。此区开凿较晚的石窟寺还有 6 至 8 世纪开凿的益都云门山石窟、驼山石窟，11 世纪开凿的内蒙古巴林左旗洞山石窟、前后昭庙石窟，13 至 14 世纪开凿的内蒙古鄂托克旗百眼窑石窟以及 15 至 16 世纪开凿的平顺宝岩寺石窟等。

南方地区主要指淮河以南地区。这一地区的摩崖龛像多于洞窟，布局分散，主要集中于江南、四川和云南等地。年代较早的石窟寺有开凿于 5 至 6 世纪的南京栖霞山龛像、新昌剡溪石城摩崖龛像以及 6 世纪开凿的广元皇泽寺和千佛崖石窟。隋唐时期，两京地区与益州的交往更为频繁，四川地区石窟开凿的范围及规模都有所扩大。安史之乱以后，李唐王朝玄、僖二宗被迫逃蜀，同时，官吏、士人、僧人、工匠等也纷纷入川，西南地区成为了唐王朝的大后方及晚期石窟开凿的重要地区，营建的石窟主要有巴中石窟、安岳石窟等。除此之外，年代较晚的石窟还有 10 至 14 世纪开凿的杭州西湖沿岸窟龛，9 至 13 世纪开凿的剑川石钟山石窟等等，石窟艺术异彩纷呈，体现出浓厚的区域文化特色和宗教特质。

西藏地区的石窟大都开凿于 10 世纪以后，即藏传佛教所谓的"后弘期"，是中国晚期石窟寺的主要区域之一，分布范围较广，题材有释迦、弥勒、千佛、十一面观音和各种护法形象，并多附刻六字真言。拉萨、日喀则、山南、林芝、昌都等地以摩崖龛像为主[①]，造像表面多有艳丽的绘彩装饰。西部阿里地区以四壁满绘佛像的佛殿窟为主，还有禅窟和僧房窟等，拉萨药王山东麓的札拉鲁浦石窟，是现存年代最早的洞窟[②]。

这四个地区的石窟寺，各具特点及发展规律，但又相互影响。从总体上看，5 世纪晚期以前，中原北方的石窟艺术主要受到新疆的影响，这显然与佛教艺术自西向东传播的情况有关；5 世纪晚期以来，佛教艺术在新疆以东逐渐形成自己的特点后，中国各地石窟龛像的发展演变，尽管都还保留着地方特征，但在不同程度上都受到全国重要的政治中心或文化中心所盛行佛教艺术的影响。

第二节　两晋、南北朝时期

两晋、南北朝时期，开窟造像之风逐渐兴盛，石窟寺数量较多，主要集中在北方，包括新疆地区的克孜尔石窟、库木吐喇石窟、森木塞姆石窟、克孜尔尕哈石窟；河西地区的敦煌莫高窟、武威天梯山石窟、玉门昌马石窟、张掖金塔寺及马蹄寺石窟，酒泉文殊山石窟；甘宁黄河以东地区的永靖炳灵寺石窟、天水麦积山石窟、固原须弥山石窟、庆阳南北石窟寺；晋豫及以东区的云冈石窟、龙门石窟、巩义石窟、响堂山石窟、天龙山石窟、宝山灵泉寺石窟、安阳小南海石窟等，南方以营建木构佛寺为主，开凿的少量窟龛有南京栖霞山石窟、剡溪石城山石窟等，与秦地联系密切的西南地区川北广元在这一时期也开始了千佛崖和皇泽寺石窟的营建。

这一阶段的洞窟形制主要包括中心柱窟、大像窟、僧房窟、禅窟、瘗窟、方形三壁设坛或三壁开龛窟以及少量的敞口大龛。洞窟形制及布局除表现地方特色之外，也具有一定的传承关系，如：以克孜尔石窟为代表的中心柱窟，窟内中心柱平面方形、正面开一龛，带有前、后室，河西地区早期石窟寺在此基础上发展为四面分层开龛，每层上宽下窄，有些带前室，云冈石窟的中心柱也是四面分层开龛，但在形态上更接近木构楼阁式塔。云冈早期凿建的昙曜五窟吸收了西域及河西地区大像窟的因素，而南方地区敞口大龛又受到云冈石窟的影响，新疆地区窟顶中部的天象图及莲花设计也影响了中原地区的莫高窟、云冈、龙门等石窟寺的窟顶布置。各式禅窟的出现反映了这一时期，特别是北魏及以前"凿仙窟以居禅"风气及禅学的盛行。"毗诃罗"式禅窟最具代表性，在石窟的中央设方形或长方形的讲堂，左右两侧开凿很多小型石室，每室仅容一人坐禅。就整体发展趋势而言，模仿木构佛殿的特点是渐趋鲜

---

① 陈建彬：《西藏摩崖造像调查简报》，《考古与文物》1990 年第 4 期。

② 宿白：《中国石窟寺考古》，《中国石窟寺研究》，文物出版社，1996 年，第 19 页。

明的。北魏中晚期出现诸如平棊藻井仿木构窟檐等木结构特征，莫高窟还流行仿木人字披顶，佛龛除了圆拱龛、尖拱龛外，还有结构复杂、装饰精美的屋形龛、帐形龛等。东西魏、北齐周时期，模仿帐架结构的覆斗顶窟逐渐占据了主流地位，延续时间较长。麦积山西魏、北周窟中还出现了大型的崖阁式窟，与前代相比，更加忠实于木构殿堂式样，响堂山北齐窟也有类似的前廊后室结构的大窟，并在前廊上部崖面雕出覆钵式塔顶，形成了独特的塔形窟。

塑绘题材，早期以释迦为主，佛传、本生、因缘题材占有突出地位，还包括交脚弥勒、佛装弥勒、思惟菩萨等，反映了小乘佛教信仰的盛行。北魏中期以后，小乘题材虽然也占有一定比重，但三世佛、千佛等大乘题材已居主导地位，这些题材不断丰富，主要包括释迦、弥勒、释迦多宝、维摩文殊、无量寿、西方三圣、阿弥陀、七佛、乘象普贤、护法像等，还出现大型礼佛行列以及众多的供养人像。造像从早期的单身像到一佛二菩萨三尊像组合，至北魏中晚期发展为一铺五身像和一铺七身像组合形式。塑绘的佛及菩萨式样同样体现了本土化的发展趋势，北魏晚期的造像从服饰到面相已完全表现为风神飘逸的中国士大夫形貌，而造像式样上第二次大的转化发生在北齐、周时期，造像身躯壮硕，衣纹浅疏，为隋唐时期成熟的写实风格奠定了基础。

一、新疆地区

1. 克孜尔石窟

克孜尔石窟位于拜城克孜尔镇东南约 10 公里的戈壁悬崖上，东距库车约 21 公里。在龟兹地区的石窟寺中，克孜尔石窟开凿较早，规模较大，类型齐备，保存相对完整，整个石窟群依自然地势可划分为谷西区、谷内区、谷东区和后山区，已编号的洞窟达 236 个[①]，其中 70 余个洞窟形制较完整，其开凿年代无明确记载，从遗存情况看，多数洞窟建于 4 至 7 世纪，9 世纪以后逐渐衰落，伴随着伊斯兰教的盛行，洞窟全面废弃。19 世纪末 20 世纪初，由于各国探险队的掠夺、盗割，克孜尔石窟的壁画、塑像及其它文物蒙受了一场惨痛的劫难。

根据洞窟形制、组合；壁画内容、风格；洞窟本身改建及相互打破关系，并参照 C[14] 测定部分洞窟的年代，可大致可将克孜尔石窟分作三期，第一期约在 4 世纪初至 4 世纪中期，第二期约在 4 世纪后期至 6 世纪前期，第三期约在 6 世纪中期到 7 世纪后期。前两期属于早期石窟，第二期是克孜尔石窟开凿的盛期，第三期为克孜尔石窟的衰落阶段[②]。

克孜尔早期石窟的形制主要包括中心柱窟、大像窟、僧房窟及方形窟四类。中心柱窟平面呈纵长方形，一般由主室、后室和中心柱三部分构成，少数洞窟带有前室，但多已崩毁。主室多为纵券顶，高敞明亮，后室低窄阴暗，前部正中设有直通窟顶的中心塔柱，略呈方形，正面开一大龛，龛中塑佛像。龛左右开甬道，与后部隧道相连形成右旋礼拜道。这种窟形在印度支提窟的基础上，又融入了龟兹地方特色，被称之为"龟兹式"，可减少因地质疏松所造成的洞窟塌毁。有些中心柱窟的后室后壁凿出涅槃台，其上绘塑涅槃像。大像窟（图 1-1）也属中心柱窟的一种，或者说由中心柱窟衍生出来，一般无前室，只有主室、后室和中心柱三部分，后室空间扩大，比主室略宽，中心柱前壁塑出半浮雕式大立佛，佛像下部左、右、后方开礼拜甬道。僧房窟（图 1-2）一般设有门道和主室，门道为长条形，平顶或券顶，主

① 马世长：《拜城克孜尔石窟》，《中国佛教石窟考古文集》，新竹：觉风佛教艺术文化基金，2001 年，第 11 页。
② 宿白：《新疆拜城克孜尔石窟部分洞窟的类型与年代》，《中国石窟寺研究》，文物出版社，1996 年，第 35 页。

室方形、券顶，内设炕及壁炉等。有的洞窟在门道后壁设方形券顶小室，有短甬道与主室相通，有的则带前室。主室前壁中部开窗，小室口和主室口原装木门。有些僧房窟为单独开凿的小窟，其内多无塑像、壁画，为佛教徒入塔观像、坐禅而兴建。方形窟一般带有前室，但多崩毁，主室方形或横长方形，前壁正中开门，或一侧开门，另一侧开窗，有些洞窟的主室正中砌佛坛，坛上原置塑像，有些则可能为讲堂窟①。

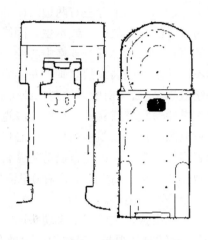 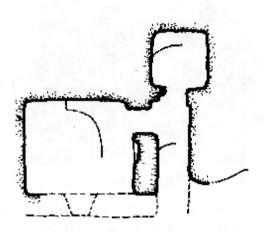

图 1-1　克孜尔第 47 窟（大像窟）　　　图 1-2　克孜尔第 6 窟（僧房窟）平面图
平面及主室正壁立面图

　　第一期洞窟主要分布在谷西区，洞窟类型有中心柱窟、大像窟及僧房窟等。僧房窟数量较多，各类洞窟间的组合关系不明显。窟内绘塑题材以释迦为主，壁画主要表现释迦牟尼修行、教化、说法的本生、因缘和佛传故事。第二期洞窟数量较多，分布于克孜尔石窟的各区内，洞窟类型主要有中心柱窟、大像窟、僧房窟及方形窟等。方形窟在第一阶段已初见端倪，此期数量很多。各类洞窟间出现了明显的组合关系，如方形窟与中心柱窟或僧房窟的组合；中心柱窟、僧房窟及方形窟三者的组合等②。中心柱窟中出现相互毗邻，带有共同前室或栈道，形制、布局及题材相近的成组双窟，其开凿年代应较为接近③，除前段流行的主室窄于后室或与后室等宽的情况之外，主室宽于后室的窟形比较普遍。洞窟形制、壁画题材等更加多样化，后期改变前期窟形的情况也比较常见。这一时期的绘塑内容，除延续上期流行的释迦、交脚弥勒及表现释迦本生、佛传、因缘故事之外，还出现千佛及卢舍那佛形象，反映了这一地区大乘佛教的逐渐流行④。

　　克孜尔石窟的塑像均遭毁坏，但壁画保存较多，代表了其石窟艺术的主要成就，大量表现释迦牟尼修行、教化、说法的本生、因缘、佛传故事画占有突出地位，反映了"唯礼释迦，无十方佛"的小乘佛教思想，与龟兹地区小乘信仰的盛行密切相关，同时也是内地早期石窟出现本生题材壁画、雕塑的重要渊源。目前已辨识的本生故事画有 70 余种，如睒子本生、鹿王本生、尸毗王本生、月光王本生等，佛传故事 60 余种，以反映涅槃内容为多，因缘故事

① 宿白：《新疆拜城克孜尔石窟部分洞窟的类型与年代》，《中国石窟寺研究》，文物出版社，1996 年，第 28 页。
② 宿白：《新疆拜城克孜尔石窟部分洞窟的类型与年代》，《中国石窟寺研究》，文物出版社，1996 年，第 26 页。
③ 任继愈：《中国佛教史（第三卷）》，中国社会科学出版社，1988 年，第 656 页。
④ 李裕群：《古代石窟》，文物出版社，2003 年，第 35 页。

40 余种，如波罗奈人身贸供养缘、须摩提女因缘故事等题材①。壁画布局层次分明，如中心柱窟中，主室前壁窟口上方绘交脚弥勒兜率天说法图（图1-3），后壁龛外绘菱格山峦或听法菩萨、伎乐。左右壁不分栏或分上下栏，各栏绘二至三铺因缘、佛传故事，近顶处绘天宫伎乐。窟顶壁画分为三部分，券顶中脊处绘天象图，包括日神、月神、风神、立佛、双头金翅鸟等。中脊左右两边绘以菱格山峦为背景的本生故事，或本生、因缘、佛传故事相间布置，每一菱格中各绘一幅内容不同的本生或因缘故事画。左、右甬道亦绘故事画。后室前壁多绘焚棺或舍利塔，左右壁绘舍利塔或立佛，后壁绘释迦涅槃及举哀图，顶部绘菱格山峦。中心塔柱前部表现释迦在深山讲述自己前生施舍和现世教化的事迹，后壁多表现释迦涅槃、焚棺、分舍利的情节。

图1-3　克孜尔第38窟前壁弥勒菩萨

克孜尔石窟壁画以西域的凹凸晕染法驰名中外，立体感极强，主要用于表现头面手足等肌肤部分，这种绘画手法出现于克孜尔石窟的各个阶段，延续时间很长。墨线勾勒刚劲有力，由粗变细，吸收了中原传统的"屈铁盘丝"线描技法，又能与立体烘染效果相协调，壁画颜色主要有红、绿、蓝、白、黑等，以红、绿、蓝三色为主，红色已多变成黑色或棕色，色彩深重，对比鲜明。壁画中人物形象及服饰或具有印度人特征，或带有鲜明的民族特色，身着龟兹装的人物小眼、圆脸，口鼻集中于面部中央，其画法对于敦煌北魏窟有重要影响。以菱格形式排列的佛本生、因缘、供养故事画和富于装饰性的大色块对比为克孜尔石窟壁画的又一特色，构图不同于敦煌石窟的连环画式，而是抓住具有典型性的瞬间来刻画形象，以单幅形式表现一个完整的故事情节，风格粗简而生动。克孜尔石窟壁画中的山、水、树等富于装饰性，树木或作矛头形、蝶形，或形如一只手掌，稍晚出现三、五片花瓣式的树顶。此外，还保留了大量龟兹乐舞形象，其裸体人像艺术也是中国内地少见的，受印度早期佛教影响，代表了中国古代人体艺术的辉煌成就。

2．库木吐喇石窟

库木吐喇石窟位于库车县西南约30公里处，石窟附近发现了不少唐及唐以前的军事设施遗址，如玉曲吐尔遗址、夏克吐尔城堡、库木吐尔城堡等②。库木吐喇石窟分为南北两区，相距约3公里，共有洞窟112个，散布在渭干河东岸的山麓和断崖上。南区编号洞窟32个，洞窟形制及壁画保存较好者不足10个；北区洞窟较为集中，已编号者达80个，保存较完好的近半数。20世纪初，日、德、俄、法等国的探险队在掠夺、破坏克孜尔石窟的同时，也染指库木吐喇石窟③。石窟的始凿年代没有确切的文字记载，塑像基本损毁，判断洞窟开凿年代主要依据壁画内容、技法以及窟内题记。目前多将库木吐喇石窟分为早、中、晚三期：早期年代约在5至7世纪，为龟兹时期，洞窟的形制、组合及壁画的布局、题材、人物形象、

① 朱英荣，韩翔：《龟兹石窟》，新疆大学出版社，1996年，第54页。

② 苏北海：《丝绸之路与龟兹历史文化》，新疆人民出版社，1996年，第444页。

③ 中国大百科全书总编辑委员会，《考古学》编辑委员会：《中国大百科全书·考古学》，中国大百科出版社，2004年，第262页。

绘画技法等均与克孜尔中期洞窟十分相似，具有显著的龟兹风格；中期年代约在 8 至 9 世纪，为唐代汉族政权统治时期，石窟艺术吸收了中原佛教艺术风格，体现出两种文化的交融、渗透，这一时期也是库木吐喇石窟的盛期；晚期年代约在 10 至 11 世纪，为回鹘高昌统治时期，虽有一些重要遗存，但已进入衰落期。

　　库木吐喇石窟的洞窟形制主要有中心柱窟、大像窟及方形窟三种。中心柱窟一般由前室、主室、中心柱和后室组成，平面作长方形，主室多为纵券顶，正壁两侧凿有通道分别连接后室或后甬道，中心柱正面开一大龛，一些洞窟的中心柱四壁各开一龛。大像窟或设有中心柱，在中心柱前壁塑大立佛，左、右、后三面设甬道，后室左、右、后三壁设像台或涅槃台；或不设中心柱，佛像依崖壁塑造。方形窟平面为方形或长方形，一般有前室和主室，纵券顶、穹窿顶或覆斗式顶，一些方形窟正中设像台，原塑佛像。依据洞窟使用功能可分为佛堂、讲堂、影堂、僧房及其它辅助性洞窟，其中佛堂最多，尤以"五佛堂"的形制最典型[1]。在壁画题材方面，库木吐喇早期洞窟多表现日天、月天、金翅鸟、立佛等组成的天象图以及菱格式的佛本生、因缘故事画等，方形窟顶部多绘有莲花及分隔成条幅状的立佛、菩萨七至十一身（图1-4），侧壁绘佛传故事，壁画的布局、题材、风格与克孜尔第二期洞窟壁画十分相似。

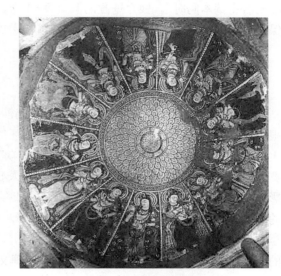

图 1-4　库木吐喇新 2 窟主室顶部

3. 森木塞姆石窟

　　森木塞姆石窟位于新疆库车县克内什村西北，距县城 30 余公里，是古龟兹东部最大的一处石窟群，现存绝大部分洞窟的前段已塌毁，塑像没能留存下来。带编号的洞窟有 52 个，其中保存原窟体二分之一以上的有 19 窟，在直径约 800 米的范围内分成东、南、西、北、中 5 区，中区有面积达 1.5 万平方米的寺院建筑遗址[2]，形成地面寺院与石窟寺的有机组合。洞窟类型主要包括礼拜窟（佛堂）、讲堂窟、禅窟和僧房窟，以礼拜窟为主，僧房窟数量少，这种情况与克孜尔等其它龟兹石窟不同，与森木塞姆石窟的特殊布局相关，中区的地面寺院建筑代替了僧房窟作为起居和修禅的场所，因此环绕中区的石窟寺主要作为礼拜窟[3]。在礼拜窟中，中心柱窟数量最多，其次为大像窟。中心柱窟通常由前室、主室、中心柱和礼拜道组成，早期窟顶多为纵券顶，晚期的个别窟出现穹窿顶，中心柱有正壁开一龛或四壁各开一龛两种情况。较大的礼拜窟多将礼拜道中段扩展为后室。

　　森木塞姆石窟的建造与龟兹国王提倡佛教有关，壁画和塑像带有龟兹艺术风格，同时又在一定程度上受到了中亚和印度的影响。人物画用土红色线勾勒轮廓，其间平涂填色，用晕

　　① 杨永生：《中外名建筑鉴赏》，同济大学出版社，1997 年，第 501 页。

　　② 中国大百科全书总编辑委员会，《考古学》编辑委员会：《中国大百科全书·考古学》，中国大百科全书出版社，2004 年，第 431 页。

　　③ 李裕群：《古代石窟》，文物出版社，2003 年，第 39 页。

染法表现明暗与立体。壁画题材以小乘佛教题材为主，大约至6世纪以后出现中原地区流行的大乘佛教题材，反映出中原佛教及文化艺术对这一地区的影响。

4. 克孜尔尕哈石窟

克孜尔尕哈石窟位于库车县西北12公里处的东西两崖上，现有编号的洞窟46个，保存较好的38个，其中近一半为僧房窟，一半为中心柱窟，第24窟形制特殊，为七角形平顶中心柱窟，这是龟兹石窟群中所仅有的。克孜尔尕哈石窟洞窟组合现象明显，基本具备了礼拜、讲经、坐禅和居住的完整功能。从洞窟形制和壁画风格来看，开凿年代与克孜尔石窟和库木吐喇石窟基本同时[①]。残存壁画的洞窟仅11个，以佛本生、因缘故事为主要题材，部分洞窟保存了大量龟兹国王及其家族的供养像，被考古学家推断为龟兹王室功德窟[②]。

二、河西地区

1. 敦煌莫高窟

莫高窟位于甘肃省敦煌市东南25公里鸣沙山东麓，洞窟上下分层排布，多者可达五层，根据洞窟分布情况，可分为南、北两区，两区的使用功能不同，南区是莫高窟的精华所在，主要作为佛殿和礼佛的场所，北区则是供僧众生活、居住、习禅及瘗埋的区域[③]。这里早在莫高窟创建以前，佛教就已传入并逐渐深入人心了，同时汉文化对于敦煌地区也有着较深的影响。莫高窟的始建年代说法不一，目前多依据武周圣历元年（698年）《李君莫高窟佛龛碑》的记载，认为其开凿于"初（前）秦建元二年（366年）"。又《莫高窟记》云：乐僔"西游至此"；《李君碑》载：禅师法良"从东届此"，可知莫高窟在开凿之始就受到了东方文化因素的影响，这种因素主要来源于凉州佛教[④]。碑文仅提到建造窟龛，没有涉及造像之事，故有学者推测其最早开凿的洞窟为禅窟。莫高窟现存洞窟492个，为北魏、西魏、北周、隋、唐、五代、宋、西夏、元历代所建，前后延续一千年之久，是中国石窟发展的缩影，窟内保存了数量可观、内容丰富的建筑、壁画和彩塑，堪称中国佛教艺术宝库。

编号17窟的藏经洞位于第16窟甬道北壁，平面近方形，覆斗顶，规模较小，原为纪念洪（上巩下言）而凿建的影窟，开凿于吐蕃统治时期[⑤]，其封闭年代基本在西夏占据瓜沙时期，或稍后的二三十年[⑥]。清光绪二十六年（1900年）洞内所藏4至11世纪的2万多种卷子被偶然发现，英、法、美、俄、日等国的"探险家"闻风而至，劫掠了大量珍贵文物。藏经洞的发现及洞内文书的公布也引起了国内外学者对于敦煌的关注，从而产生了以研究藏经洞内遗物和莫高窟洞窟内容为主要对象的"敦煌学"。

莫高窟的发展历程可分为三个大的阶段，即北朝时期，隋唐时期，五代、宋元时期。现存北朝时期洞窟36个，分属北魏、西魏和北周三个朝代。其中第268、272、275窟年代最早，三窟南北相邻，自成一组，位于南区中部，形制各不相同，第268窟为"毗诃罗式"禅窟，平面纵长方形，平顶，南北两侧各有两个小禅室，后壁龛内为单身交脚佛（图1-5）；第272

---

① 常书鸿：《新疆石窟艺术》，中共中央党校出版社，1996年，第137页。
② 邹卓然，刘松柏：《库车——龟兹佛韵　乐都风情》，新疆大学出版社，1993年，第68页。
③ 季羡林：《敦煌学大辞典》，上海辞书出版社，1998年，第11页。
④ 宿白：《敦煌莫高窟早期洞窟杂考》，《中国石窟寺研究》，文物出版社，1996年，第215页。
⑤ 马世长：《关于敦煌藏经洞的几个问题》，《文物》1978年第12期。
⑥ 阎文儒：《莫高窟的创建与藏经洞的开凿及其封闭》，《文物》1980年第6期。

窟平面方形，穹窿顶，后壁龛内为单身倚坐佛；第 275 窟平面纵长方形，纵向人字披顶，后壁塑单身交脚菩萨像，两侧壁上下分层，上层出现阙形龛和树形龛。壁画多见三段式布局，佛传、本生故事画多选取最有代表性的情节，自成独立画面。人物面部使用晕染法，飞天呈"V"字型，体态笨拙，造像面相浑圆，佛装多作"袒右式"，菩萨装作"裙披式"，多采用绘塑结合的表现手法，对于这组洞窟的开凿年代有北凉时期和北魏时期两种意见。

图 1-5　莫高窟第 268 窟后壁

图 1-6　莫高窟北朝中心柱窟示意图

　　北魏中期（约 465—500 年前）出现了中心柱窟（图 1-6），平面呈纵长方形，前壁有明窗，后室中央凿出连通窟顶的方形塔柱，塔身单层，四面开龛，一般正面开单层龛，其余三面皆开两层龛。窟顶前部作"人字披"形，浮塑出椽枋等建筑构件。此类窟形不见于莫高窟第一期洞窟和云冈昙曜五窟，应为在龟兹石窟的基础上发展而成的[1]，此后亦作为莫高窟北朝洞窟的典型形制，隋唐时期少见。另一种窟形为"毗诃罗式"禅窟，如第 487 窟，现存前室呈横长方形，主室平面方形，中部偏西设方形低坛，两侧壁各凿四个小禅室，这种窟形在北朝以后消失。窟顶前部为人字披，后部平顶，窟内原绘有壁画。这一时期窟内塑像由单身变为一铺三身，典型组合为一佛二菩萨，个别窟中出现天王像。中心柱四面龛内造像主要表现释迦出家、苦修、成道、说法各相，题材以释迦为主。壁画布局沿用了分层分段形式，构图有多情节单幅构图和情节连续的横幅连环画式两种，情节增加，场面增大。佛传故事画突出表现降魔和说法，因缘故事画出现外道皈依、沙弥守戒自杀等内容。设色多以土红色作底，上敷青、绿、赭、白等色彩，色调热烈而厚重。佛装中的"袒右式"减少，出现双领下垂形式。整体风格在保留西域艺术特点的同时，更多地吸收了中原文化因素。

　　北魏晚期以及西魏时期开始流行覆斗顶窟，如第 249 窟平面方形，覆斗顶，正壁开一大龛。这种四面坡式的覆斗顶在形式上颇似帷帐，与人字披顶均带有本土特色，延续时间较长，隋、唐、宋、元一直没有间断。又如第 285 窟（图 1-7）与 487 窟布局相似，但也使用了覆斗顶，此窟还带有西魏大统四年

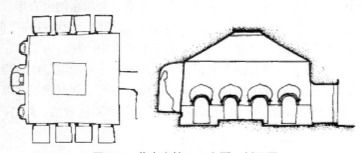

图 1-7　莫高窟第 285 窟平、剖面图

　　[1] 任继愈：《中国佛教史》（第三卷），中国社会科学出版社，1988 年，第 667 页。

（538 年）和五年（539 年）的题记，是莫高窟带有确切纪年的最早洞窟。上一阶段流行的中心柱窟继续建造，但在形式及内容上有所简化[①]。造像组合形式仍以一佛二菩萨为主，佛像面目清秀、褒衣博带，表现出"秀骨清像"的特征；菩萨肩搭宽博的披巾，于腹间交叉；飞天清秀优美；供养人也穿上了中原贵族的常服。这一时期，新的壁画题材包括穿菩萨装及武士装的各种诸天外道形象，如日天、月天、摩醯首罗天、毗瑟纽天、鸠摩罗天、毗那夜迦天、

图 1-8　莫高窟第 285 窟覆斗顶部壁画

四天王天等，多在覆斗顶部出现（图 1-8），这些内容和表现形式带有浓郁的中国特色，对此学术界的看法不一，但它们的出现无疑受到了中原传统文化的影响。佛本生、因缘故事画仍在壁画题材中占有很大比例，并出现释迦多宝、七佛和无量寿佛说法图及五百强盗成佛等因缘故事画。在画法上多使用白色素壁作底，色调清新雅致，面部采用中原流行的染色块晕染方法。故事画构图多采用横卷式连环画形式，个别为单幅式。

北周时期，洞窟数量增加，三壁一龛式的覆斗顶方形窟流行。中心柱窟减少，但多为大型洞窟，如：第 428 窟就是莫高窟北朝时期最大的中心柱窟。窟内塑像出现了一佛二弟子二菩萨的一铺五身像的组合形式。壁画中千佛的比重增加，故事画的题材、数量显著增加，并出现融合了儒家思想内容的本生、因缘故事画以及上下并列、情节发展作 S 形连续的构图形式[②]。与前代的"秀骨清像"相比，北周绘塑中的各类人物具有面相丰圆、方颐、头大而身短的特征。

2．河西地区的早期石窟

佛教自印度经新疆向内地传布，河西地区首当其冲，在狭长的河西走廊上分布着许多早期石窟，除敦煌莫高窟以外，还有武威天梯山石窟、玉门昌马石窟、张掖金塔寺、马蹄寺石窟、酒泉文殊山石窟等。这些早期的石窟寺是中国石窟寺艺术发展演变中的重要环节，为研究石窟寺的传播路线、相承关系提供了珍贵的实物资料。

武威天梯山石窟的北凉洞窟主要有第 1、4、16 至 18 窟，无明确纪年题记，洞窟形制包括中心柱窟及大像窟，并出现了中心柱窟与大像窟的组合形式，这种形式可能受到了龟兹石窟的影响[③]。大像窟仅正壁雕一尊石胎泥塑佛像，中心柱窟平面方形或长方形，有的带前室，窟顶流行人字披顶及覆斗式顶，主室中央设中心柱，为二至三层塔式，每层呈倒梯形，每面开一龛或数龛，皆为圆拱尖楣龛，龛内置一尊石胎泥塑结跏坐佛，佛像身体宽厚，多穿袒右式袈裟，右肩处现袈裟衣边，这种形象与敦煌早期洞窟及北凉石塔接近[④]。

魏晋以来，凉州（今甘肃武威）成为河西地区政治、经济、文化的中心，中原传统的文化

①　国家文物局教育处：《佛教石窟考古概要》，文物出版社，1993 年，第 55 页。
②　任继愈：《中国佛教史》（第三卷），中国社会科学出版社，1988 年，第 669 页。
③　李裕群：《古代石窟》，文物出版社，2003 年，第 79 页。
④　宿白：《凉州石窟遗迹与"凉州模式"》，《考古学报》1986 年第 4 期。

艺术在这里也有着深厚的基础。凉州佛教渊源久远，东晋名僧道安谓其译经"寝逸凉土"，龟兹高僧鸠摩罗什也曾久居凉州。前秦瓦解以后，沮渠氏占据凉州，又取酒泉、敦煌、高昌等地，后迁都凉州，沮渠氏好佛法，凉州佛教的发展也在这一时期达到极盛，并成为中国当时的译经中心之一[①]。唐代高僧所撰《集神州三宝感通录》、《法苑珠林》、《广弘明集》等文献中均提到了凉州石窟，有学者推测武威天梯山石窟的开凿年代应在沮渠蒙逊于412年自张掖迁都姑臧（今甘肃武威）以后至沮渠蒙逊去世（433年）之间[②]，天梯山石窟即为沮渠蒙逊所建"凉州石崖"。

张掖金塔寺及马蹄寺石窟位于张掖东南60余公里的崇山峻岭之中，包括金塔寺、千佛洞、南北二马蹄寺和上、中、下三观音洞等七个单元，分布分散，马蹄北寺第3窟、第8窟及金塔寺东、西两窟和千佛洞第2窟、第6窟结构复杂、规模巨大。文殊山石窟位于酒泉城南约15公里的文殊山山谷中，洞窟大多分布于前、后两山的山崖上，现存洞窟约数十个，仅千佛洞、万佛洞两窟比较完整。昌马石窟距玉门东南约60公里，其中下窖中段第2、4窟保存较为完整。依据洞窟形制、造像及壁画的内容、风格，结合历史背景来看，上述诸窟的开创年代可上溯至十六国时期的五凉时代，后经历代补充、修缮，窟形主要为平面长方形的中心柱窟，中心柱下设坛基，四壁分二或三层开龛造像，佛龛多为圆拱形，窟内四壁仅绘壁画，不开龛，造像多为一佛一菩萨或一佛二菩萨，还出现一佛二比丘、一佛一菩萨一天王等组合方式。造像风格仍较多地受到外来影响，气势刚健，形象及服饰多变。金塔寺菩萨及飞天的形象、绘画手法与敦煌早期壁画不同，窟内塑像也多采用凹凸线条或圆线条表现，并大量采用高塑手法，立体感强，别具一格。文殊山千佛洞壁画的用色及画法与克孜尔千佛洞及敦煌早期洞窟壁画有着不可分割的渊源关系[③]。

"凉州"一词，广义而言，是对整个河西走廊的泛称，狭义来说，则仅指河西走廊东端的武威[④]。河西地区的早期石窟寺，包括距离凉州较近的炳灵寺西秦第169窟在窟龛形制、造像题材、布局及式样、细部装饰等方面有着诸多共同特征，主要受到了新疆地区，特别是来自龟兹和于阗的影响，这两个系统的佛教及佛教艺术在新疆以东首先融汇于凉州地区，形成了所谓的"凉州模式"。宿白在《凉州石窟遗迹与"凉州模式"》一文中，概括了中国新疆以东现存最早的佛教石窟模式——凉州模式，"其内容大体包括以下几项：（1）有设置大像的佛殿窟，较多的是方形或长方形平面的塔庙窟。塔庙窟窟内的中心塔柱，每层上宽下窄、有的方形塔庙窟还设有前室，如酒泉文殊山前山千佛洞之例。（2）主要佛像有释迦、交脚菩萨装的弥勒。其次有佛装弥勒、思惟菩萨和酒泉文殊山前山千佛洞出现的成组的十方佛。以上诸像，除成组的十方佛为立像外，皆是坐像。（3）窟壁主要画千佛。酒泉文殊山前山千佛洞千佛中现说法图，壁下部出现了供养人行列。（4）边饰花纹有二方连续式的化生忍冬。（5）佛和菩萨的面相浑圆，眼多细长型，深目高鼻，身躯健壮。菩萨、飞天姿态多样，造型生动。飞天形体较大（图1-9）"。同时，将凉州系统的石窟造像分为

图1-9　金塔寺东窟中心柱下层飞天

① 宿白：《凉州石窟遗迹与"凉州模式"》，《考古学报》1986年第4期。
② 史岩：《凉州天梯山石窟的现存状况和保存问题》，《文物参考资料》1955年第2期。
③ 甘肃省文物工作队：《马蹄寺、文殊山、昌马诸石窟调查报告》，1965年第3期。
④ 董玉祥：《梵宫艺苑：甘肃石窟寺》，第165页，甘肃教育出版社，1999年。

两个阶段。早期遗迹包括武威天梯山第1、4窟、酒泉、敦煌、吐鲁番等地出土的北凉石塔以及带有西秦建弘元年（420年）题记的炳灵寺169窟第一期龛像等；晚期遗迹包括肃南金塔寺、酒泉文殊山千佛洞以及炳灵寺169窟第二期龛像等。

三、甘宁黄河以东地区

1. 炳灵寺石窟

炳灵寺石窟位于甘肃省永靖县西南35公里处的小积石山，较完整的窟龛共有195个，主要集中在下寺沟西侧的崖壁上，上寺、洞沟及佛爷台等处也有零星窟龛分布。"炳灵"是藏语译音，"十万佛"之意，据北魏郦道元的《水经注》及唐道世的《法苑珠林》等文献记载，炳灵寺石窟最早被称为"唐述窟"，至唐代称"灵岩寺"，宋代始有"炳灵寺"之称，现存窟龛始凿于西秦时期，历经北魏、隋、唐、元、明等各代续建。

图1-10 炳灵寺169窟第6龛主像

炳灵寺西秦时期的洞窟以第169窟为代表，第172窟、第1龛也存有西秦造像。第169窟位于窟群北端最高处，是一个利用天然洞穴陆续凿建、绘画而成的大型洞窟，高14米，宽27米，深19米，平面呈不规则椭圆形，窟内现存小龛24个，除西秦外，还有北魏至隋代的作品，龛像、壁画缺乏统一的规划布局。北壁第6龛为平面作横长方形的摩崖小龛，内塑无量寿佛（图1-10）、大势至菩萨及观世音菩萨，佛背光上绘伎乐飞天，龛内周壁分别绘释迦牟尼佛、药王佛、弥勒菩萨及十方佛等，塑像、画像旁皆有墨书榜题，西方三圣题材的出现与东晋、十六国时期西方净土信仰的流行有关[①]。该龛左上方崖面上有高46厘米、宽87厘米、用白粉涂出的壁面，其上墨书发愿文24行，中有"建弘元年岁在玄枵三月廿四日造"的字样，是中国现存最早的开窟纪年题记，为全国其它石窟的早期造像及壁画在分期断代方面提供了重要的标尺[②]。第6龛外左侧壁面绘供养人行列，内有西秦高僧昙摩毗（即昙无毗）的供养像，说明来自麦积山的"秦地高僧"曾参与炳灵寺的营建[③]，早期窟龛的开凿得到了西秦王朝的大力支持，开窟造像的目的可能与修禅相关[④]。第7龛下部壁画保存较好，绘有多铺说法图（图1-11）、释迦多宝二佛并坐像、维摩诘及侍者像、供养人像等，佛及菩萨面部多采用西域凹凸晕染法，供养人穿胡服或汉装，颇具时代特色。维摩诘穿菩

图1-11 炳灵寺第169窟西秦壁画

① 常青：《炳灵寺169窟塑像与壁画题材考释》，《汉唐与边疆考古研究》第一辑，科学出版社，1994年，第112页。
② 甘肃省文化局文物工作队：《调查炳灵寺石窟的新收获》，《文物》1963年第10期。
③ 张兵，李子伟：《陇右文化》，辽宁教育出版社，1998年，第221页。
④ 董玉祥，《炳灵寺石窟的分期》，《中国考古学会第一次年会论文集》，文物出版社，1980年，第349页。

萨装，整体构图较完整，反映了魏晋以来崇尚清谈的社会风气以及《维摩诘经》的流行，部分壁画经后世重描，底层壁画绘有一佛一菩萨像及"释迦文佛"题名，应属窟内最早的遗存之一①。炳灵寺西秦时期的造像多为一佛一菩萨或一佛二菩萨组合，单龛内多造一身立佛，佛及菩萨的形象与国内其它石窟的早期作品相仿，体态魁梧，丰满适中，细眉大眼，平额、直鼻、薄唇，双肩宽平，表情庄严肃穆，佛穿通肩大衣或半披肩袈裟，菩萨上身袒露，帔帛下垂，有的斜披络腋，下穿大裙，质地轻薄贴体，衣纹以单线阴刻为主，也有如云冈早期在凸起宽线条上阴刻细线的手法，既带有印度马吐腊式风格，又糅合了中国传统艺术及西域风格。

北魏时期的窟龛以第 126、128、132 窟、第 124、125 龛为代表，多数为北魏晚期遗存。洞窟平面一般呈方形或长方形，低穹窿顶，三壁设低坛基，坛上塑像。第 126、128、132 窟是位置毗邻、大小、形制、造像题材相近的一组洞窟，有可能经统一规划而开凿，第 126 窟外有北魏延昌二年（513 年）造像铭刻。三窟正壁主尊均为释迦多宝二佛并坐像，左右壁雕一佛二菩萨或一交脚弥勒二菩萨，构成三佛组合。释迦多宝题材的普遍出现，反映了《法华经》在北魏晚期的流行，其余壁面满布供养天、千佛、思惟菩萨、五佛、七佛及涅槃像等小型浮雕。造像表现出明显的"秀骨清像"的特征，佛像面容清瘦，细颈削肩，形体修长，薄唇，微含笑意，多穿着褒衣博带式袈裟，下摆衣褶密集下垂，作羊肠状回转曲折，菩萨戴宝冠，帔帛交叉或交叉穿环，可见当时中原地区造像式样的影响。

北周洞窟数量较少，形制与北魏接近，平面方形，穹窿顶，窟内正壁和左右壁下部凿出高坛基，造像题材为三佛，每壁一佛二菩萨，造像风格发生了明显地转变，佛及菩萨面相方圆，肉髻低平，躯体浑厚，衣纹趋向写实②。

2. 麦积山石窟

麦积山石窟位于甘肃天水市东南 45 公里处，洞窟凿于峭壁，层层相迭，有栈道相通，十分险峻。现存窟龛 194 个，由于中部崖面崩毁，窟群分为东、西崖两部分，其中西崖 140 窟，时代较早，东崖 54 窟，时代较晚。麦积山造像主要为敷彩泥塑，据统计总数达七千余躯，有"东方雕塑陈列馆"的美誉，壁画遗存约一千多平方米，其始凿年代依据文献、题记及塑绘特点，有后秦时期、北魏时期等不同的观点，现存窟龛、造像主要是唐代以前的遗存。

麦积山早期洞窟以第 74、78 窟为代表，这是一组位置相邻、形制相近、造像布局、风格基本相同的双窟。第 78 窟平面长方形，略作穹窿顶，三壁下部设有倒"凹"字形基台，台上塑像，正、左、右三壁各贴壁塑一身结跏趺坐佛像，表现三世佛题材。正壁佛两侧各塑一身胁侍菩萨立像，上方两侧各开圆拱形小龛，分别塑思惟菩萨及交脚菩萨像，菩萨两侧又各有二胁侍菩萨。三佛均结跏趺坐，头顶高肉髻，面形长圆，直鼻、大耳，细眉大眼，体形雄健高大，内穿僧祇支，袈裟从左肩裹下，遮覆右肩，衣纹多采用较密集的阴刻线。菩萨头戴宝冠，披发，袒上身，颈饰项圈，斜披络腋，帔帛绕肘外扬，下穿贴体薄裙，一手抚胸拈花，一手下垂执帔帛，造像风格与云冈石窟、炳灵寺石窟的早期造像相似③。值得注意的是，第 78 窟右侧基台上剥出 18 身供养人画像，其服饰为北魏太和改革前流行的胡服式样，并各附榜题一方，字迹多已模糊不清，但可辨出"仇池镇"字样，"仇池镇"建于北魏太平真君七年

---

① 中国大百科全书总编辑委员会，《考古学》编辑委员会：《中国大百科全书·考古学》，中国大百科全书出版社，1986 年，第 49 页。

② 陈少丰：《中国雕塑史》，岭南美术出版社，1993 年，第 248 页。

③ 麦积山文物保管所：《麦积山石窟的新通洞窟》，《文物》1972 年第 12 期。

（446年），太和十二年（488年）改为梁州，北魏太武帝曾于446年灭法，至文成帝时复兴佛教，因而这些早期遗存的时代应当与云冈昙曜五窟大体相同或稍晚，下限在改"仇池镇"为梁州的488年以前[①]。

图1-12　麦积山第121窟
胁侍菩萨像

麦积山北魏窟龛数量较多，几乎占到总数的二分之一，洞窟形制丰富，有类似第74、78窟的平面方形、设低坛窟，新出现平面方形、正壁设佛坛、左、右壁各开大龛窟以及平面方形、三壁三龛窟等，窟顶以平顶为主。造像题材仍以三世佛为主，还包括释迦多宝并坐像、千佛、七佛、十大弟子及立佛、菩萨、供养人影塑像等，组合形式有一佛二菩萨、一佛二弟子二菩萨或一佛二弟子二菩萨二力士等，北魏早期造像基本延续了十六国时期的式样，晚期受到南朝新风的影响，造像体形修长，面容清秀，带有明显的"秀骨清像"特征（图1-12），佛装多为褒衣博带式。第115窟平面方形，平顶，正壁一佛跏坐于方座上，左右两壁各塑一身菩萨像，佛座前墨书"大代景明三年九月十五日"施主张元伯的长篇发愿文，这是麦积山现存最早的造窟纪年题记[②]。

西魏时期是麦积山开窟造像的又一个盛期，洞窟形制大多沿袭北魏晚期的旧式，主要有平面方形，三壁三龛或三壁设坛窟以及模仿中国传统木构建筑的崖阁式窟。崖阁式窟是麦积山最富特色的窟形，其外观为四柱三间的殿堂式样，窟外崖面上雕出屋脊、瓦垄、斗拱等，下雕四根八角形列柱，柱后为前廊，廊内凿窟龛。窟顶形式多样化，有平顶、套斗顶和四角攒尖顶等[③]。西魏早期造像仍然承袭北魏晚期秀骨清像的特征，西魏末年实行了一系列的鲜卑化改革，也影响了石窟造像的风貌，造像趋向写实，由清瘦逐渐转向丰满健壮。题材上，除了三佛之外，还出现将维摩、文殊像分置于两侧壁相对的布局，并新增了立于佛像两侧的童男、童女，窟内壁面影塑减少，而代之以彩绘的装饰性图案。第127窟的年代约在西魏初年，正壁绘涅槃变，左、右壁绘维摩变和西方净土变，前壁上部绘七佛，下部绘十善十恶图，窟顶绘帝释天及萨埵太子本生、睒子本生等内容，壁画层次分明，排列有序（图1-13）。此外，麦积山西魏窟中还出现柩埋或停放尸身的洞窟，称为"瘗窟"。大统四年（538

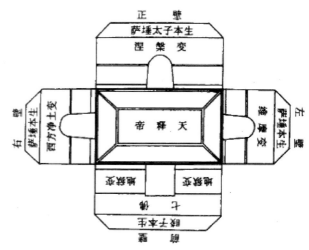

图1-13　麦积山第127窟壁画分布示意图

　　① 黄文昆：《麦积山的历史与石窟》，《文物》1989年第3期。
　　② 中国大百科全书总编辑委员会，《考古学》编辑委员会：《中国大百科全书·考古学》，中国大百科全书出版社，1986年，第315页。
　　③ 孙晓峰：《麦积山北朝窟龛形制的演变规律》，《敦煌研究》2003年第6期（总第82期）。

年），西魏文帝为缓解柔然入侵的威胁，采取和亲政策，将皇后乙弗氏废黜为尼，徙居秦州，大统六年（540 年）又迫于形势，将乙弗后赐死，《北史·后妃列传》载，乙弗氏死后"凿麦积崖为龛而葬"[1]，号"寂陵"，即为俗称"魏后墓"的东崖第 43 窟，它也是中国北方石窟中出现较早的凿窟而葬的实例，其后的响堂山北齐窟、龙门唐窟等都曾出现瘗窟[2]。

北周时期开凿了一批规模宏伟的崖阁式大窟，洞窟外观及内部均精细地模仿木构建筑式样。第 4 窟又称上七佛阁或散花楼，距地面约 50 米，位于东崖的最高处，是麦积山规模最大的洞窟，外观七间八柱式殿堂式，上部雕出正脊、鸱尾、瓦垄等，柱后雕前廊，廊顶雕平棊藻井，廊后开凿并列的七个平面方形、盝顶大窟，窟内造像经后世改塑，影塑为原作，窟门帷帐形，雕有龙头、象首、凤鸟等装饰。据《秦州天水郡麦积崖佛龛铭》为北周保定年间，由大都督李允信出资营建的[3]，也有学者认为李允信所造七佛龛应为现被称作中七佛阁的第 9窟。这一时期，中小型窟普遍流行，一般平面方形、盝顶，四角雕石柱，壁间雕梁柱与石柱相接，窟内三壁开一龛或七龛。在造像题材方面的突出特点是七佛的大量出现，两侧胁侍弟子或菩萨。北周造像敦厚壮实（图1-14），面相方圆丰满，佛像肉髻低平，短颈宽肩，腹部突出，穿圆领通肩或双领下垂式袈裟，衣纹宽疏，菩萨服饰复杂多变，一般为袒上身，下穿裙，帔帛横于腹膝之际二道，或垂挂长璎珞，壁画中出现了绘塑结合的新形式，如第 4窟外顶部的飞天，头部、上身、双足等肌体部位，采用浅浮塑手法，头饰、服装和其它饰物则用彩绘画出，从而增强了立体感。

图 1-14　麦积山第 62 窟佛与菩萨（北周）

3．固原须弥山石窟

须弥山石窟位于宁夏固原县西北 55 公里的须弥山东麓，"须弥山"是梵文音译，意为宝山。根据明成化十二年（1476 年）重修碑文记载，须弥山石窟在唐代称为"景云寺"，明代改称"圆光寺"。石窟的始凿年代不详，现存洞窟 130 余个，分布于大佛楼、子孙宫、圆光寺、相国寺、桃花洞、松树洼、三个窟、黑石沟等八区，大致开凿于北魏时期，经西魏、北周、隋、唐陆续建成。

北魏洞窟大多集中在子孙宫区，形制以中心柱窟为主，有些带前室，但多已残毁，后壁窟门上方开明窗，主室平面方形，覆斗顶，壁面或素壁，或开龛造像。中心柱为方形多层塔状，上小下大，一般三至七层不等，四面分层开龛，龛形主要为圆拱龛，也有少量尖拱龛。这种多层塔式中心柱窟与云冈石窟的中心柱窟比较接近，应是受到东部石窟的影响而出现的[4]。造像多为一坐佛二菩萨，还有交脚弥勒、乘象菩萨、释迦多宝、思惟菩萨等题材。佛及菩萨形体偏瘦，多用平直刀法，带有北魏晚期的特点[5]。值得注意的是，北魏晚期至西魏

① 唐·李延寿：《北史》第二卷，中华书局，1974 年，第 507 页。
② 傅熹年：《麦积山石窟中所反映出的北朝建筑》，《文物资料丛刊》四，文物出版社，1981 年。
③ 董玉祥：《麦积山石窟的分期》，《文物》1983 年第 6 期。
④ 李裕群：《古代石窟》，文物出版社，2003 年，第 112 页。
⑤ 朱希元：《宁夏须弥山圆光寺石窟》，《文物》1961 年第 2 期。

时期的一些洞窟在形制上带有印度支提窟、西域塔庙窟的特点，如第 33 窟的左、右、后三壁之前凿有方柱一周，形成回廊，在很大程度上受到了来自印度、龟兹等地佛教石窟的影响。部分洞窟顶部形制特殊，在平顶基础上，中心部位凿成穹窿顶，如第 7、17、18、19、20、23 窟等，这种做法不见于中原北方地区的石窟，但在新疆龟兹地区的石窟中较为常见①。

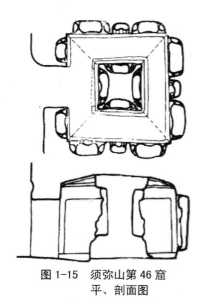

图 1-15　须弥山第 46 窟
平、剖面图

北周是须弥山石窟开凿的盛期，洞窟数量多、规模大，以第 45、46、51 等窟为代表，主要流行平面方形、覆斗顶的中心柱窟，中心方柱上下等宽，不分层，每面开一龛，窟内四壁开龛，一般正、左、右三壁各开三龛，帐形龛较常见，龛楣上浮雕帐褶、莲瓣、宝珠、璎珞等饰物，龛两侧悬挂流苏，流苏上端一般衔在龙、凤、象的口中；少量的圆拱尖楣龛上浮雕七佛。造像主要表现三佛题材，佛像肉髻低平，面相方圆，肩部宽厚，腹部凸出，总体给人以粗壮敦厚之感，菩萨服饰华丽、璎珞满身，体态略呈三曲式。第 45、46 两窟毗邻，形制及布局相近（图 1-15），为一组双窟，中心柱每面一龛，内雕一佛二菩萨，基座处雕伎乐或神王。窟左、右、后三壁各开三龛，下部雕供养人一列。第 51 窟为北周最大的中心柱窟，由前室、主室和左、右耳室四部分组成，宽 26 米，深 18 米，主像高 7 米余，中心柱四壁各开一龛，后壁坛上并列三尊坐佛，前壁两侧上下各开一龛，左、右壁布局不一致，右壁后方大龛内雕一佛二菩萨像，其余壁面有隋代补凿的数个中型龛。以上三窟的壁面与窟顶交接处均雕出柱、枋，从而使窟顶形成仿木式帐架结构。须弥山北周洞窟在形制、组合及造像题材等方面受到了天水麦积山和南北响堂山石窟的共同影响，如大量仿木框架结构的运用与麦积山相近，中心柱窟以及神王题材多见于响堂山石窟②。

4. 庆阳南北石窟寺

庆阳北石窟寺位于庆阳西锋镇西南 25 公里，蒲、茹两河交汇处东岸的覆钟山下，是泾州刺史奚康生于北魏永平二年（509 年）创建的，原指今第 165 窟，经西魏、北周、隋、唐、宋历代续建，现存窟龛 295 处，大小造像 2100 余躯，分布在高 10 余米，长 120 米的峭壁上，是陇东地区规模最大的一处石窟群。北魏时期的洞窟有 7 个，以寺沟第 165 窟和楼底村第 1 窟为代表。

第 165 窟在寺沟窟群的中部，是北石窟寺规模最大、内容最丰富的洞窟，平面横长方形，覆斗顶，高约 14 米，宽约 21 米，深 15.7 米，左、右、后三壁设基坛，正壁雕三佛四菩萨（图 1-16），左右壁各雕二佛三菩萨，构成

图 1-16　庆阳北石窟寺第 165 窟正壁

---

① 陈悦新：《龟兹石窟与须弥山石窟中的穹窿顶窟》，《考古与文物》2004 年第 1 期。
② 国家文物局教育处：《佛教石窟考古概要》，文物出版社，1993 年，第 95 页。

七佛题材，此类题材虽然在北魏时期的石窟造像中并不鲜见，但多呈并排站立形式，且不占据主要位置，除了与之相对的南石窟寺第 1 窟外，很难再找到类似实例①。七佛及胁侍菩萨均作站姿，比例悬殊，更烘托出主尊的高大。窟门顶部开明窗，门外雕二天王像，前壁两侧各雕一尊交脚弥勒像，下部还雕有乘象的普贤和三头四臂的阿修罗造像，窟顶四坡及佛像背光间浮雕佛传、本生故事、飞天、伎乐等，特别是西壁窟顶所刻的"太子舍身饲虎图"具有代表性。

楼底村 1 窟是北石窟寺北魏中心柱窟的典型代表，平面长方形，平顶，中心柱下部方形，四面开龛，上部八棱形，每面开长方形龛，内雕一佛二菩萨像，龛楣装饰内容丰富，这种特殊形制的中心柱带有地方特色。后壁雕一佛二菩萨立像，南北壁分上下两层开龛，风化严重，从造像风格来看，大多清秀飘逸，本土化特征显著，缺少早期的古朴雄健之风，营建年代应晚于第 165 窟②。

南石窟寺位于泾川县东 7.5 公里的泾河北岸，与北石窟寺相距约 45 公里，现编号 5 个洞窟，仅北魏开凿的第 1 窟和唐代开凿的第 5 窟保存状况较好。第 1 窟平面横长方形，覆斗顶，长 13.2 米，宽 18 米，高 11 米，左、右、后三壁下部设坛基一周，坛上列立佛七身，各有胁侍菩萨，南壁窟门两侧各雕交脚弥勒像，窟顶四坡浮雕佛传故事。据原存窟内的《南石窟寺之碑》记载，此窟始建于北魏永平三年（510 年），与北石窟寺同为奚康生所建。因此，除规模略小之外，两窟在形制、造像题材及布局等方面均十分相近。

四、晋豫及以东地区

1. 云冈石窟

云冈石窟位于山西大同市西 15 公里处的武州川北岸崖面上，东西绵延约 1 公里，依山体分东、中、西三区，带有编号的洞窟 51 个，另在云冈之西还有许多附属的小石窟。北魏郦道元的《水经注·漯水》条记载："武周川水又东南流，水侧有石，祇洹舍并储窟室，比丘尼所居也。其水又东转，迳灵岩南，凿石开山，因崖结构，真容巨壮，世法所缔，山堂水殿，烟寺相望。"这是有关云冈石窟的最早记载。北魏佛教带有强烈的国家经营色彩，与政权结合紧密，道武帝时，道人统沙门法果提出帝王"即当今如来"，拜天子就是礼佛，太平真君七年（446 年），太武帝下诏灭佛，揭开了中国佛教史上"三武一宗"废佛事件的序幕，但文成帝即位以后，为巩固统治迅速恢复了佛法，并修建"令如帝身"石像，继续了前代"政教合一"的思想，兴光二年（454 年）秋，敕有司在京师平城"五级大寺内，为太祖已下五帝，铸释迦立像五，各长一丈六尺，都用赤金二十五万斤"③，这也为云冈石窟的开凿奠定了基础。同时，平城（今大同）自道武帝天兴元年（398 年）至孝文帝太和十八年（494 年），作为北魏都城近百年之久，逐渐积聚起大量的物力、人才及能工巧匠，博采精华，成为中国北方的政治、文化及佛教中心，正如《魏书·释老志》记载："沙门佛事皆俱东，象教弥增矣。"④北魏统治者崇信佛教，并与佛教盛行的西域诸国交往频繁，这也为云冈石窟的开凿及新的石

① 董玉祥：《梵宫艺苑：甘肃石窟寺》，甘肃教育出版社，1999 年，第 250 页。
② 甘肃省文物工作队，庆阳北石窟寺文管所：《庆阳北石窟寺》，文物出版社，1985 年，第 42 页。
③ 北齐·魏收：《魏书》第八册，中华书局，1974 年，第 3036 页。
④ 北齐·魏收：《魏书》第八册，中华书局，1974 年，第 3032 页。

窟模式的形成提供了雄厚的人力、物力、文化等方面的条件①。和平初年，凉州名僧昙曜任沙门统，并主持了著名的昙曜五窟工程，学术界一般认为昙曜五窟的五位主尊以道武帝、明元帝、太武帝、景穆帝及文成帝为蓝本所造。云冈大窟基本完成于北魏文成帝和平初（460年）至孝文帝太和十八年（494年）之间，这一阶段为云冈石窟的盛期，而小型窟龛的开凿则一直延续到孝明帝正光末（524年）②。按照洞窟形制、造像内容和样式的发展大致可将云冈石窟分为三期③。

第一期：北魏文成帝和平年间（460—465年），主要洞窟包括云冈第16至20窟，位于云冈石窟群中部，东西毗邻，规模宏大，即《魏书·释老志》中记载的昙曜五窟。五座洞窟中，第18至20窟开凿时间略早，以第19窟为中心，第16、17窟开凿稍晚，两窟壁面都有许多第二、三阶段补刻的龛像。洞窟形制大体模拟椭圆形平面、穹隆顶的草庐形式，洞窟前壁原设窟门和明窗。窟内主尊为三世佛，体形高大，占据窟内的大部分面积和主要位置，壁面雕刻千佛。选择三世佛题材一方面反映了来自凉州的昙曜在经历北凉灭亡和太武帝毁佛后，期望佛法永存，另一方面也有意针对太武废佛前流传的"胡本无佛"的言论，宣扬佛教的源远流长、根基深厚④。各窟三世佛的表现形式不同，第20窟为一坐佛二立佛（图1-17），第18窟为三立佛，第17窟为一交脚弥勒一坐佛一立佛，第16窟为一立佛二坐佛，第19窟为一坐佛二倚坐佛，二倚坐佛位于胁洞内，开凿年代可能延续至第二期。造像广额、高鼻、长目、厚唇、丰颐，气势雄健，佛穿通肩大衣或袒右袈裟，右肩现偏衫衣角。菩萨袒上身，斜披络腋，头带宝冠，胸佩项圈、璎珞，腕饰臂钏，下穿大裙，这种造像式样及服饰特点带有印度犍陀罗、笈多因素，并受到了凉州模式以及新疆古龟兹大像窟的影响⑤。

图1-17　云冈第20窟大佛

第二期：北魏迁都洛阳以前的孝文帝时期（471—494年），洞窟主要分布在中区和东区的部分地区，数量增多，包括第7至13窟以及东部第1至3窟，其中第3、5窟未完成，可能因迁洛而中途停工。此外，还有利用已开凿的石窟壁面雕凿小龛做法，11窟外壁崖面上的小龛及20窟以西个别中小窟开凿于这一阶段的晚期⑥，除皇室成员之外，出现了由官吏、上层僧尼和邑善信士开凿的窟龛。洞窟形制有中心柱窟、方形或横长方形窟、禅窟以及前代流行的椭圆形平面、穹窿顶窟等，以平面方形，带有前后室的形制为主。窟内布局更加紧密，风格趋于精细，出现了模仿汉式传统建筑及地面寺院形式的做法，如窟外凿出仿木构窟檐，窟顶雕出平棊，龛形模仿屋形、帷帐式样，中庭耸立下具龟趺的丰碑等。中心柱亦摹仿寺院佛塔形制，如第1窟的中心塔柱为方形，四周出檐深远，形如完整的楼阁式塔。第6窟的中心塔柱雕刻繁缛、精美，高约15米，分上下两层，驮于象背之上，下层四面开龛，分别雕有坐佛、倚坐佛、释迦多宝、交脚弥勒，上层四面各雕立佛，倚角各雕九层出檐小塔。窟内壁

① 宿白：《平城实力的集聚和"云冈模式"的形成与发展》，《中国石窟寺研究》，文物出版社，1996年，第123页。
② 宿白：《〈大金西京武州山重修大石窟寺碑〉校注》，《北京大学学报》（人文科学版）1956年第1期。
③ 宿白：《云冈石窟分期试论》，《中国石窟寺研究》，文物出版社，1996年，第77页。
④ 宿白：《云冈石窟分期试论》，《中国石窟寺研究》，文物出版社，1996年，第78页。
⑤ 宿白：《平城实力的集聚和"云冈模式"的形成与发展》，《中国石窟寺研究》，文物出版社，1996年，第125页。
⑥ 宿白：《云冈石窟分期试论》，《中国石窟寺研究》，文物出版社，1996年，第79页。

面多采用上下分层、左右分段、附有榜题的布局方式，借鉴了汉魏以来中原传统的绘画构图，上部一般雕有天宫伎乐，下部雕成排供养人行列，中部凿龛像及本生、佛传故事浮雕。成组双窟是这一阶段的特有现象，如第7、8窟、第9、10窟、第5、6窟、第1、2窟，双窟形制并不统一，如第7、8窟为带有前室的横长方形窟；第9、10窟前廊后室，正壁主像背后设有礼拜道；第1、2窟为中心柱窟等。

此期的造像题材丰富，主像有三世佛、释迦、弥勒、千佛、释迦多宝并坐（图1-18）、维摩文殊对坐等，后两者主要表现《法华经·见多宝塔品》及《维摩诘经·文殊问疾品》内容，不见于云冈第一期，但在炳灵寺西秦第169窟中已经出现，释迦仍占据主导地位，弥勒数量增多，地位提高，如开凿于太和八至十三年间（484—489年）的第9、10窟出现新的释迦、弥勒主像组合，第3窟仅以弥勒为主尊。同时，新出现了许多辅助性的题材，包括佛传、本生、七佛、乘象普贤、天龙八部护法像、供养天人、供养人行列等，并在较小的面积上，集中众多造像，在一些窟室明窗两侧还雕有树下坐禅僧的形象，上龛弥勒、下龛释迦，释迦多宝与弥勒的三像组合以及释迦多宝并坐多宝塔等组合形式也较常见，反映了修持"法华三昧观"的盛行[①]。这一时期的造像不及前期高大，佛及菩萨面

图1-18 云冈第9窟释迦多宝并坐像

相丰圆适中，神情亲切，身体健壮。佛穿着袒右或通肩袈裟，菩萨戴花鬘冠、袒上身，下着裙，肩披披帛、斜披络腋。衣纹主要用平行线条及浅阶梯状表现，形如第20窟主尊的衣纹隆起、中刻阴线的做法及厚重的衣装已不再流行。太和十三年（489年）前后，出现了如云冈第6窟佛像的褒衣博带式佛装，这种装束原为汉族士大夫的常服，北魏孝文帝汉化改革中包括太和十年（486年）至迁都洛阳后颁布的"革衣服之制"的措施，云冈石窟第二阶段后期的新型佛装正是这一史实的真实写照。

第三期：孝文帝迁洛至正光末年（494—524年）。这一时期的洞窟主要分布在第20窟以西，另在中、东部的第4、14、15窟、第11窟以西崖面上部小窟以及第4至6窟之间的中小窟大都属此期开凿，此外，前两阶段开凿的洞窟内也有此期补刻的若干小龛。由于北魏迁都洛阳以后，皇室贵族开窟的重心转移到龙门石窟，因而此期中小窟居多，缺乏统一规划，也没有出现成组的情况，主要为一般官吏和世俗善信所开凿，其目的多为亡者祈福，或为生者祈求平安，反映了佛教在中下层民众中的普及。洞窟日益方整，形制丰富多样，主要有中心柱窟、千佛窟、三壁重龛窟及三壁三龛窟等，洞窟外的崖面出现忍冬纹券面及力士等雕饰，窟口内两侧多各雕立佛一身，龛楣、帐饰渐趋复杂，龛面上方两隅多雕佛传画面，较晚的圆拱龛楣流行在折叠格中雕坐佛像。中心柱窟的中央设塔或方柱，壁面多凿出千佛龛，第39窟最具代表性，平面方形、平顶，中心柱为五层塔式，每层雕出六柱五间形式，带有仿木结构的斗拱、塔檐，东、西、后三壁雕千佛，后壁千佛中现释迦多宝龛，东、西壁千佛中现释

---

① 宿白：《云冈石窟分期试论》，《中国石窟寺研究》，文物出版社，1996年，第83页。

迦龛。三壁重龛窟的东、西壁为重龛形式，早期后壁的主尊为释迦或释迦多宝；晚期后壁的主尊多为上龛弥勒、下龛释迦或释迦多宝的重龛形式。三壁三龛窟一般为中小型窟，后壁主像为释迦或释迦多宝，东壁多以弥勒为主尊。造像题材与第二阶段相仿，弥勒与释迦并重，释迦多宝、维摩文殊以及佛传故事仍然流行。造像式样明显清瘦，佛及菩萨面相瘦削，身材修长，表现出"秀骨清像"的特征。佛像全穿褒衣博带式袈裟，坐像下摆覆盖佛座，衣纹密集重叠。菩萨多上身穿短衫，披帛于腹前交叉或交叉穿环，大裙下摆向外展开。飞天上身穿对襟衫，下身穿长裙，不露足，腰折作 V 形。

云冈石窟及其所体现的云冈模式代表了北魏前期石窟艺术风貌，并直接影响到其后开凿的龙门、巩义、响堂山等石窟，其影响范围甚至波及东部的辽宁义县万佛堂石窟以及河西走廊西端的敦煌莫高窟[①]。

2. 龙门石窟

龙门石窟位于河南洛阳市南 13 公里伊水两岸的东、西两山上，南北长约 1 公里，其地濒临伊水，地势险要，古称伊阙。现存带有编号的窟龛 2345 个，大小造像 10 万余躯，佛塔 40 余座，题记碑碣达 2700 余品，尤以"龙门二十品"驰名中外，为研究佛教、医药、书法艺术、社会发展、中外文化交流等提供了丰富而珍贵的资料。龙门石窟的造像活动约始自北魏孝文帝太和十七年（493 年），北魏迁都洛阳以后开始了由皇室经营的大规模开窟造像活动，孝明帝、胡太后统治时期达到鼎盛，北魏分裂后，洛阳失去都城地位，并成为东魏、西魏、北齐、北周争霸的战场，龙门石窟逐渐衰落，仅有少数在前代洞窟中补刻的龛像，至唐代又重新兴起。

龙门石窟北魏时期开凿的洞窟主要有古阳洞、莲花洞、宾阳三洞、火烧洞、魏字洞、皇甫公窟、药方洞、唐字洞、路洞、慈香洞、普泰洞、弥勒洞、赵客师洞、天统洞、将军洞、地花洞、六狮洞、弥勒洞北一、二洞、来思九洞以及汴州洞等。古阳洞年代最早，是一座利用天然岩洞建造的纵长方形敞口窟，正壁雕一佛二菩萨，主尊释迦高肉髻，面向长圆，身着褒衣博带式大衣，结跏趺坐于长方形台座上，菩萨面庞清秀，含胸挺腹，头戴花蔓冠，冠上宝缯先上折再垂下，颈饰桃形项圈，双肩覆搭披帛、璎珞，据窟内题记，正壁三尊大像是为孝文帝所造，完成时间应在北魏正始二年（505 年）以前[②]。左右壁各有三层龛像，每层各四个大龛，窟顶及四壁雕满小龛，自洞窟上部及窟顶逐次向下扩展，这些龛像多是随同孝文帝迁洛的王公贵戚所开，带有施主造像及发愿文，包括北海王元详及其母高太妃、齐郡王元祐、广川王贺兰汗妃侯氏、长乐王丘穆陵亮夫人尉迟氏、辅助将军杨大眼等造像等。

《魏书·释老志》载，景明初（500 年），宣武帝下令仿照大同云冈石窟，于洛南伊阙为孝文帝和文昭皇太后营造石窟各一所。永平中（508—512 年）又为宣武帝造石窟一所，这三所石窟即宾阳三洞，宾阳中洞完成于正光四年（523 年）以前，宾阳南、北洞因统治集团的内部斗争而停工，在唐代仍有造像活动。三洞形制为正壁椭圆形、穹窿顶，与云冈昙曜五窟相近，造像题材也以三世佛为主，但组合方式已发展为正壁列一佛二弟子二菩萨五尊像，左右壁各雕一立佛二菩萨，窟室空间更加宽敞。前壁自上而下浮雕维摩、文殊对坐像、萨埵太子舍身饲虎图、大型帝后礼佛图、十神王像等，礼佛图已被盗劫国外，图中帝后皆穿着汉式

① 宿白：《平城实力的集聚和"云冈模式"的形成与发展》，《中国石窟寺研究》，文物出版社，1996 年，第 144 页。
② 宿白：《洛阳地区北朝石窟的初步考察》，《中国石窟寺研究》，文物出版社，1996 年，第 155 页。

衣装。窟顶雕莲花和伎乐天，窟门拱壁浮雕二供养天、二供养菩萨以及梵天、帝释二天王，窟门上雕双龙交缠形象，门外两侧雕力士，窟外南侧立螭首龟趺碑一座。

　　龙门北魏窟的形制除了穹窿顶、椭圆形窟以及纵长方形敞口窟外，在孝明帝时期新出现了以慈香洞为代表的近方形三壁设坛窟；以皇甫公洞、魏字洞、普泰洞为代表的三壁三龛窟以及以弥勒洞为代表的横长方形正壁设坛窟，它们均属模拟寺院殿堂建制的方形佛殿窟，而三壁设坛窟和三壁三龛窟在云冈三期已经出现，且窟形、布局、造像组合、细部特征等方面的演变过程清晰完整，因此龙门新窟形的出现及其演变很可能受到了云冈三期的影响，但与云冈石窟相比，龙门洞窟形制相对简化，未使用中心柱，可能与两地石质不同有关①，云冈窟前柱廊、前壁明窗及礼拜道设计在龙门也基本不见。窟内的小龛形制复杂多样，有圆拱龛、尖拱龛、方形龛、帐形龛、屋形龛、盝顶龛等，雕刻精致细腻。正光、孝昌年间，龙门石窟开凿了大批的小龛及中小型龛，殿堂化特征更为显著，如皇甫公洞、唐字洞的窟口部雕出鸱吻、瓦垄屋檐②，并出现了一佛二弟子二菩萨二力士的七尊像组合。皇甫公洞是龙门魏窟中唯一一带有纪年的洞窟，窟外有孝昌三年岁次丁未（527 年）九月辛酉朔十七日《太尉公皇甫公石窟碑》，窟内三壁三龛，布局、雕饰等方面都经过了精心设计③，正壁龛内雕一佛二弟子二菩萨二思惟菩萨，南壁龛内雕弥勒菩萨，北壁龛内雕释迦多宝，龛下设供养礼佛行列，左侧雕供养比丘三，其后有两个手擎鲜花的女供养人及侍女数人跟随，右壁下部雕男女供养人各一排，两排间置香炉，炉下有力士承托。窟顶雕刻大莲花及八身手持乐器、凌空飞舞的伎乐。窟内地面满雕花饰，中间有过道，四壁角下雕宝装莲瓣一周，过道与左右壁间各雕三朵大小不等的仰莲，四隅填忍冬纹④。孝昌以后，龙门石窟的开凿逐渐衰落。

　　龙门北魏窟龛的造像题材有三世佛、释迦、弥勒、释迦多宝二佛并坐、无量寿佛、定光佛、观世音菩萨、药师佛等。弥勒题材以菩萨装交脚弥勒为主，火烧洞出现了佛装倚坐弥勒⑤，维摩文殊问答题材也较常见，一般出现在前壁及龛外两侧上方，这些题材与当时流行的《法华经》、《维摩诘经》、《弥勒上生经》等经典有关。北魏迁都洛阳以后，孝文帝、宣武帝、胡太后均笃信佛教，据《释老志》记载"上既崇之，下弥企尚"，洛阳逐渐成为北方佛教中心，《法华经》、《维摩诘经》等经典逐渐流行，不仅促进了北魏的开窟造像活动，也影响了当时的造像题材。窟内壁面及龛楣浮雕大量的连环画式佛传、本生、因缘故事，如古阳洞南壁释迦多宝龛的龛楣部分雕有包括十一个情节的浮雕画面，此类题材及构图方式受到了克孜尔石窟、莫高窟以及云冈石窟的影响⑥。部分龛楣雕出七佛、听法比丘、飞天、双龙等形象，窟顶多雕大莲花及伎乐、飞天，类似宝盖。

图 1-19　宾阳中洞南壁立佛

　　在造像式样上，古阳洞部分龛像具有云冈石窟早期服饰、造型特点（图 1-19），宣武帝景明以后出现了面容消瘦，削

　　① 宫大中：《龙门石窟艺术试探》，《文物》1980 年第 1 期。
　　② 宿白：《洛阳地区北朝石窟的初步考察》，《中国石窟寺研究》，文物出版社，1996 年，第 170 页。
　　③ 马世长：《洛阳皇甫公洞》，《中国佛教石窟考古文集》，新竹：觉风佛教艺术文化基金，2001 年，第 495 页。
　　④ 王去非：《关于龙门石窟的几种新发现及其有关问题》，《文物参考资料》1955 年第 2 期。
　　⑤ 任继愈：《中国佛教史》（第三卷），中国社会科学出版社，1988 年，第 709 页。
　　⑥ 宫大中：《龙门石窟艺术试探》，《文物》1980 年第 1 期。

肩细颈、清癯秀劲的新式样，并成为龙门北魏造像的主流。佛像多带有举身舟形背光，穿着褒衣博带式大衣，衣褶层叠稠密，衣裾覆盖方台座或束腰须弥座。菩萨肩披宽博的披帛，于腹部交叉或交叉穿环，大裙下摆出现两个尖角。雕刻手法也从云冈石窟的直平刀法向圆刀刀法过渡，孝明帝时期，造像较前一时期更显瘦秀。此类新式样来自南朝，北魏迁都洛阳以后，与南朝的往来更加频繁，孝文帝进一步推行太和改制，大力吸收南朝文化，南朝劲秀飘逸的风格对于北方地区的影响更为深刻。

总之，龙门北魏洞窟具有更加鲜明的民族风格，成为中国式石窟艺术形成过程中承前启后的重要一环，不仅影响了洛阳周围的石窟开凿，甚至波及边远地区，使南北方呈现出较为一致的时代风格。

3. 巩义石窟

巩义石窟位于河南巩义东北7.5公里的洛水北岸，邙山脚下的砂岩断崖上，现存5个大窟及一些小龛，是北魏皇室所建的一处重要的石窟寺。据第4窟外唐龙朔年间《后魏孝文帝故希玄寺碑》记载，北魏孝文帝在此创建伽蓝；《明弘治年间重修碑记》又记，宣武帝景明时期开窟造像。但从现存石窟造像的风格判断，巩义石窟大规模的开凿应在北魏晚期，东魏、西魏、北齐、隋、唐诸代都有续凿的龛像。

图1-20　北魏孝昌三年（527年）宋景妃造像龛

第1至5窟自西向东排列，平面方形，除第5窟外，其余四窟都是方形、平顶、规模相近的中心柱窟，每窟在开凿之前都经过了周密设计，如规模最大的第1窟，窟门上方设明窗，两侧各雕金刚力士龛，外侧又各有尖拱大龛，内雕一佛二菩萨像。中心柱平面方形，四面各开一方形龛，龛下基座处各雕七身夜叉，窟内四壁分层开龛，自上而下第一层刻化生，第二层遍刻千佛龛，第三层左、右、后壁各开四个大龛，内雕释迦、二佛并坐、维摩文殊对坐说法等内容，前壁刻礼佛图，四壁最下层及壁角雕伎乐、神王等，窟顶平棊自内向外分层雕刻飞天、化生、莲花等[1]。第2窟未完成，窟内龛像为后代补刻，第3、4窟是一组双窟，同时建造，直接承袭了云冈成组的中心塔柱窟式样[2]，两窟的区别主要在中心柱上，第3窟四壁各开一龛，第4窟四壁各开上、下两龛。第5窟规模稍小，三壁三龛式，窟门作尖拱火焰形，两侧雕二力士，立面设计与第4窟接近。正壁开盝顶大龛，东、西壁各开尖拱龛，东壁龛内雕弥勒及二胁侍菩萨，西、南两壁均雕一坐佛二弟子二菩萨，表现三世佛题材，窟门内两侧各雕立佛，顶部以重瓣大莲花为中心，环绕飞天、化生等。

巩义石窟的造像具有过渡性特征，主佛以坐姿为主，面相稍显丰满，特别是垂覆于佛座前的衣褶转折往复，柔和自然，反映了雕刻技艺的不断成熟。在技法方面，以平直刀法见长，洗练概括，同时综合运用了高浮雕、浅浮雕、线刻等形式，使整体布局层次丰富，变化万千[3]。

① 温玉成：《中国石窟与文化艺术》，上海人民美术出版社，1993年，第210页。
② 任继愈：《中国佛教史》（第三卷），中国社会科学出版社，1988年，第713页。
③ 杨永生：《中外名建筑鉴赏》，同济大学出版社，1997年，第331页。

巩义石窟的礼佛图是同类题材当中的精品，以第 1 窟内 6 幅为代表（图 1-21），前壁东、西两侧分列男、女各三层礼佛行列，每层以僧尼为前导，其后跟随供养人及侍从，冠盖相属，等级森严，构图紧凑，于统一之中显变化，高大的供养人与矮小的侍从形成了鲜明对比，浩浩荡荡、肃穆庄严的供养行列体现出北魏佛教之盛及皇家的显赫气势。

图 1-21 巩义第 1 窟礼佛图

4. 响堂山石窟

534 年，高欢拥立孝静帝自洛阳迁都邺城，邺城和晋阳成为两大政治中心，在帝王崇佛风气的影响下，分别在邺城和晋阳附近建立了响堂山石窟和天龙山石窟，两地之间也有不少佛教遗迹。

响堂山石窟地处河北邯郸市峰峰矿区的鼓山山麓，包括南、北响堂山及小响堂山（水峪寺）石窟三处。北响堂山位于鼓山西麓，现存 9 窟，据《资治通鉴》、《续高僧传》以及常乐寺存金正隆四年（1159 年）《重修三世佛殿记》等记载，响堂山石窟与高齐帝王关系密切，石窟兼具帝王陵墓性质，约建于北齐文宣帝高洋时期（550—559 年）。南响堂山位于鼓山南麓，滏阳河北岸，又称滏山石窟，与北响堂山石窟相距约 15 公里，现存 7 窟，分上下两层，下层编号 1、2 窟，上层编号 3 至 7 窟，据 20 世纪 80 年代发现的隋代补刻"滏山石窟之碑"载，其开凿年代为北齐天统元年（565 年）。水峪寺石窟位于北响堂山石窟以东的薛村东山上，现存 2 窟。响堂山石窟是北齐时期规模最大、最具代表性的石窟群，在隋、唐、宋、明各代都有小规模的增凿，20 世纪初遭到严重破坏，多数佛头被盗割。

响堂山洞窟平面多呈方形，平顶，主要有中心柱窟和三壁三龛窟两类，前者所占比例较大。窟前多雕檐柱前廊，四柱三间式，并刻出仿木构的枋楣、斗拱、檐椽、筒瓦等，与龙门、巩义石窟相比，模拟佛殿建筑的特点更为突出。檐柱间开大龛，内雕天王、力士像，前廊上部崖面雕出覆钵式塔顶，上承火焰宝珠塔形刹，整体构成了所谓的"塔形窟"，这种特殊的外观在其它地区的石窟中比较少见。

响堂山中心柱窟以北响堂第 7 窟、第 4 窟为代表，第 7 窟又称北洞，开凿年代最早，规模最大，窟外崖面上部开三个明窗，残存覆钵式窟顶平座及刹尖遗迹，中心方柱正面及两侧各开一龛，内雕一佛二菩萨，后部凿出过洞，供绕行礼拜，基座处开小龛，内雕各式神王。

窟内壁面均雕一列塔形龛（图 1-22），龛两侧立束腰莲柱，龛顶浮雕覆钵、仰莲、相轮、火焰宝珠等组成的塔刹，龛内雕一佛。此外，第 7 窟还具有瘞窟性质，在中心柱南壁顶部凿有墓穴，用石封砌，表面雕饰于壁面其它部分无异。第 4 窟又称中洞，前建四柱三间式窟廊，

檐柱八角形，以仰覆莲束腰，窟门外两侧各雕一尊菩萨像，两侧龛柱间各开一龛，内雕天王像，中心方柱仅正面开龛，左、右、后三壁与窟壁相连，下部形成礼拜道。南响堂第 1、2 窟为一组形制相近的并列双窟，也属中心方柱窟，窟内前壁上方有大型浮雕西方净土变，反映了邺城地区西方净土信仰的盛行[1]。南响堂第 7 窟为三壁三龛窟的代表，窟外残存檐柱、斗拱、屋檐雕刻及檐柱间的力士龛像，窟内左、右、后三壁开帐形龛，龛内各雕一佛、二弟子、二菩萨像，四壁满雕千佛。平顶雕莲花、飞天、伎乐等。

图 1-22　北响堂山第 7 窟塔形龛饰

响堂山石窟造像一般具有面相圆浑，肩部宽厚，丰满健壮，头部略大，下肢略短，敦实质朴的特点，佛穿双领下垂式袈裟，衣褶稀疏、流畅，多使用凸起的条纹表现"曹衣出水"的质感，菩萨或直立，或腰部微曲，体形多呈柱状。造像组合丰富，有一佛二菩萨三尊式、一佛二弟子二菩萨五尊式及一佛二弟子四菩萨七尊式等，还出现将窟门外两侧的力士像移至窟内的做法[2]，整体表现出一种在继承前代基础上形成的新风格。

此外，北响堂第 3 窟，即南洞内外保留了大量佛经，据"武平三年晋昌郡开国公唐邕写经碑"载，这些佛经包括《维摩诘经》、《胜鬘经》、《孛经》、《弥勒成佛经》等，刻经活动由北齐权臣唐邕主持，主要目的是为了保存经像，以备灭法。南响堂第 1、2 窟内也有《华严经》及《般若经》，第 4 窟内刻《法华经·观世音菩萨普门品》等。

5．天龙山石窟

天龙山石窟位于山西太原西南 40 公里的天龙山东、西两峰山腰处，现存洞窟 25 个，自东向西编号，东峰分上下两层，上层 4 窟，下层 8 窟，西峰 13 窟，太原古称"晋阳"，永熙元年，高欢在晋阳建大丞相府，迁都邺城后，又以此地作为陪都，并在天龙山修建避暑宫[3]。从现存造像及《开皇石室铭》碑记来看，天龙山石窟创建于东魏时期，其后的北齐、隋、唐历代续有开凿，但在 20 世纪 20 年代曾遭到严重破坏和洗劫。

东峰第 2、3 窟相互毗邻，为一组双窟，在天龙山诸窟中开凿年代最早，属于中国为数不多的东魏窟，洞窟规模较小，平面方形，覆斗顶，顶心雕圆莲花藻井，四披雕供养飞天，三壁三龛，龛形以圆拱龛为主，内各雕一佛二菩萨像，表现三世佛题材，四壁设低坛，龛楣、壁面及窟顶装饰简洁。佛像或结跏趺坐或倚坐，形象清瘦，身材修长，穿褒衣博带式袈裟，衣纹呈平直阶梯状，带有北魏晚期清秀飘逸的风格。菩萨袒上身，肩披宽帔帛，于腹前交叉

① 李裕群：《山野佛光——中国石窟寺艺术》，四川人民出版社，2004 年，第 132 页。
② 陈少丰：《中国雕塑史》，岭南美术出版社，1993 年，第 263 页。
③ 李裕群：《天龙山石窟分期研究》，《考古学报》1992 年第 1 期。

或交叉穿环，下身着长裙，从窟形到造像的式样及题材均明显受到云冈、龙门、巩义石窟寺的影响[①]。

东峰第 1 窟和西峰第 10、16 窟开凿于北齐时期，形制及布局与东魏窟相仿，但规模略大，窟前建有仿木结构前廊，三间两柱式，柱平面八角形，莲形柱头上凿一斗三升及人字拱，前廊侧壁建有开窟功德碑，后壁及窟内前壁各雕一对护法像，有窟门二重，外门作圆拱形，门上有尖拱门楣，两侧立八角门柱，柱头上雕仿木构件及装饰，内门作长方形，有门槛及门墩石，可能原先曾安装木门[②]（图 1-23）。主室平面方形，覆斗顶，三壁开龛，龛内雕一佛二弟子二菩萨五尊像，龛侧立八角柱，环壁设低坛，窟顶、龛楣、坛基处稍加装饰，整体给人简洁、清新之感。三窟虽都表现三佛题材，但各窟主尊不同。造像风格与东魏时期差别较大，立体感强，表现手法趋于写实。佛像肉髻低平，面相浑圆，丰满健壮，身穿袒右或双领下垂式袈裟，衣着轻薄贴体，衣纹出现圆转流畅的双阴线。菩萨头戴花冠，袒上身，帔帛绕双臂下垂，腹部微凸，下裙紧裹身体，从整体看没有响堂山造像那种头大、颈粗，身体僵直的特点[③]。

图 1-23　天龙山第 10 窟前廊

6. 宝山灵泉寺石窟

灵泉寺原名宝山寺，隋代改称灵泉寺，灵泉寺石窟位于河南安阳西南宝山峡谷两侧，共有窟龛 200 多个，其中寺东侧岚峰山西麓的大留圣窟和寺西宝山南麓的大住圣窟较著名。东魏、北齐时期，许多重要的石窟、寺院都与名僧相关，包括地论宗师道凭所建宝山寺，禅宗大师僧稠所建灵山寺及云门寺等。

灵泉寺大留圣窟平面方形，平顶，环壁设低坛，剥蚀严重，窟内现有坐佛三尊，正壁为卢舍那佛，北壁为阿弥陀佛，南壁弥勒像。造像面相丰满，身躯健壮，胸前刻万字纹，均穿双领下垂式袈裟，结跏趺坐于束腰须弥座上，袈裟贴体，衣纹浅疏，身后有舟形背光及圆形头光，佛坛下浮雕八神王像。据《安阳县志》记载，大留圣窟开凿于东魏武定四年（546 年），为当时著名高僧道凭所建，俗称道凭石堂[④]。

7. 安阳小南海石窟

小南海石窟位于河南安阳西南 25 公里的善应村龟盖山南麓，面临洹水，现存洞窟 3 座，均开凿于北齐时期，三窟的规模、形制、布局及造像题材、风格都很接近，应具有统一的规划。

西窟平面方形，覆斗顶，窟门圆拱形，门楣雕刻精美，正中一朵莲花，两侧各雕双龙、金翅鸟及守门人，上方倒立虎头裸身强梁，窟内正壁雕一坐佛二弟子，左右壁各雕一立佛二菩萨。

① 李裕群：《古代石窟》，文物出版社，2003 年，第 195 页。
② 连颖俊：《天龙山石窟雕塑艺术》，《文物世界》2005 年第 1 期。
③ 王伯敏：《中国美术通史》2，山东教育出版社，1996 年，第 242 页。
④ 河南省古代建筑保护研究所：《宝山灵泉寺》，河南人民出版社，1991 年，第 18 页。

中窟是三窟中内容最丰富、雕刻最精美的一窟,窟前原有木构建筑,圆拱形窟门(图1-24)的门楣正中雕火焰宝珠,两侧各雕双龙、金翅鸟及护法像。门额上方刻《方法师镂石板经记》,右侧镌刻《华严经偈赞》及《大般涅槃经·圣行品》,从上述石刻题记及经文看,此窟为天

图1-24　小南海中窟窟门

保元年(550年)方法师开凿,至天保六年(555年)由僧稠禅师最终完成的[1]。窟内造像均采用高浮雕,其后附以浅浮雕背景。正壁雕一坐佛二弟子像,主尊结跏趺坐,施禅定印,身后有举身舟形火焰纹背光,内饰单层方塔及飞天,佛座右侧下部刻一站立比丘形象,身穿圆领宽袖大衣,足穿圆口僧鞋,身后竖起一茎莲花,前刻楷书"比丘僧稠供养"六字。东、西两壁各雕一立佛二菩萨像,西壁主尊头部已残,后有尖拱火焰纹头光,壁面刻表现"九品往生"主题的西方净土浮雕,表明主尊应为阿弥陀佛,东壁上部浮雕"弥勒为天众说法时"群像,因而主尊应为弥勒。

五、南方地区

1. 栖霞山石窟

栖霞山石窟位于江苏省南京市东北约22公里的栖霞山麓,此山古名摄山,据陈江总《金陵摄山栖霞寺碑》、唐《摄山栖霞寺明征君碑》及《高僧传》记载:栖霞寺创建于齐居士明僧绍与僧辩法师。法度禅师常于摄山讲授《无量寿经》,后与明僧绍谋划营建无量寿像,齐永明二年(484年),明僧绍去世,其子明仲璋首于西峰与法度共雕无量寿佛像及二菩萨像,在营建的过程中受到了齐文惠王太子、豫章、章陵、始安等诸王和臣民的共同资助,法度又在此基础上,续造像十余龛。栖霞山石窟开凿于5世纪末期,因数量众多,被称为千佛岩。梁天监十年,临川靖慧王又饰彩涂金,加以莹饰。

据统计,栖霞山石窟大小窟龛共计294个,造像551尊[2],南朝的龛像主要集中于无量殿及周围崖面上,以无量殿所在大像龛为中心,此龛规模较大,敞口,穹窿顶,平面略作椭圆形,龛顶前部坍毁,龛壁上端有梁孔遗迹,原曾建有接连岩面的木构建筑。龛内正壁雕出基坛,坛上刻禅定坐佛,佛像高9余米,两侧各雕一身胁侍菩萨,立于双层莲台上。一佛二菩萨像虽屡经后世改塑,但姿态、服饰旧迹可辨。佛像面型方圆,穿双领下垂袈裟,衣摆外展下垂,覆盖佛坛,佛装衣摆及菩萨衣裙下部向外撇开的形式皆与洛阳龙门石窟宾阳洞造像相似[3]。一般认为此龛就是陈江总《金陵摄山栖霞寺碑》所记齐明僧绍子仲璋与法度禅师镌造的无量寿佛及观世音、大势至二菩萨所在龛,反映了南朝时期净土信仰的盛行。

无量殿西侧的释迦多宝龛与无量殿毗邻,也为穹窿顶、平面略作横椭圆形的敞口龛。龛内凿倒凹字形坛基,坛上雕像,正壁置释迦多宝,侧立二胁侍菩萨。二佛均结跏趺坐,双手施禅定印,螺发,衣摆覆坛,带有线刻背光及莲花纹饰。二佛右肩均有一弧形线,即所谓偏衫衣边。菩萨头戴高冠,跣足立于圆形莲花座上,帔帛及璎珞穿璧交叉于腹前。此龛可能就

① 罗哲文:《中国名窟:石窟寺 摩崖石刻与造像》,百花文艺出版社,2005年,第58页。
② 向达:《摄山佛教石刻小记》,《唐代长安与西域文明》,北京三联书店,1957年。
③ 宿白:《南朝龛像遗迹初探》,《考古学报》1989年第4期。

是唐高宗上元三年（676年）所立《摄山栖霞寺明徵君碑》记载的法度续建的龛像之一①。

2. 剡溪石城摩崖龛像

剡溪石城摩崖龛像位于浙江新昌县西南宝相寺内，寺初名隐岳寺，创建于东晋穆帝永和（345—356年）初年，此后，高僧于法兰、支遁等在此续建元化、栖光二寺，至梁武帝天监（502—519年）年间，三寺遂合为一寺，名为石城寺。寺院依山而建，有木构高阁连接山崖龛像。阁内崖面开一敞口大龛，形制与南京栖霞山无量寿佛龛相仿，平面略呈横椭圆形，前壁敞开，露顶。龛内正面凿佛座，上雕大型佛像一躯。佛像全身贴泥饰金，原状已掩。现存佛像广额方颐，短颈宽肩，形体丰壮，结跏趺坐，施禅定印，据实测，佛座高 24 米，身高 13.23 米。大佛竣工后，梁刘勰撰写《梁延安王造山石城寺石像碑》，详细记叙了寺院及大佛的营造过程，原碑已佚，碑文流传至今，据碑文记载，大佛像自齐建武中（494—498 年）开始兴工，至梁天监十五年（516 年）竣工，先后历经护、淑、佑三僧，而完成于僧佑。据刘勰碑及《高僧传》记载，大佛原为倚坐弥勒，螺发，胸前万字隆起，右手施无畏印，表现弥勒龙华树下成佛、普度众生之像。碑、传所记与现存佛像相去甚远，据北宋咸平五年（1002 年）僧辩端撰《新昌石城山大佛身量记》，大佛已为结跏趺坐式，则坐式的改变应在北宋咸平之前。在《民国新昌县志》中，犹可见佛像胸前隆起之万字，应被近代新装所掩②。

大佛龛西北约 300 米处有左右毗连的两个洞窟，内雕千佛，俗称千佛岩。右边窟后壁正中雕释迦坐像，像右侧列千佛六区，左侧列千佛四区，每区纵排十小龛，横排十一小龛，每区正中约占九小龛的位置雕一个较大龛，龛中雕一坐佛二胁侍菩萨，佛像多穿通肩袈裟。左右千佛之外侧，各雕一护法像，头部残损，颈戴项圈，肩披宽披帛，于腹前交叉弯上，衣裙呈鱼鳍状外撇，手执金刚杵或剑，这种服饰特征与北魏迁洛前后的北朝造像类似，因此千佛岩的雕凿年代应在僧护开始营建剡溪石城弥勒大佛之前，是石城山目前发现的年代最早的摩崖造像③。

3. 广元千佛崖和皇泽寺石窟

南北朝时期，川北地区是连接北朝长安与南朝成都的交通要道，也是四川佛教石窟兴起较早、较集中的区域，广元为川北重镇，位于从中原入川的金牛道上，窟龛主要分布于嘉陵江两岸，其中千佛崖及皇泽寺石窟受到北朝石窟艺术的影响，开凿年代较早。

千佛崖石窟位于广元市北 5 公里的嘉陵江东岸，唐代称作"柏堂寺"，五代、两宋一直沿用此名，元代始改称"千佛崖"。千佛崖是四川规模最宏伟的石窟群之一，窟龛重叠密布如蜂巢，最高处距地面 40 余米，多达 13 层。据清咸丰四年（1854 年）石刻题记，造像总数达 17000 余尊，现存不足半数，其中大中型窟 95 个，小龛 300 多个，开凿年代较早的洞窟有大佛洞、藏佛洞等。

大佛窟位于千佛崖南段中部下层，高、宽均逾 5 米，马蹄形平面、穹窿顶，前壁已崩塌，正壁刻一佛二弟子二菩萨像，两侧壁各有一菩萨侍立（图 1-25），主像头部已残，身躯壮硕，衣褶呈阶梯状，菩萨像头束双髻，帔帛在

1-25 大佛洞左壁菩萨

① 宿白：《南朝龛像遗迹初探》，《考古学报》1989 年第 4 期。
② 宿白：《南朝龛像遗迹初探》，《考古学报》1989 年第 4 期。
③ 李裕群：《古代石窟》，文物出版社，2003 年，第 238 页。

腹前交叉，风格接近麦积山北朝造像，约造于南朝齐梁间[①]。藏佛洞平面方形，平顶，规模较小，三壁各开一圆拱龛，内设一佛二菩萨，佛坐于低方座上，穿通肩大衣，施禅定印，舟形背光处刻有七佛及六身飞天[②]。

　　皇泽寺位于广元市西1公里江西岸的乌龙山麓，旧名"乌奴寺"，因广元为武则天出生地而赐寺名"皇泽"，其寺背山面水，环境幽静，现存窟龛50余个，主要有中心柱窟、大佛窟、五佛亭、则天殿、写心经洞等。中心柱窟是皇泽寺开凿年代最早的一处，平面方形，中心设五级塔柱，各层列龛造像，后壁及左右壁各开圆拱龛，龛楣饰龙、飞天等，龛内雕一佛二弟子二菩萨像，佛坐于方形高座上，面颐饱满，头顶处有九佛，菩萨长发披肩，腰部微曲，窟壁及中心柱上满布千佛浮雕，从窟形及造像情况看，营建于北朝末至初唐时期[③]。

第三节　隋唐时期

　　隋唐时期的佛教繁荣发展，虽然营建地面佛寺已渐成主流，但窟龛造像仍为数不少。这一时期的石窟寺多在前代基础上续建窟龛，新建石窟寺不多，主要包括陕西地区的彬县大佛寺、麟游慈善寺，西南地区的巴中石窟、安岳石窟、大足石窟、剑川石窟，河西地区的安西榆林窟等。续建的石窟寺主要有：新疆地区的克孜尔石窟、库木吐喇石窟，河西地区的敦煌莫高窟，甘宁黄河以东区的炳灵寺石窟、麦积山石窟、须弥山石窟、庆阳北石窟寺，陕西地区的耀县药王山石窟，晋豫及其以东区的龙门石窟、天龙山石窟、宝山灵泉寺石窟，西南地区的广元千佛崖、皇泽寺石窟等。其中政治地位突出的两京地区对于其它地区的石窟寺有着深刻的影响，盛唐以后，四川地区的石窟寺逐渐从北部向中南部扩展，地方特色浓郁。

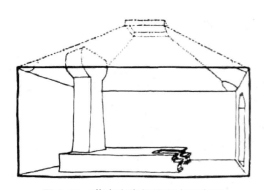

图1-26　莫高窟唐代佛坛窟示意图

隋代洞窟形制多沿袭北齐、北周，唐代盛行平面马蹄形、穹窿顶、环壁设低坛、上置列像的窟形，敞口大像龛、佛坛窟、背屏式窟也较常见，佛坛窟的中央佛坛多为方形，有的在坛后凿出直通窟顶的背屏，形成背屏式窟（图1-26）。此外，还有后置涅槃台的涅槃窟以及少量的中心柱窟、瘞窟及禅窟。总体而言，南北朝时期窟龛内外复杂的仿木结构和门楣、龛楣装饰相应简化，但在四川地区的摩崖龛像中流行精美繁复的帐形龛楣及装饰。

　　这一时期，佛教宗派林立，表现经典教义的塑绘题材也较复杂，除了传统的三世佛、释迦、七佛、千佛外，反映净土信仰的倚坐弥勒、阿弥陀佛、观世音以及观无量寿经变、西方净土变、东方药师变等题材最为盛行，其它如文殊、普贤、地藏、卢舍那佛、涅槃像、传法祖师像等也较常见。盛唐时期，出现了密宗题材造像，包括大日如来、八臂观音、四壁观音、十一面观音、千手千眼观音以及带有地方特色的菩提瑞像等。造像多为圆雕成铺群像的形式，

① 温玉成：《中国石窟与文化艺术》，上海人民美术出版社，1993年，第364页。
② 罗哲文：《中国名窟：石窟寺 摩崖石刻与造像》，百花文艺出版社，2005年，第76页。
③ 杨新华，董宁宁：《石刻》，上海古籍出版社，1998年，第77页。

有三身、五身、七身、九身等不同组合，其中一佛二弟子二菩萨二天王七尊像、一佛二弟子二菩萨二天王二力士九尊像组合最典型，后期流行小型的单身佛、菩萨像，也反映了造像行为从统治阶层向普通信众的转移。隋至初唐的造像还存有北朝晚期遗风，如佛像肉髻低平，胸、腹部平坦，菩萨像体态修长，璎珞满身，下穿长裙，身姿直立或微曲。盛唐时期，形成了成熟的唐代风格，佛像肉髻较高，胸、腹微隆，衣着轻薄贴体，衣纹如圆泥条状凸起，菩萨头束高髻，面相丰腴、站姿呈三曲式，斜披络腋，宝缯垂肩，长裙贴体，神情温婉妩媚。中晚唐时期，造像更显丰腴，呈现衰颓之势。

一、新疆地区

1．克孜尔石窟

隋唐时期是克孜尔石窟的衰落阶段，洞窟大多分布在谷东区，形制与前代相仿，但简化趋势显著，新出现了小型窟，有些带前室，有些则利用以前改建僧房窟后遗留的门道部分修建。大像窟取消了中心柱，大立佛中部以上贴崖壁塑造，崖面下部向内凿出横长方形的后室，与前代相比更加低窄，大立佛的腿脚部分成为主、后室的分界。佛教徒进入窟内不再右绕中心柱礼拜，而是绕大像礼拜，这种新式的大像窟与阿富汗巴米扬东西大立佛窟十分相似，也见于龟兹地区的其它石窟寺[1]。在壁画内容方面，千佛题材大量出现，有的身穿双领下垂式佛装，体现了来自于阗和中原地区大乘佛教的影响[2]。主像立佛逐渐多于坐佛，供养人服饰上的联珠纹在吐鲁番阿斯塔那墓葬出土的丝织品上也出现过，具有断代意义。在绘画技法方面，人物画的轮廓线有了粗细变化；树木的表现，不仅有矛形和蝶形，还有三、五片花瓣式的树冠；对于山峰的表现，除了图案式的菱形格外，还出现写实性的山峰[3]。

2．库木吐喇石窟

与克孜尔石窟的衰落相比，同属龟兹系统的库木吐喇石窟在这一时期逐渐兴盛，洞窟形制与前代略同，但出现了明显受到中原佛教及佛教艺术的影响的汉风洞窟。开凿于8至9世纪唐代汉族政权统治时期的库木吐喇中期洞窟，在壁画题材上与中原地区唐代洞窟相似，千佛、东方药师经变、西方净土变等盛行，有些带有汉书榜题，佛、菩萨像旁也有汉文写的"南无阿弥陀佛"、"南无救苦救难观世音菩萨"等。如第16窟的两侧都绘有大幅经变画，中间是中堂式画面，两侧以条幅式相配，周边装饰各种纹样，带有浓厚的中原画风[4]，又如第14窟主室正壁是一铺场面宏伟的经变画，坐佛居中，坐于莲座上，手托一钵，两侧侍立二身胁侍菩萨。一佛二菩萨的上方各有一装饰华丽的宝盖。坐佛的两侧环绕弟子和听法菩萨，画面两侧画护法神像。天空中还绘有小佛像及飞天等，壁画下部已残。券顶中脊绘一条带状圆形莲花图案，莲花周围有云朵装饰。两侧壁绘有小型千佛，每侧壁绘12至15列，每列33至38身，其形象全为正面结跏趺坐像，袈裟呈土红色，双领下垂，为典型的汉式装束[5]。此外还出现阿弥陀佛立像、观音立像、千手千眼观音像等题材。壁画中大量运用的团花、忍冬卷草纹等装饰图案也与敦煌唐窟中的纹样接近。

① 宿白：《新疆拜城克孜尔石窟部分洞窟的类型与年代》，《中国石窟寺研究》，文物出版社，1996年，第32页。
② 李裕群：《古代石窟》，文物出版社，2003年，第35页。
③ 闫文儒：《天山以南石窟》，《中国佛教》（五），中国社会科学出版社，2004年，第462页。
④ 杨永生：《中外名建筑鉴赏》，同济大学出版社，1997年，第501页。
⑤ 马世长：《库木吐喇的汉风洞窟》，《中国佛教石窟考古文集》，新竹：觉风佛教艺术文化基金，2001年，第126页。

二、河西地区

1. 敦煌莫高窟

隋唐时期是莫高窟的全盛时期。隋代主要有中心柱窟和三壁一龛或三壁三龛式的覆斗顶方形窟，或"人字披"顶方形窟，洞窟形制基本承袭北朝，龛形则有新的变化，出现了呈"凸"字形平面的佛龛，即重龛式样，较北朝时期略深。中心柱窟数量较少，覆斗顶方形窟与中国传统的殿堂建筑接近，也被称为"殿堂窟"或"佛殿窟"。窟内塑像流行三至七身组合形式，多以二弟子、二菩萨或四菩萨为胁侍，有些洞窟在此基础上增加了二力士或四天王。隋代塑像多延续北周特点，比例不够匀称，以圆雕为主，衣纹由阶梯状向流畅贴体过渡，菩萨披帛多横于腹膝二道，装饰更显富丽。隋代壁画布局一般分三栏，有些洞窟出现了整壁大幅多铺说法图或故事画，覆斗顶四披亦绘大幅壁画。在壁画题材方面，因缘类故事画消失，本生故事画的数量、种类显著减少，而经变题材，特别是净土变题材盛行。三壁一龛窟大都采用绘塑结合的手法，正壁龛内塑跏趺坐佛像，两侧壁分别绘一铺倚坐菩萨和一铺坐佛说法图，可以解释为三世佛题材[①]。

唐代敦煌地区经历了三个历史时期，分别为：唐朝中央政府直接控制时期（武德初至建中二年，618—781 年），相当于初唐至盛唐时期；吐蕃占领时期（建中二年至大中二年，781—848 年），相当于中唐时期；张议潮统治时期（大中二年至唐末，848—907 年），相当于晚唐时期。

唐窟在莫高窟中所占的比重很大，承袭前代的窟形有三壁一龛或三壁三龛式佛殿窟、中心柱窟等，三壁一龛式佛殿窟占据主导地位，一般带有前室，室外有木构建筑，但今已无存，主室平面方形，覆斗顶，室内活动空间宽敞。中心柱窟后壁多凿出横长方形的涅槃龛，内塑涅槃像。唐代新出现的洞窟形制有大像窟、涅槃窟和佛坛窟等。大像窟多分前后室，后室平面呈方形，贴后壁塑一身大像，左、右、后部凿出隧道式礼拜道，甬道上方开明窗，前室外依崖面建多层木构建筑，如开凿于武周延载二年（695 年）的第 96 窟和开凿于唐开元九年（721年）的第 130 窟，据考证分别为《莫高窟记》所提到的"北大像"和"南大像"[②]。涅槃窟平面横长方形，主室后部正壁下设通壁宽的涅槃台，上塑大卧佛，有些在涅槃台后部凿通隧道，供信徒旋绕礼佛，典型洞窟为第 148、158 窟。佛坛窟有带背屏和无背屏两种。带背屏的佛坛窟出现较晚，多为晚唐时期的大型洞窟，如第 196、138、94 窟等。主室平面呈方形或纵长方形，窟内正中偏后设佛坛，佛坛前有登道，后有直通窟顶的背屏，四周环绕通道。坛上设马蹄形佛床，塑成铺造像，这种形制模仿了当时的寺院建筑。无背屏佛坛窟为方形平面，覆斗顶，中心佛坛后不设背屏，典型洞窟有第 76、85、161、234 窟等，这种佛坛窟的出现可能与密教活动有关[③]。与隋代相比，唐代龛形又有了新的变化，早期龛口多外敞，梯形平面，龛顶上仰；唐代后期，龛顶多为盝顶式，平面横长方形，龛内设倒"凹"字形坛基，其上塑像，形制更加规整[④]。

唐代塑像一般为成铺群像形式（图 1-27），多出现说法像和涅槃像，说法像以佛为中心，

---

① 李裕群：《古代石窟》，文物出版社，2003 年，第 60 页。
② 宿白：《〈莫高窟记〉跋》，《文物参考资料》1955 年第 2 期。
③ 宿白：《敦煌莫高窟密教遗迹札记（上）》，《文物》1989 年第 9 期。
④ 马世长：《敦煌莫高窟》，《中国佛教石窟考古文集》，新竹：觉风佛教艺术文化基金，2001 年，第 220 页。

由近至远，按身份等级成对排列，组合形式一般包括一佛二弟子二菩萨二天王或二力士二供养菩萨等。涅槃像将建筑、彩塑与壁画结合起来，众人的悲痛与卧佛的安详形成了鲜明的对比，场面宏大，真实感人。唐代雕塑水平大为提高，多使用圆雕及写实手法，注重人物内心及个性的刻画。佛像面相浑圆丰满，身形健美，穿袒右袈裟、双领下垂式袈裟或通肩袈裟，衣纹为突起泥条状，有较强的薄衣贴体质感。弟子像通常表现迦叶与阿难，注重其形貌、性格上的差异性。菩萨像则集中体现了唐代的女性美，初唐菩萨像多保留隋代余风，体态修长、璎珞满身、长裙覆脚，神情庄静。至盛唐时期，菩萨多头束高髻、面相丰腴、长眉入鬓，身姿婀娜，体态呈三曲式扭曲，神情温婉妩媚，斜披络腋，宝缯垂至肩下，似随风飘动，下身穿长裙，衣纹贴体（图 1-28）。吐蕃时期的菩萨像更显清新明快，自然和谐，其代表作如第197、159窟的两身菩萨，女性化特征显著。唐代天王像孔武有力，气势威猛，有如初唐第322窟的高鼻、大眼、八字胡、顶盔贯甲的西域式形象，也有如盛唐第46窟的中原式形象，头顶束髻，身穿金甲，攥拳怒目，足踏小鬼。第205窟的天王按剑而立，内着甲，外披大虫皮，其装束按照吐蕃有战功的武士形象塑造，为吐蕃统治时期天王像的代表作。晚唐时期还出现了高僧塑像的新题材。除成铺群像外，莫高窟唐代前期的洞窟中还有数尊巨型的彩塑佛像，雕塑巨像是唐代石窟造像的一大特点，在龙门石窟及四川地区的石窟中都曾出现，反映了唐代经济繁荣、国力强盛的社会局面及雄伟壮丽的时代风貌。

图 1-27　莫高窟第 45 窟彩塑一铺像

图 1-28　第 149 窟西壁
菩萨像（盛唐）

　　莫高窟唐代壁画题材有说法图、单身佛及菩萨像、经变画、佛教史迹画、戒律画、本生、因缘故事画、供养人画像、瑞像图等等。唐代前期反映净土信仰的单身佛、菩萨像较为常见，观音、大势至从经变画中独立出来，还出现了文殊、普贤左右对称的画像，并在构图上逐渐形成了以文殊、普贤为主体的天人簇拥的行进行列[①]。隋唐时期，经变画在地上寺院和石窟寺中都较常见，净土变在各种经变中地位突出。唐代前期，阿弥陀经变，亦称西方净土变最为流行，至晚唐时期，东方药师经变占据了主导地位。唐代前期的经变画多为一壁一铺的格局，气势宏大。到了后期，窟内经变的种类增加，甚至达到一窟十六七种之多，一壁数铺，场面及人物减小，画面庞杂、零乱，不似前期那样鲜明、壮观了，但将屏风画的形式引入了经变构图，这是经变构图方式上的一大变化。唐代前期肖像画流行，名家辈出，有力地促进了莫高窟供养人画像的发展，供养人的形象不仅突破了千人一面的模式，而且逐渐成为显示

① 段文杰：《唐代前期的莫高窟艺术》，《敦煌石窟艺术论集》，甘肃人民出版社，1988 年，第 175 页。

氏族门庭以及宗族谱系的组像，如贞观年间始建的第220窟，通常被人们称作"翟家窟"，带有翟玄、翟思远、翟通、翟奉达等数代人不断营造修饰的家庙性质[①]。晚唐时期，豪门世族统治河西，互为姻亲，形成了世袭的统治集团，往往自己出资造窟，这一时期的供养人像继续发展，常将窟主画像置于东壁门上，面向正龛的主尊，以显示其特殊身份，且出现为个人歌功颂德的功德窟。初唐时期，莫高窟部分洞窟中已出现密宗形象，盛唐时期，从主室前壁扩展至窟内各壁，甚至甬道顶部，随着密宗的系统化，题材有所增加，典型的有十一面观音、千手千眼观音、孔雀明王、毗沙门天王、如意轮观音、不空羂索观音等。中、晚唐时期，密宗图像的数量和地位大为提高，两身尊像成组的情况盛行，观音像更为繁多，天王像渐趋复杂，密宗图像绘于顶部正中的情况继续发展，主室顶部出现羯摩杵，环绕金刚杵一周[②]。晚唐的许多洞窟满绘密宗图像，如第14窟排列着成铺的千手千眼观音、千手千钵文殊、如意轮观音、金刚杵观音、十一面观音等，密宗图像的大量出现反映出盛行于中原两京地区的密教信仰对于敦煌的影响[③]。

2. 安西榆林窟

榆林窟也称"万佛峡"，位于安西县城西南约70公里处，洞窟分布在榆林河东、西两崖的峭壁上，西南距莫高窟70多公里。现存洞窟41个，东崖30窟，西崖11窟，窟形、彩塑和壁画均与莫高窟联系密切，是莫高窟艺术体系中一个重要的分支。榆林窟的始凿年代无文献可考，现存洞窟基本属于唐至元代开凿，洞窟形制和莫高窟各代窟形相仿，主要有中心柱窟、佛坛窟和大像窟三种[④]，各类窟形均始自唐代，其中佛坛窟的数量最多。中心柱窟主室平面呈长方形，中央偏后设有方形塔柱，四面开龛造像，带有前室及长甬道。佛坛窟主室平面呈方形或长方形，覆斗顶，中央置佛坛，或于正壁凿出佛坛。大像窟主室平面椭圆形，穹窿顶，正壁造大像，前壁开明窗。榆林窟的彩塑破坏严重，多属等身群像，还有一些高达二三十米的大像，均经后代重妆改建。

榆林窟壁画可大致分为中唐，五代、宋，西夏、元三大阶段。初盛唐时期壁画多被五代宋初壁画所覆盖，第25窟开凿于吐蕃占领瓜州初期，由前室、主室和甬道构成，壁画保存较好，堪称中唐壁画的典范之作。第25窟前室为横长方形，正壁门两侧分绘南、北方天王像，主室方形、覆斗顶，中部设方形佛坛，窟顶壁画多毁，前壁门两侧分绘文殊变和普贤变，两侧壁分绘观无量寿经变和弥勒经变，构图完整，场面宏大，后壁主要表现密宗八大菩萨曼荼罗等内容，壁画构图紧凑，色彩清雅鲜丽，诸尊形象生动传神，线描轻快纯熟。

三、甘宁黄河以东地区

1. 炳灵寺石窟

炳灵寺隋代洞窟数量较少，第8窟保存完整、塑绘精美，具有代表性，平面近方形，平顶，低坛基，与北魏晚期窟形相近，窟内原有一佛二弟子二菩萨像，今一菩萨已佚，窟顶及四壁彩绘壁画，塑绘内容结合紧密，窟顶正中绘大莲花，伎乐、飞天环绕其间，色彩富丽，

---

① 段文杰：《唐代前期的莫高窟艺术》，《敦煌石窟艺术论集》，甘肃人民出版社，1988年，第181页。

② 宿白：《敦煌莫高窟密教遗迹札记》，《中国石窟寺研究》，文物出版社，1996年，第283页。

③ 段文杰：《唐代后期的莫高窟艺术》，《敦煌石窟艺术论集》，甘肃人民出版社，1988年，第214页。

④ 季羡林：《敦煌学大辞典》，上海辞书出版社，1998年，第11页。

生动活泼，前壁两侧绘维摩、文殊及听法众人，属于出现较早的维摩变壁画[①]。

唐代窟龛占到炳灵寺石窟的三分之二以上，多数为露天的摩崖浅龛，洞窟数量少，窟形一般为平顶，平面方形或马蹄形。窟龛造像有一佛二弟子二菩萨二天王、一佛二菩萨二天王、一佛二菩萨或单身菩萨像等不同组合，阿弥陀佛、药师佛、弥勒佛、观世音菩萨等题材比较常见，反映了唐代净土信仰的流行[②]。炳灵寺唐代造像多为石雕，并加敷彩绘，造像面型较长，刀法粗犷，风格简洁清新，不如天龙山等同时代造像圆润细腻[③]。初唐造像身材较长，面部丰圆适中。盛唐窟龛数量较多，第64龛内的一佛二菩萨二天王像较典型，造像双眉细弯，唇部方厚，体态丰满，表情生动，婀娜多姿，健康丰腴。中晚唐时期的造像多腮部突起，体形臃肿，表情呆板拘谨。此外，第171窟内雕有高达28米的倚坐弥勒佛像（图1-29），石胎泥塑，经后代重修，保持了唐代造像的基本特征，气势宏伟，据文献记载，此像为凉州观察使薄承祚于贞元十九年（803年）建造的，窟前原依山建有七重大阁，今已毁[④]。

图1-29　炳灵寺石雕弥勒像

2. 麦积山石窟

麦积山石窟的隋唐窟数量较少，据《秦州雄武军陇城县第六保瑞应寺再葬佛舍利碑》记载，隋文帝仁寿四年曾在此修窟建塔，敕葬舍利。北周时期盛行的崖阁式窟继续开凿，如俗称"牛儿堂"的第5窟为一座崖阁式大窟，上雕正脊、鸱吻，下凿前廊，列柱上方有斗拱，廊顶平棊，廊后开一大窟及两大龛，气势雄伟。第13、98窟分布于东、西两崖，窟内均雕有一佛二菩萨像，主尊高达10余米，是麦积山石窟最大的摩崖造像。这一时期的造像组合有一佛二菩萨、一佛二弟子二菩萨或一佛二弟子四菩萨等。主尊多为释迦牟尼或阿弥陀佛，造像衣饰简化，形体清俊，更趋写实[⑤]。唐代以后，由于麦积山崖壁大面积崩毁，可供开窟的崖面多被前代占据，几乎没有新开窟龛，现存唐、宋、明代造像多是在前代窟内重塑、补塑或改塑的。

3. 须弥山石窟

隋唐时期，须弥山石窟开凿的洞窟数量较少，窟龛形制、造像风格均承袭北周，但仿木结构、帐形龛等简化，造像也逐渐向着丰满圆润的初唐风格转变。

唐代是须弥山石窟开凿的又一个盛期，洞窟主要分布在大佛楼、相国寺和桃花洞三区。窟形以方形佛殿窟为主，也有少量大像窟、中心柱窟及涅槃窟。方形佛殿窟为覆斗顶或穹窿顶，四壁开龛造像，或设坛列像，造像组合流行一佛二弟子二菩萨二天王二力士的九尊像形式，常见题材有三世佛、倚坐弥勒、地藏菩萨、八臂观音等。造像均施彩绘，有些在成形后，

①　甘肃省文化局文物工作队：《调查炳灵寺石窟的新收获》，《文物》1963年第10期。

②　董玉祥，《炳灵寺石窟的分期》，《中国考古学会第一次年会论文集》，文物出版社，1980年，第354页。

③　陈少丰：《中国雕塑史》，岭南美术出版社，1993年，第366页。

④　中国大百科全书总编辑委员会，《考古学》编辑委员会：《中国大百科全书·考古学》，中国大百科全书出版社，1986年，第50页。

⑤　董玉祥：《麦积山石窟的分期》，《文物》1983年第6期。

先敷一层织物，抹泥打底后再上彩，颇具特色[①]。第 105 窟开凿于盛唐前期，规模宏大，带有前室，主室平面略呈横长方形，平顶，中心柱四面单层开龛，龛内分别雕弥勒佛、阿弥陀佛、地藏、观音四像，窟内左右壁各开两龛，后壁正中开一门，门两侧各开一龛。前室敞开，原建有三开间二层的木构建筑[②]。第 5 窟为敞口式大像窟，平面马蹄形，穹窿顶，内雕高达20.6 米的倚坐弥勒像，螺髻，面相方圆，气度恢宏，西侧有"大中三年（849 年）吕中万"题记，营建年代应在此前。

4. 庆阳北石窟寺

庆阳北石窟寺的唐代窟龛约占总数的三分之二以上，窟平面多呈方形、长方形或马蹄形，窟顶为平顶或穹窿顶，个别洞窟前建有木构建筑。大周如意元年（692 年）泾川临泾县令杨元裕所建第 32 窟是北石窟寺规模较大的唐代洞窟之一，平面呈不规则的横长方形，平顶，窟内北侧凿有方形中心柱，四面各开一个圆拱形龛，正面龛内雕一佛二弟子二菩萨像，正壁开一个横长方形平顶大龛，龛内雕一佛二弟子二菩萨二力士像，据龛内题记，此为阿弥陀佛一铺像。

第 222 窟是一个平面长方形、覆斗顶大窟，窟门上部开明窗，正壁设坛基，上雕一佛二弟子二菩萨五尊像（图 1-30），主尊善跏趺坐于方形台上，弟子、菩萨侍立两侧，前壁及左、右壁布满小龛，总计 62 个，内容丰富，风格不一，据造像特征分析，上层小龛年代较早，正壁一铺像及下层小龛内的造像丰满雄健，风格质朴，带有盛唐时期的特点，表明此窟是在盛唐以前建造，至盛唐时期才最终完成的[③]。

四、陕西地区

1. 彬县大佛寺石窟

彬县原名邠县，汉唐时为丝绸之路的必经之地，现仍残存北朝时期的窟龛造像。大佛寺位于彬县城西 10 公里的泾河南岸清凉山上，唐代称为"应福寺"，宋代称作"庆寿寺"，明代至今称"大佛寺"。大佛寺是陕西地区规模最大的一处石窟寺，造像主要雕凿于唐初至唐文宗时期[④]，对于研究长安佛教造像的风格及式样有着重要意义。现存大小窟龛共 361 个，其中窟 107 个，龛 254个，造像约 1500 躯，大部分采用石胎泥塑。整个

图 1-30　庆阳北石窟寺第 222 窟正壁

石窟群大体可分为东、中、西三区，西区 8 窟，中区 12 窟，东区 87 窟，但东区洞窟基本无造像，窟与窟之间采用石廊与竖井形通道相连，较为少见。此外，在崖壁上还散布着零星的小龛。

① 辰闻：《宗教与艺术的殿堂 古代佛教石窟寺》，辽宁师范大学出版社，1996 年，第 127 页。
② 中国大百科全书总编辑委员会等：《中国大百科全书·美术卷》（上、下册），中国大百科全书出版社，2003 年，第 943 页。
③ 李焰平，赵颂尧，关连吉：《甘肃窟、塔、寺庙》，甘肃教育出版社，1999 年，第 54 页。
④ 中国大百科全书总编辑委员会等：《中国大百科全书·美术卷》（上、下册），第 86 页，中国大百科全书出版社，2003 年。

中区是大佛寺的主体部分，以大佛洞、千佛洞及罗汉洞为代表。据千佛洞正壁豳州长史武太一题记，大佛洞是唐太宗为纪念平薛举时阵亡的将士而建，历时十年，完工于贞观二年（628 年）。窟前有砖木结构的五层楼，原唐代建筑已不存，现存建筑为明清时期重新修葺的。大佛洞高 30 余米，平面马蹄形、覆斗顶，门上辟明窗，窟室向前突出部分为砖砌甬道。窟内主要造像有一佛二菩萨，佛及菩萨背后开隧道，供绕行礼拜之用。大佛现高约 19 米（图 1-31），头部较大，低平肉髻，螺发，穿双领下垂式袈裟，左手抚膝，右手施无畏印，结跏趺坐于六角式莲座上，带有庄重威严的帝王气度，手部等处刻画细腻、写实，背光上有"大唐贞观二年十一月三日造"题记，雕饰繁复，分为多层，饰以莲纹、卷草纹、火焰纹、伎乐（图 1-32）、飞天、坐佛等。左右壁分立二菩萨，呈三曲式站姿。左菩萨高髻，头戴化佛冠，长发分四缕垂至双肩，颈系璎珞，帔帛绕肩，长裙曳地，双手于胸前相合（图 1-33）。右菩萨高髻，戴花蔓冠，左手抚胸，右手下垂提裙，推测这三尊造像应为西方三圣题材。此外，大佛洞四壁布满佛龛，年代应晚于三尊主像[1]。大佛寺的窟形、主尊居中并占据主要空间的做法都明显受到了云冈昙曜五窟的影响[2]。

图 1-31　彬县大佛寺大佛洞坐佛　　　　图 1-32　大佛背光伎乐　　　　图 1-33　彬县大佛寺大佛洞立菩萨局部

千佛洞与罗汉洞对称分布于整个石窟寺主窟大佛洞的东西两侧，开凿年代晚于大佛洞。千佛洞形制为唐代少见中心柱窟，平面呈口窄内宽的倒梯形，平顶，由门、甬道、中洞、东西耳洞和中心柱组成，窟室前开三门，其内有三个较短的甬道，中洞正中设置直通窟顶的中心柱，三面开龛，后壁凿成隧道式甬道，使东、西耳洞相连通，信徒可绕中心柱礼拜，壁面满布佛龛，并多带有纪年题记。

罗汉洞分东西二室，中间有甬道相通，东室平面呈长方形，西室平面呈"凸"字形，正壁设坛基，上置一佛、二弟子、二天王、二力士九尊像，与大佛洞相比主尊形体变小。主尊释迦身穿圆领通肩袈裟，双手结禅定印，结跏趺坐于仰覆莲座上，二菩萨袒上身，斜披络腋，下穿裙，二天王身披铠甲，足踏小鬼，与中原唐墓出土的天王俑形象相仿，胁侍两旁原各有

---

① 李淞：《陕西古代佛教美术》，陕西人民教育出版社，2000 年，第 81 页。

② 韩伟：《磨砚书稿：韩伟考古文集》，科学出版社，2001 年，第 321 页。

护法狮子一只[①]。

2．麟游慈善寺石窟

麟游是隋至初唐帝王的消暑胜地，麟游慈善寺的开凿与帝王权贵联系紧密，是研究长安模式的重要资料。慈善寺石窟距西安约 120 公里，位于麟游县城东约 8 公里的漆河西岸崖面上，自北向南分布着三座洞窟，石窟南部还有数个小龛。关于其开凿年代，据县志载："慈善寺崖间有石造像，工巧绝妙，为唐永徽四年刻。"据各窟龛造像的特点，其营建年代略有早晚之分。

慈善寺第 1 窟平面略呈马蹄形，穹窿顶，窟口处收缩。窟内依壁凿出倒"凹"字形坛基，正壁坛向外伸至洞窟中央，三壁坛上各雕一尊结跏趺坐佛像，形成三世佛题材，正壁主佛圆雕，坐于八角形束腰叠涩须弥座上，身后与正壁之间形成甬道。三佛形体高大，窟内空间显得狭窄、局促。主像胸部平坦，肉髻低平，大衣下摆垂覆，带有隋末唐初的特点。第 2 窟属于大像窟，平面马蹄形，券顶，窟口圆拱形，正壁依壁造高达 4.7 米的立佛像，佛面相方圆，馒头形肉髻，大耳垂肩，长眉、细眼，眉间白毫相，唇上有髭，唇下有须，颈现三道纹，头部偏大，左手掌心托摩尼珠，施与愿印，右手掌心有圆饼，头后刻有桃形头光，身穿双领下垂式袈裟，衣纹起伏、厚重，整体显示出成熟的唐代造像风格。据此判断，第 2 窟的时代应在高宗中晚期，下限可至盛唐武周时期[②]，因此第 1 窟的开凿年代应略早于第 2 窟[③]。窟内左右壁对称分布着大小相近的上下两层壁龛，有可能出自统一的规划，上两龛内各雕一身菩萨像，下两龛内分别为一佛二菩萨和一佛二弟子，与主佛也组成了三佛题材。第 3 窟未完成，造像虽具唐代风格，但雕刻技法远逊于第 1、2 窟，年代应晚于第 2 窟。此外，在南崖还发现了《如来在金棺嘱累清静庄严敬福经》，此为中土所撰伪经，宣扬写经造像与来世福报的因果关系，体现了唐代佛教的世俗化发展趋势。

3．耀县药王山摩崖造像

药王山位于耀县城东约 2.5 公里处，全山石刻众多，包括碑碣、摩崖造像、牌坊、石塔等，摩崖造像计有 20 余龛，开凿年代自北周至明代[④]，延续时间较长，而唐代造像数量较多，题材丰富，有阿弥陀佛三尊像、观音、地藏、毗卢佛、毗沙门天王等，其中立菩萨像最具特色，如东端立菩萨像龛，龛内菩萨高 0.8 米，头束高髻，袒上身，胸挂璎珞，斜披帔帛，腰部微曲，胸部微隆，左手上举，右手下垂提净瓶，开凿年代应在初唐时期。此外，还出现双身观音菩萨像[⑤]。

五、晋豫及以东地区

1．龙门石窟

隋炀帝大业元年营建东都以来，洛阳地区逐渐兴盛，唐贞观十五年（641 年），魏王李泰为其生母长孙皇后在龙门宾阳南洞雕凿大像[⑥]，贞观年间至高宗初年，龙门的造像活动蔚然

---

① 负安志：《彬县大佛寺石窟的调查与研究》，《中国考古学研究论集——纪念夏鼐先生考古五十周年》，三秦出版社，1987 年，第 463 页。

② 韩伟：《陕西石窟概论》，《文物》1998 年第 3 期。

③ 常青：《陕西麟游慈善寺石窟的初步调查》，《考古》1992 年第 10 期。

④ 陕西省文物局：《陕西文物古迹大观：全国重点文物保护单位巡礼之一》，三秦出版社，2003 年，第 160 页。

⑤ 李淞：《陕西古代佛教美术》，陕西人民教育出版社，2000 年，第 105 页。

⑥ 张若愚：《伊阙佛龛之碑和潜溪寺、宾阳洞》，《文物》1980 年第 1 期。

成风，龙门石窟又重新成为皇室贵族开窟造像的中心，武则天时期至开元年间是龙门石窟的第二个盛期，安史之乱以后，国力由盛转衰，龙门石窟的开凿逐渐沉寂，五代至宋、元、明、清各代仅偶凿小型窟龛。

龙门唐代窟龛数量最多，约占总数的三分之二，主要有西山的潜溪寺、老龙洞、敬善寺、双窟、破窟、惠简洞、万佛洞、奉先寺、八作司洞、龙华寺、极南洞、摩崖三佛龛以及东山的擂鼓台、看经寺、高平郡王洞、四雁洞、二莲花洞等，此外，还有续凿前代洞窟以及为数众多的小型窟龛。唐窟的外观处理简略，北魏时期流行的门楣装饰及仿木结构已基本不见，窟门正上方多雕出造像碑或题额。窟形相对简单，平面马蹄形或略呈方形，窟顶多作穹窿顶，饰莲花、飞天等，正、左、右三壁设倒"凹"字形坛基，坛上雕成组列像，坛基表面多雕有壶门及乐舞图，有些洞窟带前室，如潜溪寺、敬善寺及万佛洞等[1]，造像主要流行一佛二弟子二菩萨二天王的七尊像组合及一佛二弟子二菩萨二天王二力士的九尊像组合，天王、力士的位置从窟门外两侧逐渐移至窟门内两侧，最后加入到胁侍的行列，部分洞窟壁面刻以莲梗相连的千佛、菩萨像。这一时期，敞口龛也较流行，特别是在崖壁上凿出大龛，雕摩崖巨像，如奉先寺、摩崖三佛等。稍晚出现一种在窟内中央设置方形佛坛的佛坛窟，如擂鼓台三洞，这种窟形可能与密宗有关[2]。龙门唐窟中还有瘗埋亡者的瘗窟和供僧人居住、修禅的禅窟，瘗窟在中唐以前类型丰富，中晚唐时期，结构简单[3]，如奉先寺南的惠灯洞及石牛溪上方的灵觉洞[4]，禅窟形制简单，无雕饰，规模小，仅容一人躺卧或坐禅。

龙门初唐造像以宾阳南洞正壁五尊大像为代表，还保持着北朝的遗风，主尊佛像面相长圆，胸部微鼓，腹部平坦，身穿双领下垂式袈裟，内穿僧祇支。弟子体态僵直，袈裟直筒状下垂，菩萨面相方圆，眉脊突起，高鼻长眉，颈部短粗，胸部平坦，腹部微鼓，身体直立，上身帔帛稍显厚重，璎珞粗重，下穿长裙。而由唐高宗主持修建、武则天出资捐助的龙门奉先寺大卢舍那像龛代表了成熟的唐代风格。主像（图1-34）高达17米余，面相浑圆丰满，面容秀丽，方额广颐，微含笑意，胸腹微隆，躯体健美；天王力士肌肉遒劲，写实意味浓厚；菩萨戴花蔓宝冠，斜披络腋，帔帛横于腹膝二道，戴花饰复杂的项圈、臂钏、腕钏等饰物，长璎珞于腹间交叉，下穿轻薄贴体长裙，腰间裙带下垂，呈三曲式身姿。

图1-34　奉先寺卢舍那像

隋唐以来，佛教各宗派确立、迅速发展并在洛阳地区广泛传播，也影响了龙门石窟的造像题材。在龙门唐窟中，阿弥陀佛、善跏趺坐弥勒、观世音菩萨、地藏等题材增多，反映了净土信仰的流行，地藏菩萨像还应与三阶教相关[5]。倚坐弥勒的流行与武则天的倡导有关，

① 阎文儒，常青：《龙门石窟研究》，北京书目文献出版社，1995年，第64页。
② 李裕群：《古代石窟》，文物出版社，2003年，第167页。
③ 李随森，焦建辉：《石窟寺佛教瘗葬形式与传统丧葬礼俗之关系》，《中原文物》2002年第4期。
④ 王去非：《关于龙门石窟的几种新发现及其有关问题》，《文物参考资料》1955年第2期。
⑤ 宫大中：《龙门石窟艺术试探》，《文物》1980年第1期。

在其参与朝政及执政期间最为盛行。东山擂鼓台中洞依据《付法藏因缘传》环南、东、北三壁下段雕刻从摩诃迦叶到师子二十五代传法比丘像，看经寺依据《历代法宝记》环北、东、南三壁下部雕有二十九身罗汉像，这两处罗汉群像浮雕可能与禅宗密切相关，擂鼓台北洞正壁主尊大日如来[1]，前壁南、北两侧的八臂观音及四臂观音，万佛沟千手千眼观音龛、千眼观音窟均体现了盛唐时期密宗的流行[2]，奉先寺大卢舍那像则与华严宗有关。

2．天龙山石窟

天龙山石窟的隋代洞窟仅一座，即隋初开皇四年（584 年）开凿的第 8 窟，这也是天龙山唯一的中心柱窟。洞窟外观与北齐略同，窟前建有仿木构前廊，四柱三开间式，且柱头以上斗拱式样发生了变化[3]，在建筑上较北齐有了很大改进，东壁有开皇四年仪同三司真定县开国侯刘瑞等人的开窟碑文。主室方形，覆斗顶，三壁三龛，中心柱四面各开一帐形龛，造像组合有一佛二菩萨三尊像及一佛二弟子二菩萨五尊像，五尊像组合中的胁侍立于龛外低坛上，造像式样主要延续北齐风格。

唐代为天龙山石窟的盛期，晋阳是唐王朝的龙兴之地，又是其"北都"所在，地位仅次于长安和洛阳。唐代洞窟数量最多，达 15 座，开凿年代大致在高宗至玄宗时期，洞窟规模不大，一般无仿木构前廊，个别有简化的额枋和斗拱，窟门外两侧雕力士像，窟形主要有椭圆形平面、穹窿顶窟及方形平面、覆斗顶窟，窟内三壁三龛、三壁一龛或环壁设坛列像。造像主要表现三世佛，后期出现十一面观音，文殊、普贤分骑狮、象等新题材，组合形式多为一铺五身或七身。

图 1-35　天龙山第 9 窟

第 9 窟（图 1-35）是天龙山规模最大的摩崖龛像，分上下两层，上层雕高达 6 米的倚坐弥勒，下层雕高 5 米的三尊菩萨像，中间为十一面观音，左右两侧分别雕骑象的普贤及乘狮的文殊，合为三大士，菩萨身后壁面雕有许多小坐佛，用卷草式缠枝相连。天龙山唐代造像的雕刻水平较高，佛及菩萨均呈现出广额丰颐，体态健美的特点。佛像发髻多饰以水波纹或涡卷纹，颈刻三道纹，胸部微隆，内着僧祇支，外披袒右式偏衫或双领下垂式袈裟，个别穿通肩袈裟，衣纹多用凸起泥条表现，袈裟质感轻薄透体，呈"曹衣出水"之式，细腻润泽，坐像袈裟下摆处呈倒山字形覆盖佛座。菩萨头束高髻，眉眼细长，戴花形项圈、臂钏、手镯等饰物，双肩较宽，细腰窄臀，胸、腹部微隆，呈三曲式身姿，斜披天衣，宝缯飘垂至肩下，下穿长裙，紧裹双腿，或侍立，或半跏趺坐，整体婀娜多姿，妍丽雍容。

3．宝山灵泉寺石窟

灵泉寺石窟中，著名的大住圣窟是由隋初地论宗大师灵裕在开皇九年（589 年）主持开

---

① 另说为"菩提瑞像"，见雷玉华，王剑平：《四川菩提瑞像研究》，《2004 年龙门石窟国际学术研讨会文集》，2006 年，第 498 页。

② 李文生：《龙门唐代密宗造像》，《文物》1991 年第 1 期。

③ 张明远：《山西石刻造像艺术集萃》，山西科技出版社，2005 年，第 36 页。

凿的，窟门圆拱形，尖拱门楣，门外两侧龛内雕有高大的护法像，一着甲，另一袒上身、穿战裙，足踏卧牛和卧羊，分别为那罗延神王及迦毗罗神王，门额上方镌刻"大住圣窟"四字，东侧石壁上方刻有造窟铭记，窟门外两侧刻《叹三宝偈言》、《法华经》、《胜鬘经》、《大集经》、《妙法华经偈言》等，对于研究隋代佛教史及书法艺术有重要参考价值[①]。窟平面方形，覆斗顶，雕以莲花为主题的藻井图案，三壁各开一拱券龛，龛内分别雕一组像，正壁以卢舍那佛为主尊，主尊座下雕莲花炉、神王及小佛像等；东、西两壁分别以弥勒、阿弥陀为主尊，延续了东魏时期的三佛组合。大龛旁刻小坐佛龛及佛名，主要表现七佛及三十五佛题材。窟门东侧以减地法浅刻二十四高僧像，题记称"世尊去世传法圣师"，上下共六层，每层四人，共十二组，皆为双人对坐形式，画面下分别有题名，这是石窟所见同类题材中最早的一例[②]。

六、西南地区

1. 广元千佛崖、皇泽寺石窟

广元地区的石窟开凿始于南北朝时期，经过隋、唐、宋、元、明、清历代续建，尤以唐代最盛，主要分布在千佛崖、皇泽寺及观音岩等处。隋唐时期的洞窟形制主要有三壁三龛窟、佛坛窟、背屏式窟、中心柱窟等，其中佛坛窟和背屏式窟最为流行，背屏式窟也属佛坛窟的一种，一般规模较大，平面方形，平顶，中心佛坛置像，像后镂雕菩提双树及天龙八部护法像等作为背屏，这种镂空的背屏为该地区的特色之一。此外，外方内圆拱形双重龛也较常见，外部凿出较浅的方形敞口，内部略呈马蹄形。这一时期，广元石窟的造像的水平高超，个性鲜明，比例适度，内容丰富，常见题材有释迦、阿弥陀、观音、大势至、药师佛、毗卢舍那、地藏、天龙八部等。个别洞窟及一些大龛的补刻附龛中还出现少量的密宗造像。

千佛崖莲花洞开凿于万岁通天年间，三壁三龛式，正壁主尊为倚坐佛，北壁为毗卢遮那佛，南壁为结跏趺坐佛，这种组合形式前所未见[③]。卧佛窟平面横长方形，平顶，中部设坛，释迦牟尼侧身而卧，两侧各立一菩萨，菩萨旁刻由双树及天龙八部组成的双柱，直通窟顶，后壁刻石棺、举哀弟子等内容，是现存盛唐时期石刻涅槃变的代表。牟尼阁开凿于盛唐，属典型的背屏式佛坛窟，坛高约2米，其上设一坐佛二弟子二菩萨二力士七尊像。背屏镂空透雕的菩提双树及天龙八部护法像，背屏上置华盖。大佛龛是皇泽寺规模最大的方形窟，主尊阿弥陀佛高约6米，立于莲台上，左手持摩尼宝珠，右手施无畏印。佛旁分立弟子、菩萨、天王、力士等像，后壁浮雕天龙八部，层次分明，气氛庄严。菩提瑞像窟为敞口方形平顶窟，窟中央雕一大方坛，坛上置一佛二弟子二菩萨，坛前左右角各一力士，窟左、右、后壁设环坛，高浮雕伎乐五身和十二身弟子像，中央主尊结跏趺坐于束腰方座上，长圆头光及身光，面相丰圆，身着袒右袈裟，头戴高宝冠，颈饰七串缀珠项圈，右臂戴花形钏，右腕佩手镯，双手施降魔印，主尊两侧各一菩萨，肩后圆光外围雕十一身禅定小佛。据窟内的《菩提像颂碑》得知该窟造像即依摩诃菩提树像图本雕刻，又称"金刚座释迦成道像"[④]，是唐代众多瑞像中比较流行的一种，也是这一时期瑞像崇拜的反映[⑤]。从雕塑技法和风格来看，四川广

① 河南省古代建筑保护研究所：《宝山灵泉寺》，河南人民出版社，1992年，第16页。

② 罗哲文：《中国名窟：石窟寺 摩崖石刻与造像》，百花文艺出版社，2005年，第55页。

③ 李裕群：《山野佛光：中国石窟寺艺术》，四川人民出版社，2004年，第155页。

④ 金维诺：《四川石窟造像》，《雕塑》2004年第4期。

⑤ 雷玉华，王剑平：《四川菩提瑞像研究》，《2004年龙门石窟国际学术研讨会文集》，2006年，第492—501页。

元地区早期的密宗造像较多地受到中原北方地区的影响[1]。

盛唐以后，广元地区的石窟开凿逐渐衰落，以中、小型龛为主，内容多为单尊或多尊观音像、地藏像、六趣轮回图等。中唐以后，千佛崖游人题记和重塑、改塑造像之举渐多，清代晚期又续有窟像雕凿，主要集中在千佛崖。

2. 巴中石窟

巴中石窟主要的窟龛造像营建于隋唐时期，内容丰富，在四川石窟中占有重要地位，其分布分散，主要地点有南龛、北龛、西龛、东龛，水宁寺、石门寺、龙门村、沙溪等，以佛教造像为主，也有少量佛道合龛造像及明清至民国时期的儒道、民俗造像。

巴中石窟的龛形复杂，主要流行圆拱形、敞口单龛、双重龛及三重龛，龛楣、壁面等处装饰性强，三重龛的外层为方形，中层佛帐形，有单层或双层檐，檐面雕饰怪兽、卷草，檐下饰三角或方形垂帐纹，帐柱饰盘龙、联珠纹、几何纹等，柱下有覆莲柱础。内龛圆拱形，较深，弧壁圆顶，带有桃形龛楣，上刻卷草、七佛、伎乐等，龛壁后半部多雕菩提双树。双重龛与三重龛相仿，分为外方内佛帐形及外方内圆拱形两种。造像题材主要有释迦、弥勒、阿弥陀佛、药师佛、毗卢佛、三世佛、观音、地藏、文殊、普贤、双头瑞像、毗沙门天王、天龙八部、西方净土变、药师经变、说法图、地藏六趣轮回图、释迦老君并坐像等[2]。组合形式以一佛二弟子四菩萨二力士二天王坐像、一佛二弟子二菩萨二力士、一佛二弟子二菩萨二力士二天王立像为主。造像丰满健壮，菩萨丰颐，颈饰三道蚕纹，常有三曲式腰身，帛带自双肩垂下，绕于正面两道，璎珞于腹前交叉，有些无璎珞装饰，二弟子多为一老一少形象，天王多宽肩细腰，力士裹三叉形短裙，肌肉突起，威武有力。中唐以后，出现了大量的小形单尊造像龛，从龛形、组合到造像式样都有简化趋势，造像面部宽大，下颌宽肥，身躯多呈圆桶状，菩萨短颈，项圈上的璎珞层叠呈网状下垂，弟子、天王腹部隆起。

图 1-36　释迦双头瑞像

巴中南龛位于巴中市城南五公里的南龛山上，是巴中石窟规模最大、保存最完好的摩崖龛像群，绝大多数集中分布于南龛山神仙坡东面崖壁上，始创于初唐，盛唐及中晚唐多有开凿。盛唐第83龛所塑释迦双头瑞像（图1-36）颇具地方特色，早于敦煌莫高窟第72窟的双头瑞像壁画。第103窟平面方形，主尊毗卢遮那佛高4.45米，全身施彩绘，头戴高宝冠，颈系项圈，双耳垂肩，面部丰腴，身披袒右袈裟，挂璎珞，戴臂钏，双手施降魔印，结跏趺坐于莲花台上，亦为四川早期密宗造像之一[3]。第74窟的诃梨帝母（鬼子母）为一中年妇女形象，怀抱小儿，八身童子环坐左右。

西龛位于巴中市城西约1公里的凤谷山西龛村，现存造像90余龛，分布在龙日寺、流杯

---

① 魏藏：《古代四川地区密宗造像的发展及成因》，《四川文物》2002年第4期。

② 程崇勋：《略述巴中石窟的现状及其时代特征》，《大足石刻研究文选：四川石窟艺术研讨会暨重庆大足石刻研究会　第三届年会专集》，1995年，第288页。

③ 安志：《四川巴中县石窟调查记》，《考古与文物》1986年第1期。

池、西龛寺等处，绝大部分龛像开凿于盛唐，其中第 10 号龛侧有开元三年的造像记，第 16 号龛侧有前蜀永平三年（913 年）"捡得大隋大业五年（609 年）造前件古像"题记，开凿年代较早[①]。第 35 号龛内原雕有西方净土变内容，现存窟顶八角形华盖及两侧反映净土世界的天宫楼阁，楼阁上雕刻供养菩萨、供养天人、伎乐等。

北龛地处巴中市城北 1 公里的苏山南麓，始凿于初唐，盛唐造像数量最多。

水宁寺位于距巴中城东 37 公里的水宁镇，是巴蜀通往汉中的"米仓道"必经之处，旧称"始宁寺"，也是当时这一地区的政治、经济、文化中心，沿水宁河两岸约五百米的石岩上开凿窟龛，多为盛唐时期遗迹。

巴中石窟带有浓郁的地方特色，同时受到了中原两京地区佛教造像的影响，地点众多，每处规模不大，反映了广大民众的普遍参与，这与唐代佛教的发展趋势是一致的。

3. 安岳石窟

安岳位于川中腹地、大足西北，据调查，现存石窟及摩崖造像 200 余处、窟龛 1200 余个、造像 2 万余躯，主要开凿于盛唐至两宋时期，是四川石窟造像最集中的地区之一，较重要的地点有：卧佛院、千佛寨、圆觉洞、毗卢洞、华严洞、玄妙观、茗山寺等，卧佛院位于安岳县城北 40 公里的卧佛村，共 139 个窟龛，其中包括 15 个刻经洞窟，第 66、71 至 73 窟为经文与造像合于一窟，经文刊刻于开元年间，主要有《涅槃经》、《法华经》、《维摩经》、《大方便佛报恩经》等十余部，是研究佛教经典及传播情况的重要资料。

安岳石窟主要流行双重龛及敞口单龛，多为平顶或穹窿顶，龛口立面呈矩形、尖拱形或方形，龛楣饰有帷帐或缠枝卷草纹、变形莲纹等，底部多凿低坛，其上置像。造像题材丰富，尤以四川佛教密宗、道教正一派题材最具地方特色，主要为降灾祈福而建，盛唐时期，常见释迦说法图、观音、五佛、七佛、阿弥陀佛、弥勒、西方净土变、观无量寿佛经变、涅槃变等题材，还出现少量密宗造像及道教题材，与广元、巴中等地的石窟相比，某些题材在内容表现方面有独到之处[②]。造像面型方圆，体态丰满，雕刻技巧灵活，佛像头顶多饰高肉髻、螺发，多穿通肩袈裟，有些衣领低垂，衣纹断面呈阶梯状。造像组合形式有一佛二菩萨、一佛二弟子、一佛二弟二菩萨、一佛二弟子二菩萨二力士、一佛二弟二菩萨二力士及天龙八部等。中晚唐时期，出现了千手观音、药师经变等密宗题材以及华严三圣、地藏菩萨等新内容，这与唐玄宗、僖宗两度入川及密宗的传入紧密相关[③]。佛像多为坐姿，躯干修长，脸庞较前期稍小。菩萨花冠渐变为镂空状筒形，缨络复杂，佛、菩萨的项光、身光有单、双莲瓣形两种，外层阴刻火焰纹。

4. 大足石窟

大足石窟反映了四川地区晚唐至宋代石窟艺术的发展面貌，也是中国重要的晚期石窟之一，其造像或工丽含蓄或平实感人，艺术价值较高。大足县位于四川省东南部，石窟及摩崖龛像多达 40 余处，重要的有城北的北山、宝顶山、舒成岩，西南的妙高山、石篆山、佛安桥、七拱桥、玉滩，城南的南山，东南的石门山等 10 处。

北山又名龙岗山，位于大足县城西北约 1.5 公里处，共有佛湾、北塔、佛耳崖、营盘坡、

① 文实：《巴中石窟艺术》，《巴中文史资料》第一辑，中国人民政治协商会议四川省巴中县委员会文史资料委员会，1987 年，第 212 页。

② 刘长久：《中国西南石窟艺术》，四川人民出版社，1998 年，第 23 页。

③ 曾德仁：《四川安岳石窟的年代与分期》，《四川文物》2001 年第 2 期。

观音坡等五处，佛湾规模最大，大足石窟唐末、五代的窟龛主要集中在佛湾的南、北两端，以摩崖龛像为主，也有少数小型洞窟，最早龛像由静南军节度使韦君靖于唐景福元年（892年）主持开凿[①]。窟龛一般为纵长方形平面，平顶。造像装饰繁冗华丽，身光、项光的外沿多饰以火焰纹，宝盖、宝座多为方形或八角形，饰莲花和几何纹。题材主要有毗沙门天王、

图 1-37　大足北山第 245 龛

千手千眼观音、地藏、如意轮观音、药师佛、阿弥陀佛等，此外还有少量三阶教、禅宗造像。第 52 龛为观音、地藏合龛，第 58 龛以阿弥陀为主尊，观音、地藏二菩萨胁侍两旁，并有题记说明造像内容，体现了地藏信仰与阿弥陀净土信仰的融合[②]。第 5 龛主尊毗沙门天王头戴平顶高方冠，身穿七宝铠甲，外搭裲裆甲，腰束带，足蹬靴，身后圆形头光，两肩出火焰，左手上扬，右手平伸，主尊左右侧设置形态各异的侍者及部众，为晚唐时期的典型作品[③]。第 245 龛（图 1-37）是佛湾造像中内容最丰富的雕刻群像，主尊为阿弥陀、观音、势至，即西方三圣，龛上部主要表现西方极乐净土世界，下部依《观无量寿经》、《未生怨经》浮雕佛说法群像和未生怨故事，两阙方格中刻十六观，构图宏伟，雕刻精巧[④]。

第四节　五代、宋元时期

五代以后，石窟寺的开凿已近尾声，新建石窟数量减少，分布分散，主要包括：新疆地区的伯孜克里克石窟，陕西地区的富县石泓寺及阁子头石窟、子长钟山石窟、延安万佛洞石窟、黄陵万佛寺石窟，南方地区的杭州西湖石窟等。续建石窟寺主要有：新疆地区的库木吐喇石窟，河西地区的敦煌莫高窟、安西榆林窟，西南地区的四川大足石窟、安岳石窟及云南剑川石窟等。从石窟寺分布的情况来看，西北地区、西南地区及南方地区比较集中，密宗信仰盛行的地区仍保持着较强的开窟（龛）造像势头。

这一时期，窟龛形制变化不大，除少数中心柱窟、方形佛殿窟、僧房窟、禅窟和瘗窟外，主要流行佛坛窟，此期的佛坛窟是在前代中心佛坛窟和背屏式佛坛窟的基础之上，演化形成的中心设圆形佛坛或八角形佛坛窟及坛柱式、坛屏式等大型佛坛窟，前者主要流行于河西地区，后者主要流行于陕北延安地区，南方地区和西南地区仍以摩崖造像为主，龛形较简单。就塑绘内容而言，纷繁复杂，可大致分为显、密两大类，密宗题材地位突出，且地方特色浓郁。由于观音、地藏信仰的盛行，与之相关的题材也较丰富。这一时期，显教题材主要有三世佛、释迦、药师佛及东方三圣、阿弥陀佛及西方三圣、毗卢舍那佛及华严三圣、千佛、地藏、无量寿、倚坐弥勒、大肚弥勒、十六罗汉、十八罗汉、五百罗汉、水月观音、杨柳枝观

---

① 辰闻：《宗教与艺术的殿堂　古代佛教石窟寺》，辽宁师范大学出版社，1996 年，第 201 页。
② 李淞：《长安艺术与宗教文明》，中华书局，2002 年，第 284 页。
③ 温玉成：《中国石窟与文化艺术》，上海人民美术出版社，1993 年，第 376 页。
④ 大足县文物保管所：《大足石刻》，文物出版社，1984 年，第 8 页。

音、数珠手观音、狮吼观音、白衣观音、善财童子五十三参、文殊骑狮、普贤乘象、唐僧取经故事、涅槃图、佛传、本生故事、地狱变、地藏六趣轮回图、供养人像等。密教题材主要有大日如来、五方佛、千手千眼观音、如意轮观音、四臂观音、十一面观音、救度佛母、大白伞盖佛母、尊圣佛母、毗沙门天王、明王愤怒像、金刚像、双身合抱像、大黑天、摩利支天、鬼子母、孔雀明王、阿嵯耶观音等。此外，在佛教衰落及三教融合的社会背景下，还出现了为数不少的儒、道造像、三教混合造像及民俗造像。这一时期的造像以圆雕为主，也有规模庞大的连续性浮雕，在造像式样上，写实性强，富有生活气息，注重个性及神态的表现，菩萨像已完全女性化，冠饰及项饰精美复杂，晚期造像端重呆板，趋于模式化。

一、新疆地区

1. 库木吐喇石窟

库木吐喇石窟的晚期洞窟开凿于 10 至 11 世纪或稍晚，为回鹘高昌统治龟兹时所建，数量较少，壁画中出现了地藏六趣轮回图、回鹘供养人像等题材，其中第 75 窟和第 79 窟保存状况较好。第 75 窟正壁绘地藏像，两侧及下部绘天道、人道、阿修道、饿鬼道、畜牲道、地狱道等六道画面，榜题上有汉文题字。左右侧壁下方为供养人行列，其中一列世俗男女供养人像，穿回鹘装，有汉文"骨禄思力"等回鹘人题名。第 79 窟壁画为回鹘高昌时期重绘，正壁绘有回鹘高僧像及世俗供养人像，侧壁绘地狱变相图。窟门绘身着回鹘装的男女供养人像，旁有汉文、回鹘文题名，并列书写题名的"颉利思力公主"字样，像上部有龟兹文题名，使用三种不同民族文字合壁书写供养人榜题，为前所未见的重要发现，是研究石窟开凿及重绘年代、龟兹文使用年代下限的珍贵资料[①]。

2. 伯孜克里克石窟

伯孜克里克石窟位于新疆吐鲁番县城东 40 多公里的木头沟河谷西岸断崖上，南距高昌故城约 10 公里，是吐鲁番地区保存洞窟最多的一处石窟群，在唐代文献《西州图经》中被称为"宁戎窟寺"，共有编号洞窟 70 个，无确切的开凿纪年，一般认为始建于麴氏高昌时期（499—640 年），迄于元代，主要洞窟是 9 世纪以后回鹘高昌时期的遗迹。

石窟构筑形式有两种，一是在断崖立面上开凿石窟，有的在窟前接砌土坯前室，另一种是在与断崖相接的台面上使用土坯砌建成窟[②]。晚期洞窟主要是封堵改建早期僧房或禅窟而成。伯孜克里克的洞窟形制主要有中心柱窟和平面方形或长方形窟，窟顶多为纵券顶，亦有穹窿顶和套斗顶。主室前多凿前室，有的数窟共用一个前室，形成一组洞窟，如第 75、76、77 窟，以第 76 窟为中心，原有共同的窟前建筑物[③]。就洞窟功能而言，包括供瞻仰礼拜的礼拜窟、供居住的僧房窟、供修行的毗诃罗窟以及为纪念高僧而建的"影窟"。伯孜克里克的影窟一般都有一个封闭的地下室式后室，以存放僧人的骨灰，窟内壁画主要表现现实世界内容。

窟内原有壁画及塑像，随着高昌回鹘势力的衰落、伊斯兰教的传播以及外国考察队的洗劫与破坏，现仅存部分壁画。壁画题材十分丰富，大体可以分为三类：因缘、佛传故事画，

---

① 杨新华，董宁宁：《石刻》，上海古籍出版社，1998 年，第 60 页。
② 杨新华，董宁宁：《石刻》，上海古籍出版社，1998 年，第 17 页。
③ 吐鲁番地区文物管理所：《柏孜克里克千佛洞遗址清理简记》，《文物》1985 年第 8 期。

多呈横幅连环画式；各种经变画，包括涅槃变、净土变、观无量寿经变、法华经变等等；供养图及生活场景图，场面宏大，生动自然。供养图一般以立佛为中心，在其周围绘有菩萨、弟子、护法诸天、诸王、童子等像，背景为城池、宫殿、塔庙等，供养人中，回鹘人最多（图

图 1-38　伯孜克里克第 41 窟回鹘
供养人像

1-38），也有蒙古人、汉人、波斯人等，反映了多民族文化的交流，生活场景图则是研究当时新疆的生产技术、生活习俗的重要资料。此外，还有遍布的千佛、四天王、四方佛、列佛、列菩萨、飞天等，并出现了大量的汉文、回鹘文双行并书的榜题。第 39 窟中的"各国王子举哀图"，绘有 13 个佛门弟子，头饰及面容均具有西域各民族特征。壁画布局多以一个题材为中心，辅以相近题材的壁画，窟内壁画中心题材多在主尊塑像四周的墙壁上。绘画技法以线描为主，轮廓线多用黑色或黑、红两色勾勒，面部和肢体涂色晕染。色调以红为主，配以浅红、绿、蓝、黑、黄等色，画面艳丽而热烈[①]。

伯孜克里克石窟在 9 世纪末以后还是回鹘高昌的王家寺院，壁画中保存了较多高昌国王及其家族的供养像，也是该窟的特点之一。在伯孜克里克石窟内还发现了摩尼教壁画及经卷，反映出摩尼教在回鹘高昌初期的盛行，是研究摩尼教艺术的珍贵资料。

二、河西地区

1. 敦煌莫高窟

莫高窟经历了南北朝、隋唐时期的营建，至五代、宋元时期已近尾声。914 年至 1036 年，曹氏家族统治时期仿照中原设立画院，在莫高窟以及榆林窟开凿了规模巨大的洞窟，并重修了许多前代洞窟，并在长达 1 公里的露天崖面上绘制壁画、修建窟檐和通道。由于拥有一批技艺纯熟的匠师进行集体创作和统一规划，这一时期的洞窟具有独特而统一的风格。

洞窟形制承袭晚唐旧制，流行背屏式佛坛窟，一般规模较大，平面略呈纵长方形，中心偏后置马蹄形佛坛，坛上塑像，前有登道，后有连通窟顶的背屏，覆斗式顶，窟顶四角均有凹入的浅窝。个别洞窟为三壁一龛式覆斗顶方形窟。明代吐鲁番占据敦煌，曹氏开窟建造的塑像多遭到严重破坏，幸存者极少，其中第 261、55 窟保存较好，造像存有唐代余风，但表现技艺稍显粗糙。壁画承袭晚唐规范，晚期逐渐流于程式化，画面呆板，缺乏生气。经变内容较前代更为丰富，榜题多以变文形式出现。在佛教史迹画中，第 61 窟西壁的《五台山图》规模空前，共计 45 平方米，图上山峦起伏、五台并峙，五台之间遍布寺院、佛塔，下部绘城镇、各色人物等，堪称巨作[②]。供养人像及出行图有所发展，窟主和宗族显贵画像已占据甬道，人物数量多，且形象高大，多与真人等身，由于曹氏家族与甘州回鹘、于阗回鹘有着联

① 中国大百科全书总编辑委员会：《中国大百科全书·考古学》，中国大百科出版社，2004 年，第 53 页。
② 段文杰：《晚期的莫高窟艺术》，《敦煌石窟艺术论集》，甘肃人民出版社，1988 年，第 237 页。

姻关系，画像中颇多回鹘公主画像，典型洞窟如第
98窟，甬道南壁画曹氏父子，北壁画姻亲张氏家族，
门内主室东壁画于阗国王、皇后（图1-39）及侍从，
北侧绘回鹘公主及曹氏眷属，画像人物范围广泛。
第100窟中出现了摹仿张议潮夫妇《出行图》形式
的曹议金与回鹘公主出行图。北宋以后，供养人画
像减少。

　　西夏及元统治河西将近三百年，在莫高窟修建
洞窟80余个。西夏窟70余个，绝大多数是改造或
修缮前代的洞窟，在形制上少见特色，壁画和塑像
内容也都承袭北宋旧制；元窟10余窟，多为新建洞
窟，窟形包括方形覆斗顶窟、中心柱窟以及主室呈
方形、中心设圆坛窟。第三种窟形在中心圆坛上置
有塑像，四壁绘满密宗图像，为典型的敦煌密宗窟。

图1-39　莫高窟第98窟于阗国王供养像

　　西夏、元代的壁画数量较多，内容主要有经变，本生、因缘、佛传故事画，尊像画，供
养人画像及佛教史迹故事画等。西夏壁画多使用大面积的绿色为底色，以土红勾线，画面色调
偏冷，12世纪初才出现一些回鹘风格的壁画作品[1]。
经变画的种类减少，仅有西方阿弥陀净土变、药师经
变等，画面呆板，构图缺少变化，已趋于衰落。元代
第61窟的《炽盛光佛经变图》和《黄道十二宫星象
图》在莫高窟的壁画中为仅见题材。供养人画像数量
较少，但人物造型、衣冠服饰等均体现出鲜明的民族
特色。尊像画是这一时期最为流行的题材，分显、密
两类，显教尊像有药师佛、观音菩萨、十六罗汉，水
月观音等。藏式密教图像，如元代第465窟壁画，表
现内容包括以大日如来为中心的五方佛、各种明王愤
怒像以及双身合抱像等（图1-40），受到印度尼泊尔
及西藏原始宗教的影响，体现出萨迦派艺术的独特风
格[2]。带有甘州画师史小玉题记的第3窟，综合运用
了多种线描手法，生动感人、技艺精湛，为元代莫高
窟最具代表性的作品之一。

图1-40　莫高窟第465窟后室西壁中铺

2. 安西榆林窟

　　安西榆林窟在五代、宋初时期达到鼎盛，曹氏家族统治瓜州百余年间，兴建和重修的洞
窟就占到总数的一半以上。与莫高窟相仿的是，由于画院机构的设立，这一时期的大部分壁
画在风格、结构及表现手法方面相近，带有较强的民间气息和地方色彩。壁画内容丰富，仍
以经变题材为主，有西方净土变、东方药师变、弥勒经变、劳度叉斗圣变、天请问经变等十

　① 楚启恩：《中国壁画史》，北京工艺美术出版社，2000年，第183页。
　② 段文杰：《晚期的莫高窟艺术》，《敦煌石窟艺术论集》，甘肃人民出版社，1988年，第243页。

余种，此外，密宗壁画和供养人像也颇具特色，可为莫高窟作重要的补充，供养人画像及题名又是研究归义军曹氏统治河西的珍贵史料。

西夏至元代，榆林窟出现了中央设圆形或八角形多层佛坛的佛坛窟，壁画也有新的发展，内容包括沿袭前代的经变题材、显、密并陈的尊像画、人物特征与衣冠服饰迥异的党项、回鹘、蒙古供养人像以及各种各样的装饰图案。西夏早期壁画与宋代一脉相承，后期至元代壁画则表现出各种风格、画派并存的局面，代表性洞窟有西夏第 29、2、3 窟及元代第 4、10 窟等[①]。第 2 窟水月观音像（图 1-41）位于前壁门侧，观音头戴宝冠，天衣严身，舒相坐岩，前临清泉，凝望新月，画面右下角的陆地上绘有唐僧取经故事画，这是此类题材的最早作品，画面工整淡雅，富于装饰意味[②]。第 3 窟东壁中央绘佛传图，南、北侧分绘汉密五十一面千手千眼观音曼荼罗（图 1-42）和藏密十一面千手观音曼荼罗。前者手上分托犁耕、踏碓、酿酒、锻铁等各种事物，真实地反映了当时的社会状况，所用器具多与中原相近[③]。西壁门上方绘维摩诘变，南、北两侧分绘文殊变和普贤变，其画风受到了宋金时期水墨山水画的影响。第 3、4 窟壁画中都有大量的藏密图像，且占据窟内显要位置，如第 4 窟中的密宗曼荼罗结构特殊，舞蹈人物细腰、丰乳，明显受到西藏及印度密宗艺术的影响[④]。

图 1-41　安西榆林窟第 2 窟水月观音

图 1-42　榆林第 3 窟五十一面
千手观音图

三、陕西地区

陕西宋金时期的石窟寺主要集中在陕北延安地区，陕北地区处于西通西域、东连辽东的古道之上，是佛教艺术自西向东传播和"云冈模式"自北魏平城通往河西走廊的重要环节，又与关中、陇东两个佛教艺术兴盛之地接壤，其石窟开凿自北魏肇始，至宋金时期兴盛，是

①　季羡林：《敦煌学大辞典》，上海辞书出版社，1998 年，第 12 页。
②　郎绍君等：《中国书画鉴赏辞典》，中国青年出版社，1988 年，第 285 页。
③　王静如：《敦煌莫高窟和安西榆林窟中的西夏壁画》，《文物》1980 年第 9 期。
④　张伯元：《安西榆林窟》，四川教育出版社，1995 年，第 9 页。

中国北方晚期石窟较为集中的区域。由于地处边防要塞，延安地区石窟的数量尤多，比较重要的有子长县北钟山石窟，延安万佛洞石窟，黄陵县万佛寺石窟，富县石泓寺和阁子头石窟，安塞黑泉驿、万佛寺、石子河石窟等，这些石窟规模虽小，但不乏大型洞窟，主要流行佛坛窟，另有少量的中心柱窟、禅窟和瘗窟等，也有以佛坛窟为主的成组洞窟。陕北地区的佛坛窟一般规模较大，从外观到平面、立面布局完全模仿地面寺院的佛殿建筑形式，颇具地方特色，方形平顶，前部凿出四柱三间式窟檐，窟室中央设佛坛，佛坛的四周雕出直通窟顶的立柱或屏壁，佛坛上多置一组像或多组像，四壁及立柱、屏壁之上多雕刻千佛。窟顶有圆形或八角形藻井，有些洞窟的藻井周边还雕出斗拱。造像技艺纯熟，继承了陕北画像石雕刻风格，富于民间色彩，大致可概括为三类：一种以子长县北钟山石窟寺为代表，风格浑厚质朴，重于形体，长于圆雕；一种以富县马蹄寺沟石窟和黄陵双龙千佛洞为代表，形体简括，重于线的表现，长于佛传故事的巨型壁雕；另一种以安塞石子河、黑泉驿石窟为代表，兼采两家之长，风格玲珑细致、富丽堂皇[①]。佛坛上的主尊均为单体可移动的造像，一般与真人等身，写实性强，题材丰富，常见的有三世佛、药师佛及日、月光菩萨、骑狮文殊、乘象普贤、水月观音、千手千眼观音、十六罗汉、天王、说法图、涅槃图等，并出现在千佛部位加入有情节场面的佛传故事的做法[②]。

　　元、明时期，不设立柱及屏壁的佛坛窟更加盛行。明代石窟群主要分布在榆林地区，规模大，数量多，包括榆林红石峡石窟群，安崖乡金佛寺石窟群，神木县的东山万佛洞，高家堡千佛洞、万佛洞、米脂县万佛洞，志丹县顺宁大佛寺等。造像多混入儒、道题材，并掺杂了民俗内容，窟顶多采用以八卦为中心，环绕丹凤朝阳、二龙戏珠等多层装饰的藻井。清代以后除开凿小窟、重修及补塑历代大窟造像外，已无大规模的开窟活动。

1. 富县石泓寺及阁子头石窟

　　石泓寺石窟位于富县城西 60 多公里的直罗乡大白山上，共有 7 座洞窟，第 1、3、4、5 窟的形制及规模相近，中央设佛坛，周围及中部有直通窟顶的石柱，坛上置成铺造像，其中第 1 窟开凿年代最早，窟内有隋、唐、宋造像记各一则，说明此窟开凿于隋代，因此延安地区这种典型背屏式佛坛窟的出现时间应早于莫高窟的同类窟形[③]。

　　第 2 窟（图 1-43）为石泓寺主窟，平面方形，规模较大，长宽 10 米余，中央设佛坛，坛四角有连顶方柱，坛上置一佛二弟子二菩萨五尊像，主尊释迦趺坐于莲座上，穿双领下垂式袈裟，左手结定印，右手抚膝，两侧侍立迦叶、阿难，文殊与普贤皆趺坐于束腰莲座上，束腰间雕出狮、象头部，左右壁均以三尊坐佛为主像，壁间及四根方柱上雕刻千佛、游戏坐观音、罗汉等，主尊上方窟顶有六角形藻井，从造像风格与题记看，此窟完成于金代前期[④]。

　　阁子头石窟位于富县城南 15 公里处，仅存北宋时期所开一窟，平面近方形，中央无佛坛，而有四根方柱上连窟顶，柱壁雕满千佛，窟内主像为三世佛及胁侍，东壁浮雕五百罗汉、说法图等，西壁雕大型涅槃变（图 1-44），构图生动活泼，民间色彩浓厚。

　　① 中国大百科全书总编辑委员会等：《中国大百科全书·美术卷》（上、下册），中国大百科全书出版社，1990 年，第 713 页。
　　② 韩伟：《陕西石窟概论》，《文物》1998 年第 3 期。
　　③ 辰闻：《宗教与艺术的殿堂 古代佛教石窟寺》，辽宁师范大学出版社，1996 年，第 132 页。
　　④ 李凇：《陕西古代佛教美术》，陕西人民教育出版社，2000 年，第 210 页。

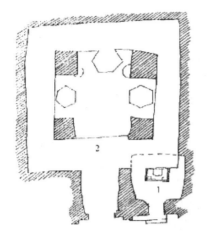

图 1-43　富县石泓寺第 1、2 窟平面图

图 1-44　阁子头石窟涅槃图

2．子长钟山石窟

钟山石窟位于子长县安定镇东约 1 公里处的钟山南麓，现存 1 大窟、6 小窟，据窟内一座明洪武十六年重修碑记载，此处石窟开凿于北宋治平四年（1067 年），是一处较典型的北宋时期石窟寺[①]。

图 1-45　子长钟山石窟三世佛之一

主窟平面长方形，平顶，深 10 米，宽 17 米，窟前有窟檐及三根檐柱，形成三开间，中央设长方形佛坛，坛上前后各并列一排四根方形立柱，上连窟顶，下与坛基连为一体，坛上设三组像，每组为一佛二弟子二菩萨五尊像，形成三世佛题材（图 1-45），佛坛之上的窟顶雕刻覆斗形藻井，三组佛像前雕乘狮文殊、骑象普贤。窟壁及八根石柱满雕千佛，间以小型佛龛。造像手势自然，生动传神，衣褶柔软多变，带有泥塑质感，显示出宋代高超的石雕技艺，二菩萨坐像面目清秀，服饰繁缛。小型佛龛中的罗汉像及涅槃变中的人物情态各异，个性鲜明。

3．延安万佛洞石窟

万佛洞石窟位于延安清凉山西麓，现存 4 窟，据洞窟现存碑刻、题记及造像特点，基本营建于北宋元丰年间（1078—1085 年）[②]。第 1 窟规模较大，平面横长方形，平顶，窟前有两个门道，其中一个门道左右壁雕刻文殊骑狮、普贤骑象。窟内中央设横长方形佛坛，坛上左右侧各立直通窟顶的屏壁，后侧无屏壁。佛坛上方窟顶有三个并列的八角覆斗形藻井。佛

---

① 陕西省文物局：《陕西文物古迹大观：全国重点文物保护单位巡礼之一》，三秦出版社，2003 年，第 162 页。
② 张智：《黄陵万佛寺、延安万佛洞石窟寺调查》，《文物》1965 年第 5 期。

坛上原有的三身造像早已不存。屏壁及窟壁雕刻千佛，间以释迦、弥勒、多宝、观音、文殊（图1-46）、普贤、弟子及罗汉等稍大造像。

　　第1窟左侧的第2窟平面近似梯形，无前壁，呈敞口式，正、东、西三壁均有造像。正壁上部为三世佛龛，下部雕八身罗汉像，连同东、西两壁各四身，构成十六罗汉，左右壁前侧各雕一尊天王像及乘狮文殊、骑象普贤像。

　　4. 黄陵万佛寺石窟

　　万佛寺石窟位于黄陵县城西约40公里的双龙镇附近，又称石空寺，开凿于北宋绍圣年间（1094—1097年）前后[①]，窟前凿出四柱三间式的窟廊及长甬道，廊柱下有覆莲柱础，柱头间置阑额，柱头

图1-46　万佛洞第1窟文殊菩萨像

上承斗拱，窟平面呈方形，中央设坛基，南、西、北三面凿出背屏式石壁，佛坛上呈品字形排列三尊主佛，弟子、菩萨分立两侧，每铺为一佛二弟子二菩萨五尊像。后壁有五百罗汉浮雕，左壁前部雕出高大的药师琉璃光佛，右壁雕立佛像，面容温和，体态丰满，衣纹随体转折起伏。前壁雕菩萨像、供养人像、倚坐佛、大日如来及二胁侍像等，甬道口上方雕千手千眼观音像。甬道壁面雕地狱变、日月光菩萨、涅槃变、说法图、十六罗汉等，内容丰富繁杂，并留有部分雕刻工匠题名。

四、南方地区

1. 杭州西湖石窟

　　浙江杭州西湖周围的山岭之中分布着许多窟龛，包括飞来峰、烟霞洞、观音洞、石屋洞、慈云岭、天龙寺、宝成寺等，多为摩崖造像，有些则利用天然洞穴凿成。现存龛像主要为五代吴越国时期至元代所造，在中国晚期的石窟艺术中占据重要地位。

　　五代吴越国钱氏笃信佛教，兴建寺塔、开龛造像之风盛极一时。西湖周围五代时期的摩崖造像多与皇室有关，如慈云岭西的天龙寺龛像为吴越国王钱弘俶所造，烟霞洞原有"……吴延爽舍三十千造此罗汉"的题记。这一时期流行的造像题材为阿弥陀佛及西方三圣，体现了弥陀净土信仰的盛行，此外，倚坐弥勒、三世佛、十六罗汉及地藏菩萨等也较常见。造像风格及式样与唐代中原地区相近，如菩萨下裙于膝部束起、天王手持长柄钺等特征则带有地方特色[②]。凤凰山西部的慈云岭摩崖石刻开凿于后晋天福七年（942年）前后，有二龛，主龛宽10米，高5.8米，龛内雕一铺七身像，中间为阿弥陀佛及观世音、大势至西方三圣像，均结跏趺坐于仰莲须弥座上，身后有背光及顶光，边缘饰火焰纹，阿弥陀佛穿袒右袈裟，结禅定印。三尊像两侧各有一菩萨像、一天王像，天王身披铠甲，右手执长柄宝钺，龛楣圆拱形，正中浮雕七佛，均结跏趺坐于莲花座上，两端分别雕文殊骑狮、普贤乘象像。主龛北侧龛为地藏菩萨像，地藏两侧各有一世俗女供养人持物恭立。地藏为光头比丘状，游戏坐式，右腿

①　张智：《黄陵万佛寺、延安万佛洞石窟寺调查》，《文物》1965年第5期。
②　李裕群：《古代石窟》，文物出版社，2003年，第240页。

盘曲，左腿下垂踏莲座，底座较高，为束腰须弥座式，龛楣云际盘绕，上刻六道轮回图。慈云岭西的天龙寺龛像开凿于乾德三年（965年），有二龛。第1龛无量寿佛，第2龛为一铺七身，主尊为倚坐弥勒，两侧胁侍二弟子二菩萨二力士像。凤凰山南麓的圣果寺及飞来峰金光洞、青林洞等均雕有西方三圣像、阿弥陀像。位于南高峰西侧翁家山南部山腰的烟霞洞为石灰岩溶蚀而成的天然岩洞，造像题材复杂，其中正壁三世佛及胁侍菩萨、十六罗汉等为五代晚期所造[①]。石屋洞正壁开一大龛，内雕一佛二弟子二菩萨二天王像，大龛左上方开两小龛，其它壁面及窟顶均雕小型五百罗汉像，据造像题记，营建时间主要在五代，并延至宋初。

　　两宋时期，杭州地区的摩崖造像主要集中在飞来峰附近，北宋造像较多，题材丰富，除阿弥陀佛、西方三圣外，罗汉群像十分流行，反映了禅宗在江南地区的广泛传播，其中最常见的是十八罗汉像。飞来峰青林洞内有五十七尊小罗汉，玉乳洞内有较大型的十八罗汉像及六祖像。冷泉溪南岸悬崖上有南宋时期雕刻的布袋弥勒像（图1-47）及十八罗汉像，弥勒浓眉大眼、喜笑颜开，袒胸露腹，盘膝踞坐，一手执布袋，一手执念珠，亲切自然，十八罗汉围绕两侧，姿态不一，造型生动，此弥勒像及罗汉像的造型在全国具有典型意义。烟霞洞也

图1-47　冷泉溪布袋弥勒像及十八罗汉像

有布袋弥勒像，年代稍早。飞来峰青林洞外壁有一龛乾兴元年（1022年）的"卢舍那法会"浮雕[②]，卢舍那头戴宝冠，作说法状，坐于正中莲座上，左右两侧雕文殊骑狮、普贤乘象像，两像外侧有四天王、四菩萨等，龛楣浮雕二飞天，造像数量众多，构图极富层次感。飞来峰龙泓洞口北壁的一龛浮雕，凿建于北宋咸平年间，高1米，宽6.6米，分别雕有竺法兰、摄摩腾白马驮经和三国时期僧人朱士行、唐代高僧玄奘西行求法的情景。这一时期，单身观音菩萨像明显增多，反映出观音信仰的流行，如烟霞洞洞口处的两尊宋代观音立像，高2米余，均戴化佛冠，女相，面型丰圆，身躯微向前倾，左壁观音像璎珞垂至颈部，中饰宝相花，肩披披巾，下穿百褶长裙，右手持杨柳枝，左手执净瓶，右壁观音像颈饰璎珞，外穿带风帽长衣，两手交叉于腹前，右腕戴串珠，右手中持念珠，分别为杨柳枝观音和数珠手观音。

　　至元十三年（1276年）二月元军入临安，据《元史·世祖纪》卷六载：次年二月"诏以僧亢吉祥、怜真加加瓦并为江南总摄，掌释教"。至元十八年（1281年）冬，江南释教都总统杨琏真伽改道观为佛寺，兴建寺塔，在他的提倡之下，飞来峰也开始大事造像。元代所建的寺塔及石刻龛像多属藏传密教系统，带有萨迦派的形象特点[③]。龛像主要集中在西湖周围的飞来峰以及西湖东岸吴山宝成寺、瓶窑南山等地，题材及式样复杂，汉藏混杂，缺乏统一规划，佛像主要有毗卢舍那佛、阿弥陀佛、释迦、药师佛、无量寿佛、大肚弥勒等，至元十九年（1282年）飞来峰青林洞入口外壁开凿的华严三圣像，为飞来峰现存最早的元代纪年龛。

　　① 史岩：《杭州南山区雕刻史迹初步调查》，《文物参考资料》1956年第1期。
　　② 顾树森：《人间天堂杭州》，浙江人民出版社，2001年，第267页。
　　③ 洪惠镇：《杭州飞来峰"梵式"造像初探》，《文物》1986年第1期。

菩萨像有四臂观音、狮吼观音、杨柳枝观音、数珠手观音、金刚萨埵、文殊、大势至菩萨[①]等。佛母像中，救度佛母最常见，还出现大白伞盖佛母、尊圣佛母等。护法像有多闻天王像、金刚像、摩利支天等，如杨琏真伽于元至元二十九年（1292年）雕凿的多闻天王像（图1-48），骑狮子，右手持宝伞（幢），与常见的手中托塔、足踏夜叉的毗沙门形象不同[②]。此外，飞来峰冷泉溪南岸还雕有杨琏真伽像龛，为僧侣一铺三尊像，三像头部均系后补[③]，杨琏真伽身穿袒右袈裟，呈半跏坐式，右手握金刚拳于膝上，两侧各有一高僧手捧经盒。

1-48　杨琏真加造多闻天王像

宝成寺正殿遗址雕有一窟三龛，中龛表现三世佛题材，三佛均着袒右装，坐于藏式十字折角须弥座上，中尊和东尊施降魔印，东尊施禅定印，三世佛为13世纪以来藏传佛教佛堂中供奉的主要造像，西龛像今已不存，龛外缘雕出山岩形，原似雕有高僧坐禅像[④]。东龛三尊像，主尊是藏传密教中的麻曷葛剌神，即大黑天，头部较大，现愤怒相，上身宽，下身短粗，双手合抱一人头，左右肩外侧各挂一人头，呈半蹲状，踩于仰卧人像腹部。左右两侧分别为文殊骑狮和普贤乘象像，也以骷髅为饰，手持法器，龛左侧有至治二年（1322年）"朝廷差来官……庄严麻曷葛剌圣相一堂"的题记。

2. 大足石窟

大足石窟的宋代窟龛主要集中在北山、宝顶山、石篆山等九处。造像题材主要有释迦、阿弥陀、西方三圣、水月观音、数珠观音、如意轮观音、地藏、无量寿、鬼子母、孔雀明王、摩利支天、善财童子五十三参变相、弥勒下生经变、维摩诘经变等。此外，还有很多道教、儒教及三教合一的造像题材，如释迦、老君与孔子同窟、玉皇大帝、真武大帝等。

石篆山由严逊出资兴建，雕刻风格、技法统一，属于儒释道三教混存的摩崖造像群。

北山造像以佛湾为中心，两宋时期的作品主要集中在佛湾北、中两段，这也是北山造像的精华所在。造像体态窈窕、衣饰繁丽，体积感强，如第136号"心神车窟"巧妙地以心神车作为全窟支柱，多才善辩的乘狮文殊与温柔娴静的骑象普贤均个性鲜明、端庄优美。第125号"数珠观音"（图1-49）头戴花冠，胸佩璎珞，面庞秀丽，略朝前侧低俯，斜倚石壁，两手自然交于腹部，闲适自若，在身后的大椭圆形背光映衬下，裙带及帔帛

图1-49　北山佛湾数珠观音

① 赖天兵：《杭州飞来峰藏传佛教造像题材内容辨析》，《文博》1999年第1期。
② 闫文儒：《杭州西湖沿岸石窟造像》，《中国佛教》（五），中国社会科学出版社，2004年，第398页。
③ 洪惠镇：《杭州飞来峰杨琏真伽龛及其他》，《文物》1989年第3期。
④ 宿白：《元代杭州的藏传密教及其有关遗迹》，《文物》1990年第10期。

向身体两侧自然飘举，颇有吴带当风之感①。

南宋淳熙六年（1179年）僧人赵智凤在大足东北的宝顶山主持营建了佛教密宗道场，至淳祐九年（1249年）竣工，造像主要集中于大、小佛湾两区，题材广泛，包括华严三圣、毗卢佛、孔雀明王、千手观音（图1-50）、广大宝楼阁、涅槃图、六趣轮回图、父母恩重经变、大方便佛报恩经变、观无量寿经变、地狱变、柳本尊十苦行等，主要属密宗系统，这种大型连续性的成铺群像，场面恢宏，是中国石窟中所仅见的，每组或每段造像的空隙处又附经文或偈语，说明雕刻内容②。各组造像之间贯穿了因果轮回、孝敬父母、严守戒律、积善修行、净土最乐等思想，设计巧妙，善用对比、譬喻的手法，如第30龛的牧牛图（图1-51）依崖高低起伏雕凿，用牧牛方法譬喻修禅过程，富有生活气息。造像身光、项光、宝盖及宝座的造型、装饰均较简单，背后多以高浮雕形式雕刻山岩、云气、楼阁等，作为主像的佛、菩萨头顶左右大都有二道光柱升起，经龛顶向龛外放射，上道光柱呈弧形，下道光柱绕成从小到大的二至四个圆圈，有些圆圈内刻佛像或天宫，受到宋代道学气息的影响，菩萨几乎全为肃立或端坐相，穿通肩广袖长袍，服饰繁缛厚重。③

图1-50　宝顶山第8窟千手眼观音

图1-51　大足石刻第30龛牧牛图

3. 安岳石窟

安岳石窟五代时期的窟龛主要分布于圆觉洞及庵堂寺，形制较单一，规模较小，主要为平顶双重龛，也有敞口或平面长方形的单龛，造像流行三世佛、十方佛、西方三圣、十六罗汉、地藏、观音、千手观音、毗沙门天王、白衣观音、地狱变、经幢等题材，形体偏小，衣纹简洁，菩萨璎珞装饰较少。

北宋初年，安岳没有出现大规模造像活动，自北宋中后期起才又重新活跃，并达到鼎盛，窟龛分布范围较广，多见规模较大的方形平顶窟龛，三壁设像，或三壁凿坛设像。密宗造像最具特色，有圆觉经变、孔雀明王、毗卢佛、华严三圣、观音经变、柳本尊十炼图、毗沙门天王等。毗卢洞第8窟的柳本尊十炼图是表现"川密"祖师行化的题材，仅见于四川安岳及

① 大足县文物保管所：《大足县北山和宝顶山摩岩造像》，《文物》1980年第1期。
② 温庭宽：《论大足宝顶山石刻的一些特点》，《文物》1958年第4期。
③ 大足县文物保管所：《大足石刻》，文物出版社，1984年，第14页。

大足石窟①。这一时期佛及菩萨的造型典雅端庄，比例匀称协调，雕刻技法灵活多样，写实性强，佛像的袈裟自然宽松，有些佛像自顶心处冒出毫光，菩萨眼鼓细长，樱桃小口，带有世俗女性的柔美气质，南宋菩萨像多戴镂空花冠，后端各伸出一个类似蝴蝶的翅②，衣纹流畅、璎珞华美，造像的宗教意味进一步弱化。

4．剑川石窟

剑川石窟分布于剑川县城西南约 20 公里处的石宝山，包括石钟寺区 8 窟、狮子关区 3 窟及沙登箐区 5 窟，约有造像 140 躯。由于石窟主要分布在石钟寺后山崖上，所以通称石钟山石窟。石窟最早的纪年题记为"…天启十一年七月廿五日"，"天启"是南诏第十世王劝丰祐的年号，石窟主要开凿于南诏、大理国时期。

剑川石窟的窟龛形制主要有佛殿窟、方形或圆拱形浅龛及摩崖造像三种，造像以密宗题材为主，有观音、八大明王、毗沙门天王、大黑天神等，观音造像尤为丰富，体现了南诏、大理国时期观音信仰的盛行。观音像以女相为主，如石钟寺第 5 窟的"愁容观音"、第 7 窟的"甘露观音"等，从面相、衣冠到身光、头光均受到汉式造像的影响。沙登箐区第 2 号龛的阿嵯耶观音为"滇密"特有题材，面相清秀，头戴化佛高花冠，袒胸、细腰，下穿长裙，系缀珠革带，右手施无畏印，左手施与愿印，跣足立于仰莲台上。狮子关第 2 号和沙登箐第 5 号龛刻有深目高鼻的印度僧人造像，身披袈裟，手持拐杖，旁有一狗，主要表现在白族地区广为流传的观音菩萨降服罗刹题材，为云南石窟所独有③。此外，还出现了许多以王者为主像的窟龛，如石钟寺第 1、2 窟，狮子关第 1 窟等，造像面部扁平，鼻翼宽，嘴唇厚，地方色彩浓郁。石钟寺第 2 窟雕有南诏王（图 1-52）及诸大臣群像，在高 1.46 米，宽 1.52 米洞窟中安排了 16 个人物，后部中间的阁罗凤头戴镂雕莲花宝珠塔形冠，穿圆领宽袖长袍，袖手盘坐，椅上雕有双龙头，座下雕二狮蹲伏，椅后屏风雕日月及双龙，右侧正面椅上雕一高僧坐像，这两像周围簇拥武士，或持扇，或举旗，或持剑，或擎伞等，洞窟前侧各雕一清平官，窟檐饰多层雕花，内起人字形帐幔。狮子关第 1 窟雕有南诏王及王后的"全家福"造像，据位于两主像头部中间的题记，此窟主尊是第一代南诏王细奴罗④，被尊奉为"本主"，受到大理地区各族人民的信仰与崇拜。

图 1-52 剑川石钟山第 2 窟南诏王像

除剑川石钟山石窟外，云南地区的石窟及摩崖造像还有金华山摩崖造像、晋宁县将军庙摩崖造像、安宁县法华寺石窟等，主要为大理时期和明清时期开凿。

① 刘长久：《中国西南石窟艺术》，第 24 页，四川人民出版社，1998 年。

② 曾德仁：《四川安岳石窟的年代与分期》，《四川文物》2001 年第 2 期。

③ 李裕群：《山野佛光——中国石窟寺艺术》，第 179 页，四川人民出版社，2004 年。

④ 刘长久：《中国西南石窟艺术》，第 149 页，四川人民出版社，1998 年。

本章小结

石窟寺是在河畔山崖开凿的佛教寺庙，古印度石窟建筑及艺术经由中亚，翻越葱岭，自新疆地区传入，中国的石窟寺数量多，分布广，延续时间长，内容丰富，特色鲜明，具有很高的历史及艺术价值。

两晋、南北朝时期，北方开窟造像之风渐盛，洞窟形制主要包括中心柱窟、大像窟、僧房窟、禅窟、瘗窟、方形三壁设坛或三壁开龛窟以及少量的敞口大龛。早期塑绘题材以释迦为主，反映了小乘佛教信仰的盛行。北魏中期以后，小乘题材虽仍占一定比重，但以三世佛、千佛为代表的大乘题材已跃居主导地位，窟内还出现大型礼佛行列以及众多的供养人像。造像从早期的单身像到一佛二菩萨三尊像组合，至北魏中晚期发展为一铺五身像和一铺七身像组合形式。造像式样的发展体现了本土化趋势；至北魏晚期，从服饰到面相已完全表现为风神飘逸的中国士大夫形貌。而造像式样上第二次大的转化发生在北齐、周时期，造像身躯壮硕，衣纹浅疏，为隋唐时期成熟的写实风格奠定了基础。

隋唐时期的石窟寺仍为数不少，大多在前代的基础上续建，新建石窟寺主要集中在陕西及西南地区，而政治地位突出的两京地区对于其它地区的石窟寺有着深刻的影响。隋代洞窟形制多沿袭北齐、北周，唐代盛行平面马蹄形、穹窿顶、环壁设低坛、上置列像的窟形，敞口大像龛、佛坛窟、背屏式窟也较常见。此外，还有后置涅槃台的涅槃窟以及少量的中心柱窟、瘗窟及禅窟。与前代相比，窟龛内外的结构及装饰趋向简化，但塑绘题材更为复杂，其中反映净土信仰的倚坐弥勒、阿弥陀佛、观世音以及观无量寿经变、西方净土变、东方药师变等题材最为盛行。造像多为圆雕成铺群像的形式，有三身、五身、七身、九身等不同组合，后期流行小型的单身佛、菩萨像，也反映了造像行为从统治阶层向普通信众的转移。隋至初唐的佛教造像还存有北朝晚期遗风，盛唐时期，形成了成熟的唐代风格，此后渐趋丰腴。

五代以后，新建石窟数量减少，分布分散，密宗信仰盛行的区域仍保持着较强的开窟（龛）造像势头。这一时期，窟龛形制变化不大，除少数中心柱窟、方形佛殿窟、僧房窟、禅窟和瘗窟外，主要流行佛坛窟，此期的佛坛窟是在前代中心佛坛窟和背屏式佛坛窟的基础之上，演化形成的中心设圆形佛坛或八角形佛坛窟及坛柱式、坛屏式等大型佛坛窟，前者主要流行于河西地区，后者主要流行于陕北延安地区，南方地区和西南地区仍以摩崖造像为主，龛形简单。塑绘内容纷繁复杂，可大致分为显、密两大类，密宗题材地位突出，地方特色浓郁。由于观音、地藏信仰的盛行，与之相关的题材也较丰富。此外，在三教融合的社会背景之下，还出现了不少儒、道造像、三教混合造像及民俗造像。此期造像写实性强，富有生活气息，注重个性及神态的表现，以圆雕为主，也有规模庞大的连续性浮雕。

第二章　单体像及造像碑

第一节　概　述

　　佛教造像，即以金、石、木、泥等各种材质雕塑或铸造的佛教偶像，小乘佛教以供奉释迦像为主，在大乘佛教中还出现诸佛、菩萨、弟子、诸天护法等像。佛教有"象教"之称，佛像在佛教的传播、发展过程中发挥了重要作用，这些造像或被雕塑于石窟中，或被供奉于寺庙、佛塔、家庭佛堂之上，或由佛教信众随身携带，石窟造像大多不可移动，与壁画相得益彰，共同营造庄严神圣的供养空间。随着佛教的传播，造像行为逐渐普及，又《妙法莲华经》中称："若人为佛教，建立诸形象，刻雕成众相，皆已成佛道。"在诸如《华严经》、《般若经》、《宝积经》等佛经中，也提到建造、供养佛像的诸般功德利益，这种以造像方式积功德、建福田的观念极大地促进了一般佛教信徒的造像行为，从而为我们留下了很多珍贵的中小型单体像及造像碑。

　　除流散的传世品及馆藏文物外，各地陆续出土了多批数量较大的金铜、石刻造像，如河北曲阳修德寺、山东博兴崇德村、青州龙兴寺、陕西临潼邢家村、山西太原古城营、四川成都万佛寺遗址等，这些成批出土的单体像多出自寺庙遗址附近或塔基之下，是当时的佛教徒出资建造，并供养于佛寺中，后因历史上大规模的废佛、灭法事件，被埋藏于地下的。与石窟造像相比，这些单体像体量较小，材质丰富，制作考究，多刻有纪年铭文或发愿文，带有较强的民间性、地域性特点，是佛教造像体系中的重要组成部分及研究历代佛像演变的珍贵资料。

一、材质

　　中国单体造像的用料广泛，包括铜、铁、银、石、玉、陶、瓷、竹、木、牙、角、干漆夹纻等，大多在继承传统的基础之上，兼容并蓄外来艺术技法，创造出具有民族特色、丰富多彩的佛教造像。

　　在许多文献及造像发愿文中都提到建造"金像"及"玉像"。"金像"主要指金铜造像而言，用铜铸造、表面鎏金的造像称为金铜造像，一般在制模、浇铸成型后，还要经过锉、凿、刻、抛光、焊接、插镶等工序，最后鎏金，较简单的金铜像可一次浇铸成型，结构复杂的造像须采用分铸合体法，将造像的各部分分别铸造，预留卯榫，然后套接成一个整体，这种做法将中国传统的青铜分模浇铸法与木质结构中的卯榫结构巧妙地结合在一起[①]，同时受到了

---

　　① 刘凤君：《考古学与雕塑艺术史研究》，山东美术出版社，1991年，第148页。

西域铸造方法的影响。青铜鎏金工艺约始自战国，在秦汉时期已得到了充分发展，金铜佛像是在中国传统工艺的基础上产生，出现年代早、延续时间长的一类佛教造像，几乎伴随着佛教发展的全过程。金铜像中，除了大宗的铸像外，还包括锤鍱像，金铜锤鍱像是用薄金属板以锤敲击而成，或事先制成模具再将金属板置于上面敲打，制成后正面形成凸起的效果[①]，这种特殊造像技法应是 3 至 4 世纪随佛教从西北印度经西域传入中国的[②]，现存的锤鍱像一般尺寸不大，用来装饰佛龛、寺庙建筑等。明清时期还有将佛像各部分锤打成形，再插接成整体的制作方法[③]。

"玉像"多指以石材雕刻的造像，在甘肃、陕西、山西、河南、河北、山东、四川等地均有发现，自魏晋至隋唐时期成为中国佛教造像的重要组成部分，大致可分为单体石造像及造像碑两类。造像碑借鉴了中国秦汉以来盛行的碑碣形式，多采用浮雕、减地平雕和线刻手法，在石碑或石柱上造像并刊铭，为一种综合性的佛教艺术形式；单体石造像则不具备碑形，多采用高浮雕及圆雕手法。

夹纻像是在泥模上裹纻布，再于纻布上涂漆，待干后将泥模除去而制成的佛像，又称"脱空像"、"抟换像"、"脱沙像"等，如：慧琳在《一切经音义》中说："案《方志》本义，夹纻者，脱空像，漆布为之。"夹纻技术是中国古代的创造发明，文献记载中最早出现的夹纻像由东晋戴逵所造，至南北朝时期已颇为流行，唐代的夹纻造像技术进一步发展，并东传日本[④]，宋元以后，夹纻像更为常见。

泥制模印佛像来源于印度，据义净的《大唐西域求法高僧传》载："归东印度，到三摩坨国……每于日日造拓模像十万躯。"中国现存最早的泥制佛像出现于北魏时期，西魏、北周及隋代续有制造。唐初，铜材多用于铸钱、铸镜，泥质佛像流行，这些泥像多成批出土于寺院遗址周围，为僧人所造，唐代僧人圆寂后火葬，以骨灰和泥，范成佛像，被称为"善业泥像"。此类佛像数量多，体型小，以方形、长方形为主，有些上端呈圭首式，还出现上圆下方和圆形的泥佛像，泥色主要有纯青、纯红两种，正面模印佛像、佛塔等，背面模印题记，内容多为造像时间、造像者、经文、偈语等，用于供奉、祈祝或弘传佛法，有些还在正面佛像下刻小字，也有无题记者，少数造像表面加彩，其正、背面的绘画、书法多出自名家之手，具有较高的审美及研究价值。

1976 年山东博兴"龙华寺"遗址出土了 7 件北齐模印瓷胎素烧菩萨像[⑤]，表明北朝晚期已经出现了陶质单体造像。隋唐时期，陶瓷工艺较前代有了很大提高，陶瓷佛像主要包括三彩器和泥质无釉陶器两种；宋代以后，瓷质的小型单体像更为常见；明清时期，运用铜铁、金银、陶瓷、竹木、牙角等各种材质制作的佛像更是层出不穷。

二、总体特征

佛教发源于古印度地区，属于外来宗教，佛教造像的服饰、面貌必然会带有异域风格，但随着佛教在中国的弘传，造像必然会向着本土化方向发展，传入时间越长，本土特征也就

① 潘守永：《佛教与工艺杂项》，天津人民出版社，1996 年，第 13 页。
② 金申：《锤鍱佛像小考》，《佛教美术丛考》，科学出版社，2004 年，第 98 页。
③ 上海市文物管理委员会：《上海松江李塔明代地宫清理简报》，《文物》1999 年第 2 期。
④ 高观如：《夹纻像》，《中国佛教》（五），中国社会科学出版社，2004 年，第 86 页。
⑤ 常叙政、李少南：《山东省博兴县出土一批北朝造像》，《文物》1983 年第 7 期。

越明显。佛像虽以人像为模本，但要通过其形象、装束来传达超于世间的神圣感，使人肃然起敬，顶礼膜拜，因此还要有别于现实中的人物，同时符合宗教仪轨，如《造像经》中提到的"三十二相"、"八十种好"等。

1．姿态

佛教造像的姿态大致可分为坐像、立像和卧像三种。常见的坐姿包括结跏趺坐、半跏趺坐、倚坐、交脚坐、游戏坐等。结跏趺坐的姿态为两足相互交叉置于左右两股上。半跏趺坐的姿态为单以右足押在左股上，或单以左足押在右股上。倚坐是身体端坐于台座或椅子上，两脚自然下垂，原为释迦的一种坐姿，在《冥祥记》、《高僧传》卷一《竺法兰传》中都有关于释迦倚像的记载。唐代，玄奘从印度携回的佛像中也有释迦倚坐像，但自北朝晚期起，部分弥勒像也开始采用倚坐姿势[①]，宋代以后，甚至观音、罗汉像也出现了倚坐像。交脚坐是将两脚下垂相交于座前，弥勒菩萨多采用这种姿势。游戏坐，也称"如意坐"或"自在坐"，即左腿下垂，右腿屈踞于底座上，是宋元时期流行的水月观音息于普陀山的姿式。一腿跏坐，一腿下垂的半跏坐姿，称为"舒相坐"，隋代以前流行的半跏思惟像多采取这种坐姿；而竖起右膝，左膝盘曲的坐姿，称为"轮王坐"，为如意轮观音通常的姿势；宋代以后的常见题材——布袋僧也常用此种坐式。立像主要有直立和曲立两类。直立像比较普遍，佛、弟子、菩萨多为直立式，而护法天王、力士多作曲立式站姿，举拳或执法器，颇具动感；标准的唐代菩萨像呈现优美的三曲式身姿，元、明、清时期的藏式像也常有曼妙的体态。卧像只用于释迦牟尼涅槃的特殊场合，其姿态为朝右侧卧。

2．服饰

佛教造像的服饰因题材、地域而异，也是断代的重要标志。佛陀服饰通常简单朴素，少见装饰。早期主要有袒右、通肩两种基本形式，袒右式，即将右肩裸露在外，有的右肩处现偏衫衣角，通肩式，即穿着披覆双肩的袈裟，4世纪末至5世纪初，依据汉地的习惯，出现模仿魏晋时期士大夫服装的双领下垂式大衣，大多具有宽袍大袖的特征。唐代以后的佛装更流行通肩式，衣领往往较低，露出大面积前胸，宋代以后，佛装与当时的僧服接近，有些外披禅宗僧人的小袈裟。罗汉服饰与佛装略同，跣足或穿僧鞋。菩萨服饰与前二者有着显著的区别，一般头戴宝冠，袒上身，披帔帛、璎珞，手足戴钏，下穿长裙，衣曳飘带，华美庄严，尤其是唐代的菩萨，更显雍容华贵，气度非凡。宋代以后，菩萨装束逐渐汉化，往往外披大衣，仅袒露前胸及颈部璎珞。护法像中，天王、力士服饰在南北朝时期更接近菩萨装，唐代以后则与中国古代的武将装扮趋同。

3．台座

佛教造像通常被安置在台座上，常见的台座形式有须弥座、莲座、禽兽座、鬼怪座、岩座等。须弥山意译为"妙高山"，在古印度传说中为世界的中心，帝释天所居之处。佛像以须弥山形为坛座，在古印度即已通行[②]。这种台座在中国南北朝时期至唐代的佛教造像中屡见不鲜，后成为中国传统建筑台基的重要形式。须弥座的上部、下部由数条直线组成，称为"叠涩"，中间收缩部分称为"束腰"，须弥座（图2-1）的构造由简入繁，尤其在中间的束腰部分出现立柱、力士、卷草、莲瓣、壶门等特色装饰，使其造型丰富多彩。莲花是佛教的象征，

---

①　李淞：《长安艺术与宗教文明》，中华书局，2002年，第191页。

②　王建伟等：《佛家法器》，天津人民出版社，2004年，第116页。

莲座也是最常见的佛及菩萨像座（图2-2）。在单体像中，金铜像底座形式有着较为清晰的演变过程，十六国至初唐时期，坐像底座多为四足座承托须弥座形式，立像多为四足座承托莲座形式，盛唐以后，底座平面形制逐渐趋向圆形，常见六角形或八角形平面、带有壸门及束腰的底座，束腰部分渐高，装饰更显空灵、精细、复杂。宋、辽、金时期，盛开状的大仰莲座开始盛行，明清时期，除此类莲座外，受到藏传佛教影响，还出现椭圆形仰覆莲座（图2-3），底座类型更显庞杂。禽兽座品类丰富，包括狮、象、犼、鳌鱼、谛听、孔雀、金翅鸟等，佛座两侧蹲伏双狮，称为"狮子座"，在马吐腊的贵霜国王石像上已经出现，作为佛座的重要形式，在中国南北朝时期十分普遍，唐代以后，开始以狮、象分别作为文殊、普贤的坐骑，此外，密教中的五方佛也各有不同的坐骑。鬼怪座以夜叉鬼怪的形象组合而成，岩座形如多层重叠的岩石，隋唐以后，天王、明王等护法像常采用此二种座式。

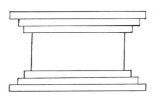  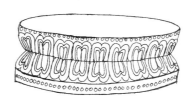

图2-1　须弥座　　　　　图2-2　莲花座　　　　　图2-3　椭圆形仰覆莲座

4．背光

背光可分为"头光"及"身光"两部分，外缘通常饰以火焰纹，头光又称"顶圆光"，是佛"三十二相"中"眉间白毫相"的体现，多集中于头部后方，呈圆形、椭圆形或桃形，饰莲纹或多道同心圆，身光又叫"举身光"，是佛"三十二相"中"常光一丈相"的体现[①]，通常与头光融合在一起，呈椭圆形。十六国至北魏时期流行举身舟形大背光，装饰复杂，北朝晚期，金铜像背光呈现缩减趋势，顶端尖锐化，石刻像背光的装饰内容更为丰富，出现包括龙、塔、飞天在内的大舟形背光及双树造型的椭圆形背光。北齐、北周至隋代，莲瓣形背光和仅至肩部的桃形、圆形背光开始流行。唐代，新出现头光与身光相交处向内收缩的葫芦形背光，顶端多有化佛，背光中，卷草纹装饰比较常见，而仅及肩部的桃形、葫芦形背光更流行透雕镂空装饰，宋代以后，背光形式简化，甚至完全消失。

5．相好

"三十二相"和"八十种好"合称为佛的"相好"，也是佛像的重要特征。"三十二相"又称"大丈夫相"、"大人相"，在《大智度论》、《涅槃经》、《无量义经》等佛教经典中，都记载了佛陀异于常人的"三十二相"，虽存在着一些差别，但大同小异。如《三藏法数》四十八所载的"三十二相"为：一、足平安相；二、千辐轮相；三、手指纤长相；四、手足柔软相；五、手足缦网相；六、足跟满足相；七、足趺高好相；八、腨如鹿王相；九、手长过膝相；十、马阴藏相；十一、身纵广相；十二、毛孔生青色相；十三、身毛上靡相；十四、身金色相；十五、常光一丈相；十六、皮肤细滑相；十七、七处平满相；十八、两腋满相；十九、身如狮子相；二十、身端直相；二十一、肩圆满相；二十二、四十齿相；二十三、齿白齐密相；二十四、四牙白净相；二十五、颊如狮子相；二十六、咽中津液得上味相；二十七、广

---

①　徐华铛：《佛像艺术造型》，上海文化出版社，2005年，第14页。

长舌相；二十八、梵音深远相；二十九、眼色如绀青相；三十、眼睫如牛王相；三十一、眉间白毫相；三十二、顶成肉髻相。《无量义经》中所载的"三十二相"与上述有些出入，还包括"旋发绀青"、"胸表卍字"等，可与《三藏法数》互为补充。"八十种好"又称"八十随形好"，是补充"三十二大相"不足的小相，文献记载出入颇大。佛像的部分"相"、"好"特征也适用于菩萨像，但纵观历代佛教造像，其面貌大多带有本土特征，符合时代审美观念，并非严格按照"相"、"好"的要求。

6．手印

根据梵语意译，佛教造像的各种手势姿态称为"印相"，也称"手印"或"印契"，来源于印度古老的文化传统。在佛像造型中，手印可以传达各种意思和情感，有时也可作为区别身份的标志。常见的手印（图 2-4）有禅定印、降魔印、无畏印、与愿印、合掌印等。禅定印为双手相对，手心向上，置于腹间。降魔印，又称触地印，为一手自然下垂，掌心向内，手指伸直指向地面，指尖或与地面相触。施无畏印为一手上举胸前，掌心向外，手指自然伸直。与愿印为一手自然下垂，掌心向外，常与施无畏印配合使用。曲肘当胸，以拇指、中指（或食指、无名指）扣圈，其余各指自然伸展，称为说法印。以上五个印相是释迦牟尼的常用印相，又称"释迦五印"。合掌印是在胸前合起两手掌心，十指相贴，一般为胁侍弟子或菩萨的常见手印。早期佛像多结定印，反映了禅观的盛行，北朝中晚期以后，开始流行施无畏印及与愿印，至唐代，一手下垂抚膝的降魔印较常见，后世的手印相对复杂，或可作为佛像身份的标志之一。

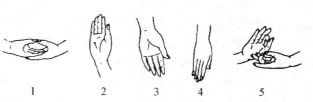

图 2-4　1．禅定印　2．无畏印　3．与愿印
4．降魔印　5．说法印

7．持物

佛像以结手印为主，但在藏传佛教中，持物往往是区分佛像身份的重要标识，也是造像仪轨的要求，如无量寿手托长寿宝瓶；药师佛左手托药钵，右手拈药丸；弥勒执军持等。菩萨像及护法像大多持物，观音像是菩萨像之大宗，早期观音的造型为一手持带柄莲蕾，另一手执净瓶或帔帛一角。至北朝晚期，持物的范围有所扩大，常见的有莲蕾、柳枝、净瓶、香袋等，也有作施无畏印及与愿印的情况。宋代以后，持物内容更显庞杂，包括净瓶、数珠、杨枝、如意、经卷等物，千手千眼观音像手中所持的法器达 40 余种。天王、力士、韦托等护法像为显示其护持佛法、普救众生的职能，往往持有杵、剑、戟、塔、伞等各类法器。

三、题材

佛教造像的题材一般依据佛经创制，可分为佛、菩萨、声闻、诸天护法等几大类。佛像名号众多，释迦牟尼为佛教的创始人，受小乘佛教及大乘佛教共同信奉，在佛教中处于至高无上的地位，亦为造像之大宗。

七佛，又称"过去七佛"，是早期常见的造像题材之一，汉译佛经中的过去七佛译名不一，东晋僧伽提婆《增一阿含经》、姚秦佛陀耶舍与竺佛念共译《长阿含经》中都有详述七佛的品序。《增一阿含经》中七佛之名为"毗婆尸、式诘、毗舍婆、拘留孙、拘那含、迦叶、释迦文"。

据《药王经》载，七佛为"毗婆尸佛、尸弃佛、毗舍浮佛、拘留孙佛、拘那含牟尼佛、迦叶佛、释迦牟尼佛"。《魏书·释老志》云："释迦前有六佛，释迦继六佛而成道，处今贤劫，文言将来有弥勒佛，方继释迦而降世。"①反映了佛法的传承及早期七佛、弥勒信仰。十六国时期的北凉石塔上已出现七佛及交脚弥勒菩萨像，隋唐时期还出土了七佛题材的金铜单体像。

三世佛，在石窟及寺庙中屡见不鲜，有"横三世"和"竖三世"之分，"竖三世"佛组合形式多样，均体现佛法永续传承的思想，"横三世佛"出现较晚，指释迦牟尼、东方净琉璃世界的药师佛、西方极乐世界的阿弥陀佛。三世佛两旁各有二位菩萨，文殊菩萨及普贤菩萨为释迦身旁的二胁侍。日光菩萨及月光菩萨分居药师佛两旁，而阿弥陀佛两侧分别为观世音菩萨和大势至菩萨。虽然三世佛组合形式在单体像中并不多见，但所涉及的主尊及胁侍多属于常见的民间造像题材。

伴随《法华经》、《维摩诘经》等大乘经典的翻译及传播，释迦多宝并坐像、维摩文殊对坐像也成为南北朝至隋代单体像及造像碑中的重要内容。

"弥勒"意译为"慈氏"，有关弥勒的译经始自晋代，西晋竺法护译《观弥勒菩萨下生经》和《弥勒菩萨本愿经》，最早将弥勒信仰引入中土；5世纪中叶，鸠摩罗什译出《弥勒成佛经》和《弥勒下生经》，其后北凉沮渠京声又译《观弥勒上生兜率天经》。这些弥勒经典的翻译为弥勒净土信仰在汉地传播奠定了理论基础。十六国至北朝时期的弥勒菩萨像大多表现其在兜率天宫说法的情形。倚坐弥勒像出现较晚，至唐代流行，一般穿着佛装，据《弥勒下生经》表现其下生成佛的情景。弥勒净土信仰是唐代民间信仰的重要内容之一，特别是弥勒下生人间，建立佛国净土的内容在民间最具有吸引力，甚至出现了许多以"弥勒下生"为主题的伪经。南宋时期，普济和尚在他的《五灯会元》"应化圣贤"中对于布袋弥勒形象作了较为详尽的记载，此后，在汉传佛教中，布袋弥勒正式替代印度弥勒，并迅速在全国范围内广为供奉，从而实现了弥勒形象的完全本土化。隋唐时期，除倚坐弥勒外，阿弥陀佛及药师佛也是造像的常见题材，并形成"西方三圣"、"东方三圣"的明确组合。有关阿弥陀及西方净土信仰的经典主要包括三国时康僧铠译《无量寿经》、后秦鸠摩罗什译《阿弥陀经》、南朝宋畺良耶舍译《观无量寿经》、北魏菩提流支译《往生论》等，由于净土学说没有深奥的义理，且易于实践，逐渐得到僧徒及普通信众的广泛接受。

菩萨，是梵语"菩提萨埵"的略称。"菩提"意为"觉悟"，"萨埵"意为"有情"、"众生"，即所谓"以智上求菩提，用悲下救众生"②，将来必定成佛的修行者，也指此类修行者所达到的阶位，与佛像比，菩萨更加贴近普通信众，一些高僧大德，如印度的龙树、中国的道安、法护等也被尊为菩萨。在诸多的菩萨像中，观音、弥勒、文殊、普贤、地藏等比较流行。弥勒菩萨为小乘经典中仅见的二菩萨之一，与大乘佛教的诸菩萨相比，其信仰稍早一些，有站立、交脚坐、半跏趺坐等姿势。

观音菩萨自北魏时期就已成为单体像中的重要题材，此后长盛不衰，在民间佛教信仰中占有不可替代的位置，成为最常见、信仰最炽、变化最多的一类菩萨，又有"观世音"、"观自在""观音大士"等称谓。早期的观音像多为立姿，以金铜像为主，式样单一，多数穿菩萨装，也有着佛装的情况；北齐时期，更流行观音双身像；至唐代，坐像数量渐多，冠式、发

---

① 北齐·魏收：《魏书》第八册，中华书局，1974年，第3027页。
② 宋·普润大师法云：《翻译名义集易检》，上海佛学书局，1935年，第13页。

式及佩饰丰富多样，表现出雍容华贵的女性化特点。同时，观音形象有了显、密之别，如十一面观音、如意轮观音等各类密宗观音像开始出现并流行。宋代以后，又据各类经典，演化出六观音、七观音、十五观音乃至三十二应、三十三观音等各类观音形象。"六观音"按天台宗所传为大悲观音、大慈观音、师子无畏观音、大光普照观音、天人丈夫观音、大梵圣深远观音等六种；按密宗所传则为千手千眼观音、圣观音、马头观音、十一面观音、准胝观音（又作准提观音）、如意轮观音等六种。"三十二应"是指观音菩萨的三十二种化身，出自《楞严经》："我身成三十二应，入诸国土。"而《法华经》又有"三十三身观音"之说。

文殊菩萨，又译为"文殊师利"、"曼殊室利"等，其由来与般若经典关系甚深[1]，在《大日经》中译为"妙吉祥"。文殊在诸大菩萨中以辨才智慧为第一，因而有《维摩诘经》"问疾品"中文殊与维摩的论辩。中国的文殊信仰可分为东晋至南北朝和唐、五代两个阶段，早期没有明确的标志物，大约在唐代出现了手中持剑、乘狮子坐骑的文殊形象，与密宗经典的翻译及密宗的盛行有关。

普贤菩萨梵名作"三曼多跋陀罗"，译成汉文称为"普贤"或"遍吉"，在《法华经》、《陀罗尼集经》等经典中都有记载，与文殊骑狮相比，普贤乘象题材出现的年代要早得多，作为禅观的辅助题材在北魏中后期的石窟中已经出现，至唐代，文殊骑狮、普贤乘象已在石窟壁面中成对出现，五代至宋金时期更为普遍，影响了此类题材小型单体像的制作。"乘白象"是普贤菩萨的重要标志，所乘白象生有六牙，为象中之王，普贤乘象代表着大慈力，中国早期佛教遗存中也有仙人乘白象的形象，但主要表现以释迦为主题的本生题材。

地藏菩萨之名来源于《地藏十轮经》："安忍不动如大地，静虑深密如秘藏"，他立下"地狱未空，誓不成佛"的大愿，集中体现了菩萨救拔众生的牺牲精神。唐代，玄奘译《地藏十轮经》、实叉难陀译《地藏菩萨本愿经》，地藏信仰逐渐形成，其形象一般为穿佛装或菩萨装，手持摩尼宝珠、锡杖或施与愿印。

声闻，一般指佛弟子，因"闻佛之声教，悟四谛之理"[2]，也包括后代有修养、得罗汉果位的"高僧"，按照佛在世时的嘱咐，他们不入涅槃，常住人世，接受供养，又称为"阿罗汉"或"罗汉"。唐代以前，罗汉像大多肃立于佛像两旁，唐代以后，出现了形貌及个性方面的差异，其中释迦"十大弟子"中的前二位，即"迦叶"与"阿难"是声闻中的代表，为一老一少的形象，迦叶修苦行头陀，经常行脚、乞化、露宿，被推"头陀第一"。阿难是"阿难陀"的略称，意译为"庆喜"，是十大弟子中最年轻的一位，以"知时明物，所至无疑，所忆不忘，多闻广远、堪忍奉上"见长，被推"多闻第一"。佛涅槃后，由迦叶和阿难相继率领徒众，后世将他们并称为"二祖"。五代以后，伴随着禅宗的发展，罗汉题材不断拓展，《法住记》和《阿弥陀经》等经典记载了十六罗汉的名号，至宋代，又在十六罗汉基础上增加了两位，形成了十八罗汉，其名号众说纷纭，并不统一。后世根据西晋竺法护译《佛说五百弟子本起经》中，佛灭度后，迦叶与五百阿罗汉最初结集三藏，重兴佛法等佛经记载，创造出了五百罗汉。除群像形式外，单身罗汉像也很常见，且材质丰富，由于汉传佛教的罗汉形象不太受仪规约束，创作空间较大，工匠多凭借自己的生活经验，注重表现罗汉之间的个性差异。

隋唐时期，佛教诸宗派逐步建立，更加注重衣钵相承，龙门唐窟中已出现依据《付法藏

---

① 李淞：《长安艺术与宗教文明》，中华书局，2002年，第194页。
② 丁福保：《佛学大辞典》，上海书店出版社，1991年。

因缘传》及《历代法宝记》雕刻的传法罗汉群像，宝山灵泉寺大住圣窟也有"传法圣师像"。至宋代，经过"三武一宗"的法难及五代的战乱，由印度、西域传入的佛教经典多已散佚，在三教合一的整体趋势下，禅宗作为中国式的佛教自中晚唐以来逐渐兴盛，并占据统治地位。宋代的禅宗特别强调祖师的教化作用和宗教地位，当时祖师圆寂以后都要建塔、塑像供奉，宋代禅宗寺庙"伽蓝七堂"制度就专门安置了供奉祖师的位置——祖师堂。祖师崇拜的盛行，也使祖师像成为宋代以后重要的造像题材，在民间造像中，以富有传奇色彩的灵异事迹而受到崇奉的高僧像也比较常见，这些题材包括达摩、布袋和尚、泗洲大圣和济公活佛等。达摩是"菩提达摩"的通称，又作"达磨"、"驮摩"、"达么"，为南印度婆罗门族人，禅宗初祖，是晚期佛教画、塑的常见题材。泗州大圣，据考证为唐朝初年西域何国人僧伽。僧伽圆寂后，被送回泗州起塔供养，奉为"泗州大圣"[1]，也是宋代以后汉传佛教的常见题材。

佛教中的诸天多来源于印度婆罗门教和民间神祇，有十六诸天、二十诸天、二十四诸天、二十八诸天等多种说法[2]。《金光明经·鬼神品》中记载的二十诸天有：功德天、辩才天、大梵天王、帝释天、四大天王、日天、月天、金刚密迹力士、摩醯首罗天、散脂大将、韦驮天、坚牢地神、菩提树神、鬼子母、摩利支天、婆竭罗龙王、阎魔罗王。此后增加了紧那罗王、紫微大帝、东岳大帝、雷神等，构成二十四诸天。其中金刚力士又称"密迹金刚"、"密迹力士"等，据《大宝经》记载，普闻诸佛秘要密迹之事，因名"密迹"，手中常持金刚杵，原仅有一尊，后来成对出现于石窟或寺庙门两侧，担负守护佛法的职责。天龙八部又称"龙神八部"，包括天、龙、夜叉、乾闼婆、阿修罗、迦楼罗、紧那罗、摩睺罗迦等，天、龙为八部众中之上首二部众。四大天王属于天龙八部中的天部，分居须弥山的四大部洲，各护一方世界，因而又称"护世四天王"，东方天王名"提多罗叱"，即持国天王，南方天王名"毗琉璃"，即增长天王，西方天王名"毗留博叉"，即广目天王，北方天王名"毗沙门"，即多闻天王。在单体像及造像碑中，早期的诸天护法形象一般出现于佛像的背光、底座及胁侍中，如大舟形举身背光中的龙、飞天、伎乐；佛像足下的坚牢地神；胁侍行列中的天王、力士等，都起到供养及护持作用，唐代以后，各类单体护法像开始出现，但并不普遍，宋代以后，护法像的队伍进一步扩大，单体像渐多，形象更趋本土化，元代以后的四天王像多为各持琵琶、剑、伞（幢）、蜃、鼠等法物、足踏跪伏小鬼，象征风调雨顺的武将形象。

四、外来风格

印度佛教创立于公元前 6 至 5 世纪，而佛像的出现却是在公元后的 1、2 世纪，印度早期的佛教遗迹及原始佛教经典中，均未涉及佛陀形象，仅以佛塔、法轮、莲花、足迹、石柱、菩提树、宝座、及狮、象等表示佛陀的存在，信仰者认为佛陀形象无法描绘，其深奥的义理已超越具体的形象，若以寻常人的形象来拟制佛像则是对于佛的不敬，且佛教特别强调舍弃肉身，最终达到涅槃，从而彻底解脱六道轮回之苦，这一时期也被称为印度佛教的无像期。

20 世纪以来，各国考古人员在印度西北部的犍陀罗及其邻近地区发掘出大量印度贵霜时代的佛像艺术品，这些佛像深受希腊雕塑风格的影响，如脸呈椭圆形、眉眼细长，眼窝略凹，鼻子笔直，薄唇，波纹式发髻，穿着厚重袈裟，衣褶写实性强等（图 2-5），被称为"犍陀罗

---

① 涤烦子：《江阴发现"泗州大圣"舍利子》，《江苏地方志》2004 年第 3 期。
② 谢路军：《佛教中的二十四诸天》，《法音》2005 年第 1 期（总第 245 期）。

式佛像"，它们不仅打破了印度早期以象征符号暗示佛陀存在的规范，而且创造了诸多的佛化身、佛弟子、菩萨及护法形象，大乘佛教造像由此产生。

位于印度中部与西北部交通要塞的马吐拉自古以来就是北部印度政治、经济、艺术的中心，也是佛陀说法的重要地区。几乎与犍陀罗式佛像同时，马吐拉地区出现了具有印度本土特色的佛像艺术风格，称为"马吐拉式佛像"（也译作"秣菟罗"）。此类佛像（图2-6）更多地保留了印度传统造像躯体裸露的风格，佛像面相短圆，眉毛隆起，嘴唇较薄，磨光肉髻，背光雕刻精美，衣纹以刻划线条为主，袈裟轻薄透体，反映了热带地区的服饰特点。

图2-5 旅顺博物馆收藏犍陀罗佛像

图2-6 秣菟罗佛像

4世纪以后，由于印度笈多王朝的建立，贵霜时代的各种艺术风格得以融合，最终形成了对于中国佛像艺术具有深远影响的笈多风格。笈多时代佛教造像的中心地区主要在马图拉和萨尔那特，萨尔那特是佛陀初转法轮之地，因而也成为佛教

图2-7 印度笈多时代佛立像

学术与艺术的中心。笈多风格呈现出更加印度化的面貌，佛像鼻梁高隆笔直，下唇丰厚，颈饰三道吉祥纹，顶上肉髻为排列整齐的右旋螺发，多穿着极薄的圆领袈裟。笈多造像着力表现人体结构，大致可以区分为两种样式，一种是全身衣纹绵密贴体的"湿衣"佛像（图2-7），另一种是全身少见衣纹，类似"裸体"的佛像，两者均显示出优美的体态曲线。

笈多时代，古婆罗门教转化为新婆罗门教，即印度教。8世纪中叶，其势力几乎席卷了整个印度，印度佛教也自6至7世纪开始再一次吸纳印度教和民间信仰的内容，出现了密教学派。印度东北部孟加拉和比哈尔地区兴起的波罗王朝信奉佛教，密教造像盛行，此类造像吸收了印度婆罗门教神像的表现手法，多见形体夸张、面目狰狞、多头多臂的菩萨及护法形象，这种造像风格自7、8世纪起逐步传入中国。

第二节 汉至三国时期

佛教传入中国之初，并没有引起广泛的社会关注，因而传入的具体年月不见史籍记载，一般认为，佛教传入中国的时间是在西汉晚期至东汉初年。这一时期，汉中央政府与西域往来密切，促进了佛教自西域的传入，来往的商旅、僧侣及中外使节等都是佛教经像传播的重要媒介。佛教传入的途径虽不只一条，但最早的佛教遗迹出现于新疆及川西北地区，表明由犍陀罗地区经西域传入中国的途径十分重要。东汉初年，佛教被视为黄老方术的一种，受到了统治阶级少数人的信奉，如《后汉书》所载楚王英奉佛、汉明帝遣使求法之事，为佛教的纵深及广泛传播奠定了基础，也使洛阳和徐州成为佛教流行的重要地区。《三国志·吴志·刘繇传》载，东汉末年，丹阳人笮融大建佛寺，"以铜为人，黄金涂身，衣以锦采"[①]。这是第一次在中国正史中明确记载佛像的建造[②]，同时笮融所采取的奉佛免徭役的方法也在客观上促进了佛教在普通民众中的传播。由于北方战乱，关中、洛阳一带的人民纷纷到吴地避乱，他们当中很多是佛教徒，加之东吴统治者崇信黄老之术，吴地的佛教迅速发展。三国时期，洛阳和南京分别成为南、北方的译经中心及佛教的传播中心，佛教在宣传方式上偏重神异方术及与中国传统的儒道思想的调和，如康僧会依靠"礼请舍利"的神异道术，得到了吴地统治者的支持，"即为建塔，以始有建初寺，因名其地为佛陀里，由是江左大法遂兴"。随着寺塔的不断兴建，佛教在民间的影响力也进一步扩大。

　　现存早期的佛教遗迹主要分布在四川、新疆、内蒙、湖南、湖北、江西、江苏、浙江、安徽、山东等地。四川乐山麻浩 1 号崖墓后室门上方（图 2-8）以及相距不远的柿子湾 1 号崖墓中后室及左后室的门楣上都有高肉髻、带项光、穿通肩大衣、右手施无畏印、左手握衣角的高浮雕佛坐像[③]，根据崖墓相关出土物推断，年代约当东汉末至蜀汉时期[④]。四川省彭山县东汉末年的崖墓出土了一件陶器座（图 2-9），下部雕双龙衔璧，其上贴塑一佛二菩萨像[⑤]，也有学者认为这种组合方式出现较晚，佛两侧胁侍穿胡服、戴胡帽，应为胡人及僧人[⑥]，与其伴出的明器具有汉代特征。1989 年，四川绵阳何家山东汉晚期崖墓出土了一株铜质摇钱树[⑦]，包括树干、树叶两部分，树干残长 76 厘米，上面铸有佛像五尊，形制完全相同，每尊佛像高 6.5 厘米，头后有横椭圆形项光，头顶有肉髻，双目微闭，两耳较大，上唇有髭，穿通肩袈裟，右手施无畏印，左手执衣角，结跏趺坐。佛衣下垂呈"U"型，绕于手腕，垂至足前，虽为现存最早的铜佛造像之一，但该像项光及手势已具备了典型的佛像特征，四川忠县在清理一批崖墓时共发现四株类似的摇钱树，据墓中出土的其它器物及崖墓形制，此墓年代应在蜀汉前期，在摇钱树上雕铸佛像反映了当时的人们将佛像作为神明列仙，与当地的神树祭祀习俗联系起来。除四川地区外，陕西城固东汉晚期墓中也出土了与之相近的钱树佛像[⑧]，这与两地地缘相近、交往密切有关。内蒙和林格尔东汉晚期的壁画墓中出现释迦降生故事和舍利像，新疆尼雅墓中出土的蓝色腊缬棉布上有犍陀罗风格的菩萨像，此墓的年代应在汉末[⑨]。山东沂南画像石墓的中室八角柱上以线刻方式表现神仙、奇禽异兽等，柱南、北两面各有一个带项光的神童，这种带有项光的特征很可能受到了佛教传说及造像的影响，此墓年

　　① 晋·陈寿：《三国志》第五册，中华书局，1959 年，第 1185 页。
　　② 任继愈：《中国佛教史》（第一卷），中国社会科学出版社，1981 年，第 183 页。
　　③ 宿白：《四川钱树和长江中下游部分器物上的佛像》，《文物》2004 年第 10 期。
　　④ 金维诺：《中国古代佛雕——佛造像样式与风格》，文物出版社，2002 年。
　　⑤ 俞伟超：《东汉佛教图像考》，《文物》1980 年第 5 期。
　　⑥ 吴焯：《四川早期佛教遗物及其年代与传播途径的考察》，《文物》1992 年第 11 期。
　　⑦ 何志国：《四川绵阳何家山 1 号东汉崖墓发掘简报》，《文物》1991 年第 7 期。
　　⑧ 罗二虎：《陕西城固出土的钱树佛像及其与四川地区的关系》，《文物》1998 年第 12 期。
　　⑨ 吴焯：《四川早期佛教遗物及其年代与传播途径的考察》，《文物》1992 年第 11 期。

代据考证为东汉时期①。1980 年发现的江苏连云港孔望山摩崖造像约开凿于东汉时期，共有 100 余尊大小不一、姿态各异的佛、弟子、力士等造像，为中国东部沿海地区现存最早、规模最大的佛教遗迹②，但造像比较分散，不是一次性完成的作品，有些时代略晚，且不全为佛教内容。建国初期，考古工作者在湖北武昌莲溪寺永安五年（262 年）校尉彭卢墓中，发现一件刻有立佛像的鎏金铜带饰③，佛顶有肉髻，身后有背光，上身袒露，披帛带，下身穿裙，采用线刻与透雕结合的手法，由两块杏叶形铜片合钉，是为数不多的年代确切的东吴佛教遗存。长江中下游地区江浙皖一带的墓葬中流行一种陶质或青瓷堆塑罐（图 2-10），由汉代五联罐演变而来，堆塑内容中除了楼阙、鸟兽外，还常见背后有圆光，眉间现白毫相，穿圆领通肩袈裟，施无畏印或结定印的佛坐像，这些贴塑佛像多为模制，特征相近，圆脸大眼、螺髻、衣纹多为阴刻的平行线条，佛像贴塑的位置由最初的罐腹四周移至罐上部的楼阁中，反映了佛像地位的逐渐提高。此外，青瓷薰炉、唾壶、铜镜等表面也都发现过堆贴或铸造的佛像④。在铜镜上用佛像作纹饰开始于三国时期，而西晋时又有所发展⑤，饰有佛教图象的铜镜主要出土于长江中下游地区，而鄂城与绍兴都是著名的制镜中心，结合流失国外的佛像镜，可分为柿蒂佛像夔凤镜、平缘画纹带佛兽镜和三角缘佛狮镜三种⑥，佛像在铜镜上的布局仍然是这一时期常见的与东王公、西王母、四神等神异形象杂处。湖北武昌东吴永安五年（262 年）彭卢墓⑦、鄂城西山吴墓⑧以及湖南长沙西晋永宁二年（302 年）墓中出土了一种两眉间印有"白毫"的陶俑，四川乐山西湖塘出土一件穿汉式衣冠、施无畏印陶俑，四川忠县涂井崖墓出土头饰莲花、眉现白毫相的陶俑，这些陶俑虽然不是真正意义上的佛像，但均具备了佛像的部分特征，应与佛教的传播密切相关。

图 2-8 乐山麻浩崖墓后　　　图 2-9 四川彭山崖墓出土　　　图 2-10 江宁县太康元年
室门上方佛像　　　　　　　的陶器座图墓釉陶　　　　　　五联罐颈部贴饰

　　以上诸佛教遗迹足以证明，东汉晚期至三国时期，早期佛像已经在一定范围内出现了。东汉晚期的佛教遗迹主要发现于四川、内蒙、新疆及鲁南苏北地区，三国时期扩展到湖北、

① 任继愈：《中国佛教史》（第一卷），中国社会科学出版社，1981 年，第 184 页。
② 中国佛教研究所：《中国佛像艺术》，中国世界语出版社，1993 年，第 12 页。
③ 潘守永：《佛教与工艺杂项》，天津人民出版社，1996 年，第 11 页。
④ 熊寿昌：《论鄂城出土的"佛兽镜"及其相关问题》，《考古》1993 年第 7 期。
⑤ 王仲殊：《关于日本的三角缘佛兽镜——答西田守夫先生》，《考古》1982 年第 6 期。
⑥ 刘凤君：《考古学与雕塑艺术史研究》，山东美术出版社，1991 年，第 113 页。
⑦ 湖北省文物管理委员会：《武昌莲溪寺东吴墓清理简报》，《考古》1959 年第 4 期。
⑧ 蒋赞初，熊海堂，贺忠香：《湖北鄂城六朝考古的主要收获》，《中国考古学会第四次年会论文集》，文物出版社，1985 年。

湖南和苏南浙北地区，佛教在当时一定区域内得以传播。中国早期的佛教造像从衣着、身形到手印都带有显著的外来特征，受到马吐腊、犍陀罗式样的影响，说明当时的人们还将其作为一种外来的宗教，并没有采取完全接纳的态度。佛教在其初传阶段，依附于传统的神仙信仰，多借助中国本土的黄老思想阐明教义，人们对于佛教的认识比较模糊，将其作为当时众多的神仙方术中的一种，常与祭祀祈福联系起来，佛陀也仅被当作异域的神明列仙，不作单独的供养对象，因而多与其他神仙、鸟兽等混杂排布，且出现了带有部分佛像特征的神仙以及非仙非佛的神仙化佛像。佛像传入中国以后，因地制宜地发展，呈现出一定的本土特色和鲜明的地域特点，如长江上游地区主要表现在崖墓内和钱树上；长江中游以铜饰为主；长江下游多为陶瓷器。崖墓、摇钱树、铜镜、陶瓷器均为本土文化长期发展的结果，有着深厚的文化内涵，各地工匠即以传统文化中的惯用手法表现外来的艺术形象[①]。

第三节　两晋、南北朝时期

　　两晋、南北朝时期，佛教迅速发展，社会地位显著提高。十六国时期，北方少数民族政权分立，统治者大多信奉佛教，以后赵的石勒、石虎父子、前秦的苻坚、后秦的姚兴为代表，在他们的支持之下，佛图澄、道安、鸠摩罗什等高僧积极弘传佛教，促进了佛像的建造。一些造像带有发愿文，如大夏胜光二年（429 年）的释迦坐像，发愿文为"中书舍人……为合家平安造像一躯"，可见当时的佛像已成了人们单独崇拜的偶像。

　　南北朝时期，寺庙、僧尼、译经数量的显著增加反映出佛教势力的进一步扩大，在南、北方呈现出不同的发展特点，盛行于北方的"禅学"注重宗教实践，因而石窟寺及地面寺院遗址保留的造像均较南朝丰富。与此同时，南北方佛教交流十分密切，促进了新的佛像式样的传播，使南北方佛教造像的面貌大体上保持一致，也为隋唐时期佛教的繁荣发展和统一格局的出现奠定了基础。北魏佛教具有国家经营的性质，寺窟大肆兴建，佛教信徒骤增，华北地区广泛结成了以在家佛教徒为主，以一族、一村为单位，从事建造佛像、修窟造塔、举行斋会、诵经等活动的信仰团体，称为"义邑"或"邑义"[②]，在北魏造像的发愿文中有所体现，造像目的多为亡者祈福或为生者求平安，一般带有回向文字，反映了大乘佛教思想的流行。魏孝文帝太和时期推行了一系列汉化政策，并于 494 年将都城迁至洛阳，与南朝的往来更加密切，南朝秀骨清像的造像式样以及偏重装饰性的造像风格逐渐影响到北方，上层社会的风气也由质朴豪放转向优雅精细，造像行为向社会中下层普及，此期造像已完全摆脱外来形式，表现出浓厚的本土化特征。东、西魏造像主要沿袭北魏晚期遗风，并出现向北齐、北周过渡的部分特征。北齐、北周时期的造像受到南朝齐梁式样影响，不同程度地体现出鲜卑化倾向，造像体态渐趋圆实、丰满。东魏、北齐帝王崇佛推动了寺窟、造像的营建，存世的单体像及造像碑较西魏、北周丰富。北周武帝禁断佛道二教，并在灭齐之后，继续毁佛，这使得大批经像被毁，成批寺庙造像被埋入地下。自北魏晚期开始，北朝佛教造像的地方特色逐渐鲜明，东、西魏的分裂更加剧了这种地域性差异。

---

　　① 阮荣春：《佛教南传之路》，湖南美术出版社，2000 年，第 40 页。
　　② （日）镰田茂雄：《简明中国佛教史》，上海译文出版社，1986 年，第 143 页。

这一时期，单体像有金铜、石、木、夹纻等类别，以金铜及石像为主。十六国至北魏早期，除少量带有纪年的传世品外，河北地区还发现数件金铜佛像[①]。北魏中晚期，单体像及造像碑的数量增多，在河北、山东、陕西、河南等地比较集中[②]，至北朝晚期，伴随着佛教的发展与传播，其分布范围进一步拓展，在山西、河南、河北、安徽、山东、陕西等地都有出土，主要集中于东魏、北齐统治区域内，以河北曲阳修德寺[③]和山东青州龙兴寺[④]为代表。南朝单体像在成都地区出土数量较多，以四川成都万佛寺为代表[⑤]。

一、东晋、十六国时期

1. 单体像

东晋、十六国时期，小乘佛教仍占据重要地位，造像数量不多，题材和表现手法单一，以金铜单身佛坐像为主，形体较小，佛像头部略向前倾，头顶肉髻较大，面相方圆，宽额，长眉、细目，鼻翼宽，小口，微含笑意，颈部短粗，双肩丰满，结跏趺坐，双手结定印，穿圆领通肩衣，衣领从右肩向左肩呈圆弧形披搭，绕至左背部垂落，就风格而言主要有两种[⑥]，一种保存着浓郁的外来特点，主要因素仍为犍陀罗式样，另一种已显示出较强的本土特色，体现了中外文化的融合以及中国佛像艺术的创新。佛座一般为四足方座承托方形台座形式，方形台座正面两侧多有二蹲狮，即所谓的狮子座，有的佛座上还浅刻莲纹、云气纹等，佛像背后往往设有举身舟形背光，背光内已出现化佛及飞天装饰。由于背光、四足方座均与佛像以榫插接，因而多有散失。

图 2-11　后赵建武四年铜佛坐像

美国旧金山亚洲美术馆收藏的后赵石虎建武四年（338年）铭鎏金铜佛坐像（图 2-11），为中国目前所知的带有明确纪年的最早佛像。像高 39.7 厘米，双手作禅定印，肉髻上刻出细密发丝，宽额，杏眼，下颌丰满，穿通肩大衣，结跏趺坐，胸前衣纹以身体中心为轴呈 U 字形层层排布，左右对称，两肩以下至肘部衣纹呈弧形重叠下垂，衣褶断面皆呈浅阶梯形状，下承方形台座，台座正面有孔，原应饰有双狮、莲花或香炉等配件。造像双手拱于胸腹间、广袖遮膝的特征与汉代的神仙像相仿，这种端正、严整、对称、简约的装饰性风格承袭了汉代石刻、陶塑、铜雕的艺术传统[⑦]。佛像面相所表现出的蒙古人种特征，有别于印度中亚地区的造像，

① 裴淑兰，冀艳坤：《河北省征集的部分十六国北朝佛教铜造像》，《文物》1998 年第 7 期。

② 临潼县博物馆，赵康民：《陕西临潼的北朝造像碑》，《文物》1985 年第 4 期。刘双智：《陕西长武出土一批北魏佛教石造像》，《文物》2006 年第 1 期。洛阳古代艺术馆：《洛阳魏唐造像碑撷说》，《文物》1985 年第 4 期。樊子林，刘友恒：《河北正定收藏的一批早期铜造像》，《文物》1993 年第 12 期。易县文管所，金申：《河北易县发现一批石像》，《文物》1997 年第 7 期。李少南：《山东博兴出土百余件北魏至隋代铜造像》，《文物》1984 年第 5 期。王思礼：《山东省广饶、博兴二县的北朝石造像》，《文物》1958 年第 4 期。

③ 罗福颐：《河北曲阳县出土石像清理工作简报》，《考古通讯》1955 年第 3 期。

④ 山东省青州市博物馆：《青州龙兴寺佛教造像窖藏清理简报》，《文物》1998 年第 2 期。

⑤ 李裕群：《试论成都地区出土的南朝佛教石造像》，《文物》2000 年第 2 期。

⑥ 朱凤瀚：《文物鉴定指南》，陕西人民出版社，1995 年，第 196 页。

⑦ 杨泓：《试论南北朝前期佛像服饰的主要变化》，《考古》1963 年第 6 期。

为中国式金铜造像的祖型①。

匈奴赫连夏胜光二年（429年）中书舍人施文造鎏金铜像（图2-12），其基本特征与建武四年佛坐像大同小异，髻中部作右旋涡卷状，细眼薄唇，下颌不甚丰圆，下承四足方座，台座旁有二狮子，中置水瓶花叶。这种四足方座，也称四足床，其式样应是从汉代的四足矮榻和魏晋的壸门榻床借用而来，床榻作为一种坐卧具，在古人的生活中扮演着十分重要角色，将佛像安置在四足方座上，象征佛于榻上说法②。

1955年，石家庄北宋村出土了鎏金铜坐佛三尊像，通高19厘米，由佛身、舟形背光、华盖和四足方座四部分组成，主尊结禅定印，结跏趺坐于双狮须弥座上，下承四足方座，身后背光两侧各有一供养人，背光上部两侧各有一身飞天，顶端趺坐化佛一身。另在背光后插一梃，梃顶为一圆形鎏金华盖，具有十六国时期造像特点③。

美国哈佛大学胡格美术馆收藏一件十六国时期的金铜佛坐像（图2-13）。据称出自河北石家庄北宋村，像高23.7厘米，高肉髻，面带髭须，下唇丰厚，衣褶不对称，显得成熟、洗练，肩后有火焰状的凸起，座前设双狮、水瓶花叶，其形象、服饰均带有比较显著的印度中亚风貌。

图2-12　中书舍人施文造　　　图2-13　（十六国）鎏金铜佛　　　图2-14　酒泉程段
　　　　佛坐像　　　　　　　　　　　坐像　　　　　　　　　　　　儿石塔

2．造像碑

十六国时期的造像碑多为四面体柱形，也有多面体柱形或圆柱形的石塔，酒泉、敦煌、吐鲁番所出的北凉石塔（图2-14）为石雕柱体，一般由塔座（多佚）、八角形塔基、覆钵和圆柱形塔身、相轮等部分组成，覆钵体上开一层至三层龛，每层八龛，主尊多为七佛及弥勒菩萨一身。佛像结跏趺坐，穿通肩或袒右袈裟，施禅定印；弥勒菩萨呈交脚坐式，七佛、弥勒的八龛布局常与八面塔基上的《周易》八卦符号相对应，宝盖顶部还刻有北斗七星图案④，

① 潘守永：《佛教与工艺杂项》，天津人民出版社，1996年，第13页。
② 金申：《中国历代纪年佛像图典》，文物出版社，1994年，第3页。
③ 裴淑兰，冀艳坤：《河北省征集的部分十六国北朝佛教铜造像》，《文物》1998年第7期。
④ 宿白：《凉州石窟遗迹与"凉州模式"》，《中国石窟寺研究》，文物出版社，1996年，第43页。

这些石塔可视为印度佛教传入中国后本土化的典型例证。

二、北魏时期

1. 单体像

北魏时期的造像题材主要有释迦、弥勒、观音、释迦多宝并坐、无量寿等，北魏早期的佛像仍以单身像为主，也有少量的一佛二菩萨三尊像。在造像的发愿文中已涉及具体的造像名称，如"释迦文佛"、"释迦牟尼"、"无量寿佛"、"弥勒"等，反映了人们对佛教及佛像的认识逐渐清晰，造像背面往往也刻有佛教图像。北魏晚期，造像数量大增，弥勒、观音题材更为流行，在数量上甚至超过了释迦像，成铺造像普遍出现，多为一佛二菩萨或一观音二菩萨的三尊像组合。中小型石像渐多，金铜佛像至孝明帝时期更趋精细华美，多运用直平刀法，铸造工艺显著提高，如北魏正光五年（524 年）牛猷造弥勒立像一铺[①]（图 2-15），1924年出土于河北正定，现藏于美国大都会艺术馆，高 77 厘米，是一组包括一立佛、二立菩萨、三思惟菩萨、四供养菩萨、二力士、十一飞天、二博山炉、二狮子的大型造像群，由各躯造像、佛座、背光等多个构件组合而成。佛像面露微笑，立于双层四足方座上，身后有透雕火焰纹舟形背光，周围排布数尊飞天，裙带飘扬，给人以轻巧空灵之感，头光呈法轮状，饰卷草纹，菩萨立于覆莲座上，以莲柄与佛座相连。一佛二菩萨位居最高层，二胁侍菩萨及四天王位于第二层，最下层中间设香炉、两侧为二狮子及二力士，高低坐落，形式优美，这种式样及组合与北魏石窟内的数尊一铺造像有异曲同工之妙[②]。

图 2-15　牛猷造弥勒立像一铺

（1）佛像

北魏早期，佛像顶部有高肉髻，发丝多呈波浪状，正面作右旋涡卷式，少数佛像为磨光肉髻或螺发。佛面相方圆，短颈，神态温和，五官刻画细致，身形健壮，比例匀称，身后普遍出现举身舟形大背光，长宽相近，顶部呈钝角，外圈饰火焰纹，头光多为圆形，饰莲纹。北魏皇兴以后的舟形背光装饰繁密，富于变化，有些造像的头光及身光皆分作二至三道，中现化佛、飞天等。佛装有通肩式和袒右式两种，通肩大衣仍流行 U 字形衣纹，与前代相比，更加密集、规整，衣袖也更显宽大。袒右式佛装的主要特征为斜披袈裟，袒露右半身及右臂，右肩多现偏衫一角，左侧衣边处有折带纹，内穿僧祇支，衣纹隆起如贴泥条状，中刻阴线，这些特征与云冈 20 窟的弥勒像相仿，可能受到了犍陀罗式样及凉州系统造像的影响。犍陀罗造像的袒右装，右肩部是完全袒裸的，北魏半搭偏衫式的袒右装正反映了民族风格的进一步发展[③]。

这一时期，佛立像多为右手屈臂上伸，施无畏印，左手下垂，施与愿印，立于圆座或圆形覆莲座上，两脚略外撇，莲瓣采用浮雕手法表现，中刻一道阴线，左右两侧为椭圆球状，

① 潘守永：《佛教与工艺杂项》，天津人民出版社，1996 年，第 18 页。
② 金申：《中国历代纪年图典》，文物出版社，1994 年，第 475 页。
③ 杨泓：《试论南北朝前期佛像服饰的主要变化》，《考古》1963 年第 6 期。

即所谓的宝装莲瓣①,此类立佛式样在唐代以后往往被称为"旃檀佛像"②。北魏延兴五年(475年)张□戴造释迦立像(图2-16),高35.2厘米,造像发髻呈波浪状,穿袒右袈裟,衣角甩于左肩部,右手施无畏印,立于覆莲台上,台下为四足方座。大舟形背光的外缘不是平滑曲线,而随着火焰纹的起伏变化。衣纹隆起如圆绳状,大衣紧贴躯干,突现健壮的体魄,融入了印度笈多王朝马吐腊地区的佛像因素,而整体又带有浓厚的犍陀罗式造像痕迹。佛坐像仍延续结跏趺坐、双手结定印的姿势,如太和五年(481年)安某造铜佛坐像③,通高10.9厘米,头部较大,头顶有束发肉髻,面相方圆,宽额,长眉,大耳垂肩,面含笑意,双手结定印,胸前衣纹呈U型,两肩以下至膝间衣纹呈梯形重叠下垂,结跏趺坐于须弥座上,下承四足方座,座及背光与佛身连铸,但基本特征与十六国时期造像相仿。自太和年间起,出现了为数不少的右手施无畏印、左持衣一角的佛坐像,底座采用四足方座承托方形束腰须弥座形式。北魏太和元年(477年)的金铜释迦佛坐像(图2-17),高40厘米,束发圆髻,饰波浪纹,发纹正中呈右旋轮状,五官刻画细腻。身后有大舟形火焰纹举身背光,穿袒右式袈裟,右肩现偏衫一角,有折带纹,内穿纹线细密的僧祇支,衣纹细密,结跏趺坐,右手施无畏印,左手持衣角,底座饰卷草纹及莲纹,束腰部分有二狮子,足部有供养人或供养菩萨,造型端庄凝重,装饰繁密,为典型的太和初期佛像。

图 2-16　北魏延兴五年(475年)
张□戴造释迦立像

图 2-17　阳氏造鎏金铜佛坐像

北魏晚期,立像渐多,佛像发髻仍以波浪式或磨光式为主,但肉髻逐渐转向低平,面相清俊颀长,眉眼细长高挑,鼻高且直,颌尖唇薄,嘴角上翘,细颈削肩,胸部扁平,身躯高挑,呈现出秀骨清像的特征,受到南朝士大夫服饰的影响,太和时期开始出现双领下垂、褒衣博带式佛装,内穿僧祇支,于大衣内引出双带,在胸前作结下垂,大衣右侧的衣带往往搭于左手腕上,肩部衣褶呈阶梯状排布,褶间距较宽,下摆处衣纹稠叠,坐像的大衣覆盖佛座,有垂坠感,形成了所谓的"悬裳座",这种造像风格对于东魏、北齐造像产生了较大影响。部

---

① 金申:《雷锋塔地宫出土的金铜佛坐像》,《中国历史文物》2002年第5期。
② 金申:《旃檀佛像的源流及样式》,《文物天地》1996年第2期。
③ 裴淑兰,冀艳坤:《河北省征集的部分十六国北朝佛教铜造像》,《文物》1998年第7期。

分立像的大衣下摆外张，状如鸟翅或鱼鳍，这种做法出现较晚。此外，传统的圆领通肩大衣和袒右佛装仍较常见，但比前代更显宽松肥大，带有汉式特征。佛像的举身舟形背光呈现渐短渐瘦趋势，顶端尖角锐利，除火焰纹、莲纹外，化佛及飞天也成为背光中的常见装饰，佛座四足部分也变得高窄。立像底座主要采用四足方座承托圆形覆莲座或馒头形圆座的形式，也出现仰覆莲座①，覆莲瓣尖角多上翘。一铺多尊像由于造像数量众多，往往采取分层构筑的方式。北魏末期出现了一种面庞方硕、头部略大，身材低矮，胸部扁平的佛像式样，如（图2-18）北魏砂石雕三尊像②，佛跏趺坐，顶有磨光肉髻，面部丰满，身着右袒式僧祇支，外披通肩袈裟，右衣带甩于左臂上，大衣下部衣褶厚重，有羊肠式回曲纹，披覆佛座，转折起伏较大。

图2-18　北魏砂石雕三尊像

图2-19　北魏延兴二年释迦多宝并坐像

释迦、多宝并坐像源于《法华经·见宝塔品》，在发愿文中一般称作"多宝佛"、"释迦多宝"、"多宝像"等，是北魏时期的常见题材，在云冈二期（471—494年）石窟中十分盛行，这种题材单体像的出现也约在同时，以金铜造像为主，在大舟形背光的顶端尖角处多设有伞盖，山东博兴出土的二佛并坐像背光上部出现化佛③。二佛皆穿通肩大衣或袒右袈裟，少数作品为一佛穿通肩大衣，结定印，另一佛穿袒右袈裟，作说法印。北魏延兴二年（472年）释迦多宝并坐像（图2-19）④，高16.2厘米，像后有大舟形背光，顶端设伞盖，二佛各有舟形火焰纹背光及圆形头光，皆穿袒右袈裟，衣纹平行、细密，底座为四足方座承托束腰须弥座，方座上线刻供养人等纹饰。北魏太和至正光之间的二佛并坐像大多制作粗率，舟形背光的火焰纹及二佛的发髻、衣纹多用细密平行线表现，熙平年间以后多有精美之作传世。

（2）菩萨像

北魏菩萨像中，观音立像最多，还出现少量交脚坐像及半跏思惟像，北魏晚期，主像两侧常见胁侍菩萨，一般带有桃形或圆形头光，双手作合十或持物状。

北魏观音像以金铜单身立像为主，式样相近，造像发愿文中多明确提到"观世音"、"观音"、"光世音"、"官世音"等称谓。北魏早期的观音像面相长圆，束发，戴三瓣宝冠，头冠两侧的宝缯或下垂至肩，或飞扬飘举，颇具时代特色。身后有大舟形举身背光，身姿平直，上身袒露，戴项圈，肩披披帛，绕肘后飘向两侧，条状缨络自腹部交叉穿环，下身穿裙，腿

① 丁明夷：《谈山东博兴出土的铜佛造像》，《文物》1984年第5期。
② 邱东联：《中国佛像目录》，南方出版社，2001年，第7页。
③ 李少南：《山东博兴出土百余件北魏至隋代铜造像》，《文物》1984年第5期。
④ 金申：《中国历代纪年佛像图典》，文物出版社，1994年，第35页。

部形体凸现，右手持带长柄的莲蕾，左手下垂持披帛或执净瓶，赤足立于四足方座承托的圆形覆莲座上，有些造像则将覆莲座简化为光素的馒头形圆座。北魏皇兴五年（471 年）仇寄奴造观音立像（图 2-20）可视为此期观音像的代表，高 25.5 厘米，背面阴刻二佛并坐及供养人。观音顶部有圆髻，发丝呈水波状，宝缯飞扬，脸型略长，袒上身，戴桃形项圈，璎珞呈条状，自腹部交叉穿环，下着裙，衣纹细密柔软，身后有火焰纹背光及莲纹头光，右手持莲蕾，左手下垂执帔帛，立于圆形覆莲座上，下承四足方座。北魏晚期，观音头冠高大复杂，两侧宝缯或下垂，或先伸向两侧、再折下，装饰意味较浓，颈饰桃形项圈或璎珞，肩披帔帛，或沿袭前代绕肘下垂的旧式，或于腹前交叉后，再向上绕双臂分扬于体侧，有些则穿环交叉，帔帛渐趋宽大，甚至全身仅足部裸露在外，下裙裙摆宽大，衣褶对称、层叠，向外扩张，有的平展如翅或呈现鱼鳍状尖角，与佛装衣摆相近（图 2-21）。受时代风貌的影响，观音面相及身形也具有秀骨清像的特征，有些则宽肩细腰，裙带飘逸，体态优美。

图 2-20　仇寄奴造观音立像　　　图 2-21　北魏熙平三年（518 年）
　　　　　　　　　　　　　　　　　　　　昙任造观音立像

　　半跏思惟像是以半跏趺坐和一手触腮，"标思惟之相"为特征的，取材于印度休息或思考时的姿态，此类造像在古印度的马吐腊和犍陀罗地区都有出土，题材含义广泛，有悉达太子像、弥勒像、观音像、太阳神像等[1]。传入中国的时间较早，在南方吴晋时制造的佛像夔凤镜和魂瓶上即可见到，但稍纵即逝[2]，5、6 世纪的半跏思惟像主要流行于北方，如酒泉缘和三年（434 年）石塔的塔身下部所雕八龛中，就有一龛为思惟像[3]。北朝的半跏思惟像多为石像，主要以胁侍身份出现，有些作主像，一般着菩萨装，身后带舟形背光、束发、戴三瓣宝冠，袒上身，下穿裙，肩披披帛，颈饰璎珞，四肢圆实，下承四方台座。此类题材在造像发愿文中常被称作"思惟玉像"、"思惟太子像"、"太子像"等，主要表现释迦成佛前的悉达太子或弥勒菩萨。一般而言，出现树下思惟，伴随白马惜别的场面，应为悉达太子题材，树下

　① 金申：《谈半跏思惟菩萨造像》，《中国历史文物》2002 年第 2 期（总第 37 期）。
　② 阮荣春，黄宗贤：《佛陀世界》，江苏美术出版社，1995 年，第 43 页。
　③ 宿白：《凉州石窟遗迹与"凉州模式"》，《中国石窟寺研究》，文物出版社，1996 年，第 43 页。

思惟与悉达多太子于树下得第一禅有关，如作为交脚弥勒菩萨的胁侍或雕有盘龙宝树，则可能表现弥勒菩萨题材[①]。

北魏弥勒题材十分盛行，以立像为主，大多穿着佛装，也有少量穿菩萨装，坐姿的弥勒像主要有结跏趺坐和交脚坐式。交脚弥勒起源于阿富汗东南一带的中亚地区，可能模仿了当时贵族的坐姿[②]。此类题材在小乘佛教信仰较盛的新疆、河西、陇东地区的早期石窟中都是最流行的题材之一，也有一些交脚像所表现的题材不是弥勒，而是成佛前的释迦或其它菩萨。北魏交脚弥勒也以石刻造像为主，有菩萨装和佛装两种，佛装交脚弥勒顶有肉髻，穿圆领通肩大衣，身后有舟形背光，采取交脚式坐姿，左手握拳，右手握于左手上，底座多为二层的四方形台座，如北魏皇兴造像[③]，正面一尊佛装交脚弥勒，座下有一半身力士承托主尊双足，背面以减地法刻佛传故事。菩萨装交脚弥勒像束发戴冠，肩披帔帛，于腹间交叉，下穿大裙，手势多为左手抚膝，右手作说法印。

2．造像碑

北魏早期的造像碑主要有四面石造像和扁形碑体两种，形式灵活，表现内容丰富，龛内多雕单身的佛或菩萨像，龛外常见装饰性的浮雕[④]，作为有别于官方石窟造像的民间造像碑，佛传故事以及反映现实生活中的内容更容易被接受。造像记的书体也多稚拙古朴、粗犷豪放、字体草率，反映出北方民间质朴无华的风貌。佛道混合的造像碑也在这一时期出现，主要流行于关中地区，基本形式与佛碑略同，只是除佛、菩萨造像外，又雕有戴道冠、留胡须的天尊像以及反映道教信仰的发愿文。四面石造像（图2-22）受到了十六国时期的造像塔影响，一般为形似塔节的四方体，碑体较小，四面雕造像龛，故有"四面石造像"、"四面造像龛"之称。如山西沁县1959年一次出土北魏至唐宋各代造像碑和单体造像一千多件，有不少是用四面像龛的方石叠成的形似石塔的造像碑[⑤]，这种塔式造像碑既可数节叠放，成为寺院中固定的标志性"建筑物"，也可单节置放于佛堂内供信徒礼拜，其雕刻内容来源于官方的石窟造像范本，并对后世造像碑的形制影响较大，可视为北齐四方柱体造像碑的鼻祖[⑥]。

图2-22　北魏景明二年（501年）四面造像碑

北魏晚期的造像碑以扁体碑为主，有些碑首作圆弧状，雕有缠绕的双龙。扁体碑包括四

① 张总：《北朝半跏思惟造像的形式及题材演变》，《美术史论》1995年第2期。
② 李凇：《长安艺术与宗教文明》，中华书局，2002年，第189页。
③ 何正璜：《介绍陕西省博物馆新建的石刻艺术陈列室》，《文物》1964年第1期。
④ 朱凤瀚：《文物鉴定指南》，陕西人民出版社，1995年，第207页。
⑤ 郭同德：《山西沁县南涅水的北魏石刻造像》，《文物》1979年第3期。
⑥ 王景荃：《试论北朝佛教造像碑》，《中原文物》2000年第6期。

方形扁体碑和长方形扁体碑，皆以正面造像为主。四方形扁体碑由塔节式造像碑演变而成，长方形扁体碑则借鉴了中国汉代传统纪事碑的造型，碑体较薄。此外，千佛碑开始出现，还有表现为九佛或十一佛的千佛简化形式，反映了大乘佛教的盛行。此时的造像碑仍以四面造像为主，每面开一至三龛，各龛之间或采用分栏的方式，所开龛主要为圆拱尖楣龛，也有圆拱龛、帐形龛等，龛内多雕刻三尊像、五尊像组合，有的在龛外雕刻二力士及二护法狮子。佛、菩萨穿着汉式服装，衣纹流畅劲健，呈阶梯式。除常见的佛坐像之外，还出现二佛并坐像、维摩文殊对坐像、七佛等内容，由帷幔、对鸟或伎乐、飞天、火焰纹、忍冬纹、莲花、铃铎、璎珞等所构成的繁缛富丽的龛楣为这一时期的重要特色，对于装饰性的图案处理细致入微、精致巧妙[1]。在雕刻技法上综合运用了浮雕、透雕、阴线雕等手法，仍以直平刀法见长，已出现接近漫圆刀法的雕刻。从龛形、龛楣装饰、龛像题材、组合及式样到雕刻技法均与北魏晚期的龙门石窟、巩县石窟面貌相仿，应是受到石窟造像影响而产生的新变化。造像记的文字书写端庄严谨，刚劲有力，与同时期的北魏墓志十分相近，后世称之为"魏碑体"。

三、东西魏、北齐周时期

图 2-23　北齐武平六年（575年）石观音立像

东西魏、北齐周时期的造像体现出上承北魏，下启隋唐的过渡性特征，成铺像渐多，以一佛二菩萨三尊像和一佛二弟子二菩萨五尊像组合为主，也有一佛二弟子二菩萨二天王的七尊像组合形式，北齐、北周时期还流行单体圆雕像。造像题材与北魏接近，观音像数量大增，二佛并坐、半跏思惟像也比较常见，河北地区在北齐时期出现无量寿、阿弥陀等题材[2]，山东地区仍有少量禅定坐佛等传统题材，并出现倚坐弥勒像[3]，反映了净土思想的盛行、地区之间的统一性以及一定程度上的差异性，东魏、北齐时期流行双释迦、双思惟菩萨、双观世音（图2-23）等题材，此类双身像可能源自南朝[4]。

1. 单体像

（1）佛像

佛像发髻有波浪状、螺髻和磨光三种，顶部圆髻低平，髻根部变大，姿势有坐、立两种，坐像中除了跏趺坐式外，还出现倚坐式。金铜像仍采用分铸合体的方式，背光呈缩减之势，以举身舟形背光为主，也有莲瓣形背光，外圈一般浅刻火焰纹，头光用多道同心圆表现，尖角处仍较锐利，北齐、北周时期还出现少量仅至肩部的桃形背光。底座与北魏晚期相近，四足座变得高而轻巧，上窄下宽，北齐时期还出现双层四足座。石刻像有高浮雕和圆雕两种，高浮雕像的背光形式主要有大舟形举身光及一种新出现的双树造型透雕椭圆形背光。举身舟形背光造型繁缛者饰以龙、飞天、佛像、单层塔等，表现内容丰富，简略者光素无纹，或仅

① 朱凤瀚：《文物鉴定指南》，陕西人民出版社，1995 年，第 208 页。
② 李少南：《山东博兴出土百余件北魏至隋代铜造像》，《文物》1984 年第 5 期。
③ 杨新华，董宁宁：《石刻》，上海古籍出版社，1998 年，第 67 页。
④ 李裕群：《试论成都地区出土的南朝佛教石造像》，《文物》2000 年第 2 期。

勾勒出圆形头光，背光处多经彩绘贴金处理。立像底座流行四方台座承托覆莲座形式，莲瓣多用宝装，有单瓣、复瓣两种。东魏、北齐时期，四方台座的正面多见跏趺坐、交脚坐、游戏坐等不同姿势的神王题材，此类题材在龙门、巩县以及响堂山、须弥山等北朝晚期的石窟寺中十分盛行，颇具时代特色。佛像手势以右手施无畏印，左手施与愿印最多，装束与前代相近，一般内穿有袒僧祇支，外有系带，外穿敷搭双肩的袈裟，右衣带搭于左手腕部，山东诸城、青州地区的佛像多穿圆领下垂，右领襟覆搭左肩的装束，腹下部衣纹偏右下垂，有的佛像内穿多层佛装，衣领、衣带的装饰多样化。

　　在造像式样方面，东魏部分佛像还保留着北魏晚期秀骨清像的遗风，但多数已具有面相丰圆，体态丰实，胸部扁平、衣纹简化的新特征，袈裟渐趋轻薄，衣褶多用双阴线，披覆佛座的大衣下摆呈现不规则的折叠回转线。东魏武定元年（543 年）骆子宽造石佛立像（图 2-24）[①]可作为这一时期石刻佛像的典型代表。此像高 77 厘米，为一佛二弟子二菩萨的五尊像组合，舟形背光（残），头光及身光皆分作三道，饰以莲纹、卷草纹及飞天等。胁侍菩萨带有

桃形头光。佛及菩萨面相丰圆，头部突出，丰颐圆肩。佛发髻呈波浪状，正面作右旋涡卷状，外穿褒衣博带式大衣，以阴刻方式表现袈裟本身的条带纹，衣摆直垂，不甚宽肥，右手施无畏印，配合左手与愿印。胁侍菩萨束发，戴三瓣宝冠，宝缯垂肩，颈戴宽项圈，披帛于腹间交叉穿环，然后上卷，下身束腰着裙，裙摆及宝缯直垂，给人稳重之感，弟子装束与佛装略同，双臂举至胸前，双手放于衣袖中。底座为四方台座承托莲座的形式，台座与造像分而

图 2-24　东魏武定元年（543 年）骆子宽造石佛立像

刻之，然后以仰覆莲形式巧妙地组合在一起[②]。台座上阴刻题记，碑座背面及两侧浮雕十神王像，并有神王名字榜题。像背采用阳刻与阴刻结合的手法，浅刻二佛并坐像。二佛于榻上对坐，中现莲花，柱础、柱头皆为仰覆莲形。两侧胁侍菩萨戴宝冠，姿态颇具动感，榻下为跪坐持莲供养人，下方设一香炉、二蹲狮。

　　北齐佛像面相丰满，体态或短壮、或圆润，身躯或扁平，或肌肉突张，佛衣轻薄，衣纹简略，有些仅于领口、袖口及大衣下部等处浅刻象征性的衣褶，外表常施彩绘，部分佛像已采用圆泥条状衣纹。北齐的这种薄衣佛像并不是对于前代风尚的简单重复，而似与 6 世纪天竺佛像的直接东传及高齐对于北魏汉化政策的某种抵制等有关[③]。西魏、北周造像继承了北魏末期的式样，多使用直平刀法，往往头部凸出，头大身短，比例失调，身躯笨拙、肥硕，姿态僵直，衣饰厚重，衣褶层叠。

　　北朝晚期，石刻造像迅速发展，主要集中于河北、山东地区。4 世纪中叶，随着佛图澄在后赵的传教活动，定州成为了中国北方政治、经济、文化的中心之一，此地又与盛产汉白玉的曲阳毗邻，自北魏起，定州、曲阳及其附近地区一直是佛像的重要产地。19 世纪 50 年

　　① 金申：《中国历代纪年佛像图典》，文物出版社，1994 年，第 232 页。
　　② 朱凤瀚：《文物鉴定指南》，陕西人民出版社，1995 年，第 209 页。
　　③ 宿白：《青州龙兴寺窖藏所出佛像的几个问题》，《文物》1999 年第 10 期。

代以来，在定州永孝寺旧址、曲阳修德寺塔基、唐县、望都等地相继出土了几批汉白玉造像，带有纪年的大多集中于东魏以后，所制佛像虽有多种技法来源，但从东魏、北齐至隋、初唐，印度笈多萨尔那特佛像因素时常可见[1]，身形圆润，衣纹轻浅而稀疏，河北造像的某些式样也影响到山东地区。十六国时期，佛图澄的弟子僧朗移居泰山，山东佛教与河北保持着一定的联系，北魏末期大批河北流民逃散于青齐，可能也将河北造像工艺带到了这一地区[2]。南北朝时期，山东与南方、西域以及海上的交通方便、畅达，青州地区在行政区划上曾先后辖归于南朝和北朝，在南朝统治时期，与晋宋同风，佛教造像多为金铜小型像，归北魏统治后，石窟营建活动仍较少见，至北魏正光时期才开始出现较多的单体石像。作为南北文化的交融地带，青州是南北朝至隋唐时期山东地区的佛教文化中心，受到南京、成都、河北等地造像风格的共同影响，在东魏时期形成了自身特色，以背屏式为主，多为一立佛二菩萨三尊像组合，胁侍基座均为两倒置的龙吐水柱衬托荷叶、荷花、荷蕾组成的极为精美的基座[3]，雕饰繁丽，技法娴熟。东魏至北齐之间，造像以单体圆雕为主，圆面螺发、体态丰满、薄衣贴体、带有印度笈多风格的造像成为了主流[4]，表面出现彩绘装金装饰，清晰者可见服饰上绘出的田相框格，有的还在水田框格内描绘人物、山水、殿宇、花鸟等，称为卢舍那法界人中像[5]。

（2）菩萨像

菩萨像以立像为主，式样复杂，头部束发、戴高宝冠，冠式有三瓣宝冠、花冠等，冠侧缯带一般顺势下垂，在东魏时期也有上扬的情况。东魏菩萨像背光形式多为莲瓣形举身光，头部较小，身体修长，戴桃形宽项圈，内穿僧祇之，帔帛宽大，自双肩呈褶皱状向外扩展垂至底座，另有披巾或璎珞于腹部交叉，或穿环交叉，环饰明显增大，下身穿长裙，束腰较高，裙摆略窄，多为密褶式，垂坠感强，装束仍显厚重，但已出现简化趋势。北齐菩萨像中，圆雕渐多，有些呈直筒状，并出现了一些大中型单身像，背光形式除了莲瓣形举身光之外，还有桃形、葫芦形或圆形的仅及肩部的背光；菩萨面相从方圆转向丰腴，从圆肩鼓腹转向宽肩隆胸；宝缯变长，甚至垂至肘部，帔帛渐窄，沿体侧下垂或横于腹膝间一至二道，衣纹简炼，裙摆内收；而佩饰日益繁缛，双璎珞于腹前交叉，或单璎珞自肩部斜披，至北齐晚期还出现由项圈、串珠、璎珞结合的复杂项饰，璎络间常配有宝相花、胜、珊瑚等各种宝饰，腰间装饰绦带，衣带下垂如绅，体现出向隋至初唐过渡的趋势。如图2-25：山东青州龙兴寺出土的一件石雕菩萨像，高1米，头戴镂雕花冠，冠中部饰化佛，其下有宝相花饰，冠带下垂，额上梳五个圆形发饰，弯眉、高鼻、面含笑意，颈佩宝相花项圈，帔帛从双肩垂下，绕肘后下垂，璎珞自双肩下垂，在下腹部联于一圆形饰上，再分别垂至腿间上卷，璎珞分节用连珠、圆形、月形饰件串联，下穿密褶长裙，裙结系

图2-25　青州龙兴寺石雕菩萨像

---

① 金申：《中国历代纪年佛像图典》，文物出版社，1994年，第6页。
② 宿白：《青州龙兴寺窖藏所出佛像的几个问题》，《文物》1999年第10期。
③ 夏名采：《青州龙兴寺佛教造像的艺术特色》，《中国历史博物馆馆刊》2000年第1期。
④ 罗世平：《青州北齐造像及其样式问题》，《美术研究》2000年第3期（总第99期）。
⑤ 夏名采：《青州龙兴寺佛教造像的艺术特色》，《中国历史博物馆馆刊》2000年第1期。

于腹部，裙正中有较窄的裙带下垂，带中部用连珠和蝴蝶结装饰[1]。北周菩萨像身形健壮，有些表现出头大腿短，头部突出，身体板直的特征，璎珞花饰、帔帛等极为粗硕饱满，细部多加雕饰，有些出现三曲式身姿，为隋唐时期菩萨体态的雏形。

　　这一时期，观音像明显增多，有单尊立像、三尊立像、二观音并立或并坐像等不同组合形式，一些观音像眉间现白毫相，冠中饰化佛或莲花，手势大致有三种，一种是右手施无畏印，左手施与愿印，另一种为双手持物，即右手曲肘执莲蕾、柳枝等，另一手下垂执净瓶或香袋，第三种情况是一手持物，一手施无畏或与愿印，底座形式在原有基础上出现了仰莲座、八角形须弥座承托莲座等新式样。胁侍菩萨大多立于圆形仰莲上，有莲柄与佛座相连，如图2-26为北齐鎏金铜观世音像[2]。

　　半跏思惟像及交脚弥勒像在东魏、北齐时期仍较流行，均着标准的菩萨装束，有单身像、三尊像、五尊像等组合形式。半跏思惟像主要分布于河北中部、南部地区，及与之毗邻的山东北部青州地区[3]。河北半跏思惟像形制小，数量多，结构繁杂，造型风格似与该地区的金铜佛像相似，背光复杂多样，除了仅及肩部的圆形背光外，还流行双树缠绕所形成的镂空椭圆形背光，上饰龙、单层塔、飞天等内容，可能与弥勒信仰有关，如北齐河清四年（565年）二思惟菩萨并坐像[4]（图2-27），高95.4厘米。背光由双树缠绕构成，顶端浮雕一座三根塔刹的单层塔，两侧二龙衔缨络，缨络下垂，由八身飞天所持，飞天裙带飘扬，与龙树枝叶巧妙融合。塔下圆券龛内设二佛并坐像，其下为主尊二思惟菩萨，两侧各立胁侍菩萨。二思惟菩萨半跏坐，坐姿相反，衣纹极简，二胁侍菩萨双手合十。底座装饰复杂，正面中间设有一力士承托香炉，两侧有二蹲狮，蹲狮旁刻二供养菩萨。狮头上方开两个半圆形龛，内设跌坐佛像。山东地区的半跏思惟像主要集中在北齐时期，形制适中，多为单身像，在造像风格上，比同期河北造像更趋自然洗练。

图2-26　北齐天宝二年鎏金铜　　图2-27　北齐河清四年（565年）
　　　　观世音像图　　　　　　　　　　思维菩萨像

①　山东省青州市博物馆：《青州龙兴寺佛教造像窖藏清理简报》，《文物》1998年第2期。

②　李长民：《小型金铜佛像造型初探》，《美术观察》2005年第12期。

③　侯旭东：《五、六世纪北方民众佛教信仰》，中国社会科学出版社，1998年，第121页。

④　金申：《中国历代纪年佛像图典》，文物出版社，1994年，第289页。

2. 造像碑

这一时期，造像碑的碑首形制有方形、圆弧形、圭形、歇山式等，螭首扁体碑逐渐流行，这种造像碑始于北魏晚期，由碑首、碑身、碑趺三部分组成，碑身以正面像龛为主，碑阴及两侧或刻造像记，或雕千佛龛，也有线刻佛传故事和供养人像的情况，方形碑趺上多为浅浮雕神王像。

东魏造像碑延续了北魏晚期的仪范，同时吸取了中原文化的优秀部分。碑身以单面造像为主，开多层龛，龛形有龛楣饰火焰纹的尖顶圆拱龛、屋形龛、帷幔流苏装饰的帐形龛以及不规则多边形龛等，龛内多刻一铺数尊像，龛外也有各式浮雕，包括千佛、佛传故事、维摩经变、供养题材等，构图繁密，缺少空隙。有的在龛外刻缘觉菩萨、碑首佛座下刻婆薮仙人等，前者反映了当时的佛教在宣传大乘佛教的同时，也注重中乘佛教所主张的"独觉"和"缘觉"的修行。后者则将外道仙人纳入佛像组合之中，充分体现出民间信仰的多元性和造像题材的丰富性[1]。西魏造像碑普遍雕刻精美，刀法纯熟，内容丰富，构图紧凑。如美国波士顿美术馆藏西魏恭帝元年（554 年）"薛氏造像碑"，扁体碑身，碑首已残，分四层雕刻，上层为维摩文殊对坐说法图，第二层雕释迦多宝并坐说法图，上有华盖式龛楣，龛两侧刻两株高大的菩提树，树下刻思惟菩萨。第三层刻三个方形龛，以两柱相隔，尖拱形龛楣以忍冬纹装饰，龛楣两侧刻有外道仙人及神王。龛内刻一佛二弟子，两边小龛内刻二菩萨二力士。龛下刻两只护法狮子和博山炉，造像组合仍沿袭北魏晚期的格式，下层刻四组礼佛图。

北齐、北周是造像碑发展的鼎盛时期。北齐造像碑形式活泼，繁复华丽，如河南襄县出土的北齐天保十年（559 年）造像碑[2]（图 2-28），碑首呈圆弧形，自上而下分作四栏，第一栏顶端及两侧有双龙缠绕，其下屋形帷帐内为半跏坐弥勒菩萨及二胁侍菩萨。第二栏雕饰维摩文殊对坐，第三栏开一尖顶圆拱龛，龛内雕刻一铺数尊像，主尊为结跏趺坐佛，右手施无畏印，左手施与愿印，坐于须弥座上。第四栏为供养题材，雕刻一香炉、二供养人、二狮子。除了前代流行的各种立式碑外，北齐还流行以题刻为主的卧式碑以及一种较为典型的四方柱体造像碑。四方柱体造像碑继承了北魏石窟中心塔柱的造型，碑身四周遍雕佛龛，并在碑体上端施以仿木结构的屋顶为碑首，这种碑首既具有防止雨水侵蚀的功能，又具有较强的装饰效果。这种造像碑与北魏时期的塔节式造像碑一样，大多置放于大型寺院的重要位置。卧式碑一般仅在碑的中间位置开一龛，龛内多雕一佛二菩萨像。由于这种卧式碑为单面雕刻且无法单独树立，多镶嵌于寺院的墙壁或塔壁上，成为信徒对佛陀表达虔诚心愿的一种简单的方式。北周造像碑主要分布在陕西、河南等地[3]，以浑朴简略的小型碑为主，也有高大精美的四面造像碑，形制及造像组合既有北魏遗风，又受到北齐的影响，道教题材的造像碑较北齐

图 2-28　北齐天宝十年（559 年）造像碑

① 王景荃：《试论北朝佛教造像碑》，《中原文物》2000 年第 6 期。
② 金申：《中国历代纪年佛像图典》，文物出版社，1994 年，第 506 页。
③ 王景荃：《试论北朝佛教造像碑》，《中原文物》2000 年第 6 期。

多①。山东临沂、青州及冀鲁豫连接地区是北朝时期华严学发展的中心区域，北齐、北周至隋代，造像碑还流行卢舍那佛及普贤菩萨题材②。

四、南朝

南朝存世的造像不如北朝丰富，主要题材包括释迦、弥勒、观世音、阿育王像等，而北方盛行的释迦多宝二佛并坐、交脚弥勒等题材则较少见到。南朝流行一铺数尊造像组合，但具体形式不同于北方的三尊式、五尊式及七尊式，且多有雕工精细之作，如成都万佛寺出土的梁普通四年（523年）释迦一铺像（图2-29），残高35.8厘米，宽30.3厘米。背光（残）分为三道，外圈饰飞天，内圈光素，中间饰佛传故事，主尊头光饰重瓣莲纹。释迦居中，周围环立四菩萨、四弟子，佛座前立二狮子、二天王。释迦磨光肉髻，削肩，体态修长，外穿褒衣博带式大衣，衣纹简洁、舒展，右衣带搭于左手腕上，内穿僧祇支，胸部系带，右手施无畏印，左手与愿印。菩萨冠饰复杂，宝缯垂至肩下，上身穿僧祇支，带项圈，披帛较宽，下着大裙。天王身形矮壮，装束与菩萨装接近，释迦、菩萨、天王皆立于圆莲座上，佛座下有力士承托③。

刘宋元嘉十四年（437年）韩谦造鎏金铜佛像（图2-30）、元嘉二十八年（451年）刘国之造鎏金铜像为刘宋造像的代表作，两者特征相近，前者现藏于日本东京永青文库，高29.2厘米，举身舟形背光，饰火焰纹，佛施禅定印，穿通肩大衣，坐于束腰须弥座上，座下为四足方座。衣纹为中垂平行的线条，佛像面容俊秀优雅，表情生动自然，与北方造像的雄伟风格形成了鲜明对照，虽然在式样上承袭古制，但制作手法细腻、柔美，民族风格显著，集中体现了以戴逵为代表的南朝造像艺术。戴逵为东晋时期的著名雕塑家，他的作品使异域的佛像艺术更加贴近现实，被张彦远评价为"范金赋彩，动为楷模"。

图2-29　梁普通四年（523年）释迦一铺像

图2-30　元嘉十四年（437年）
韩谦造铜佛像

① 朱凤瀚：《文物鉴定指南》，陕西人民出版社，1995年，第210页。
② 李静杰：《佛教造像碑尊像雕刻》，《敦煌学辑刊》1996年第2期。
③ 金申：《中国历代纪年佛像图典》，文物出版社，1994年，第165页。

图 2-31　梁中大同元年（546 年）
释慧影造释迦像

刘宋、萧齐造像大多面相瘦长，削肩，体态修长，外穿褒衣博带式大衣，质地轻薄，衣褶较多，形象俊美飘逸，呈现秀骨清像的特征。这种风格由东晋画家顾凯之与陆探微共同开创[①]，它的出现极大地影响着南北方的佛教造像，佛教艺术也在佛教比附玄学的过程中，逐步深入士人阶层。梁代，除延续以上风格之外，开始向着丰腴的方向发展（图2-31），梁代的著名画家张僧繇的"张家样"以及北齐曹仲达"曹家样"被进一步发挥和提高，出现了面相圆润，形体丰满、衣纹稠叠、服饰轻薄而紧窄的造像式样，部分造像呈现三曲式身姿，显然吸收了印度笈多王朝马吐腊式佛像因素，并逐渐融入到本民族文化之中。

第四节　隋唐、五代时期

隋唐时期是中国佛教造像的繁荣成熟期。隋王朝统一全国，复兴佛法，在文帝开皇、仁寿年间，重修、增建佛寺，令每户出资建立经像，此期单体像及造像碑遗存较多。隋代造像主要承袭北朝晚期的余绪，兼容并蓄各地式样，制作水平良莠不齐，但总体上更趋本土化，面貌柔和圆满，衣褶流畅、妥帖，是唐代造像的先驱。初唐时期奉行"道先佛后"的宗教政策，造像仍可见北齐、隋代面相圆中带方、头大腿短、姿态僵直的做风，但随着国力的提高，中西交通的发达，以及玄奘、义净、不空等高僧自国外携回经像，新的社会面貌及造像式样促进了中国佛像艺术的转变，特别是造像写实性的增强。这一时期，佛教自身也得到了高度发展，大小乘经典的翻译基本完备，天台、华严等八大宗派先后创立，为佛像的塑造奠定了理论基础[②]，同时佛像对于佛经依赖性的增强促进了佛教造像的规范化和系统化。武则天天授二年（691 年）确定"佛先道后"的顺序，佛教发展达于鼎盛，武则天至唐玄宗前期，唐代佛教造像的标准式样逐渐成熟，佛像的五官及身体比例适度，气势恢宏，制作技法精纯圆熟，反映了个性与写实的完美结合，体现了唐代以"丰腴为美"的审美意趣。

武则天以后，唐朝统治者更加推崇道教，中晚唐时期，"安史之乱"造成国力衰败，继之发生的会昌法难又给佛教以沉重打击。五代时期，中原地区朝代更迭频繁，战乱不断，各朝对于佛教都采取了限制政策，尤其是后周显德二年（955 年）周世宗下诏沙汰佛教，并尽搜天下铜佛铸钱，佛像建造基本处于停滞状态，在南方，由于南唐、吴越、南汉、闽等政权大体相安，各阶层普遍信佛，统治者大力扶持佛教，佛像艺术又有了新的发展。从传世及出土的实物看，当时的造像虽仍延续唐代前期风范，但气势上已现衰颓之势，并向社会化和世俗化方向发展。

① 中国佛教研究所：《中国佛像艺术》，中国世界语出版社，1993 年，第 32 页。
② 史树青：《金铜佛像》，中国水利水电出版社，2005 年，第 154 页。

这一时期的单体像在数量上似少于前代，可能与当时佛教发展的重点转向建立宗派、传译佛经及发展寺院经济相关[1]，同时唐代的民间佛教组织义邑和法社的主要活动已转向诵读经文和开设斋会，也对造像数量产生了一定的影响。单体像在题材、式样及材质等方面呈现多样化的特点，仍以金铜及石刻造像为主，还包括玉雕、三彩、泥、干漆夹纻等不同品种。除传世品之外，也有一些成批出土的单体像，多由于隋末大起义、唐武宗灭佛、周世宗毁佛等政治原因被埋于地下，分布区域与北朝晚期基本一致，其中陕西、山西、河北、河南、山东、扬州等地尤为突出。此外，佛道合流的现象更为显著，在许多成批出土的佛像中都混入了属于道教的老子像，有的甚至达数件之多。

1. 单体像

隋代造像的主要题材与北朝晚期接近，单身菩萨立像数量多，立佛像次之，一观音二胁侍菩萨、一佛二胁侍菩萨的三尊像组合也较常见，还出现少量呈阶梯状排布的五尊像、七尊像组合形式，参差错落，繁而不乱，如1974年陕西西安八里村出土的隋开皇四年（584年）董钦造阿弥陀像（图2-32）为一佛二菩萨二力士的五尊像组合，通高41厘米，阿弥陀及二胁侍菩萨形体修长、丰润，皆有桃形头光，外饰镂空火焰纹，内饰莲纹。二力士圆形头光，外圈光素，内饰莲纹。阿弥陀佛为螺发，穿袒右式佛装，薄衣透体，仍有北齐造像的余风，右手施无畏印，左手施与愿印。菩萨束发戴三叶形冠，宝缯及帔帛飘垂，袒上身，颈饰串珠，手持莲蕾，下着裙。力士束发带冠，宝缯垂肩，上身裸露，佩璎珞，一手握拳，另一手展掌，含胸、挺腹，双脚岔开站立，肌肉遒劲，威武有力。底座为四足方座式，周围有镂空的围栏，佛座为高大的仰覆莲座，束腰部分纹饰繁密。菩萨立于莲座上，天王直接立于四足方座上，四足座下有二狮子，整体参差错落，有条不紊，造型协调、舒展。此像为失蜡法铸造而成[2]，工艺精湛，为隋代单体像的经典之作。此外，传统的禅定坐佛、二佛并坐等题材时有出现，北齐的双佛并立、双菩萨并立、双思惟菩萨等题材继续流行。

图2-32　开皇四年（584年）
董钦造阿弥陀像

唐代造像在题材及式样上变化较大，风格写实，形式活泼，主要题材包括阿弥陀、弥勒、释迦、观音、七佛、罗汉、力士等。弥勒像在武则天时期盛行，多为善跏趺坐式，即双腿下垂的倚坐式，阿弥陀像也占有相当大的比例，反映出弥陀净土信仰的广泛传播，地藏像、密宗十一面观音、菩萨装坐佛等也在此期出现，除单身形式外，地藏还与观音共同作为阿弥陀佛的胁侍，涅槃变逐渐成为造像碑的流行题材[3]，这些变化与唐代的石窟寺基本一致。

（1）佛像

隋代佛像面相丰圆，身材短壮，头部略大，螺髻或馒头形圆髻，宽肩隆胸，带有向唐代式样过渡的特点。金铜像的举身舟形背光收缩，有些仅及膝下，有些呈莲瓣状，更显细高，

---

① 丁明夷：《关于临潼邢家村出土鎏金铜佛像的若干问题》，《文物》1985年第4期。

② 潘守永：《佛教与工艺杂项》，天津人民出版社，1996年，第21页。

③ 李静杰：《造像碑的涅槃经变》，《敦煌研究》1997年第1期。

图 2-33　开皇十四年造
佛像

顶端尖角十分锐利，部分背光的顶端呈尖锥状（图 2-33），背光饰火焰纹、联珠纹等，有些透雕镂空装饰，部分佛像带有仅及肩部的桃形背光。佛装主要有双领下垂式和袒右式，手印常见无畏印、与愿印、说法印等。佛座仍延续旧式，金铜造像多为覆莲座、馒头形圆座或仰覆莲座下承四足座，仰覆莲座中部大多带有束腰，四足座更趋高窄，有些呈羊蹄形。石刻像多为方形、长方形须弥座或圆形莲座，以四方台座承托，台座正面仍流行一香炉、二狮子的传统装饰。在造像风格上，有些面容、躯体扁平，衣纹浅细，受到北齐造像的影响，有些则头大身壮，呆板笨重，衣纹、璎珞有沉重感，制作粗率，属于北周式样。有些金铜像的衣摆宽肥，衣纹细密，仍具有早期佛像的特征。

　　唐代佛像有单身、三尊、五尊、七尊等组合形式，单身像比较流行，佛像发式主要有水波状发髻、磨光肉髻和螺发三种，发丝翻卷自如，纹路活泼，与前代相比，螺发佛像比较常见，面相丰满，颈部短粗、现三道纹，肩部厚实，胸、腹部隆起，体形壮美。金铜像背光大体可分为举身背光和仅及肩的背光两类，举身光有舟形、莲瓣形、葫芦形等几种，一般在背光外圈饰火焰纹，有些采用镂雕装饰，新出现的葫芦形背光于头光与身光相接处内收。仅及肩部的背光主要有葫芦形及桃形两种，常运用透雕镂空的装饰手法，头光处饰莲纹、忍冬纹或呈三重同心圆的车辐形[①]，有些顶端饰化佛。由于唐代金铜像一般采用分铸合体方式，因而许多佛像背光或底座脱落。石刻像背光多为桃形或举身舟形，装饰简洁，光素或细线浅刻少量纹饰。

　　佛装沿袭前代旧制，内穿僧祇支，胸、腹部系带。衣领较低，露出前胸及大面积的僧祇支。自 6 世纪中期起，褒衣博带式佛装在南、北两地开始发生新的演变，北方地区表现为右领襟由右肩下垂，敷搭于右肘，左领襟斜向腹部右侧，内穿僧祇支的式样，南方地区主要流行两种形式，一种为深领下垂式，另一种为佛衣由左肩向后收紧，正面呈小圆领装束，这两种式样均不同于天竺式的通肩衣，南北方的新式佛装共同构成了隋唐佛像的基本装束[②]。佛装衣纹的处理根据造像各部位和姿势的变化灵活运用，着力表现薄衣贴体的效果和轻薄的丝绸质感，凸显佛像健美的体魄。衣纹主要有平直阶梯状和隆起如圆绳状两种，后者受到了笈多马土腊式造像的影响。大衣下摆多覆盖佛座，并沿佛座边缘隆起数组半圆弧形纹，井然有序，增添了衣摆的立体感及装饰效果，如图 2-34 的唐红铜镀金释迦牟尼佛像[③]，高 9.5 厘米，佛像肉髻高耸，面庞圆润，神态温和宁静，结跏趺坐，左手上举施无畏印，右手抚右膝，结降魔印，内着僧祇支，外被偏衫，右肩敷搭袈裟边角，衣褶繁复，自左肩盘旋折叠而下、下身衣褶悬

图 2-34　释迦牟尼像

　　① 丁明夷：《关于临潼邢家村出土鎏金铜佛像的若干问题》，《文物》1985 年第 4 期。
　　② 费泳：《论南北朝后期佛像服饰的演变》，《敦煌研究》2002 年第 2 期（总第 72 期）。
　　③ 史树青：《金铜佛像》，中国水利水电出版社，2005 年，第 6 页。

裳于座前，依座形呈现出多组圆弧纹，线条曲直交织，极富质感。
唐代的佛像流行结跏趺坐、倚坐及立姿，坐佛多于立佛。结跏趺
坐佛像或左手抚膝，右手作说法印或双手结定印。倚坐佛像表现
龙华树下，弥勒下生的情景，其手印也多为左手抚膝，右手结说
法印或施无畏印，如神龙元年（705 年）石雕弥勒坐像（图 2-35），
弥勒善跏趺坐于宝座上，面目清丽，面相、身形浑圆，比例适当，
薄衣贴体，堪称唐代雕塑的杰作[①]。弥勒形象的变化反映了对其
身份的新认识，约自北齐至隋代，弥勒开始采取倚坐式，至唐前
期，倚坐弥勒逐渐定型，数量渐多。

图 2-35　神龙元年（705
年）石雕弥勒坐像

　　唐代佛座式样繁多，一般比较高大，从整体看，由方形或长
方形渐向圆形发展，装饰主要集中于束腰部分，内容包括力士、
兽面、动植物等。金铜像佛座可分上、下两部分，上部有长方形
座、圆覆莲座或仰覆莲座下接有梗莲枝形式以及须弥莲座形式，
须弥莲座一般带有束腰，下部覆莲座的莲瓣多用宝装，覆莲座下
层多为六角形或八角形平面。佛座下层仍流行四足方座式，有的
出现四足不落地的新变化，此外，六角形或八角形平面的新型足
床开始盛行，中空，每面雕出壶门。石刻像佛座一般为须弥莲座
式，形制与金铜像相仿，下方或有方形台座承托，如唐景云二年
（711 年）邑义十六人造阿弥陀坐像[②]，高 125 厘米，佛结跏趺坐于上部六角形、下部四方形
的束腰叠涩须弥座上，须弥座束腰部分极高，大衣下摆披覆佛座。下部方座正面中间刻发愿
文，两侧刻跪坐供养人像及榜题。西安还曾发现一尊唐代礼佛奏乐图石刻佛座[③]，正面中间
刻一博山炉，两侧各有一执手炉僧人，僧人两侧分别刻三名手持各种乐器、盘膝而坐的乐人，
背面亦刻有三名乐人，所持乐器多由西域传入，整个乐队的乐器组合大体上是龟兹乐的缩小
形式[④]。龙门唐窟倒"凹"字形坛基表面也常雕刻乐舞图，应为此期的流行题材。

　　晚唐、五代时期，佛像底座和背光趋于空灵精巧，流行缠枝卷草纹背光，底座变高，层
级增多，表现内容更为丰富，包括腾龙、壶门、护栏等。半圆形大仰莲座渐多，以致宋辽时
期彻底代替了唐代的敷布低垂式台座[⑤]。如雷峰塔地宫出土的一件释迦说法坐像，通高 68 厘
米，佛螺发，高肉髻，面相及身形丰满，双目下视，微含笑意，身着偏衫，衣褶自然贴体，
身后设举身镂空火焰纹背光以及车辐形头光，底座高大，但不显笨重，反而与造像整体所表
现出的新巧别致相得益彰，最下部为稳固的方形台座，正面开三个壶门，左右侧各开两个壶
门，佛像结跏趺坐于大仰莲座上，莲座与方座间别出心裁地用一条腾龙形支柱连接，反映了
吴越国高超的造型艺术以及佛教的繁荣发展。

　　隋唐时期，金铜像中还流行一种独特的七佛像，七佛题材并不罕见，早在十六国时期的
北凉石塔上就已出现，在云冈、龙门北魏窟中也较常见，七佛有坐、立两种姿势，庆阳南北

　　① 金申：《中国历代纪年佛像图典》，文物出版社，1994 年，第 357 页。
　　② 金申：《中国历代纪年佛像图典》，文物出版社，1994 年，第 363 页。
　　③ 姜克任，刘炎：《西安发现唐代礼佛奏乐图石刻佛座》，《文物》1984 年第 10 期。
　　④ 赵峰桐：《西安唐代礼佛奏乐图石刻佛座内容浅议》，《文物》1985 年第 3 期。
　　⑤ 金申：《雷锋塔地宫出土的金铜佛坐像》，《中国历史文物》2002 年第 5 期。

石窟寺中更出现以七佛为主尊的洞窟。隋唐金铜七佛像多以镂空手法铸成，有些作品呈菩提树形，顶端饰火焰宝珠，七佛以下采用带梗莲枝与底座相连，佛像的排布方式大体有横向和纵列两种，横排的造像中又可以分为一字排列和上下错落排列两类，七佛大多取结跏趺坐式，少数七佛为立姿，并带有胁侍。如河北河间出土的一尊七佛像，通高8厘米，由佛像、花插、座床三部分组成，七佛像均高肉髻，面相丰圆，穿双领下垂式袈裟，施禅定印，结跏趺坐于圆莲座上，其下由七枝莲茎承托，下插于束腰仰覆圆莲座上，下有长方形的四足床承托。七佛肩部以上各有莲瓣形背光，足床正面及右侧阴刻铭文[①]。此外，在山西平陆出土的隋唐金铜像中，还有一件千佛像，高16.5厘米，底座为六面壸门式，其上插有带梗莲枝，分作十枝，每枝莲座上一身坐佛，身后皆有桃形背光，每佛上方又联一身莲花坐佛，莲花座左右相接，由上至下延续五排，其上又有一排八身佛像，共计58身，顶部饰有宝珠，宝珠两侧各有一身飞天，双手合十，长裙飘曳，整体对称，井然有序[②]，这种以莲枝相连排布千佛的方式在龙门、天龙山等唐窟中也可以见到。

　　（2）菩萨像

　　隋代菩萨像面相方圆，以戴高冠为主，也有戴低宝冠、莲瓣宝冠或束高髻的情况，冠两侧宝缯垂至肩或肘部，装束多沿袭前代，袒上身，下穿裙，帔帛于腹前交叉绕肘后垂于体侧的传统菩萨装仍然流行，总体而言，更显华丽。北齐、北周精美的佩饰得到了进一步发展，

图 2-36　开皇元年（581年）车长儒造观音像

菩萨颈部多戴串珠或项圈，中部有垂饰，璎珞或披帛横拦于腹、膝二道，下穿束腰较高的百褶裙，有些菩萨自肩部至腿部斜披璎珞，或全身披挂网状璎珞。金铜菩萨像衣饰更显厚重，有的全身着装，腰间束带，衣褶起伏层叠。

　　隋代观音像以单尊为主，数量众多，延续了北朝晚期以来观音在民间造像中的主流地位，宝冠饰化佛、莲花等，有些颈部现三道蚕纹，眉间现白毫相。在一观音二胁侍的组合中，胁侍底座仍以莲枝与主尊底座相连，观音手势多为施无畏、与愿印，胁侍菩萨一般双手合十。在北齐、北周的影响之下，隋代石刻观音像中不乏大中型精品，大中型单尊观音像多无背光，整体采用圆雕的手法，正面及背面均刻出发式、衣纹，小型像多带有莲瓣形或桃形背光，部分金铜观音像着佛装，内穿僧祇支，外披通肩大衣；二观音（或菩萨）并立像基本延续了北齐的做法，像背设统一的大舟形背光。隋开皇元年（581年）车长儒造观音立像[③]（图2-36）高91.4厘米。观音头戴发冠，中现莲花，宝缯垂肩，披帛绕肘，腹部微向外挺，赤足，衣纹疏密得当，右手执柳枝，左手持净瓶，底座正面刻有发愿文，上承较矮的仰莲座，两侧有二狮子。观音仪态端方，手镯、项圈、杂佩、璎珞等尽善尽美，整体造型准确，雕刻技法纯熟，颇具代表性。

　　唐代菩萨宝冠式样及发式复杂，金铜像突出表现宝冠，常见的冠式有三瓣宝冠、高宝冠、

　　① 王敏之，何占通：《河北河间出土隋唐鎏金铜造像》，《文物》1991年第2期。
　　② 张总：《金铜七佛与千佛》，《文物天地》1995年第1期。
　　③ 金申：《中国历代纪年佛像图典》，文物出版社，1994年，第308页。

三叶冠、三花冠、三珠宝、花蔓冠等，石刻像常见的发式为高髻和垂鬟髻，与唐代妇女相近。金铜菩萨像的背光一般仅及肩部，为桃形或莲瓣形，运用透雕镂空手法表现精美的纹饰，有些顶端饰化佛，底座形式与佛座基本一致，石刻单身像以圆雕为主，不带背光。典型的唐代菩萨头梳高髻，戴宝冠，冠两侧缯带飘垂至肩下，面相饱满，身形丰满，颐眉秀目，胸、腹部隆起，宽肩、窄臀、细腰，呈现优美的三曲式型身姿，颇具动感而又不失庄重，女性化倾向明显，正如《释氏要览》引道宣所言："造像梵相，宋齐间皆唇厚、鼻隆、目长、颐丰，挺然丈夫之像。自唐来，笔工皆端严柔弱似妓女之貌，故今人夸宫娃如菩萨也。"也有部分菩萨像仪态端严，呈直立状。菩萨装一般为袒上身，颈饰项圈或璎珞，中垂悬铃，有的如网络状垂挂胸前，戴臂钏、腕钏等饰物，肩披帔帛，自双肩绕臂顺体侧蛇形飘落，有些菩萨像斜披络腋，或斜挂璎珞，或璎珞自双肩绕臂垂于体侧，或沿袭前代流行的璎珞于腹前交叉的形式，腰系扎帛，下身穿羊肠大裙，束腰较低，露出隆起的腹部和肚脐，束腰部分有一系结，大裙阴刻出水式衣纹，圆转流畅，轻薄贴体，手中持物在继承前代的基础上，更趋复杂。菩萨姿态有坐、立两种，仍以立姿为主，如图 2-37 立姿菩萨，头戴三叶冠，缯带由双肩徐徐飘垂至脚际。面阔、颌尖圆，饰项圈及腕钏，袒上身，细腰鼓腹，脐眼清晰，身形略向右弯，下身穿紧身纱裙，右臂下垂，手提净瓶，左臂屈肘向上，手持拂尘，跣足立于镂空带梗莲枝上，座下有榫，插于方形透空足床上，桃形背光饰镂空火焰纹，内有圆形镂空头光，背光顶端跌坐一化佛[①]。菩萨坐像多呈舒相坐或轮王坐式，如图 2-38 唐砂石菩萨坐像[②]，菩萨头、身微侧，身形作三曲式形弯曲，半跏坐于圆座上，宝冠高耸，长发披肩、面部丰满、神情肃穆、若有所思，胸、腹部隆起，下裙贴体，裙裾披覆底座，衣纹呈圆泥条状，整体曲线优美，造型生动活泼。

图 2-37　立姿菩萨　　　　图 2-38　唐砂石菩萨坐像　　　　图 2-39　观世音菩萨

这一时期的观音像逐渐形成了独立而又庞大的系统，并充分体现了本土文化的创造性，整体给人以温和艳丽，比例匀称，优美灵动之感，如图 2-39 铜观音立像[③]，束发高髻，顶饰

①　临潼县博物馆：《陕西临潼邢家村发现唐代鎏金铜造像窖藏》，《文物》1985 年第 4 期。
②　邱东联：《中国佛像目录》，南方出版社，2001 年，第 137 页。
③　史树青：《金铜佛像》，中国水利水电出版社，2005 年，第 155 页。

化佛，眉眼细弯，眉间现白毫相，丰颐短颈，宽肩细腰，右手曲肘上举，左手下垂持净瓶，呈现三曲式身姿，上下左右皆不对称，颇具韵律感，佩饰精致，真实自然，基本体现了唐代观音像的特点。

印度自 7 世纪以来显教渐微，密宗兴起，因而东来的高僧多译密典，中国的高僧玄奘、义净等也积极进行密典汉译，如玄奘于显庆元年（656 年）重译《十一面神咒心经》；义净于长寿二年（693 年）重译《不空羂索咒心经》，景龙三年（709 年）重译《千手千眼观世音菩萨陀罗尼身经》、《如意轮陀罗尼经》等①；玄宗开元初年，印度僧人善无畏、金刚智及不空等相继东来，将完整的密教系统传入中国，密教经典的翻译与图像的传播影响了这一时期单体像的建造。在密宗造像中，菩萨像数量众多，晚唐五代时期，密宗菩萨像逐渐形成定式，此后在汉传佛教区域内变化不大②。十一面观音是其中的常见题材，属于密宗"六观音"之一，有二臂、四臂、六臂、八臂等造型，十一面由下至上作 3、4、3、1 排列，最上层为佛头，其余各面作威怒相、慈悲相、暴笑相等。如上海博物馆藏唐鎏金十一面观音铜像，通高 27.4 厘米，观音肩部以上带有桃形背光，曲立于覆仰莲座上，下承每面带有两个壶门结构的四方形台座，共有二臂，右臂上曲执柳枝，左臂下垂提净瓶，主像头顶另塑十面，整个造像身形窈窕，气度娴雅③。河南荥阳大海寺出土的一件石刻十一面观音像（图 2-40），高发髻，正面刻八个小头像，最上面为高肉髻佛头像，其下为菩萨头，左耳后刻凶相面，右耳后刻善相面，正面现白毫相，脸庞丰圆，身雕六臂，两手合掌胸前，又两手作说法相，又两手下垂，似持枝叶。上穿衫，下着裙，饰项圈、臂钏、手镯等，膝下残缺④。此类题材出现较早，至盛唐时期逐渐成熟，晚唐五代更显千姿百态，宋元以后，造型及比例变化较大，带有十一面的头部高度几乎与身体呈 1:2 的比例⑤。此外，日本京良大和文华馆收藏的一件如意轮观音坐像⑥，也属唐代密宗造像，像高 10.1 厘米，观音六臂，一手支颐，一手按光明山上，另外四手分别持如意宝珠、轮宝、念珠及莲花等物。造像高冠耸立，身佩珠饰，一腿曲膝，一腿半跏趺坐，通体鎏金，设计精巧。1987 年陕西扶风法门寺出土的捧真身菩萨（图 2-41）为睿宗皇帝敕造，高 41.3 厘米重 1986 克。出土于地宫中室汉白玉灵帐后。菩萨头戴宝冠，上身袒露，臂饰宝钏，下着羊肠大裙，手捧盛放银匾的荷叶形盘，胡跪于束腰莲座上，莲座的上部有四层仰莲，每层八瓣，其中上面两层仰莲瓣内各錾一像。束腰部分錾刻四大天王。覆莲部分的外壁分为两层，上层八瓣覆莲内各錾一梵文，下层錾不动明王、降三世明王等八尊明王，亦为典型的密宗造像。据考证，捧真身菩萨的台座部分主要表现金、胎两部融合的大曼荼罗，并带有显密圆融之意⑦。

　① 宿白：《敦煌莫高窟密教遗迹札记》，《中国石窟寺研究》，文物出版社，1996 年，第 280 页。
　② 李淞：《长安艺术与宗教文明》，中华书局，2002 年，第 154 页。
　③ 季崇建：《中国古代雕塑艺术》，上海古籍出版社，1991 年，第 136 页。
　④ 河南省郑州博物馆：《河南荥阳大海寺出土的石刻造像》，《文物》1980 年第 3 期。
　⑤ 花平宁：《浅谈十一面观音铜造像》，《文物天地》2000 年第 3 期。
　⑥ 潘守永：《佛教与工艺杂项》，天津人民出版社，1996 年，第 24 页。
　⑦ 吴立民，韩金科：《法门寺唐代地宫捧真身菩萨曼荼罗》，《东南文化》2000 年第 6 期。

图 2-40　十一面观音像

图 2-41　鎏金银捧真身菩萨

图 2-42　阿难像

（3）声闻像

隋唐以前，声闻像多以二弟子分立佛像两侧的形式出现，其形象一般呈肃立状，光头，穿着僧服，两手举至胸前，置于袖内，多出现在石刻造像中。至唐代，此类题材增多，神态、手势及持物均富于变化，但大多仍作为佛的胁侍，单身像比较少见。罗汉像中，仍以迦叶、阿难像最常见，迦叶一般为面容清癯，浓眉长目，高鼻大耳，颧骨突出，两腮深陷，嘴角有窝，上额下颌均有皱纹的老者形象。阿难则面庞丰圆，眉目清秀，鼻直口方，大耳，两腮丰满，为青年僧人的形象。如图 2-42 的一件阿难像①，通高 12.5 厘米，造像身披双领下垂袈裟，内着僧祇支，外罩偏衫，衣领呈"V"字型，左臂内屈挽衫，手执长颈莲蕾，右臂下垂，腕戴钏，跣足立于仰莲座上，神情自然生动，形象俊美。

（4）护法像

天王及金刚力士属于佛教的护法神，在"二十诸天"的范围之内。力士像在南北朝时期的成铺造像中比较常见，一般立于外侧，穿菩萨装，手执金刚杵，据玄应《一切经音义》、法云《翻译名义集·八部篇》等记载，金刚力士是执金刚神，以手执金刚杵为特征，但早期力士像所执法器与后世密宗的金刚杵形制不同。隋唐时期的力士像在体态、神态、台座方面均产生了较大变化，多束发，戴宝冠，缯带飘动，面相方圆，高鼻大耳，阔口长目，带有愤怒相，充分展示了其作为佛之护法的情态。袒上身，细腰鼓腹，肩披帔帛，绕肘后随风飘扬，有的颈饰项圈、悬铃，或肩部有二圆饼形饰，下身穿轻薄短裙，于脐下束带，颇具动感，全身肌肉凸张，雄壮威武，手势真实自然，有一手屈肘握拳，一手下伸，五指张开；一手握拳，一手叉腰以及手执法器等。底座一般为多层重叠的岩座形式（图 2-43），也有足踏小鬼的鬼怪座式。

图 2-43　力士像

① 王敏之，何占通：《河北河间出土隋唐鎏金铜造像》，《文物》1991 年第 2 期。

不空译《毗沙门仪轨》使毗沙门天王成为后世密宗造像的重要题材之一。毗沙门天是四大天王之一，又称"多闻天"，位于胎藏界曼荼罗外金刚部院北方之北侧。《法华义疏》中描绘其形象为"七宝庄严衣甲，左手执戟稍，右手托腰上……其毗沙门面，作甚可畏形，恶眼视一切鬼神，其塔奉释迦牟尼佛。"身着甲胄的天王像在唐代石窟中屡见不鲜，并在九尊像的组合中成为佛的胁侍，甚至唐皇室贵族墓里也常出土威武雄健的三彩天王俑，但在这一时期的单体像中，天王像数量较少，其神情、动态及底座等方面均与力士像接近，一般穿着武士装。

（5）老子像

老子像虽属道像，但在这一时期成批出土的佛像中经常伴出，并且在式样、背光及台座形式上与佛像相仿。道像早在北魏时期就已出现，多为坐姿。隋唐时期进一步发展，有坐、立两种姿势，坐姿又有倚坐和结跏趺坐两种，其形象多为束发、戴道冠，留长须，背后有仅至肩部的桃形或圆形头光，有的顶端饰化佛，身穿对襟道袍，腰束带，坐像大多一手执麈尾，一手放于身前长方形凭几上，有的双手置膝上，立像双手于胸前执圭状物，或与佛像一样，施无畏印。底座多为圆座，或仰覆圆莲座，下承四足床。如图 2-44 的老子像，立姿，面部瘦削，颌下有须，身穿对襟大袍，腰束带，脚穿靴，右手作施无畏印，左手握拳，肩部以上有桃形背光，中空，顶端饰一尊结跏趺坐化佛[①]。

图 2-44　老子像

（二）造像碑

隋唐时期，社邑造像的形式锐减，以家族为单位或个人出资经营的造像碑逐渐流行[②]。隋代造像碑首多呈圆拱形，四面分层开龛造像，每层龛数往往不止一个，龛楣主要为尖顶圆拱式或帷帐式，造像题记多刻于碑体下部[③]。如隋开皇元年（581 年）李阿昌造像碑（图 2-45），碑高146 厘米，宽 50 厘米，厚 16 厘米，碑身四面开龛造像，表面敷彩，碑正面开四层龛，第一层正中开一覆钵式顶帷幕形方龛，龛内雕释迦多宝并坐像，二弟子侍立两侧，方龛两侧各开一圆拱尖楣龛，内雕一佛二弟子。第二层正中开一圆拱尖楣龛，内雕一佛二菩萨，龛外两侧各刻一株菩提树，树下各有思惟菩萨一尊及侍立弟子一人。龛外顶部两侧各有数身弟子像。第三层开三个圆拱尖楣龛，其内分雕一佛二弟子，龛顶各雕半跪供养弟子。第四层开四个长方形龛，主要表现维摩变问疾品故事。碑左、右两侧也各开四龛，龛形为覆钵式顶帷幕形方龛及圆拱尖楣龛，内各雕一佛二弟子，碑阴上部正中开一个屋形帷幕龛，内雕一坐菩萨二弟子，龛下方阴刻发愿文 13 行，其下又刻施主 29 人姓名[④]。

唐代造像碑仍以扁形碑体为主，圆拱形碑首居多，多见螭首装饰，有些碑首呈梯形。造像碑大多在碑阳开龛，碑座正面刊刻造像题记，碑阴及碑侧一般光素无纹。龛的形制主要为圆弧形或长方形，一莲梗上生出三朵莲花的底座造型较为流行[⑤]。此期也有四面开龛的造像

① 临潼县博物馆：《陕西临潼邢家村发现唐代鎏金铜造像窖藏》，《文物》1985 年第 4 期。

② 李静杰：《佛教造像碑》，《敦煌学辑刊》1998 年第 1 期（总第 33 期）。

③ 朱凤瀚：《文物鉴定指南》，陕西人民出版社，1995 年，第 214 页。

④ 秦明智：《隋开皇元年李阿昌造像碑》，《文物》1983 年第 7 期。

⑤ 翟春玲：《陕西青龙寺佛教造像碑》，《考古》1992 年第 7 期。

碑，有些于龛外壁面雕刻千佛[1]。如唐永淳元年（682年）李怀秀造佛碑像（图2-46）[2]，高73.6厘米。碑首呈梯形，顶端有螭龙，其下为一佛结跏趺坐莲座上。下开一方形龛，帷帐式龛楣，垂挂联弧状缨络，龛楣中部雕一兽头，两旁有伎乐、莲花等，龛内设一佛二弟子二菩萨构成的五尊像组合，佛左手结说法印，右手抚膝，结降魔印，座下雕有一香炉、二狮子、二天王，佛、菩萨及弟子皆立于仰莲座上，龛下部刻造像记。部分造像碑还刻有《多心经》、《佛顶尊胜陀罗尼经》等密宗经典。

图2-45　隋开皇元年（581年）
李阿昌造像碑

图2-46　李怀秀造佛碑像

第五节　宋、辽、金时期

宋代统治者对于佛教采取了既利用又限制的政策，宋太祖在开国之初就吸取前代佛教政策的经验教训，于建隆元年（960年）下令停止废毁寺院，同时限制了寺院、僧尼的数量。佛教在宋太宗、真宗时期逐渐恢复、发展，宋徽宗极力推崇道教，并自称"教主道君皇帝"，诏令"佛改号大觉金仙，余为仙人，大士。僧为德士，易服饰，称姓氏。寺为宫，院为观。改女冠为女道，尼为女德"，这一政策使佛教深受打击。这一时期，禅宗成为佛教中最大、最主要的宗派，净土信仰也很盛行，其念佛法门被所有宗派重视，并逐渐形成了禅、净合一的局面。宋代"尚文抑武"，社会经济、文化艺术得到了恢复和发展，工商业的繁荣兴旺促进了城市诸行百业的繁盛与市民阶层的壮大，佛教平民化和世俗化的特征更为突出，社会影响力进一步扩大。宋、辽、金民间村邑自发组织成信佛团体，与净土信仰相联系的结社活动发展迅速，信民们集资修庙造像，祈福禳灾，在这种社会背景之下，民间造像带有浓厚的世俗气息[3]。

与唐代富于浪漫色彩的写实相比，宋代造像的宗教色彩淡化，表现出一种生活化的写实

① 朱凤瀚：《文物鉴定指南》，陕西人民出版社，1995年，第216页。
② 金申：《中国历代纪年佛像图典》，文物出版社，1994年，第350页。
③ 金申：《中国历代纪年佛像图典》，文物出版社，1994年，第9页。

风格，或称作"写真"。辽、金两朝虽由少数民族建立，但统治者积极吸收汉地文化，包括汉地的佛教信仰，其造像在许多方面与唐宋接近[1]，同时又保留了北方少数民族的粗犷气质及鲜明个性。

在成批出土的造像中，属于宋、辽、金时期的遗存已不多见，但在此时营建或修整的佛塔中常可见信徒供施的佛像。造像题材主要有释迦、药师、阿弥陀、观音、普贤、文殊、地藏、天王、罗汉等，尤以观音像品类最为繁杂，常见的有水月观音、千手千眼观音、送子观音等。许多造像式样已不再拘泥于佛经，融入了更多主观创造和现实生活内容。晚唐、五代以后，石造像衰落，由于战乱而导致铜资源的匮乏影响了金铜造像的制作，而瓷、铁、木像逐渐增多，匠师多利用材质本身的优势，综合运用多种工艺技法，创造出无数精美的作品。单体像的组合方式以单身像为主，佛、菩萨、弟子齐聚一堂的佛龛像也较流行，多为木质，既方便僧侣游行时随身携带，也可附会佛经中的旃檀像典故，故又称"檀龛宝相"。现存最早的汉地木龛像多数流传于朝鲜和日本，皆为唐代之物[2]，五代、宋辽时期，木龛像仍有制作，以三扇式为多，如河北定县北宋静志塔地宫出土的木龛像、江苏苏州虎丘塔第三层方窟内的木雕彩色檀龛像[3]以及宋代地藏菩萨龛像等[4]，至明清时期，龛像材质丰富，更为盛行。

一、佛像

宋、辽、金时期的佛像多为螺发，顶部肉髻平缓，正中嵌一髻珠，面部比例适当、颔颐饱满，广额长耳，眉眼细长，眉间现白毫相，短颈、圆肩，颈部现三道纹，神情安详，肌肉松弛，一些佛像还带有胡须。佛像顶部的髻珠早在北朝时期已见滥觞，唐代更为明确，髻珠位于肉髻和底发之间，呈半圆形或椭圆形[5]。宋、辽、金时期，佛像的髻珠显著而普遍，除佛像外，部分观音像也饰髻珠。佛装在前代的基础上，出现了内穿 V 字领僧服，外披袈裟的式样，衣褶宽大、稀疏，写实性强[6]，这种式样在北周石窟造像中已经出现，但尚不普遍[7]。佛像有坐、立两种姿势，一些坐像的佛座仍覆布，饰圆弧纹，与唐代相比，此类圆弧纹衣褶相对减略、图案化，辽代还出现大衣下摆分成三组，两侧为三角形，中间为半圆形的式样[8]。佛像常见的手印有举掌当胸、抚膝、结定印、施与愿印等，背光简化或消失，少数立像仿照旃檀式样，设

图 2-47　南宋绍熙年间铜佛像

举身舟形背光。底座流行带束腰的须弥座或莲座，莲瓣饱满硕大，呈盛开状，如图 2-47 南宋绍熙年间的一尊铜佛像，通高 43 厘米，佛像肉髻极低，几乎与顶部连为一体，面相丰腴，短

① 史树青：《金铜佛像》，中国水利水电出版社，2005 年，第 13 页。

② 金申：《从旧藏榆林窟的象牙龛像谈及相关的携带式龛像》，《佛教美术丛考》，科学出版社，2004 年，第 86 页。

③ 苏州市文管会：《苏州虎丘云岩寺发现文物内容简报》，《文物》1957 年第 11 期。

④ 金申：《佛教雕刻名品图录》148 图，北京工艺美术出版社，1995 年。

⑤ 金申：《燃肩佛和佛发中的舍利、髻珠》，《佛教美术丛考》，科学出版社，2004 年，第 92 页。

⑥ 史树青：《金铜佛像》，中国水利水电出版社，2005 年，第 12 页。

⑦ 宁夏文管会：《须弥山石窟》，文物出版社，1988 年，第 22 页。

⑧ 金申：《佛像的鉴藏与辨伪》，上海辞书出版社，2002 年，第 78 页。

颈、丰胸，穿着偏衫，底座为束腰须弥莲座式，上部仰莲丰盈，十分醒目，佛像身后的背光则简化为一椭圆形圈，造型简朴，像背阴刻题记[①]。

辽代佛像肩部宽阔，穿袒胸式袈裟，胸肌鼓起，伟岸刚健，坐像多上身偏长，双膝收紧；立像则两腿笔直，显得僵化、呆板[②]。如图 2-48 辽代红铜镀金阿弥陀佛像，高 20 厘米，佛面相丰腴，五官逼真，两手于胸前结接引印，头顶肉髻平缓，螺发，正面饰髻珠，上身着垂领袈裟，胸部肌肉丰实，下身穿长裙。衣褶稀疏，仍为唐代流行的圆泥条状，较唐代略显生硬，佛座为束腰须弥座式，带镂空壶门装饰。辽代佛座多有束腰，须弥莲座上部的仰莲造型生动，莲瓣宽肥饱满，尖部向外翘起，下部呈圆形、六角或八角形，颇具特色。金代造像承袭宋、辽余韵，基本特征与辽代略同，只是更显肥胖、臃肿，反映了北方造像的雄健之风。

除铜像外，这一时期的瓷塑佛像也值得关注。1922 年，广东潮州笔架山出土的北宋熙宁二年（1069 年）陈十五娘造青白釉佛像（图 2-49）[③]为民间小型瓷塑佛像的代表作，通高 31.5 厘米，座宽 10.3 厘米，佛像顶部肉髻低平，发髻绘黑彩，顶部髻珠醒目，方面大耳，眉眼细长，眼微睁开，眉间白毫相，口鼻之间及下颌处带有卷曲的胡须，头略大，颈部现三道纹，肩部浑圆，外穿双领下垂式袈裟，左肩搭衣带，袍袖宽大，衣摆覆盖佛座，饰圆弧纹，衣纹浅疏，右手举掌当胸，左手抚膝，结跏趺坐于方形束腰须弥座，束腰处刻有较长的铭文，整体显示出南方佛像的细腻风格。与其并出的还有三件释迦像和一件浮雕莲瓣香炉，四件释迦像在发、眉、眼、胡须等处均敷黑彩，平添了造像的真实感[④]。造像底座四面均刻铭文，施舍人为刘扶及其家属，铭文中都有"潮州水东中窑甲"七字，最后都署名匠人"周明"，这五件出土物一直被视为研究潮州窑的重要实物。

图 2-48 辽红铜镀金阿弥陀佛像　　图 2-49 陈十五娘造青白釉佛像

二、菩萨像

宋、辽、金时期，菩萨像多于佛像，多数不带头光及背光，少数带有环形镂雕背光，饰

---

① 金志超：《浙江碧湖宋塔出土文物》，《文物》1963 年第 3 期。

② 史树青：《金铜佛像》，中国水利水电出版社，2005 年，第 14 页。

③ 金申：《中国历代纪年佛像图典》，文物出版社，1994 年，第 392 页。

④ 冯先铭：《中国陶瓷》，上海古籍出版社，1997 年，第 428 页。

火焰纹。由于观音信仰极盛，菩萨像中仍以观音为主，观音坐像数量渐多，坐姿有游戏坐、结跏趺坐、倚坐和舒相坐，文殊、普贤还流行骑狮、乘象式样，这也是宋金石窟中的常见题材。游戏坐和倚坐菩萨较常见，游戏坐，也称"如意坐"或"自在坐"，即左腿下垂，右腿屈踞于底座上，为水月观音的标准姿势。水月观音由中唐时期的画家周昉所创，据《历代名画记》卷十载："衣裳劲简，彩色柔丽，菩萨端严，妙创水月之体。"[1]晚唐时期出现于敦煌壁画及帛画上，浙江金华万佛塔基又曾出土五代时期的鎏金观音像[2]，宋元以来更为盛行，如图 2-50 加彩木雕观音坐像，头部微晗似俯视众生，姿态优美，形貌柔和，与现实人物接近。菩萨立像多不再呈现唐代流行的三曲式姿态，更显端庄稳重，如图 2-51 宋代菩萨铜像，高14 厘米，面相丰圆，表情宁静，略含笑意，发髻高耸，似戴三珠冠，顶部置化佛，宝缯垂落肩部，帔帛自双肩下垂，横于腹膝间一道，颈饰串珠，中有悬饰，璎珞严身，下穿紧窄贴体长裙，腰间裙带下垂，跣足立于仰莲座上[3]。菩萨像手势相对随意，如抚膝、支颐、合十、结定印、撑扶台座以及左手展掌，右手握左手腕等，许多菩萨手中持物，与前代相比，持物的范围有所扩大，包括宝珠、经卷、如意、数珠等等。送子观音多为一手抚膝，另一手怀抱婴孩儿状，千手千眼观音二主臂合掌当胸，其它手臂于身体两侧呈辐射状，手中分持日月、宝剑、净瓶、宝镜、宝杖、拂尘、金刚杵等法器[4]。菩萨像的底座以仰覆莲座、束腰须弥座、须弥莲座为主，在此基础上演化出其它形式，如常州古井中出土的一尊影青瓷观音像[5]，通高 22.6 厘米，观音束发戴冠，冠饰化佛，穿广袖通肩大衣，善跏趺坐于镂空须弥座上，须弥座中间有一莲花小插，原插物已失。有些木雕水月观音像座为南海普陀山道场形式。辽、金金铜菩萨像的底座有六角形、八角形、圆形、方形以及六出花口形等不同形状[6]，仰莲多为重瓣，饱满硕大，卷曲自如。

图 2-50　加彩木雕观音座像

图 2-51　宋代菩萨铜像

① 张彦远《历代名画记》，人民美术出版社，1964 年，第 201 页。

② 潘守永：《佛教与工艺杂项》，天津人民出版社，1996 年，第 25 页。

③ 史树青：《金铜佛像》，中国水利水电出版社，2005 年，第 156 页。

④ 朱凤瀚等：《文物鉴定指南》，陕西人民出版社，1995 年，第 202 页。

⑤ 陈丽华：《宋影青瓷观音像》，《文物》1991 年第 11 期。

⑥ 金申：《佛像的鉴定与辨伪》，上海辞书出版社，2002 年，第 78 页。

这一时期的菩萨装束与前代接近，头梳高髻，戴宝冠，冠式丰富，精美繁缛，花蔓冠居多，极富装饰性，冠上多饰化佛，宝缯或发辫垂肩，袒上身，戴缨络、臂钏、腕钏等饰物，披帛绕肘后下垂，腰系长裙，相比唐代，轻薄贴体的质感减弱，隋代以前盛行的璎珞、帔帛穿环交叉的式样已完全消失，菩萨胸前常见复杂的网状璎珞[1]。部分观音像全身着装，头披巾，上身穿广袖通肩式外衣，衣领低垂，露出前胸，颈及前胸饰成串缨络，下身穿束腰长裙，裙摆宽肥，衣褶稀疏。宋代菩萨像的女性化特征更为鲜明，眉眼细长，丰颐、圆肩、细腰，头部略大，胸、腹微隆，如南宋淳祐十一年（1251年）的观音坐像（图2-52）[2]，高25.6厘米。束发戴冠，冠上饰一尊跌坐于莲座上的化佛，观音五官小而集中，面相丰圆稍长，双眉细弯，眉间白毫相，眼睑微启下视，鼻骨高隆，双唇轻闭，鼻沟明显，嘴角深陷，这种稍带夸张的手法使整尊观音像更显圆润、恬静，带有浓厚的世俗文化气息，神情意态栩栩如生，溜肩，身形圆润而不丰腴，左手抚左膝，右手上举。长发分作四股，由脑后垂下分披肩上，胸前饰缨络，外穿通肩大衣，衣袖宽广，下穿束腰大裙，坐于椅上，衣摆完全覆盖底座，为南宋瓷塑观音像的代表。辽代金铜菩萨像的基本特征与宋代接近，但受唐代风格影响较重，装饰相对简洁，如故宫博物馆藏辽统和二十六年（1008年）铜观音菩萨坐像（图2-53）[3]。一些菩萨像所带高冠与辽代贵族的鎏金银冠相仿[4]，佛及菩萨坐像的小腿部分还常饰有一条蜿蜒如小蛇状衣纹[5]。

图2-52　南宋观音坐像

图2-53　辽代铜观音菩萨坐像

这一时期，很多民间窑场都生产陶瓷佛及菩萨像，多综合运用戳印、刻划、堆贴、彩绘等工艺技法，体现出高超的艺术造诣和娴熟的雕塑技巧，如造像主体部分以堆塑成型，体内中空，内壁光滑；宝缯、绦带、缨络、花叶等采用拍片、模印、贴花的技法粘附其上，再进

① 史树青：《金铜佛像》，中国水利水电出版社，2005年，第12页。
② 李仲谋：《中国陶瓷名品珍赏丛书 陶瓷（青白瓷）》，上海人民美术出版社，1998年。
③ 故宫博物院：《故宫博物院50年入藏文物精品集》，紫禁城出版社，2005年，第182页。
④ 金申：《佛像的鉴定与辨伪》，上海辞书出版社，2002年，第79页。
⑤ 金申：《谈辽代佛像的一种样式》，《美术研究》1991年第2期。

行戳、印、刻、划的细部雕琢；衣纹既有传统的阴线刻法，又有外来的凸起线条；衣裙及腰带多于烧成后加彩；许多造像的面部及手部不施釉，不加彩，利用胎质发红的现象力求接近肤质，衣冠、底座多施青白釉或青釉。

宋、辽佛教造像中还有少量的三彩器，宋、辽三彩以绿、白、黄三色为主，装饰题材丰富，在施釉技法上，釉面少流淌、不交融，色调厚重典雅，不同于唐代绚烂斑驳的洒脱风格[①]。如淄博窑三彩观音坐像[②]，端坐，底为方形座，双手交于胸前，顶饰佛珠，表情慈和，上身施绿釉，下身黄釉，底座无釉，露出红褐色胎土。又如北京门头沟龙泉务辽代瓷窑遗址出土的一件菩萨像[③]，高 34 厘米，菩萨束发，眉心有白毫相，结跏趺坐，手足残，穿黄色披肩，戴项圈、璎珞，腰束黄色宝带，下身穿绿裙，头发及帛带也为绿色。

宋金时期，木雕佛教造像异军突起，金代木雕观音别具特色，表情多轩昂有力，胸部丰满，身形健壮，如山西临汾金明昌六年（1195 年）的木雕观音立像[④]，高 190.5 厘米，为典型的大型彩漆木雕观音，发式繁缛，饰化佛，发辫垂肩，颈部短粗，戴项圈，斜披络腋，帔帛绕肘后垂至座下，下穿长裙，肩宽背厚，上身略宽，胸肌突出，双脚开立，写实性极强。

三、声闻像

罗汉是"阿罗汉"的简称，与佛像相比，常住世间的罗汉形象平易近人，贴近生活，更具亲切感，因而自宋代以来，罗汉题材在民间大为流行，成为现实生活中修行僧侣的真实写照。现存最早的十六罗汉像出现于晚唐、五代时期，五代末至宋初演化为十八罗汉，融入了更多本土文化因素，而五百罗汉的传说更与中国民间故事结合，带有浓厚的本土特色。

这一时期，罗汉像已不再仅处于胁侍地位，而以单身像为主，亦有成组造像，材质包括石、铜、瓷、木雕、夹纻等，宋代定窑、景德镇窑、吉州窑等民间窑场都曾出产罗汉像。1980 年，内蒙古哲里木盟博物馆征集了三尊辽代白瓷佛像，分别为释迦、迦叶和阿难像，三尊像质地相同，内部中空，胎体纯白，内外施釉，釉色细润，为辽代仿定窑的精品，制作工细，形象逼真，且体量略等，应为一组佛像。释迦像头部残，结跏趺坐于束腰须弥座上，迦叶及阿难像均取倚坐式，阿难手持念珠，作诵经状，迦叶右手前伸，呈讲经之态，两者的面容和神情对比鲜明[⑤]。山东长清县宋代真相院释迦舍利塔地宫出土了九件银质罗汉像[⑥]，均为立姿，上身穿交领僧服，下身穿裙裤，服饰上錾刻花纹，姿态、神情各异，或双手置于胸前拱揖；或双手合十；或举右臂作顿足捶胸、嚎啕痛哭状，各像底部均阴刻铭文，表明这些造像出自不同的施主。

四、护法像

这一时期的护法像多为单身像，包括天王、力士、神王等，均束发或戴盔，上身穿战袍或铠甲，下穿裤，腰部束带，足蹬靴，与当时的戎装相近，神情威武刚劲，蹙眉暴眼，胡须卷曲，并在此基础上，根据不同的名号，于持物、服饰、姿态等方面稍作区别。

① 张旭：《中国古代陶器》，地质出版社，1999 年，第 86 页。
② 张光明，魏洪昌：《淄博宋代彩瓷的发现与研究》，《故宫文物月刊》第 14 卷第 5 期，1996 年。
③ 潘守永：《佛教与工艺杂项》，天津人民出版社，1996 年，第 85 页。
④ 金申：《中国历代纪年佛像图典》，文物出版社，1994 年，第 544 页。
⑤ 邵清隆：《辽代白瓷佛像》，《内蒙古文物考古》1982 年第 1 期。
⑥ 济南市文化局文物处，长清县博物馆：《山东长清县宋代真相院释迦舍利塔地宫》，《考古》1991 年第 3 期。

北宋静志寺塔基地宫（977 年）的石函内出土了两尊金铜金刚力士像[1]，为佛教信徒供施之物，与其伴出的还有舍利金棺、银塔等，足见这两尊力士起到守护舍利的作用。两尊金刚力士像中，一尊（图 2-54）高 15.5 厘米，头戴金翅鸟冠，头向左侧，肩披斗篷，顺势自然下垂于身后，腰部紧束软甲，左手握金刚杵，右臂曲至胸前，五指平伸，腕部戴钏，下着长裤，腿裹胫檄，胫扎行膝，足穿方口翘尖履，各踏一个面目狰狞的跪伏小鬼，挺立于椭圆形座上。另一尊高 14.6 厘米，头戴明珠冠，帽翅卷扬，长发披肩，浓眉紧蹙，怒目圆睁，阔鼻翘起，劲筋暴突，两腮肌肉鼓起，四肢关节显露，其左臂弯曲上挺，五指向后伸张，右臂托铜，腋夹铜身，腰束短裙，飘带自肩部绕臂飘垂，平添了灵动之感。两尊像均威猛可怖，比例准确，颇具神韵，显示出北宋时期高超的造型艺术和金铜铸造技术[2]。

除金铜像外，木雕天王、力士像也较常见，浙江瑞安仙岩寺塔发现的两尊涂金木雕天王像[3]，通高 13 厘米，天王束发，周身披甲胄，一身手托塔，右手执物已失，另一身（图 2-55）左手托珠，右手执剑，立于岩座上。

图 2-54　北宋金铜金刚力士像

图 2-55　木雕天王像

第六节　元、明、清时期

元代的统一，结束了自五代以来长期分裂对峙的局面，促进了民族间的文化交流，也使藏传佛教及其造像得以在内地传播。元代专设梵像提举司，总管佛像制造，由尼泊尔艺匠阿尼哥长期主持，将成熟的尼泊尔风格梵式造像或称"西天梵相"引入内地，影响了北京、甘

---

① 定县博物馆：《河北定县发现两座宋代塔基》，《文物》1972 年第 8 期。杜会平：《勇锐威猛的北宋金刚力士》，《文物春秋》2002 年第 2 期。
② 杜会平：《勇锐威猛的北宋金刚力士》，《文物春秋》2002 年第 2 期。
③ 浙江省博物馆：《浙江瑞安北宋慧光塔出土文物》，《文物》1973 年第 1 期。

肃、宁夏、苏杭等地的佛教造像①，并逐渐与汉地传统艺术融合。元政府统治下的汉地，除喇嘛教享有特权、地位突出之外，禅宗仍较流行。

明代建立后，对于汉地佛教采取了既大力倡导，又严密控制的措施，汉传佛教各宗派中，禅宗继续兴盛，并与其它宗派融会贯通，净土信仰在整个社会的佛教信众中得到了广泛尊崇。同时，明政府继续支持藏传佛教的发展，效仿元代在宫廷设立造像机构，称为"佛作"，隶属"御用监"，在宫廷内的英华殿、洪庆殿供番佛，还吸取元代独崇藏传佛教萨迦派的教训，采取"众封多建"的政策，永宣时期，宫廷制作了大量的藏式金铜造像，专为赏赐西藏大喇嘛及寺院，从而形成了明代内地藏式造像的主体风格，宣德以后，汉藏关系仍很密切，北京继续作为藏传佛教在内地的传播中心，而"番经厂"可能担起了制作藏式佛像的任务。由于藏传佛教影响的扩大，已逐渐被汉传佛教所接受，汉地工匠也基本掌握了制作藏式造像的特征及要领，因而藏式造像得以在内地继续流传②。

清代的佛教政策基本沿袭明代，禅宗的发展情况与明代类似。在清帝的扶植之下，藏传佛教再度兴盛，信众以帝王和皇族为主，一般用于宫廷及皇家寺庙。康熙、乾隆二帝对藏传佛教尤为重视。康熙年间册封高僧，兴建喇嘛庙，在宫廷创设中正殿念经处，负责宫中藏传佛教事务，造办佛像。乾隆时期，在宫内兴建佛堂，专设"造办处"制作佛像，皇帝还亲自参与造像的图样设计和造像过程的监督，宫廷造像的规模及数量庞大，制作水平甚至超过了同期的西藏地区③。

总之，元、明、清三代，由于藏传佛教的盛行，佛教造像可从总体上分为藏式和汉式两类。藏式造像题材广泛，主要来自藏传佛教，包括祖师像、

图 2-56　明永乐四臂观音菩萨

本尊像、佛陀像、菩萨像、法王像、罗汉像、空行及护法像等。在藏传佛教中，佛像不仅具有"三十二相"和"八十种好"的规定，为了充分表现其相好特征，在造像结构上还出现各种"量度"要求，菩萨像同佛像一样也有相好和量度的规定，这些造像仪轨为塑造"妙相庄严"的佛像提供了可资参考的具体标准，但也限制了佛教造像的创新与发展，所造佛像难免缺乏变化，千篇一律，只能根据所结手印、执物、姿势、坐具或坐骑等不同的标志性特征来区别名号，如观音菩萨头冠的化佛和莲花、文殊菩萨的经和宝剑、弥勒菩萨的宝塔和军持等，每种题材的菩萨像又都具有多种表现形式，例如观音就有四臂观音、八臂十一面观音、千手千眼观音、狮吼观音、双身观音等等。观音像中，四臂观音比较常见，一般前两臂在胸前合掌，其余二臂伸向两边，左手持莲花，右手握念珠，如图 2-56 明永乐四臂观音菩萨，而多头多臂的菩萨像也是藏式造像的一大特色。

西藏与印度、尼伯尔、巴基斯坦、克什米尔、汉地毗邻，藏式造像自 7 世纪起在吸收各地式样的基础上，逐渐形成多种风格、流派，呈现出多元化的特点，以小型金铜佛像为主，

① 史树青：《金铜佛像》，中国水利水电出版社，2005 年，第 15 页。
② 黄春和：《元明清北京宫廷的藏传佛教造像艺术风格及特征》，《法音》，2001 年第 1 期。
③ 金维诺：《佛教艺术与藏传金铜佛像》，《收藏家》2002 年第 10 期。

成为中国佛教造像体系中重要的组成部分。藏式造像的风格可按地域大致分为外国风格、本土风格及内地风格。外国风格一般指斯瓦特、克什米尔、东印度、尼泊尔等国家和地区的造像特点。斯瓦特造像饱满、立体，式样简单，流行束腰大莲花座及方形台座，明王、护法类造像多使用所谓的"瑟瑟座"。克什米尔造像与斯瓦特式样相近，但仍可见印度笈多马吐腊及萨尔那特风格影响，表面光滑、细腻，常在眼、眉、白毫处嵌银。尼泊尔造像主要继承了笈多萨尔那特式风格，衣着轻薄贴体，形体凸现，不重衣纹刻画，并常在宝冠、白毫、璎珞等处镶嵌宝石。东印度造像装饰性突出，形象写实，佛及菩萨顶部发髻高耸，衣饰繁缛、华丽，并流行多角多折的台座，上承莲座，整体缺乏生动性。藏式造像在制作及发展过程中必然会融入西藏当地的审美意趣、表现技法，甚至面相及服饰特征等，从而形成西藏本土风格。内地藏式造像主要为元、明、清宫廷作品以及北京、蒙古等地民间所造。为适应汉族习惯，藏式造像传入内地势必要作适当改变，出现了汉梵交融的内地风格[①]。

　　这一时期，汉传佛教由于缺乏理论上的创新，仍延续宋元时期世俗化的发展趋势，对于造像艺术产生了深刻影响，汉式造像大多流于浅显，墨守成规，表现世俗社会所崇尚的审美模式，失去了宗教神圣感及出世韵味，总体上已呈衰颓之势，同时受到藏式造像注重量度和仪轨的影响，在面相、姿势、手印、坐骑等方面趋于模式化和概念化。汉式民间造像数量多，题材基本定型，主要有各种观音、释迦、大肚弥勒、达摩、济公、泗州大圣、降龙及伏虎罗汉等等，随着雕塑、髹漆、镶嵌等工艺技术逐步完备，造像材质、制作技艺丰富多样，有铜、铁、银、竹、木、陶、瓷等多种，与宫廷造像相比，这些佛像富于生活情趣，往往带有商品性质。

一、佛像

　　元、明、清三代的藏式佛像中，常见题材有释迦、无量寿、药师、弥勒、五方佛、三十五佛等。释迦像有坐、立、卧三种姿势，无量寿的形象多为双手于脐下结定印，手心托长寿宝瓶，药师佛一般左手托药钵，右手拈药丸，弥勒像姿态多样，以顶有宝塔，手中执军持为重要特征。

　　元代的藏式造像多表现出广额、高鼻、宽肩、细腰、长身的特征，佛像肉髻高隆，呈螺旋柱状耸立，顶端饰有圆珠形的顶严，额部宽平，颜面端正，肩宽体壮，比例适度，衣纹简洁，躯体光洁圆润，气势雄浑，带有健康之风，但内地藏式像与藏地相比，已出现汉化倾向。如图 2-57 青铜释迦牟尼像，高 21.5 厘米，背部带有"至元二年"纪年铭文及发愿文，高髻、大耳，双肩齐挺，袒右肩，头部偏大，腰部纤细，四肢修长，衣褶线条简洁，右手作触地印，左手结定印，结跏趺坐于仰覆莲座上，莲瓣尖明显上翘，底座及座面边缘装饰一周联珠[②]。

　　明代藏式造像延续了汉梵合流趋势，在成熟的西藏式样基础上，吸收汉地传统艺术，并很好地实现了汉藏融合。

图 2-57 元青铜释迦牟尼像

---

　　① 丹曲：《灵相佛光——藏传佛教金铜佛像艺术漫谈》，《西藏艺术研究》2003 年第 2 期。
　　② 熊文彬：《元朝宫廷的"西天梵相"及其艺术作品（上）》，《中国藏学》2000 年第 2 期。

在风格上大致可以分为早、晚两期，早期以永乐、宣德两朝为代表，晚期以成化、正德时期为代表①。永宣时期的藏式宫廷造像（图 2-58）精巧华丽、工艺精湛、风格统一，一般使用黄铜铸造，采用传统的失蜡法整体合铸而成，铸完再经镀金处理，胎体较重，镀金纯厚，在莲座座面正前方阴刻"大明永乐年施"或"大明宣德年施"六字款，现存造像莲座部位的装藏多已遭破坏，从保存状况较好的造像看，这一时期使用剁口法固定佛藏的底盖部分②，体量多在 20 厘米左右，题材比较丰富。造像面相宽平，鼻梁高直，两颊丰圆，眉眼细长，双目平直，下颌圆厚，表情庄重沉静，基本保持了汉族面貌。宽肩细腰，上半身偏长，躯体饱满浑圆，又糅合了西藏地区和尼泊尔细腻、柔美的写实韵味。佛螺发，饰髻珠，衣着朴素，佛及菩萨衣褶多采用中原传统表现手法，转折起伏，立体感强，稍显厚重。佛、菩萨、佛母、上师等像一般坐于双层束腰莲座上，莲座低矮，造型规整，上下缘各饰圆形联珠一周，束腰内收明显，莲瓣细长、挺拔，头部饰云头纹。永宣以后的藏式像（图 2-59）基本保持了这一时期所创的风格，但总体上趋向汉化及男性化，如面相更加宽平，体态更显丰腴等，精美程度不及前代。嘉靖时期推崇道教，内地的藏传佛教深受打击，从此一蹶不振。

图 2-58　明永乐铜鎏金释迦像

图 2-59　明景泰元年（1450 年）药师佛

清代康、乾时期的藏式佛像数量较多，风格相近，与明代相比，更趋写实，汉藏交融的特点也更突出，工艺精细，造型规范，许多造像不带年款，由于过分追求量度与仪轨，多数显得呆板、僵化。两朝造像相较而言，前者明显优于后者，康熙时期的造像精致、挺拔，代表了清代造像的最高水平，乾隆时期造像（图 2-60）的面部更为饱满，整体宽厚、稳重，由于大批量地生产，且严格按照佛像量度仪轨和既定图像模式进行塑造，造像的风格、式样、材质、铸造方法等几乎完全一致，在面相、衣饰等方面都有简化的趋势。乾隆时期所用铜材以黄铜为主，质地精密、厚重，但镀金较薄，色调偏冷。清代晚期，宫廷造像数量减少，且与前代相比，大多做工粗糙，比例失准。

元、明、清三代的汉式佛像大多面相丰腴，肉髻低平，螺发，眉间现白毫相，许多佛像

---

① 罗文华：《明代梵式佛造像》，《收藏家》1997 年第 1 期。
② 黄春和：《明代永乐宣德宫廷藏式金铜佛像（上）》，《收藏家》2003 年第 4 期。

不仅带有髻珠，肉髻顶端还饰以圆珠形的顶严，以坐像为主，多取结跏趺坐式，立像少见，一般不设背光，或有圆环形背光，佛像穿着通肩袈裟，手印大多遵循仪轨，底座主要为各式莲座，除前代流行的大仰莲座、仰覆莲座外，模仿藏式像的椭圆形仰覆莲座也较常见。元代的汉式佛像主要承袭辽金时期的写实之风，躯体肥胖，气势雄浑，姿势舒展，如图2-61元青铜释迦坐像[①]，佛螺发大耳，面部丰满圆润，袒胸露乳，下部衣裙透体，衣纹简洁流畅，外披通肩袈裟，双手结定印，结跏趺坐于硕大的重瓣仰莲座上。明代汉式佛像在身体比例、发冠及底座等方面更多地受到藏式造像影响，永乐至嘉靖时期，造像水平较高，结构合理，明代中晚期，汉式风格逐渐浓厚，造像大多表现出头大身小，面相宽平，体态丰腴，姿势呆板，装饰繁琐的世俗形貌，像身与台座往往分铸，更趋于程式化，如图2-62，佛像面相丰腴，螺发，肉髻低平，身姿平直，袒胸，穿通肩袈裟，衣纹规整，下裙贴体，腰束花结带。

图2-60　清乾隆铜鎏金释迦图牟尼佛像

图2-61　元青铜释迦坐像图

图2-62　明十六世纪铜鎏金佛坐像

二、菩萨及佛母像

藏式造像中，常见的菩萨题材有观音菩萨、文殊菩萨、弥勒菩萨、金刚手菩萨等，每种题材又有多种形式，如常见的观音题材包括四臂观音、八臂观音、十一面观音、千手千眼观音、狮吼观音等。佛母为诸佛菩萨之母，譬喻真如法性、般若智慧能生诸佛，是密宗思想高度拟人化的产物，也是汉传佛教所不具备的题材。在藏传佛教中，常见的佛母像有绿度母、白度母、尊胜佛母、大白伞盖佛母、大随求佛母、大孔雀佛母、般若佛母、妙音天母等等，其形象多为寂静善像，与菩萨面貌接近，不同题材的佛母像也有显示自身功德、智慧的特殊标识，如绿度母和白度母的装束、手印相仿，区别在于绿度母（图2-63）右脚下垂踩莲花，白度母则双腿盘起，在两脚心、两手心和前额上

图2-63　大明永乐年制绿度母像

① 邱东联：《中国佛像目录》，南方出版社，2001年，第15页。

各有一只眼睛,加上本有的一双眼睛,全身共有七只眼,象征她能洞察世间众生一切苦难,所以又称"七眼佛母"。尊胜佛母多为三面八臂形象,三面颜色各异,八臂或结印或持物,所代表的含义都与增福延寿的功德有关。大白伞盖佛母一般有千手千眼和一面二臂两种,所持伞盖表示她能够护佑一切众生。妙音天母以两手抱琵琶作为明显标志,一般为一面二臂。

元代藏式菩萨像以女身为主,多具有圆乳大臀、细腰软腹,三折枝式身姿等特征,姿态妩媚,装饰繁缛,题材丰富,带有强烈的印度、尼泊尔及藏族艺术特色。如内地造带有"大德九年"纪年铭文的文殊菩萨像,头束高髻,戴五叶冠,头部较大,额广面方,修鼻丰颐,双目下视,略含笑意,通体裸露,腰部饰带,双手当胸作印,分持莲花,莲花沿双臂攀附至双肩,在肩部呈盛开状,耳戴圆形耳珰,大串珠项链、手镯、臂钏等所有饰物镶嵌宝石,仰覆莲座造型较大,莲瓣肥厚,座上缘和下缘排列一圈珍珠,造像整体为分体浇铸而成,表面鎏金,华丽典雅,体现出汉藏交融的倾向[①]。

明清藏式菩萨及佛母像以永宣、康乾两时期为代表,永宣时期的菩萨像冠饰规整、精美,束冠缯带较短,多数呈 U 字形,紧贴耳部上卷,束结呈蝴蝶状[②],胸前饰联珠璎珞,耳饰圆形耳珰,肩披帔帛,绕肘后搭于手腕处,下裙腰间束带处饰 U 形联珠璎珞一周,手、臂、足戴钏。永乐时期的部分造像因素为西藏地区所吸收,使藏地造像在表现人体的同时,更加注重衣饰的装饰性,如永乐菩萨像精致的花冠与底座、菩萨肩部宽大的帔帛都可在此后的藏地造像中见到[③]。康、乾两朝之中,康熙时期的菩萨像更为精工细作,宝冠常用镂空技法,缯带上卷,顶端多以摩尼珠结坠,肩部敷搭的帔帛较宽,绕肘后垂于台座前,呈双垂带状[④]。

图 2-64　元影青瓷观音像

这一时期,汉式菩萨像仍以观音为主,一般全身着装,除单身像外,观音两侧还常有善财童子和龙女作为胁侍,二者为天真烂漫的孩童形象,有的双手捧物,面向观音而立,取材于《华严经·入法界品》中"善财童子五十三参拜观音"的故事[⑤]。一些观音像带有梵像特征,如首都博物馆珍藏一尊元代影青瓷观音像(图 2-64)[⑥],通高 67 厘米。观音束发,面相丰满慈祥,头戴宝冠,佩耳珰,袒胸赤足,上身穿垂领裟褛,下身穿长裙,全身披挂网状缨络,繁缛华丽,精致复杂,右腿踞起,左腿下垂,应为水月观音。

明清时期,观音立像增多,前代流行的璎珞装饰大为简化,观音头戴宝冠,或绾高髻,有的发髻如螺形,插如意发簪,有的头披帛巾或戴风帽,面相丰满,广额、弯眉、直鼻、小口、长耳,神情慈祥,双目下视,似俯瞰众生,外披广袖长衣,胸部略袒,饰如意形珠佩、宝相花等,下穿长裙,部分观音露手足,戴手镯、足钏等。密宗的"六观音"、"七观

① 熊文彬:《元朝宫廷的"西天梵相"及其艺术作品(上)》,《中国藏学》2000 年第 2 期。
② 金申:《佛教美术丛考》,科技出版社,2004 年,第 225 页。
③ 首都博物馆编辑委员会:《首都博物馆丛刊 第 12 辑》,地质出版社,1998 年,第 68 页。
④ 金申:《康乾两朝宫廷造藏式佛像》,《收藏家》1996 年第 2 期。
⑤ 中国佛教研究所:《中国佛像艺术》,中国世界语出版社,1993 年,第 185 页。
⑥ 李正安:《中国陶瓷艺术图典》,湖南美术出版社,1999 年,第 393 页。

音"及以姿态、场景、所持法器相区别的所谓"三十三观音"
题材在单体像中表现突出，部分观音像综合了两到三种观音像
式样，灵活多变，这些观音题材除少数出自经典之外，大多为
中国本土文化的产物，充分体现了观音信仰的民间性。

福建泉州德化窑以善制佛像仙人以及动植物等陈设艺术
品，在全国制瓷业中独树一帜。明代，德化窑瓷塑高手林立，
何朝宗更是他们当中的优秀代表，所塑观音、弥勒、达摩等水
平高超，栩栩如生，得到"除非观音离南海，何来大士现真身"
之盛赞。德化白瓷滋润莹亮如凝脂，在光照下隐见粉红或乳白，
因而有"猪油白"、"象牙白"之称。据《景德镇陶录》载："德
化窑，自明烧造……称白瓷，颇滋润，但体极厚间有薄者，惟
佛像殊佳。"其产品主要以釉色及神韵取胜，几乎均为白釉，个
别为紫金釉或绿釉等。如图 2-65 何朝宗款渡海观音像[①]，高 46
厘米、底径 13—15 厘米，底中空，呈椭圆形，釉色温润。观音
头发浓密，头顶挽髻，饰如意形花冠，面容秀丽端庄，双耳长

**图 2-65　何朝宗款渡海
观音像**

垂，鼻若悬胆，双目微合，略带笑意，风帽与长衣相连，胸部
微露，饰以串珠，双手相合，藏于袖中，左足跣露，脚踝处带串珠脚镯，右脚横踏宝瓶，浮
现于海浪之中，神情自若，观音立像的像背有方形篆书印章款"何朝宗印"四字。

三、声闻像

在藏传佛教中，祖师又称"喇嘛"，意为"上师"，指在修学、弘法方面具有杰出成就的
高僧大德，如龙树、提婆、舍利弗、目犍连等等。祖师像一般仿照祖师生前面貌塑造，不同
的宗派奉祀的祖师不同，如：格鲁派祖师为宗喀巴，被塑造成头戴桃形尖帽，身着袈裟，两
手在胸前结说法印，左右肩分别饰有经和剑的形象。藏传佛教所崇奉的罗汉题材有十大弟子、
十六尊者和十八罗汉等，虽然受到汉地影响，但在内容、形貌等方面均体现出显著的差异。

高僧像及罗汉像在元、明、清三代的汉式造像中也较常见，罗汉像或坐或立，光头或戴
披垂式僧帽，有些束宝缯，缯带垂肩，装束多样化，有些延续前代流行的通肩垂领大衣式样，
有的身穿交襟大衣，腰束带，或外披小袈裟，或外披环带系袈裟，足蹬靴，姿势有结跏趺坐、
善跏趺坐、站立等，手势自如，或持物，或将双手置于衣袖中，如图 2-66 石雕罗汉像，通高
86 厘米，头戴僧帽，帽耳披至肩头，两边宝缯下垂至胸，宝缯上端饰花结，身穿交领大袍，
外披袈裟，袈裟在左胸前用一环穿绕至左手腕上，双手相交于袖内，善跏趺坐[②]。这一时期，
布袋僧题材十分盛行，铜、石、瓷、玉、竹、木等材质均有精美的作品传世，其形象多与杭
州飞来峰南宋时期雕刻的布袋弥勒相仿，浓眉大眼，宽额凸腹，喜笑颜开，袒胸露腹，盘膝
踞坐，腰身微驼，两臂自然下垂，一手执布袋，一手执念珠。此外，禅宗初祖达摩也是常见
题材之一，如图 2-67 明代何朝宗塑渡海达摩像[③]，高 43 厘米，达摩浓眉紧锁，双目有神，
身着袈裟，随风飘拂，赤足立于浪座上，宛如乘浪漂洋渡海。

① 王建华：《故宫珍藏的德化窑观音瓷塑》，《文物》1994 年第 7 期。
② 李建军：《三明市发现一批明代石造像》，《文物》1991 年第 2 期。
③ 黄汉杰：《明清德化瓷的装饰艺术》，《文物》1999 年第 12 期。

图 2-66　石雕罗汉像　　　　　　　图 2-67　何朝宗塑渡海达摩像

四、护法像

藏传佛教中的护法像体系庞大，千奇百怪，面相有善恶之分，但以呲牙咧嘴、张口吐舌的愤怒相居多，性别上有男女之分，且来源多样，包括印度外道神以及来自藏地、蒙古、汉地民间信仰中的神祇，如吉祥天母、大黑天（图 2-68）、黄财神、白哈尔、金刚具力神、大梵天神、善金刚、长寿五仙女等。这些造像大多以骷髅为饰，披兽皮，躯体壮硕、短粗，并根据来源、等级、身份、功能的不同有着不同的服饰、相貌及持物。元、明、清三代，内地的藏式护法像也大多因循藏地同类造像式样，只在装饰上更显复杂。

这一时期，汉传佛教中的护法像也与民间信仰融合在一起，渐趋定型化，常见题材有韦驮、天王等，一般全身戎装，威武强悍，手中各执法器，如图 2-69。

图 2-68　大黑天像　　　　　　　　图 2-69　托塔天王像

五、密修本尊像

密修本尊像为藏传佛教所特有，是藏密修习无上瑜伽时所依的本尊，式样复杂，皆为双身拥抱的形式，因而也称为"欢喜佛"，在造型上有单身、双身和多面多手等，面相上有寂静的善相、忿怒的恶相和善恶兼具之相，甚至不同的本尊还有颜色上的复杂变化及规定。其中，大威德金刚、胜乐金刚、密迹金刚、欢喜金刚、时轮金刚、马头金刚、大轮金刚手等均是具有代表性的本尊像。

本章小结

佛教造像，即以金、石、木、泥等各种材质雕塑或铸造佛教偶像，单体像体量较小，带有较强的民间性、地域性特点，是佛教造像体系中的重要组成部分及研究历代佛像演变的珍贵资料。

东汉晚期至三国时期，中国早期佛教遗迹已在一定范围内出现了。当时的人们对于佛教的认识有限，因而早期佛像往往与中国本土的神明列仙混杂排布，作为附属物出土于墓葬中，装饰于当地习见的崖墓、摇钱树、铜镜及魂瓶之上，且出现带有部分佛像特征的神仙像以及非仙非佛的神仙化佛像。

两晋、南北朝时期，佛教迅速发展，社会地位显著提高。单体像有金铜、石、木、夹纻等类别，以金铜及石像为主。南朝主要流行释迦、无量寿、文殊、维摩、弥陀等题材，北朝则流行释迦、弥勒、二佛并坐、交脚弥勒、思惟菩萨、观音等题材。北方造像遗存无论在石窟寺抑或地面寺院遗址中，均较南方丰富，南北方佛教的密切交流也促进了新的佛像式样的传播，致使这一时期的佛像面貌基本一致。北魏早期的佛像式样源自凉州，迁都洛阳以后，南朝秀骨清像的造像式样以及风神飘逸、偏重装饰性的造像风格逐渐影响到北方，造像行为也向社会中下层普及。自北魏晚期起，三尊像、五尊像等成铺造像常见，观音像渐多。东、西魏造像主要沿袭北魏晚期遗风，并出现向北齐、北周过渡的特点。北齐、北周时期的造像受到南朝齐梁式样影响，不同程度地体现出鲜卑化倾向，造像体态渐趋壮实、丰满。东魏、北齐帝王崇佛推动了寺窟、造像的营建，存世的单体像及造像碑较西魏、北周丰富。北周武帝禁断佛道二教，并在灭齐之后，继续毁佛，这使得大批经像被毁，成批寺庙造像被埋入地下。

隋唐时期是中国佛教造像的繁荣成熟期。单体像在题材、式样及材质等方面更加多样化，仍以金铜及石刻造像为主，还包括玉雕、三彩、泥、干漆夹纻等不同品种。隋朝统一以后，复兴佛法，单体像及造像碑遗存较多，造像主要承袭北朝晚期的余绪，兼容并蓄各地式样，在题材、风格等方面均体现出承上启下的特点，为唐代造像风格与技法的成熟奠定了基础。初唐时期造像仍可见北齐至隋面相圆中带方、头大腿短、头部突出、姿态僵直的作风。武则天天授二年（691 年）定"佛先道后"的顺序，佛教发展达于鼎盛，武则天至唐玄宗前期，唐代佛教造像的标准式样逐渐成熟，造像比例适度，气势恢宏，制作技法精纯圆熟，反映出个性与写实的完美结合。武则天以后，唐朝统治者推崇道教，中晚唐时期，"安史之乱"造成国力衰败，继之发生的会昌法难又给佛教以沉重打击。五代时期，中原地区朝代更迭频繁，战乱不断，各朝对佛教都采取了限制政策，尤其是后周显德二年（955 年）周世宗下诏沙汰佛教，并尽搜天下铜佛铸钱，佛像建造基本处于停滞状态，在南方，由于南唐、吴越、南汉、闽等政权大体相安，各阶层普遍信佛，统治者崇信并扶持佛教，使南方的佛像艺术又有了新的发展。从传世及出土的实物看，当时的造像仍延续唐代前期风范，但气势上已渐衰颓。

宋代是中国佛教的转折时期，佛教平民化及世俗化的特征更为突出，许多佛教造像已不再拘泥于佛经，更多地融入了主观创造和现实内容，宗教色彩淡化，带有一种生活化的写实风格。辽、金两朝虽由少数民族建立，但统治者积极吸收汉地文化，包括汉地的佛教信仰，其造像在许多方面与唐宋接近，同时又保留了北方少数民族的粗犷气质及鲜明个性。晚唐、五代以后，石刻造像渐衰，金铜造像减少，而瓷、铁、木、干漆夹纻佛像增多，这些造像充分发挥材质本身的优势，为佛教造像注入了新风。

元、明、清三代，由于藏传佛教的盛行，佛教造像可从总体上分为藏式和汉式两类。藏式造像题材广泛，吸收了印度、藏地、汉地佛教及民间信仰因素，重视量度，严格的仪轨要求在提供具体造像标准的同时，但也限制了佛像式样的创新及发展，所造佛像难免千篇一律。同时，为适应汉族习惯，藏式造像传入内地势必要作适当改变，出现了汉梵交融的内地风格。这一时期的汉式造像多墨守成规，流于浅显，表现世俗社会所崇尚的审美模式，同时受到藏式造像注重量度和仪轨的影响，在面相、姿势、手印、坐骑等方面趋于模式化和概念化。

纵观佛教造像，特别是单体像及造像碑的发展历史，其产生、发展与中国佛教的兴衰密切相关，又受到整体社会环境的影响，呈现逐渐本土化，继而世俗化的总体态势。

第三章　塔及经幢

第一节　概　述

　　塔是异域文化的产物，源于印度的"窣堵波"。"窣堵波"为梵文音译，本意指坟墓，在佛教产生之前就已出现，瘗埋佛骨舍利的窣堵波是在这种传统形式基础上发展而来的。《涅槃经》载："佛告阿难，佛般涅槃，荼毗既讫，一切四众，收取舍利，置七宝瓶，于拘尸那城四衢道中，起七宝塔，高十三层，上有轮相辟之佛。"佛弟子在释迦牟尼圆寂之后，将其遗体焚化，取舍利建塔，佛塔因而成为佛陀的重要象征以及佛教徒顶礼膜拜的对象，修塔造像更是弘传佛教的重要手段，除礼佛之外，许多信徒受到佛经宣扬的造塔功德利益的影响，也热衷于建造各式塔及经幢。

　　佛塔的建造伴随着佛教在中国传播、发展的全过程，中国的塔在塔刹、雕饰、彩画内容等方面吸收了印度窣堵波的特征，但在平面及立面布置、类型及材质等方面具有鲜明的民族特征。

一、塔的起源与发展

　　印度的塔在传入中国之前，已经经历了漫长的发展历程，大致可分为两种：一种是埋藏佛骨舍利的"窣堵波"，带有坟冢性质；另一种是所谓的"支提"或称"制底"，内无舍利，或称为庙，即所谓的"塔庙"。这两种形式的塔在与中国固有的建筑形式、文化传统结合后，均发生了很大变化。

　　印度窣堵波的主体部分是接近半球状的覆钵，下部有供右绕礼拜的附阶，下设基坛。覆钵之上设有方形的平头，平头上立刹杆，杆上安伞盖。在认为"如来身不可造作"，"不可模则，不可言长言短"的印度无像期，信徒并不供奉佛像，只以若干象征物，如白象、铁钵、菩提树、金刚座、法轮等代表佛陀的存在，在这些象征物之中，窣堵波自然是最为重要的，通常被建在寺院的正中，接受信徒的礼拜。最初建造的窣堵波多已不存，或是经过多次毁坏又多次重建，已非原物。位于印度中央邦马尔瓦地区波保尔附近的桑奇大窣堵波（图3-1）

图 3-1　桑奇大窣堵波

为现存最早的印度佛塔，它的中央是一个半圆覆钵形的巨大土冢，顶上有方形平台和一个三层相轮的塔刹，半圆冢之下设基坛，前有梯级上下，半圆冢的外周，还有栏墙环绕。栏墙四面辟门，设牌坊（陀兰那）四座，每座牌坊由三道横梁和两根立柱构成，并饰以左右对称的浮雕嵌板和圆雕构件，主要表现佛传及本生故事，牌坊的梵语音译为"陀兰那"，桑奇大窣堵波即为印度"陀兰那"艺术的杰出代表。

　　阿育王时代是古印度建造窣堵波式佛塔的黄金时期，这一时期建造了被佛经盛赞的"八万四千塔"，史称"阿育王塔"，佛寺建塔之风开始盛行，其原始形制不得而知，但从以此为基础发展起来的西北印度犍陀罗式窣堵波上可窥一斑[①]。1世纪以后，大乘佛教兴起于西北印度犍陀罗地区，主张建造佛像，大乘经典《般舟三昧经》中就明确指出："复有四事，疾得是三昧，一者作佛形象，用成是三昧故。"佛教造像的出现使犍陀罗式窣堵波发生了重要的变化，即普遍出现在覆钵中部开龛造像的做法，同时覆钵、宝匣及相轮等相对缩小，台座部分增高至二、三层（图3-2）。中国的许多喇嘛塔就是吸收了犍陀罗式窣堵波的形式，并结合藏地特色发展而来的，但中国最早出现的塔并没有忠实于印度窣堵波的原貌，而是与传统木构建筑中的楼阁、亭阁建筑相结合，在建筑材质、式样及含义等方面均体现出鲜明的本土特征。

图3-2　犍陀罗佛塔
示意图

图3-3　山西大同云冈
石窟塔柱

　　印度的"支提"原为刻有纪念性佛塔的佛教石窟寺庙，塔在窟的后部，塔前有一个较大的礼佛集会场所。"支提"传入中国以后，发展成为中心柱窟，或称塔庙窟（图3-3），中国石窟的空间相对狭小，于是另在洞窟的前面或旁边兴建寺院，作为僧众居住和集会的场所[②]，在形式及用途上均与印度的"支提"相区别。

　　此外，佛教徒借用婆罗门教的天祠，特别是一种名为希诃罗的神堂形式修建"精舍"，安置佛像。这种"精舍"建筑对于中国密檐式塔等高层佛塔的修建有着重要的影响[③]。中国辽金时期建造了许多的所谓"花塔"，式样变化多端，但主要装饰均集中于上部，这种做法来源于印度中世纪的佛教高塔[④]。

　　佛陀迦耶正觉大塔[⑤]（图3-4）代表了另一种佛塔类型，位于印度比哈尔省邦伽耶城南的佛陀伽耶大菩提寺内，寺后菩提树下有一坚硬的石座，名金刚座，表示坚不可摧、岿然不动之意。传说释迦牟尼在此坐悟成道，因此这座大塔的形式被称为金刚宝座式，为中国金刚宝座塔的前身，这种塔最早出现于中国南北朝时期的壁画中，敦煌莫高窟北周第428窟西壁绘

　　① 鲍家声，倪波等：《中国佛教百科全书·建筑卷、名山名寺卷》，上海古籍出版社，2003年，第40页。
　　② 罗哲文：《中国古塔》，文物出版社，1983年，第4页。
　　③ 孙机：《关于中国早期高层佛塔造型的渊源问题》，《中国历史博物馆馆刊》1984年第6期。
　　④ 张驭寰：《中国塔》，山西人民出版社，2000年，第278页。
　　⑤ 黄心川：《南亚大辞典》，四川人民出版社，1998年，第125页。

有此塔（图 3-5）。塔下有两层方形台基，台上分立五塔，中间一塔较为高大，上绘佛传"树下诞生"，四隅分立小塔，各有相轮七重，刹顶有仰月、宝珠，大塔刹顶悬挂四幅大幡①。《续高僧传》卷二十六《隋京师静觉寺释法周传》中也谈到了这种类型的砖塔，"仁寿建塔，下敕送舍利于韩州修寂寺……寺有砖塔四枚，形状高伟，各有四塔镇以角隅，青瓷作之上图本事"。法周奉隋文帝之命送舍利到韩州修寂寺，并目睹了寺中的四座砖塔，每塔四周附有青瓷小塔四座，其上绘有佛本生故事图，其时是在仁寿四年（604 年），所见的四座砖塔应于此前建造。至明代，大型的金刚宝座塔才在中国正式出现。

图 3-4 佛陀迦耶的正觉大塔

图 3-5 莫高窟第 428 窟金刚宝座塔图

总之，印度的佛塔概念及各种式样陆续传入中国，受到中国传统文化以及高台、楼阁、亭阁、门阙等传统建筑的影响，在佛塔形制、装饰、功能等诸多方面不断融合，创造出无数造型优美，形式多样的中国式佛塔，并成为历代佛教文化发展的一个缩影。

二、佛塔的译名

佛塔传入中国以后有多种译名，如"窣堵波"、"私偷簫"、"偷婆"、"佛图"、"浮屠"、"浮图"、"方坟"、"圆冢"、"高显"、"灵庙"，等等，宋代法云所编《翻译名义集》卷二十《寺、塔、坛、幢篇》云："窣堵波，《西域记》云：'浮图，又曰偷婆，又曰私偷簸，皆讹也。'此翻方坟，亦翻圆冢，亦翻高显，义翻灵庙。刘熙《释名》云：'庙者貌也，先祖形貌所在也。'又梵名塔婆，发轸曰：'《说文》元无此字，徐铉新加，云西国浮图也。'言浮图者，此翻聚相。《戒坛图经》云：'原夫塔字，此方字书乃是物声，本非西土之号。若依梵本，瘗佛骨所，名曰塔婆。'"在魏晋以前诸书，如《后汉书》、《三国志》中，均未出现"塔"字。唐贞观年间玄应所编《一切经音义》卷六《妙法华严经》卷一载："案，塔字，诸书所无，唯葛洪《字苑》云：塔，佛堂也，音他合反。"慧琳《大藏音义》卷二十七《妙法华严经序品第一》也有同样的观点。清代乾隆年间著名学者阮元在他的《笋经室集》续集三《塔性说》中据此指出："塔"字首先见于葛洪的《字苑》。

① 季羡林：《敦煌学大辞典》，上海辞书出版社，1998 年，第 191 页。

三、佛塔的材质

中国早期的佛塔多为木构，塔刹及铃铎等采用金属，典型的例子是建于北魏孝明帝时期的洛阳永宁寺塔，木构佛塔由于符合中国的传统习惯而经久不衰，至辽代更出现如佛宫寺释迦塔那样宏伟高大的木塔，代表了当时的木构建筑水平，但木材、金属刹的自身缺陷导致这样的塔极易毁坏，因此早期木塔多已不存于世。砖石塔也在佛塔传入之初开始营建，北魏正光年间建造的河南登封嵩岳寺塔体量高大，为早期大型砖塔的代表，石塔大多为民间建造，体量较小。宋、辽、金时期，木塔数量减少，其主流地位已被砖石塔取代，并出现兼取砖、木两种材质各自优势的砖木混合塔。五代以后，建塔材质更为丰富，除木、砖、石之外，还出现铜、铁、琉璃、金、银等材质的塔，制作精美，异彩纷呈。至宋代，铁塔及琉璃塔渐多，铸造工艺大为提高，元代以后，各种材质的运用更为纯熟，明清时期，以铜铸塔蔚然成风，琉璃塔更为普遍。

四、佛塔的组成

印度最初安置舍利的"窣堵波"为实心的建筑物，由台座、覆钵、宝匣、相轮等构成，中国的佛塔由于受到传统文化的影响，有些增设了地宫，自下而上大致由地宫、塔座、塔身及塔刹四部分构成。

1．地宫

地宫是汉式佛塔特有的组成部分，是在建塔之初，用砖石砌成的方形、圆形或多边形的地下室，主要用于瘗埋舍利，与其伴出的还有许多供养具。古印度佛塔还未砌筑安放舍利的宫室，舍利直接被安置于塔刹中或塔基下。中国佛塔地宫的出现与传统丧葬观念和深埋制度有关，是印度原有的以佛塔瘗藏舍利的传统与中国古代陵墓制度结合的产物。在汉文化中，宫殿、民居皆为木构，陵寝、坟墓多为石质，因而地宫多用砖石砌筑。

中国佛塔地宫的建造在地域上带有普遍性，分布广泛，据考古资料显示，北魏至隋代的塔基下尚未形成地宫，舍利石函直接埋入塔基下的夯土中，或在周围用砖石作简单的砌筑，如河北定县北魏舍利塔[①]、河南洛阳北魏永宁寺塔[②]、陕西耀县神德寺舍利塔[③]等。初唐时期出现了砖石结构的简单地宫，如四川成都唐代地宫[④]、江苏句容唐代地宫[⑤]等。盛唐至晚唐、五代时期，地宫形制模仿墓室建筑，单室或三室等不同规格反映了民间与皇室的等级差别，地宫内出现壁画或雕刻，题材多为天王、伎乐等，如甘肃泾县贾家庄延载元年（694年）大云寺塔地宫[⑥]甬道两侧及门楣上刻莲花座、香炉、力士、飞天等。陕西仙游寺法王塔地宫（图3-6）[⑦]由

图 3-6　仙游寺法王塔地宫开启时的面貌

① 河北文化局文物工作队：《河北定县北魏石函》，《考古》1966年第5期。
② 中国社会科学院考古研究所洛阳工作队：《北魏永宁塔基发掘简报》，《考古》1981年第3期。
③ 朱捷元，秦波：《陕西长安和耀县发现的波斯萨珊朝银币》，《考古》1974年第2期。
④ 李思维，冯先诚：《成都发现唐小型铜棺》，《考古与文物》1983年第2期。
⑤ 刘建国，杨再年：《江苏句容行香发现唐代的铜棺、银椁》，《考古》1985年第2期。
⑥ 甘肃文物工作队：《甘肃泾川出土的唐代舍利石函》，《文物》1966年第3期。
⑦ 刘呆运：《仙游寺法王塔的天宫地宫与舍利子》，《收藏家》2000年第7期。

小平台、台阶、踏步漫道、隧道、宫室等几部分组成，大体上呈"甲"字形，全长 7.05 米，宫门位于南面，石门已毁，门楣上饰线雕忍冬宝相大团花，门两侧各有胁侍菩萨一身，门框饰忍冬蔓草纹，地宫盝顶，正中置一件石函，石函上有棕黑色圈足带盖熏炉一件，方形石碑立于石函右侧。帝王建造的地宫规模、制度很高，如陕西扶风法门寺地宫[①]，由踏步漫道、平台、隧道、前室、中室、后室及秘龛等组成，全长 21.12 米，宽 2—2.55 米，目前陕西发掘的唐代墓葬，一般为单室，只有具有王或公主身份的人才能使用前后两室，可见法门寺地宫是模拟唐皇室最高规格的墓室而构筑的[②]。

宋、辽、金时期，多数舍利塔仍使用地宫瘗埋舍利，如河北定州静志寺、净众院舍利塔[③]，前者平面呈不规则方形，覆斗顶，门为砖砌拱券式，顶口盖有石雕歇山式屋顶，四壁绘有壁画，券门两侧绘天王像，东西两壁绘礼佛图，正壁（北壁）绘由莲座承托的"释迦牟尼真身舍利"灵牌以及两旁十大弟子安葬礼拜的情景，此类涅槃题材常见于这一时期的地宫壁画中，地宫内文物数量众多，包括石函、石棺、瓷器、金、银、料器等。后者平面呈方形，圆顶，东、西、北三壁绘壁画，北壁绘涅槃图，东西两壁为彩绘戎装乐队，顶部用黑色线条描绘飞天及凤凰，地宫内文物有石函、银塔、银棺、银瓶、瓷器等。一些塔建有天宫，如苏州虎丘云岩寺塔[④]、苏州瑞光寺塔[⑤]、云南大理崇圣寺塔等[⑥]；或地宫与天宫并存，如辽宁朝阳北塔[⑦]等。辽、金、西夏、大理的地宫带有强烈的民族特色，地宫中的金刚杵、经幢等供养具反映了密宗信仰的盛行。位于沈阳市皇姑区西侧的辽代无垢净光舍利塔始建于辽重熙十三年（1044年），清代崇德六年（1641 年）重修。地宫内四壁绘有四天王像及侍从共九身，因壁面变色蜕落，画面受损，但大致形象尚能看出，天王上髭翘起，神态俊逸，有着北方少数民族的形体特征，姿态生动，线条刚劲而流畅[⑧]。元、明时期，佛塔地宫续有建造，如上海嘉定法华塔元代地宫[⑨]、上海松江李塔明代地宫[⑩]等，供施物品类繁杂，带有显著的世俗化特点。

2. 塔座

塔座覆盖于地宫之上，是塔的基础部分。早期的塔座相对低矮，建造简单，多用素平的砖石砌成。如北魏嵩岳寺塔的塔座高 0.85 米，而塔身则高约 40 米。

唐代以后，塔座逐渐增高，分成基台、基座两个部分。塔座的高大稳固，一方面有利于修建高耸的佛塔，保证了上层建筑物的稳定性，另一方面则营造出庄重、雄健的艺术效果，也符合中国古建筑重视台基作用的传统。基台为早期佛塔低矮的塔座，在基台上增加了一部分专门承托塔身的座子，称为基座，起到映衬、突出塔身的作用。佛塔基台通常比较低矮，装饰较少，而基座部分直接承托塔身，多为须弥座式或仰莲座式，雕饰精美。晚唐、五代时期，基座部分进一步复杂化，至宋、辽、金时期，各类塔的基座均呈现出高大、华丽的发展趋势，更出现双层须弥座承托斗拱、平坐结构，上置三重仰莲的大型基座，须弥座束腰部分

① 陕西省法门寺考古队：《扶风法门寺塔唐代地宫发掘简报》，《文物》1988 年第 10 期。
② 杨泓：《法门寺塔基发掘与中国古代瘗埋制度》，《文物》1988 年第 10 期。
③ 定县博物馆：《河北定县发现两座宋代塔基》，《文物》1972 年第 8 期。
④ 苏州文管会：《苏州虎丘灵岩寺塔发现文物内容简报》，《文物参考资料》1957 年第 11 期。
⑤ 苏州文管会：《苏州市瑞光寺塔发现一批五代、北宋文物》，《文物》1979 年第 11 期。
⑥ 云南省文物工作队：《大理崇圣寺三塔主塔的实测和清理》，《考古学报》1981 年第 2 期。
⑦ 苗家生：《辽宁朝阳北塔出土大批珍贵文物》，《光明日报》1989 年 11 月 23 日。
⑧ 王菊耳：《辽代无垢净光舍利塔地宫四天王壁画初探》，《北方文物》1988 年第 4 期。
⑨ 上海市文物管理委员会：《上海嘉定法华塔元代地宫清理简报》，《文物》1999 年第 2 期。
⑩ 上海市文物管理委员会：《上海松江李塔明代地宫清理简报》，《文物》1999 年第 2 期。

雕饰山峦、海水、力士、狮、象、龙等动物形象以及花草、故事图等，这种趋势在辽、金时期的密檐式塔上表现尤为突出，如北京天宁寺塔（图 3-7）[①]，须弥座呈八角形，建于一个不

图 3-7　北京天宁寺塔细部

甚高大的基台之上，共有两层束腰。第一层束腰内，每面砌六个小龛，内刻狮子头。龛与龛之间以雕花间柱分隔。第二层束腰下部砌出小龛五个，内雕佛像。龛与龛之间的间柱上雕饰力士。上部施斗拱、栏杆，栏杆上置仰莲三重，以承托第一层塔身，整个须弥座的高度约占塔高的五分之一。元、明、清时期的喇嘛塔、金刚宝座塔及过街塔等佛塔类型，基座部分在全塔中的比重大增，颇为醒目，后两者的基座本身要比上部小塔大得多，基座处常见羯摩杵、五方标识、梵文等藏传佛教装饰题材。在形制方面，塔座常与塔身互相配合，如喇嘛塔的塔身多配有"亞"字形塔座，多边形的塔身一般以六角或八角形的塔座承托。

3. 塔身

佛塔类型多种多样，塔身是其主体部分，其形制往往是佛塔分类的重要依据，如楼阁式塔，就因塔身形如中国传统建筑中之楼阁而得名。

中国佛塔的建筑平面多用偶数，层级多用奇数，这种设计符合以奇数为阳数、生数，偶数为阴数、成数，"博厚配地，高明配天"，讲求阴阳对称统一的传统观念[②]，古人从《易经》八卦中得出奇数为阳的结论，阳数象征着上升、前进和增长，而多边形平面则可能受到了四象、八卦等《易经》思想的影响[③]。唐代以前的塔多在九级以下，平面以方形为主，也有少量呈六角形、八角形，甚至十二边形的特例。宋代以后，修建高层佛塔的建筑技术大为提高，十级以上的大塔渐多，一些楼阁式塔还在内部设有暗层，出于抗震和使用的需要，此时的佛塔平面多采用八角形，少数为六角形或方形平面，这种平面形式一直延续至明清时期。就内部构造而言，塔身可以分为实心和空心两类，实心塔内部使用砖石或夯土填满，有的填入木骨，这种做法也可在一定程度上增加塔的整体连接和承载能力，与实心塔相比，空心塔的结构比较复杂，一般可以登临，塔内多设有楼梯，供奉佛像，一些空心塔的内壁还绘有壁画。中国早期的塔身多为空心式，采用塔心柱承担负荷，砖塔内部一般为空筒式结构，内设木楼板，分隔数层，木塔从外观到内部结构均与一般木构楼阁建筑的做法基本相同。宋代以后，塔的结构及建材发生变化，塔心柱多用砖石砌筑，其重要性有所下降，有些不再贯穿塔身整体，甚至蜕化为塔刹柱。类似辽代佛宫寺释迦塔的双套筒式结构开始流行，大大增强了塔身的稳定性，塔内梯级设置方式多样化，主要安置在回廊或塔心室中，以砖石砌成。辽、金密檐式塔一般为实心结构，元代喇嘛塔的塔身形如覆钵，有些在覆钵体内加砌木构架以增强稳固性。明清时期，金刚宝座式塔的塔身为高台形式，从高台内部砌砖石梯子盘旋而上，也有一些金刚宝座式塔是从基座外登上塔顶的，如北京西黄寺清净化城塔、山西五台圆照寺金刚宝座塔等，基座部分相对低矮。

① 楼庆西：《中国建筑艺术全集（24）建筑装修与装饰》，中国建筑工业出版社，1999 年，第 171 页。
② 李桂红：《中国汉传佛教佛塔与佛教传播探析》，《五台山研究》2000 年第 4 期。
③ 张育英：《禅与艺术》，浙江人民出版社，1992 年，第 187 页。

就塔身外观而言，装饰由简入繁，装饰内容及手段逐渐多样，许多佛塔都刻有建塔碑记，记述其兴建的因缘及经过，砖石塔表面多雕出仿木构件，仿木痕迹年代越晚越显著，并常常作为断代的标志之一。

4．塔刹

塔刹，俗称塔顶，即安置在塔身之上的顶子。梵语音译为"制多罗"、"差多罗"、"纥差怛罗"等，又称"乞叉"、"乞洒"，代表国土及佛域，因此佛教寺庙也称为"刹"。塔刹起到了收结、固定顶部建筑构件以及防止雨水下漏的作用，作为全塔最崇高及最具象征意义的部分，通常制作精细。

塔刹是印度佛塔传入中国以后保存最完整的部分，一般由刹座、刹身、刹顶、刹杆等几部分构成（图 3-8）。刹座是刹的基础部分，大多砌成须弥座式或仰莲座式，也有砌成素平台座的。须弥座上再饰以仰莲或忍冬花叶承托刹身。刹身的主要部分为套贯在刹杆上的圆环，称为相轮，也称"金盘"、"承露盘"等，是佛塔的一种仰望标志。《行事钞》中说："人仰视之，故云相。"据佛教经义，相轮的大小和数目往往可以体现佛塔等级的高低，《十二因缘经》云："八种塔并有露盘，佛塔八重，菩萨七重，辟之佛（缘觉）六重，四果（罗汉）五重，三果（阿那含）二重，二果（斯陀含）三重，初果（须陀洹）二重，凡僧但蕉叶火珠而已矣。"但这种制度并不严格，如洛阳永宁寺塔就有相轮三十重，相轮的数目以奇数为多，有三重、五重、七重、九重、十一重、十三重不等。刹杆是通贯塔刹的中轴，用来串联和支撑塔刹的各部分构件。砖制塔刹比较低矮，但其内部也有木质或金属刹杆贯通。一些刹杆体形较大，与塔心柱互相贯联，甚至直达塔基之上。刹顶是全塔的顶尖，一般在相轮上部设置华盖，或称之为宝盖，宝盖上部再以宝瓶、宝珠等结顶。

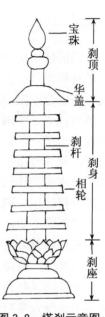

图 3-8　塔刹示意图

印度早期的塔刹并不十分高大，如桑奇大窣堵波只有构造简单的一根短刹杆及三重圆盘。佛塔传入中国之始，塔刹的形态基本取材于完整的印度窣堵波。《洛阳伽蓝记》中描述的永宁寺塔的塔刹高"十丈"。刹上有金宝瓶，能容二十五石谷物，体积相当可观，金宝瓶下还有三十重承露金盘，金盘的四周挂满了金铎。由于塔刹高大，为使其稳固，外加四道铁链系于塔顶四角。铁链上也挂满了金铎，真可谓富丽堂皇，充分彰显了塔刹的标帜作用。北魏天安年间曹天度造小石塔的塔刹形如浓缩的印度窣堵波，但覆钵之下开有屋形龛，体现了与本土文化的融合。

中国塔刹的材质主要有金属和砖石两类，塔刹类型丰富，常见的有相轮式、葫芦式、火焰宝珠式等，相轮式塔刹形体高大，多用于大中型塔，并常常加设铁链，将塔刹与檐角相连，以抵抗风力。喇嘛塔的塔刹在十三重相轮及宝盖之上常常增设仰月、圆光及宝珠等装饰。火焰宝珠式刹为小型砖石塔常见的塔刹类型，造型简洁、凝练。葫芦式刹常作为砖塔的塔刹，也用砖石制造。除此之外，还出现各种变体形式的塔刹，有的为套贯在一起的数个圆球，有的由多重仰莲及宝珠构成，如南京栖霞寺舍利塔，有些塔刹本身就是一座小型的喇嘛塔，如河南安阳的天宁寺塔，有的刹顶呈蒜头形，如银川海宝塔，可能受到了伊斯兰教建筑的影响，有的突出了实用功能，如广州怀圣寺光塔的塔刹变为风向标。

一些塔的刹基之内也有类似地宫的刹穴，称为"天宫"，用于安置舍利、经书以及其它供器，如云南大理崇圣寺千寻塔、辽宁朝阳北塔、宁夏贺兰拜寺口西塔、陕西西安仙游寺法王塔、河南登封嵩岳寺塔等都建有此类天宫。唐代法王塔地宫出土的《舍利塔下铭》，碑阴刻文中有"窃闻天宫敞而千光彻"，说明至迟到开元年间已经形成了天宫的概念，而且把它与地宫同等看待[①]。内蒙古巴林右旗辽庆州白塔天宫修筑在塔刹的覆钵内，是以刹杆为中心的五个相连的穴室，其内珍藏着佛像以及大量的小型法身塔、舍利瓶、经咒、丝织品、药材等物，是迄今发现的制度较为完备的辽塔天宫[②]。登封嵩岳寺塔的塔刹是在修缮佛塔时重新修建的，分别在砖砌相轮及宝珠处设有两座天宫，内藏舍利具、塔模等供器[③]。

五、佛塔的类型

中国的佛塔历史悠久，姿态万千，若从塔的组合方式上，可分为单塔、双塔、三塔、八塔、塔林和塔群。按建筑形态分类，大致包括楼阁式塔、亭阁式塔、密檐式塔、花塔、覆钵式喇嘛塔、金刚宝座塔、宝箧印经塔、过街塔等多种类型。

楼阁式塔是中国出现最早的佛塔类型之一，以中国传统建筑中的楼阁作为塔身，印度式窣堵坡作为塔刹，是中印文化结合的产物，直至明清时期都是中国佛塔的重要类型，塔身分层设置，从三级至十三级不等，内部空心，可以登临眺揽。早期多为木构，隋唐以后，出现了砖石仿木构的楼阁式塔，这种塔在外观上与木构楼阁式塔相似，楼层一般与塔身层数一致，如内部设有暗层，则塔内楼层多于外观层数。唐代的楼阁式砖塔各层外壁明显内收，平面方形，一般不设平坐，宋、辽、金时期，楼阁式塔繁荣发展，平面多呈八角形，内部结构复杂多样，更加注重外观装饰，砖塔仿木构惟妙惟肖，平坐、塔檐、门窗等一应俱全，为预防塔身的纵向开裂，很多佛塔采用逐层变换门窗位置的手法。

亭阁式塔又称为"单层塔"，是中国传统亭阁建筑与印度"窣堵波"相结合的产物，也是民间建塔及僧人墓塔的主要形式。现存的亭阁式塔都属砖石塔，早期的亭阁式塔平面方形，塔身正面设龛或辟拱券门，隋唐时期是此类佛塔发展的高峰时期，仍以方形平面居多，少数为六角、八角或圆形平面，入宋以后逐渐衰落，后被其它类型的佛塔取代。

密檐式塔是中国大型佛塔中的重要类型，在体量方面与楼阁式塔接近，其主要特征为第一层塔身很高，上置重重密檐，顶端置刹。这种塔起始于魏晋南北朝时期，盛行于隋唐、五代，成熟于宋、辽、金时期。早期的密檐式塔装饰简洁，塔檐较短，密檐间设有采光换气的假窗，唐代的密檐式塔平面多为方形，塔身具有明显收分，密檐间距较大，辽、金时期，密檐式塔达于鼎盛，装饰富丽，大部分采用八角形平面，内部结构由空心变为实心，完全不可登临，基座高大，第一层塔身特高，密檐间距极近，塔檐增加了斗拱、瓦陇等仿木结构部分，密檐之间一般不设假窗。

元、明、清三代，由于藏传佛教的流行，覆钵式塔、金刚宝座式、过街塔等藏式塔被引入内地，覆钵式塔的特征显著，塔身呈覆钵状、其上置平头及十三重相轮，相轮上设塔刹，整个塔体渐由肥硕转向瘦高，明清时期又于覆钵体上设置"眼光门"。金刚宝座式塔在明清时期较为盛行，与印度原式样相比，从形制、装饰到建筑材料均带有本土特色。

① 刘瑞：《法王塔地宫发现的重大意义》，《西北大学学报》1999 年第 1 期。
② 华瑞·索南才让：《中国佛塔》，青海人民出版社，2006 年，第 269 页。
③ 河南省古代建筑保护研究所：《登封嵩岳寺塔天宫清理简报》，《文物》1992 年第 1 期。

中国地域辽阔，民族众多，佛塔在其发展演变的过程中，吸收、融合了多种文化因素，如云南傣族信奉南传佛教，所建"缅塔"受到东南亚佛教建筑的影响，多在同一基座上建造塔群，装饰精美，色彩绚丽。有些佛塔集多种类型的特征于一体，如把楼阁式塔置于覆钵式塔上，或覆钵式塔与密檐、楼阁式塔组合，如北京房山云居寺北塔、天津蓟县观音寺白塔、山西五台山显通寺铜塔等，从而使中国的古塔形式灵活，少有雷同。此外，还有少量钟形塔、球形塔、阙形塔、经幢式塔等造型奇特的塔，充分体现了中国佛塔在形式上的多样性。

第二节　两晋、南北朝时期的塔

两晋、南北朝时期，寺、塔兴建极为普遍。《魏书·释老志》载，北魏于平城建都之初，道武帝"始作五级佛图、耆阇崛山及须弥山殿，加以绘饰。别构讲堂、禅堂及沙门座，莫不严具焉"[①]。献文帝于天安元年（466 年）在平城修建了号称"天下第一"的永宁寺，寺内"构七级浮屠，高三百余尺，基架博敞"。北魏迁都洛阳以后，佛教势力迅速壮大，洛阳成为北方的佛教中心，《洛阳伽蓝记》忠实地记载了北魏洛阳城寺塔林立的盛况。当时的寺塔关系密切，佛塔位于整个建筑组群的中心，佛殿建在塔后，僧房楼观列于周围，礼佛活动也是围绕塔来进行的。建于熙平元年（516 年）的永宁寺即为这种布局方式的典型代表，《洛阳伽蓝记》载，永宁寺"熙平元年……中有九层浮图一所……浮图北有佛殿一所，形如太极殿。……僧房楼观一千馀间，雕梁粉壁，青璅绮疏，难得而言。……寺院墙皆施短椽，以瓦覆之，若今宫墙也。四面各开一门。南门楼三重，通三阁道，去地二十丈，形制似今端门。……拱门有四力士、四狮子……东西两门亦皆如之。所可异者，唯楼二重。北门一道，上不施屋，似乌头门。其四门外，皆树以青槐，亘以绿水……"《后汉书·陶谦传》中描述笮融所建浮图祠，"上累金盘，下为重楼，又堂阁周回，可容三千许人"[②]。也体现了这种以塔为中心，四周环绕楼观廊庑的布局形式。

据《魏书·释老志》载，白马寺"凡宫塔制度，犹依天竺式样而重构之"。可见上述布局方式来源于古印度，是仿照印度以窣堵波为中心的布局而设计的。中国早期的木构佛寺今已不存，但仿照印度"支提"式样的塔庙窟在早期的石窟寺中十分盛行，即在窟室之中设有类似佛塔的中心柱，供信徒环绕礼拜。此类将高层建筑置于正中的布局虽与中国传统的以门塾堂寝等组成的建筑群落不同，但在汉代已有类似的布局，如长安城礼制建筑就将高层台阁置于群体建筑的中央[③]，从考古发掘的汉代明器、壁画、画像砖中，也可以看到类似的布局，甘肃省博物馆所藏的一座武威出土东汉陶楼，五层，高而挺拔，与文献中所描述的浮图非常相像，而陶楼下的方城也与早期佛寺制度相仿。据日本学者考证，日本的飞鸟寺及四天王寺均为模仿中国东汉时期的白马寺而建，这两寺的建筑年代相当于中国隋代，它们的布局就是以塔为中心，四周廊庑，塔后建殿，可作为研究中国早期寺塔布局的参照。此外，由于魏晋以来"舍宅为寺"之风盛行，许多佛寺利用贵族官僚捐献的府邸改建而成，往往以前厅为佛

① 北齐·魏收：《魏书》第八册，中华书局，1974 年，第 3030 页。
② 宋·范晔：《后汉书》第八册，中华书局，1965 年，第 2368 页。
③ 孙机：《关于中国早期高层佛塔造型的渊源问题》，《中国历史博物馆馆刊》1984 年第 6 期。

殿，后堂为讲室①，直接冲击了以塔为中心的"天竺旧制"，这种布局既是佛教建筑本土化的表现之一，也成为后世佛寺的主流。

这一时期的佛塔类型主要有楼阁式塔、密檐式塔及亭阁式塔，塔平面多呈方形，层级相对较少，一般有一、三、五、七、九级之别，木塔数量较多，也有不少砖、石材质的塔，部分塔上还有金属部件及装饰。

一、楼阁式塔

在中国佛塔的发展历程中，楼阁式塔是一种出现最早、长期流行的重要类型，它不但借鉴了中国楼阁建筑的传统式样，而且受到印度影响，在楼阁的顶部安置多重相轮，成为印度式"窣堵坡"与中国传统楼阁建筑的结合体。其塔身分层设置，一层称为一级，一般有三级、五级、七级、九级之分，内部空心，塔壁各层设窗，沿内壁设楼梯，通向各层。此类佛塔除了供奉舍利、佛像、佛经等功用之外，还可以登临远眺，成为一种标志性的建筑。

中国的第一座楼阁式塔是东汉永平十年（67 年）在河南洛阳所建的白马寺塔，《魏书·释老志》云："自洛中构白马寺，盛饰佛图，画迹甚妙，为四方式。凡宫塔制度，犹依天竺式样而重构之，从一级至三、五、七、九，世人相承，谓之'浮图'，或云'佛图'。②"说明至少在东汉时期，楼阁式塔已在中原地区出现。

楼阁是中国古代建筑中气势雄伟、体量高大的一个类型，秦汉以来，木构建筑技术高度发展，高大的楼阁多用木构，如秦二世所建的云阁，"其高欲与南山齐"。西汉时期的"井干楼"，以大木累积而成，班固在《西都赋》用"攀井干而未半，目眴转而意迷"描绘井干楼之高。同时，中国自古就有"仙人好楼居"的观念，筑高台、起楼观是求仙望气的一个重要方式，在佛教初传时期，人们对于它的认识还很模糊，只将其作为诸多神仙方术的一种，认为"此道清虚，贵尚无为，好生恶杀，省欲去奢"，反映了佛教与中国本土思想的融和③，而塔又有"高显"之意，因此，无论从建筑技术上、传统观念上还是塔之原意上，以木构楼阁建筑作为中国最早的佛塔都是一种必然的选择。

为体现这种异域建筑的特殊性，往往在用以"求仙望气，交接神人"的楼阁之上安装一个小型的窣堵波，反映了一种文化的嫁接。在中国文化中也有与塔刹的功能或外观相近之物。如《汉书·尹赏传》注引如淳曰："旧亭传于四角面百步筑土四方，上有屋，屋上有柱出，高丈余，有大板贯柱四出，名曰桓表。县所治夹两边各一桓，陈宋之俗言桓声如和，今犹谓之和表。"师古曰："即华表也。"说明汉代已经出现了在建筑顶部立标柱和伞盖的做法。又《水经注·穀水》引华峤《后汉书》："灵帝于平乐观下起大坛，上建十二重五采华盖，高十丈。坛东北为小坛，复建九重华盖，高九丈。"④华表、华盖皆为中国传统建筑部件，因而在楼阁式塔上安置印度式刹也是比较容易令人接受的。

中国早期的木构楼阁式塔今已不存，但据文献记载，从东汉的白马寺塔开始，到三国徐州的浮图祠，以及《洛阳伽蓝记》中记载的大多数北魏佛塔都是平面呈四方形的大型木构建筑，南北朝时期，此类佛塔数量最多，成为当时的主流，所谓"南朝四百八十寺，多少楼台

① 刘敦桢：《中国古代建筑史》，中国建筑工业出版社，1980 年，第 84 页。
② 北齐·魏收：《魏书》第八册，中华书局，1974 年，第 3029 页。
③ 刘宝兰：《早期佛塔中国化刍议》，《文物世界》2003 年第 6 期。
④ 《水经注疏》，江苏古籍出版社，1989 年，第 1419 页。

烟雨中"，这些寺中的塔也应为木构楼阁式样①。此外，寺塔遗址、石窟内的塔心柱、各种浮雕、壁画以及佛教信徒发愿所造的小型石塔都为我们留下了有关早期佛塔的丰富资料。当时的木构楼阁式塔建在高大的台基上，塔身采用方形平面，自下而上逐层减窄减低，塔刹高度约在塔高的四分之一至三分之一之间，与现存日本飞鸟时期木塔的比例大体相近②，其形制为印度窣堵波式。中小型木塔可能有中心柱贯通上下，起到整体加固作用。

敦煌莫高窟北周时期（557—581 年）"舍身饲虎"壁画中出现一座三重塔，平面四方形，三层楼阁式，看上去似为木构。塔刹高大华丽，有九重相轮，刹顶冠以华美的宝珠，饰以飘带③。山西朔县崇福寺北魏天安元年（466 年）曹天度造九层千佛石塔（图 3-9）保存较完整，平面方形，高约 2 米，共九层，底座刻有题记，石塔每层都有浮雕小型佛坐像，其中最下层为四排，第二、三层为三排，其余各层为二排，此外，最下层每侧各有一中形龛，内有较大的佛像。石塔四角皆有柱，各层浮雕小佛坐像，塔顶设有印度窣堵波式刹，残高 49.5 厘米，上有九重相轮，下为覆钵，承以山花蕉叶，四边山花中间各有小坐佛像，山花之下各开一龛，龛中各有两佛，上覆瓦状顶，四角各有立柱，龛下雕宝装莲花。此塔在形制及结构上与石窟方塔关系密切，如云冈第六窟塔柱第一层的四角也各设方墩一个，第二层以上逐层缩小，成为倚柱，使塔身的结构更加稳固，这种结构或与汉代礼制建筑有

图 3-9　北魏天安元年小石塔

着因袭关系④。塔刹部分所开屋形龛既与第一层四角阙形方墩相呼应，又对于异域风格的塔刹进行了中国化处理⑤。此外，中亚佛寺遗迹中的多层塔建筑也可能对其产生了一定的影响⑥。

北魏孝明帝熙平元年（516 年）至神龟二年（519 年）建造的洛阳永宁寺九层浮图是当时中国境内的第一大塔⑦。许多文献都对永宁寺塔的情况进行了描述，除塔高的记载相差较大之外，整体情况大致相同。《魏书·释老志》云："肃宗熙平中，于城内太社西，起永宁寺。灵太后亲率百僚，表基立刹。佛图九层，高四十余丈，其诸费用，不可胜计，虽二京之盛，五都之富，利刹灵图，未有若斯之构。"⑧郦道元《水经注·榖水》有："水西有永宁寺，熙平中始创也，作九层浮图。浮图下基方一十四丈，自金露槃，下至地四十九丈，取法代都七级而又高广之。"⑨而《洛阳伽蓝记》的记载最为详备："永宁寺，中有九层浮图一所，架木为之，举高九十丈。有刹复高十丈，合去地一千尺。去京师百里，已遥见之。刹上有金宝瓶，容二十五石。宝瓶下有承露金盘三十重，周匝皆垂金铎，复有铁锁四道，引刹向浮图。四角

① 王盛恩：《洛阳》，中国地图出版社，2005 年，第 72 页。

② 刘敦桢：《中国古代建筑史》，中国建筑工业出版社，1980 年，第 84 页。

③ 李焰平：《甘肃窟塔寺庙》，甘肃教育出版社，1999 年，第 179 页。

④ 刘敦桢：《中国古代建筑史》，中国建筑工业出版社，1980 年，第 84 页。

⑤ 韩有富：《北魏曹天度造千佛石塔塔刹》，《文物》1980 年第 7 期。

⑥ 史树青：《北魏曹天度造千佛石塔》，《文物》1980 年第 1 期。

⑦ 傅熹年：《中国古代建筑史 第二卷：两晋、南北朝、隋唐、五代建筑》，中国建筑工业出版社，2001 年，第 184 页。

⑧ 北齐·魏收：《魏书》第八册，中华书局，1974 年，第 1413 页。

⑨ 《水经注疏》，江苏古籍出版社，1989 年，第 1424 页。

锁上亦有金铎，铎大小如一石瓮子。浮图有九级，角角皆悬金铎，合上下有一百二十铎。浮图有四面，面有三户六窗，户皆朱漆。扉上有五行金钉，其十二门二十四扇，合有五千四百枚。复有金镮铺首，殚土木之功，穷造形之巧。佛事精妙，不可思议。绣柱金铺，骇人心目。至於高风永夜，宝铎和鸣，铿锵之声闻及十馀里。"

永宁寺塔在北魏永熙三年（534 年）被火焚毁，根据考古发掘（图 3-10）与文献记载的对照，此塔位于宫城南门西南，塔基平面方形，上层长宽均为 38.2 米，面各九间，土木构造，檐柱之间设门窗，塔身九层，自下而上层层递减，各层口外缘基本联成一条直线，且底层檐口距地面高度大于上层檐口间的距离[1]。与上述石刻佛塔不同的是，石雕塔身表面大都镌刻龛像，而永宁寺塔的塔身四面"有三户六窗"，佛龛则设在中心土台的侧壁，相当于在一座表面设龛的佛塔之外加建一圈木构外廊作回转礼拜的通道，且塔身各层设有平坐结构。其结构

图 3-10　北魏永宁寺塔基遗址

方式是以木构架为主，土坯作为填充材料，土坯砌筑的方形实体继承了秦汉以来台榭建筑的做法，使佛塔内部保持了原有的空间形式，同时完整的木构承重体系已基本形成，两者得以完美结合。这座体量空前巨大的佛塔无论从内部空间、外观效果还是建筑技术上在当时都具有合理性和先进性[2]。

永宁寺塔顶部多重的承露金盘与周匝所垂的金铎在印度"精舍"建筑中比较常见，应是受到印度影响而增设的，只是当时的人们对于佛教的认识还停留在初始阶段，因而将相轮理解为中国本土的承露金盘。塔刹多用金属装饰，如刹上的铁链、金盘、檐角以及链上的金铎、门上的金钉等，说明金属材质的辅助构件已经运用到建筑中来，而大量木塔的建造也显示了高超的木构技术水平。

二、密檐式塔

密檐式塔是中国古塔中另一个比较高大的类型，在体量方面与楼阁式塔接近，但在外观、结构等方面则各具特点，密檐式塔的主要特征为：第一层塔身在全塔中所占比例较大，也是全塔装饰的重点，多饰以佛龛、佛像、门窗、柱子、斗拱等。第一层塔身以上，设置重重密檐，顶端置刹，各层之间的距离很短，几乎看不出楼层，且各层檐之上的塔身，没有门窗、柱子等楼阁结构。有些密檐式塔为采光通气之便，在檐与檐之间开设小洞，但一般与内部的楼层不相契合。早期的密檐式塔多为空筒形，塔身装饰简洁，塔檐采用叠涩结构，即上层砖石比下层砖石向外探出一定的长度，以挑出檐子。由于砖石材料抗弯、抗剪的能力较差，出檐不能过远，因此均属短檐，形式简单，檐下仿木斗拱、檩椽、瓦陇等构件极少出现。密檐之间往往设有小窗，但仅作假窗或采光换气之用，以后逐渐减少，甚至消失。这种类型的佛塔并非中国本土建筑形式，有学者指出，密檐式塔的形象及叠涩密檐的构筑方式与印度希诃

① 傅熹年：《中国古代建筑史　第二卷：两晋、南北朝、隋唐、五代建筑》，中国建筑工业出版社，2001 年，第 186 页。

② 钟晓青：《北魏洛阳永宁寺塔复原探讨》，《文物》1998 年第 5 期。

罗式建筑颇为相似[1]。1世纪前后，佛教徒借用婆罗门教天祠形式，修建大精舍，平面作"亞"字形，内部也供佛像，密檐式塔的建筑形式即在此基础上产生[2]。

在中国的传统文化中，砖、石通常用于修建地下建筑。杨衒之在《洛阳伽蓝记》"杜子休舍宅为寺"中说：西晋太康六年（285年）襄阳侯王浚以砖为料，建造三层砖塔，为目前史料所载的最早砖塔[3]。此塔体量较小，结构不清，但根据层数判断，应不属于密檐式塔。《魏书·释老志》中，也有孝文帝"皇兴中（467—471年）又构三级石浮图。榱栋楣楹，上下重结，大小皆石，高十丈。镇固巧密，为京华壮观"[4]的记载，说明当时运用砖石建塔已比较普遍了。

这一时期，密檐式砖石塔以河南登封嵩岳寺塔（图3-11）为代表，它也是中国现存年代最早的砖塔，创建于孝明帝正光元年（520年），其间朝中变乱，工程搁置，大约至正光四年（523年）又重新动工。塔平面呈十二边形（图3-12），除塔刹用石雕以外，全用灰黄色砖砌成。塔高约39.5米，底层直径约10.6米，内部空间直径约5米，壁体厚2.5米。塔身建于

图 3-11　嵩岳寺塔全景

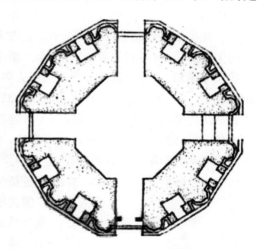

图 3-12　河南登封嵩岳寺塔平面

简朴的台基上。在塔身的中部，用挑出的砖叠涩将塔身划分为上下两段，四个正面有贯通上下两段的门，门的半圆形拱券上有尖形券面装饰。下段其余八面均是光素的砖面，但在上段塔身的八个面上，各砌出一个单层方塔形壁龛，龛座隐起壸门或狮子装饰，同时在上段塔身的角上砌出角柱，柱下有砖雕莲瓣形的柱础，柱头饰以砖雕火焰、垂莲等装饰。此类柱头、柱础及龛面装饰在北朝后期石窟中大量出现，带有显著的外来特点，表明当时的佛教艺术还没有完全实现本土化转变，外来形式对于汉地佛教建筑风格产生了很大的影响[5]。塔身以上使用叠涩做成十五层密接的塔檐，每层檐之间只有短短一段塔身，每面各开一小窗，但只具备窗形，不做采光之用。根据各层塔身残存的石灰面，可知此塔外部原为白色，这是当时砖

① 孙机：《关于中国早期高层佛塔造型的渊源问题》，《中国历史博物馆馆刊》1984年第6期。

② 刘敦桢：《中国古代建筑史》，中国建筑工业出版社，1980年，第84页。

③ 王盛恩：《洛阳》，第72页，中国地图出版社，2005年。

④ 北齐·魏收：《魏书》第八册，中华书局，1974年，第3038页。

⑤ 傅熹年：《中国古代建筑史 第二卷：两晋、南北朝、隋唐、五代建筑》，中国建筑工业出版社，2001年，第189页。

塔的一个特点，并一直流传到宋代①。《大唐西域记》对于印度精舍有"叠以青砖，涂以石灰"的描述，这些特征与嵩岳寺塔十分相近，可见中国早期密檐式塔从造型、结构到装饰都深受印度影响。塔内做成直通顶部的空筒，不设塔心柱，有挑出的叠涩八层。塔内平面最下层也为十二边形，至塔身上段则改成正八角形。塔刹高约4米，在壮硕的覆莲上以仰莲承托相轮，形制雄健，全用石造。此塔虽然使用砖石砌造，但塔身整体轮廓曲线缓和，秀丽挺拔，造型、色调的艺术效果于刚劲之中彰显婀娜，与整体时代风格相契合。

三、亭阁式塔

亭阁式塔也属于中国古塔中起源较早、比较常见的类型，基本特征为：塔身呈亭子状，下建台基，顶端置刹，平面呈方形、六角形、八角形或圆形，每面辟门或设置壁龛，塔内塑像，多为单层建筑，因而也被称作"单层塔"，有些则在顶部加建一个小阁。早期的亭阁式塔多为方形平面，塔身正面设龛或辟拱券门，塔檐以石板叠涩挑出，塔身以上置覆钵状刹座，塔刹多由相轮、宝珠等组成，塔座、塔刹在全塔中占有较大的比例。

由于此类佛塔规模小，结构简单，建造方便，造价低廉，因而经常作为民间建塔及僧人墓塔的主要形式。《洛阳伽蓝记》中载，"明帝崩（75年），起祇洹于陵上。自此以后，百姓冢上或作浮图焉。"此类坟墓上营建的塔大多是这种小型的亭阁式塔②。文献记载中的僧人墓塔出现较早，《高僧传》载：晋太元五年（380年），僧人竺法义卒于建康，孝武帝"以钱十万买新亭岗为墓，起塔三级"。《魏书·释老志》载：北魏沙门惠始死后十年（445年），迁葬平城南郊，"惠始冢上立石精舍，图其形象，经毁法时，犹自全立"③。表明塔内所塑像为墓塔主人像，此类墓塔至北魏晚期已相当流行④。僧人墓塔多取自当时、当地流行的佛塔类型，自宋代起，伴随着花塔、覆钵式喇嘛塔等新型佛塔的兴起，亭阁式塔逐渐衰落，喇嘛塔开始取代亭阁式塔，成为僧人墓塔的主流式样。

图 3-13　河南安阳灵泉寺北齐道凭法师烧身塔

现存早期亭阁式塔的图像及实例比较丰富，在北朝晚期的石窟浮雕及单体像的背光中都常见这种塔的形象，北齐时期开凿的河北邯郸响堂山石窟还有别具特色的塔形窟、龛，从形制上看均属于此类单层塔。河南安阳宝山灵泉寺附近，以宝山为主的崖壁上更保存了大量摩崖塔龛，有"宝山塔林"之称，题记中称之为"烧身塔"、"灰身塔"、"枝提塔"、"像塔"和"影塔"等⑤。

宝山灵泉寺道凭法师烧身塔（图3-13）是这一时期亭阁式砖石塔的典型代表，高2米余，单层石造，方形基座二重，占总高的三分之一有余，方形塔身，立面比例近方，南面开拱门，上起尖拱券。塔身之上叠涩出檐，中有覆钵，顶端正中立卷叶纹斗形小基座及相轮、宝珠构成的塔刹，四角饰山

---

① 刘敦桢：《中国古代建筑史》，中国建筑工业出版社，1980年，第85页。

② 刘祚臣：《古塔史话》，中国大百科全书出版社，2000年，第51页。

③ 北齐·魏收：《魏书》第八册，中华书局，1974年，第3033页。

④ 傅熹年：《中国古代建筑史 第二卷：两晋、南北朝、隋唐五代建筑》，中国建筑工业出版社，2001年，第184页。

⑤ 河南省古代建筑保护研究所：《河南安阳宝山灵泉寺塔林》，《文物》1992年第1期。

花蕉叶。塔檐与门额间镌刻"大齐河清二年（563 年）大论师道凭法师烧身塔"塔铭。敦煌壁画中亦绘有北朝、隋唐时期的亭阁式塔，如北魏第 257 窟绘有一座建在高台上的亭阁式塔，平面方形，下建带有束腰的叠涩台基，台基与塔身等高，其上是方形的塔身，顶部为单层四注式屋檐。屋檐上建一覆钵塔，由多重相轮、三叉式刹尖所组成，刹上系着两条彩幡[①]。

第三节　隋唐、五代时期的塔

隋唐时期，佛法大兴，官方及民间均投入很大力量修寺建塔，佛塔数量及分布范围进一步扩大，两京地区较为集中，唐末五代时期，重心逐渐转向南方。这一时期，受"舍宅为寺"之风以及中国传统的院落式建筑的影响，佛塔在寺庙中的地位有所降低，礼佛方式也发生变化，佛事活动逐渐移至佛殿中进行，这种情况与石窟寺中各式佛殿窟的流行及中心柱窟的衰落是一致的。唐初律宗创始人道宣在其制定的《戒坛图经》中还将中国早期以塔为中心的佛寺布局变为以佛殿为中心的布局方式，佛教自身制度的变化也体现了与中国传统文化的调和。

由于以木构为主的建筑体系在中国非常稳固，隋唐时期仍建有不少木塔，但今已不存，而砖石本身具有坚固耐久优势，随着砖产量的增加及构筑技术的发展，砖石塔数量渐多，然而从木构佛塔到砖石塔的转变漫长而曲折，一方面在砖石塔的构筑技术已经相当发达之时，仍然常常修建木塔，如泉州开元寺东西塔最初都为木塔，被火焚毁后，改为砖砌。另一方面，砖石塔仿照木构建筑外观及部件进行设计，这种现象时代越晚则痕迹越明显。

这一时期，楼阁式塔、密檐式塔及亭阁式塔仍为佛塔的主流式样。在唐代，砖塔建造技术已经达到很高的水平，从而成功创造出楼阁式砖塔的新类型。

中国早期的砖石塔虽有少量平面呈六角、八角形，甚至十二边形的特例，但大多数佛塔均为方形平面，隋唐时期延续了这种平面形制，佛塔层级增多，体量增大，装饰渐趋多样化，有些塔上已经出现了雕刻的门、窗、柱等仿木建筑构件。

五代时期，塔平面从方形逐步过渡到六角形和八角形，外观增加了不少雕饰，在构造方面则极力模仿木构建筑式样。塔的内部结构由唐代空筒式逐步转向宋代的回廊式、壁内折上式，从而使塔外壁、塔身、楼层三者结合起来。总体来说，表现出一种承前启后的特征[②]。此外，建塔材料更为丰富，除了木、砖、石以外，还出现铜、铁、琉璃、金、银等材质的塔。

一、楼阁式塔

木构楼阁式塔虽高大宏伟，但其顶部常安置金属塔刹，易遭雷击，引起火灾，使耸入云霄的高塔顷刻之间毁于一炬，如北魏熙平元年（516 年）所建洛阳永宁寺九层大木塔，"殚土木之功，穷造形之巧"，但只过了 18 年的时间便被焚毁。此外，风雨侵袭以及历史上的灭佛事件，也是造成此类佛塔被毁的重要原因。

隋唐以后，由于木构建材自身的缺陷、木材的短缺以及砖石建筑技术的提高等原因，建塔材料逐渐转向砖石，出现了砖石仿木构的楼阁式塔。这种塔的主要特征为建筑外观与木构

---

① 张渝新：《中国古建"亭"的发展演变浅析》，《四川文物》2002 年第 3 期。
② 张驭寰：《中国塔》，山西人民出版社，2000 年，第 21 页。

楼阁式塔相似，塔身仿照木构楼阁用砖石做出门窗、柱子、额枋、斗拱等部分，塔檐亦仿木构塔檐，由挑檐、椽子、飞头、瓦陇等部分构成。楼层一般与塔身层数一致，有些塔的内部设有暗层，塔内楼层多于塔身外观层数[1]，这种情况与同为大型砖石塔的密檐式塔正好相反，是两者的重要区别之一。同时由于从木构楼阁式塔演变而来，很多都可供登临眺揽。唐代的楼阁式砖塔，各层外壁逐层收进，并隐起柱枋、斗拱，覆以腰檐，只是没有平坐。在结构方面，凡可登临的砖塔，多将塔的壁体砌成上下贯通的空筒状，向上逐渐缩小；内部往往用木楼板划分为数层，并非自内而外均用砖结构[2]。

图 3-14　西安兴教寺玄奘塔

唐总章二年（669 年）建造的兴教寺玄奘塔、唐开耀元年（681 年）建造的香积寺善导塔以及 8 世纪初修建的大慈恩寺大雁塔都是比较重要的唐代楼阁式砖塔实例。

玄奘塔（图 3-14）位于陕西少陵原兴教寺内，是中国佛教史上著名高僧玄奘的墓塔，也是现存墓塔中年代最早、体量最大的一例，其形制与单层亭阁式、高度仅三四米的普通僧人墓塔迥异[3]。此塔平面方形，高 5 层，高度约 21 米。每层檐下都用砖做成简单的斗拱。斗拱上部用斜角砌成牙子，其上再加叠涩出檐。底层南面辟拱门，内有方室，供奉玄奘塑像。底层北面嵌石刻《唐三藏大遍觉法师塔铭》。第一层塔身经过后代修理已是平素的砖墙，没有倚柱，但以上四层则用砖砌成八角柱一半的倚柱，再于倚柱上隐起额枋、斗拱。此塔形制简练，为早期楼阁式砖塔的代表作品，作为具有纪念意义的僧人墓塔，属于实心建筑，不可登临[4]。

建于唐中宗神龙二年（706 年）的香积寺是怀恽为祭祀其师善导而建，后成为净土宗的活动中心[5]，善导塔（图 3-15）位于寺内，平面呈方形，底层边长 9.5 米，用平素砖墙砌筑，塔内空心，东、西、北三面各有券形龛一个，南面辟门，内为方室。塔原为十三层，现存十层。底层很高，其上各层相对低矮。各层宽度亦由下至上递减，每层四面皆有砖砌凸起的方形倚柱四根，将壁面划分为三开间，柱上施阑额一道，柱头及补间皆承栌斗，其上叠涩出檐，各层设券形龛。檐间距较大，每面中部有通光孔。直棂窗部位涂饰朱色[6]，凸起的柱、阑额亦施朱色，阑额中心部分留有段段空白，似宋代营造法式中所述的七朱八白彩画，这些装饰也表现出模拟木构楼阁的特点[7]。

唐高宗永徽三年（652 年），为保存玄奘从印度带来的经像，

图 3-15　香积寺善导塔

①　刘祚臣：《古塔史话》，中国大百科全书出版社，2000 年，第 62 页。
②　刘敦桢：《中国古代建筑史》，中国建筑工业出版社，1980 年，第 131 页。
③　孙大章：《中国古今建筑鉴赏辞典》，河北教育出版社，1995 年，第 483 页。
④　刘敦桢：《中国古代建筑史》，中国建筑工业出版社，1980 年，第 131 页。
⑤　袁万里，笑山：《西安香积寺与善导塔》，《文物》1980 年第 7 期。
⑥　张驭寰：《中国塔》，山西人民出版社，2000 年，第 16 页。
⑦　刘敦桢：《中国古代建筑史》，中国建筑工业出版社，1980 年，第 132 页。

在大慈恩寺内由玄奘主持，按照印度佛塔形式修建了砖表土心的五层砖塔，后因风雨剥蚀，致使塔身倾圮，武则天长安年间，拆除旧塔，在原塔基上重建，增为七层，并改建成楼阁式

图 3-16　西安大雁塔

样，这就是今天的大雁塔（图 3-16），塔平面呈正方形，高 59.9 米。塔身之下为高约 4 米、边长 45 米的方形台基，塔身自第一层以上每层显著向内收分，形如方锥体。底层塔身边长 25 米，全用青砖砌成，磨砖对缝，结构严谨，各层壁面均用砖砌成扁柱及栏额，下层为 9 间，中间层为 7 间，上部三层为 5 间，每层四壁之中，均辟券门，底层券门的门楣和门框上，都有精美的唐代线刻画，西门楣上的弥陀说法图尤为精美，南门两侧的砖龛内，嵌有初唐书法家褚遂良的《大唐三藏圣教序》和《述三藏圣教序记》二碑，皆为著名的书法碑刻。塔内设木梯楼板，可以逐层登上远眺[1]，但如今的大雁塔外壁已被明代重修时的砖皮包砌，并非唐代原貌。

二、密檐式塔

唐代的密檐式砖石塔平面采用方形，多数塔身朴素无饰，具有明显收分，塔身之下的台基扁矮，第一层塔身之上设置多层叠涩檐，与 6 世纪初修建的河南登封嵩岳寺塔相比，更显挺拔。各层檐间的塔身多建有与塔内楼层不相契合的券洞或券龛，券洞直通塔心，券龛内供佛像，塔檐砌出菱角牙子作为装饰，但斗拱、檩椽、瓦垄等仿木建筑构件没有出现，密檐间距较北魏、辽金时期的同类塔大。塔内空心，直通塔顶，用木制楼板分隔数层[2]。

这一时期修建的密檐式砖石塔主要有河南嵩山的永泰寺塔及法

图 3-17　云居寺唐塔

王寺塔、西安荐福寺小雁塔、云南大理崇圣寺的千寻塔、昆明慧光寺塔等，此外，如北京房山云居寺小石塔（图 3-17）、河南浚县福胜寺双石塔、陇西尹公塔、内黄县复兴庵双石塔、里固石塔、林县阳台寺双石塔、淇县天宁寺石塔等均为仿照密檐式砖塔建造的石塔。

图 3-18　法王寺塔

河南嵩山法王寺塔（图 3-18）平面呈方形，十五层，高 40 余米。第一层塔身高大，面宽 7 米，壁厚 2 米。塔身叠涩出檐十五层，自七层以上急剧收缩，塔内为方形空心室，有楼梯直达顶部，塔外涂白灰，显示出唐塔灵秀、素雅的风格。

① 刘祚臣：《古塔史话》，中国大百科全书出版社，2000 年，第 64 页。
② 姜怀英，邱宣充：《大理崇圣寺三塔》，文物出版社，1998 年，第 38 页。

　　小雁塔建于唐景龙年间（707—709年）西安荐福寺内，义净曾于荐福寺主持佛经译场，小雁塔即为保存义净从印度带回的佛经、佛像而建。塔高十五层，残高43.3米，平面正方形，底层每边长11.38米，下承砖砌基座，塔壁不设柱额，每层叠涩出檐，檐部有菱角牙子为饰，与这一时期大多数密檐式塔不同的是，塔檐上使用叠涩砖砌出低矮的平坐，塔身宽度由下至上逐层递减，愈上愈促，塔各层南北开券门，底层南北石门楣及门框上刻蔓草及天人供养图像，线条流畅[①]，塔内设木楼梯，可登临。

　　云南大理千寻塔建于南诏国后期，是现存唐代最高的砖塔之一，位于崇圣寺前部，它与位于其后左、右两侧的两座宋塔合为一组（图3-19），因而崇圣寺在明代旅行家徐霞客的游记《滇游日记》中又有"三塔寺"之称[②]。这三座塔的建筑风格类似西安小雁塔，带有典型的唐塔做风，反映出唐宋时期云南与内地的密切联系[③]。千寻塔有上下两层台基，上层台基为正方形，周边用青石砌造须弥座，基础部分从塔心室地平算起，深3米，以下为基土，接近台基高度，因此可谓平地起塔，这也是唐代多数大型塔的常见做法[④]。塔全用条砖、红泥砌成，第一层塔身很高，约占总高的五分之一，底层东面辟门，向上各层逐渐收缩，至第

图3-19　云南大理崇圣寺三塔

九层起收缩明显。每层檐间塔身壁面中央各有一个券洞或佛龛，交替布置，在券洞或佛龛两侧隐砌亭式单层小塔各一座。此塔的高宽比例约为7:1，比同期内地密檐塔更加俊秀、挺拔，整座塔身下部平直，中部稍稍膨出，顶部则收杀急骤，外轮廓呈现出优美的卷刹弧线。塔内呈空筒状，四壁基本垂直，楼梯盘旋而上，塔顶内部为砖砌穹窿顶，外部砌出方形须弥座，其上有高1.08米的铜质覆钵，钵内中心置铜质方筒，内藏经幢、经卷、佛像等物，此处即为"天宫"的所在。"天宫"上置金属塔刹，由刹杆、仰莲、相轮、宝瓶、宝盖、宝珠等几部分组成[⑤]。

　　北京房山云居寺现存唐代小石塔八座，包括云居寺北塔下四座、石经山顶二座，香树庵西北一座以及开山琬公塔[⑥]。北塔之下的四座形制相近，均为平面方形，高七层，下层用石板砌成方形龛，正面开尖拱塔门，龛正中雕佛及菩萨像，左右壁分雕男女供养人像，塔门两侧雕金刚力士像，上部为密檐式，整体与西安小雁塔相近。

　　河南浚县福胜寺双石塔、陇西尹公塔、内黄县复兴庵双石塔、里固石塔、林县阳台寺双石塔、淇县天宁寺石塔等均坐落于豫北地区，形制相近，属于单层密檐式，但与大型密檐式塔相比，更以雕刻精美见长，如在塔身正面不足一平米的面积上雕刻山水、云气、塔门、盘龙柱、龙、狮、迦陵频伽、莲荷、飞天、力士等装饰内容以及乐舞、杂技等场景，综合运用

　① 蒋靖：《小雁塔》，《文物》1979年第3期。
　② 刘鸿，张京主：《永恒之美100建筑》，百花文艺出版社，2004年，第121页。
　③ 林徽因：《林徽因讲建筑》，陕西师范大学出版社，2004年，第39页。
　④ 张驭寰：《中国塔》，山西人民出版社，2000年，第9页。
　⑤ 傅熹年：《中国古代建筑史 第二卷：两晋、南北朝、隋唐、五代建筑》，中国建筑工业出版社，2001年，第562页。
　⑥ 林元白：《房山云居寺塔和石经》，《文物》1961年第4、5期。

线雕、浅浮雕、高浮雕等雕刻技法，线条简洁自如，构图协调[1]，此类小石塔在山东、山西地区也很常见。

南京栖霞寺塔（图 3-20）位于江苏省南京市东栖霞山麓的栖霞寺大佛阁右侧，据"上江两县志"及"摄山志"等文献记载，此塔始建于隋文帝时期，是文帝在八十三州分造舍利塔之一，塔前设导引二佛，各高丈许。两尊接引佛现已移至大佛阁内，其风格与隋代造像相近，但现存的密檐式石塔为五代南唐时期的遗物，八面五层，通高 18 米。下筑宽敞的台基，绕以栏杆。正面辟四级石阶，上置基座二层，雕刻石榴花、波涛、凤、龙、鱼、虾、蟹、鳖及装饰性花纹等。其上为须弥座，刻石榴花、凤凰、狮子等。前后角柱上雕力士、左右角柱上雕立龙。束腰八面分别浮雕释迦牟尼"托胎"、"诞生"、"出游"、"逾城"、"成道"、"说法"、"降魔"、"入灭"的八相图，雕镂精细，技巧圆熟，装饰性强。须弥座上设三层重瓣莲座，承托塔身。塔身第一层较高，八角隐出倚柱，正、背两面辟门，上有铺首、门钉，其余各面雕文殊、普贤和四大天王像，前后门两旁柱上，刻有《金刚经》四句

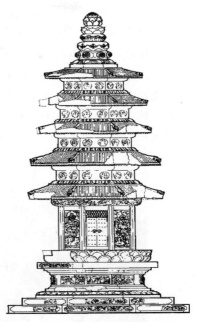

图 3-20　南京栖霞寺舍利塔

偈。第二至五层，塔身较短，各面均雕两龛，内设小型佛像。檐部出挑甚远，并雕出仿木构的瓦陇、脊饰。檐下斜面雕刻飞天、供养天人等，躯体肥胖，风格与正定隆兴寺大悲阁千手观音佛座浮雕飞天以及敦煌五代石窟的飞天相似[2]。塔刹五节，各有莲花雕饰，为近代整修时重作。整座石塔造型优美，雕刻精美，装饰性强，代表了唐宋时期江南石刻的工艺水平[3]。

栖霞寺塔开创了中国密檐式塔的新型构筑方式，即在基座部分绕以栏杆，其上以覆莲、须弥座和仰莲等承托塔身，基座和须弥座部分被充分地强调出来，这是前代密檐塔所不具备的特征[4]，也反映出从唐塔的朴素庄重到宋塔秀丽多姿的过渡。此类塔座形式在盛唐时期的很多小型石塔及塔状物中已经出现，如唐大历八年（773 年）兴建的山西长子县法兴寺石灯[5]，唐末许多经幢也都有这样的处理，但栖霞寺塔表现得更为突出，更具代表性，同时，其塔檐部分出挑甚远，存有楼阁式塔的意味[6]。

三、亭阁式塔

隋唐时期是亭阁式塔发展的高峰时期，仍以方形平面居多，少数为六角、八角或圆形平面，体量较小，底座增高，塔檐、门楣、塔顶装饰由简入繁，仿木构特点逐渐显现，其中山

① 杨焕成：《豫北石塔纪略》，《文物》1983 年第 5 期。
② 俞剑华，罗尗子，于希宁：《南京栖霞山舍利塔》，《文物》1956 年第 11 期。
③ 陈聿东，崔延子：《中国美术通识》，河南人民出版社，2004 年，第 164 页。
④ 刘敦桢：《中国古代建筑史》，中国建筑工业出版社，1980 年，第 132 页。
⑤ 山西省晋东南专员公署：《上党古建筑》图版 24，1963 年。
⑥ 陈聿东，崔延子：《中国美术通识》，河南人民出版社，2004 年，第 164 页。

东历城神通寺四门塔、龙虎塔（图 3-21）等均属佳作，此类佛塔绝大多数都是僧尼的墓塔，一般为砖砌或石造，以河南登封嵩山会善寺的净藏禅师塔、山西平顺明惠大师塔、运城泛舟禅师塔及五台山佛光寺祖师塔为代表[①]。此外，河南安阳灵泉寺在前代基础上也建有许多单层的塔形龛，其中不少带有纪年，是研究此类佛塔演变的珍贵资料[②]。

　　山东历城神通寺四门塔（图 3-22）建于隋大业七年（611 年），是一座全部用青石块砌成的单层塔。塔平面作正方形，每边长 7.38 米，每面中间开一个较小的拱门，塔高约 13 米，塔内中央有一个石块砌成的方形大石柱，柱前每面各有一尊圆雕佛像。塔的上部叠涩出檐，再向内收成方锥形。顶部有方形须弥座，四角置山花蕉叶，中央安置一座精巧的塔刹[③]，造型质朴浑厚，除塔刹之外，几乎不见装饰，是典型的隋代亭阁式塔。

图 3-21　神通寺龙虎塔

图 3-22　神通寺四门塔

　　会善寺的净藏禅师塔（图 3-23）为单层砖塔，建于唐天宝五年（746 年），是中国现存最早的八角形仿木构亭式墓塔，除塔刹为石雕外，全以青石砌成，通高 10.4 米，坐北朝南，塔下的基座已经崩毁，难辨原形，可能在塔身下建有矮的台基[④]。塔身仿木构形式，每角有露出五面的八角形倚柱，柱上砌出额枋、斗拱以及人字形补间铺作，墙上还隐起门和直棂窗。北面塔身嵌有记述净藏禅师生平事迹的塔铭一方。在佛塔普遍采用正方形平面的唐代，这座墓塔无疑是一大创新，为宋代八角形平面佛塔的建造提供了可供参考的直接经验[⑤]。

　　泛舟禅师墓塔（图 3-24）坐落在山西省运城县西北报国寺内，建于唐贞元九年（793 年），塔铭镌于唐长庆二年（822 年）[⑥]，是一座典型的圆形高台亭阁式砖塔，高 10 米左右，台基、塔身、塔顶约各占三分之一。塔下设有高大的圆筒形台基，顶面略有收分，台基上建低矮的

①　刘敦桢：《中国古代建筑史》，中国建筑工业出版社，1980 年，第 133 页。
②　河南省古代建筑保护研究所：《河南安阳宝山灵泉寺塔林》，《文物》1992 年第 1 期。
③　刘敦桢：《中国古代建筑史》，中国建筑工业出版社，1980 年，第 132 页。
④　林徽因：《林徽因讲建筑》，陕西师范大学出版社，2004 年，第 39 页。
⑤　刘敦桢：《中国古代建筑史》，中国建筑工业出版社，1980 年，第 133 页。
⑥　顾铁符：《唐泛舟禅师塔》，《文物》1963 年第 3 期。

须弥座，束腰方整，以柱分出许多小龛，带有阴影效果。圆形塔身的表面雕刻出仿木结构门、窗、柱等，外周以八根"倚柱"分隔为八面八间，与净藏禅师塔类似。塔身南向，中空，塔室为六角形，上部有藻井，正面开方形门。塔侧嵌有塔铭，记述泛舟禅师生平以及建塔经过。塔身上部的叠涩塔檐较大，逐层向外挑出，檐口顶部也用砖砌叠成反叠涩，逐层收分，以承托塔刹。塔檐之上是由双层仰莲瓣、覆钵体、覆仰莲瓣、火焰宝珠等组成的塔刹，结构复杂。

图 3-23　净藏禅师塔

图 3-24　泛舟禅师墓塔

　　明惠大师塔建于唐乾符四年（877 年），是一座精美的单层方形石塔，高达 9 米余，下为基座，上置须弥座，束腰部分加高刻壶门，内雕十六幅不同姿态的狮子，塔身正面开方门，两侧各雕一天王立像，一为双手扶剑，一为手执金刚杵，均披甲戴盔，门上刻出半圆券面，雕伎乐飞天，塔身左右侧刻破子棂窗，后侧嵌碑记，门窗以上四面均饰垂幔。塔身内部设方室，四壁无装饰，顶部正中雕团莲藻井，室内中央的覆盆基座推测为塔主遗像之基托，叠涩挑出塔檐，顶部为四层雕刻组成的塔刹，由须弥座、山花蕉叶、仰莲、覆钵、宝珠等层叠构成[①]。

　　此外，山西省五台山佛光寺祖师塔（图 3-25）位于佛光寺大殿之侧，相传是创建佛光寺时住持和尚的墓塔。塔身平面六角形，分两层，下层中空，正西面辟门，券面为尖拱形，门内为六角形小室。门上用砖砌出单拱和小斗，斗上有莲瓣和叠涩构成的塔檐。檐上设束腰须弥式平坐，上下雕仰覆莲瓣，转角处砌成瓶形矮柱。正西面砌圆券假门，门上亦作火焰形门楣。西南、西北两面刻假窗，转角处雕出束莲式倚柱，窗及柱间有赭色彩画

图 3-25　五台山佛光寺祖师塔

① 杨永生：《中外名建筑鉴赏》，同济大学出版社，1997 年，第 83 页。

阑额。塔刹甚为简洁，在仰莲基座上安置覆钵及宝珠[1]。

第四节　宋、辽、金时期的塔

　　自唐至宋、辽、金时期是中国古塔发展的高峰期。宋代寺院布局流行塔在殿后的做法，也有塔在殿旁，殿塔并列或殿前建双塔等布局方式，如福建泉州开元寺双塔、浙江杭州灵隐寺双塔等。禅宗寺院又发展出"伽蓝七堂"之制，所谓七堂，即山门、佛殿、法堂、僧房、库厨、西净、浴室等，至此印度的伽蓝、精舍已经全部为中国式的殿堂院落布局所代替。辽金时期仿照唐代佛寺布局，一般将塔建在寺院中轴线上，或大雄宝殿的前面，或山门之内[2]，如山西灵邱觉山寺塔、天津蓟县观音寺塔、山西应县佛宫寺塔、内蒙古林西庆州白塔、山西浑源圆觉寺金代释迦塔等，佛塔均占据寺庙建筑群的重要位置。

　　北宋中期以后，塔平面多采用八角形，少数为方形或六角形平面。塔平面的这种变化主要出于抗震和使用的需要，建筑物的锐角及直角部分在地震中因受力集中而易受损坏，钝角或圆角部分则受力相对均匀而不易受损，因此采用近圆形平面可增强抗震性能。其次，方形木塔可以挑出平坐供人凭栏远眺，但木塔改为砖石塔后，平坐不能挑出太远，于是将塔平面改成六角形或八角形既可以有效地扩大视野，又利于减刹风力[3]。八角形平面的塔在唐代仅限于单层墓塔，五代时期建造的栖霞寺塔也只是一个小型的密檐式塔，只有五代末至北宋初建造的苏州虎丘云岩寺塔、杭州雷峰塔以及灵隐寺双塔及闸口白塔等才真正将八角形平面运用到大型楼阁式砖石塔的建造中来[4]。

　　这一时期，塔的总体数量较前代大为增加，式样丰富，仍以传统的楼阁式塔及密檐式塔为主，砖石塔中还有花塔以及规模较小的阿育王塔、亭阁式塔等类型。佛塔的地域特色逐渐鲜明，南方的塔往往腰檐、平坐、栏杆、飞檐等结构突出，给人以玲珑秀巧之感，如上海的松江方塔（图 3-26），北方的塔大多券门短檐，梁枋、斗拱等加工精细，表现出庄严稳重、雄伟壮丽的气魄，同时在结构方面，南、北方的塔也具有一定的差异性。除宗教功能外，少数佛塔还兼具料望、引航等实用功能，如河北定县料敌塔（图 3-27），原位于开元寺内，建于宋咸平四年（1001 年）到至和二年（1055 年），历时 54 年之久，砖砌，八角十一层，高达 84 米左右，是中国现存塔中最高的一座。定县在宋代处于宋、辽两国边境，登临此塔可侦察敌情，因而有"料敌塔"之称[5]。宋塔以楼阁式为主，材质及式样富于变化，辽塔以实心密檐式为主，少数为模仿唐代的楼阁式塔，塔上装饰别具特色。金代的塔多为仿唐、仿辽式样，也有少量幢式塔、金刚宝座式塔等新类型，塔座部分与辽塔相比更为醒目，并流行大仰莲座式基座。

　　① 鲍家声，倪波等：《中国佛教百科全书·建筑卷、名山名寺卷》，上海古籍出版社，2003 年，第 43 页。
　　② 张驭寰：《中国塔》，山西人民出版社，2000 年，第 36 页。
　　③ 刘祚臣：《古塔史话》，中国大百科全书出版社，2000 年，第 82 页。
　　④ 刘敦桢：《中国古代建筑史》，中国建筑工业出版社，1980 年，第 214 页。
　　⑤ 罗哲文：《料敌塔——现存最高的古建筑》，《文物天地》1986 年第 2 期。

图 3-26　上海松江方塔

图 3-27　河北定县料敌塔

　　宋、辽、金时期，砖石建筑水平进一步提高，木塔在宋代已较少采用，多种建材的运用更加淋漓尽致，如砖木混合结构、琉璃砖的使用等。砖木混合结构的塔以稳固的砖石结构为主体，并根据木材富于弹性和便于加工的特点，对于塔檐、平坐及栏杆部分采用木质，充分发挥了中国佛塔可供登临远眺的传统，为了加强其抗震能力，又在砖砌的塔体中加入了木筋，各取所长，融砖、石、木的优势于一身，使高层佛塔达于高峰[①]。

　　宋代的琉璃砖瓦比较名贵，除应用于皇宫建筑之外，名寺、大寺也仅在檐际少量使用，称作"剪边"[②]，但在当时已经出现了塔身全用琉璃砖砌贴的情况，如营建于北宋皇祐元年（1049 年）的河南开封祐国寺塔，表面所用琉璃砖均按固定规格烧制，达 28 种类型，纹饰有佛像、飞天、狮子、龙、云纹、宝相花、迦陵频伽等，由于琉璃的颜色接近铁色，因此有"铁塔"之称，各类砖均被砌在特定位置，并有纵横凹槽插接，设计精密，用材严格[③]。又如安徽蒙城插花塔，第四级有宋崇宁元年（1102 年）修塔题记，属于中国早期琉璃建筑物的重要依存。塔高 33.5 米，八角十三级，塔内外墙面嵌两色琉璃面砖，每砖上有一佛二弟子像，全塔共计有万尊佛像，故又称万佛塔[④]。

　　中国古代整座大型的金属建筑物存世数量较少，现存最早的由金属铸造的高层佛塔当属广州光孝寺的东、西铁塔，西铁塔比东铁塔早建 4 年，建于南汉大宝六年（963 年），平面方形，原为七层，现存三层，初建时，塔身贴金，有"涂金千佛塔"之称。铁塔石基座为仰覆莲花座，上有莲花铁座，塔身四面各设一龛，龛内一佛坐于莲花座上，形态各异，龛外遍铸

　　① 刘祚臣：《古塔史话》，中国大百科全书出版社，2000 年，第 80 页。
　　② 徐伯勇：《北宋东京两名塔——铁塔和繁塔》，《文物天地》1984 年第 4 期。
　　③ 河南省博物馆：《祐国寺塔（"铁塔"）》，《文物》1980 年第 7 期。
　　④ 胡悦谦：《蒙城宋代砖塔调查记》，《文物》1965 年第 5 期。

小龛，内置小坐佛。塔身四角的塔檐以仰覆莲花角柱顶托，塔檐铸飞天、飞鹤、飞凤等。檐角上翘，铸有各式怪兽，体现了当时高超的铸造工艺技术[1]。

图 3-28　湖北当阳玉泉寺铁塔细部

入宋以后，金属塔的数量逐渐增多。浙江义乌铁塔虽已残损不全，但仍可看出其雕铸的精美，塔为八角形，从雕铸的佛像及纹饰风格来看，应是北宋早期的作品[2]。北宋中期以后，用铁铸塔，蔚然成风，在铸造技术上也有了很大提高。与砖石仿木雕刻相比，金属铸膜更显逼真，可以表现复杂的结构和纹饰，因此多数铁塔精美富丽，如湖北当阳玉泉寺铁塔、江苏镇江甘露寺铁塔、山东济宁铁塔等。湖北当阳玉泉寺铁塔原称佛牙舍利塔（图 3-28），北宋嘉祐六年（1061 年）铸造，立于湖北省当阳市 15 公里的玉泉山东麓的玉泉古刹前的土丘上，为仿木构楼阁式，八角十三层，通高 22 米。塔座砖砌，塔身铁铸。据塔铭记载：共用生铁"七万六千六百斤"。塔为双层须弥座，每层每面都铸有"八仙过海"、"二龙戏珠"等图案，台座八角各铸托塔力士一尊，均全身甲胄，脚踏仙山，手托塔座，刚健威武。塔身每层开四龛，各级交替，余四面各刻形态各异的佛像。每层还设腰檐、平坐，置斗拱出檐，在角梁飞檐的前端，铸出凌空龙头，用以悬挂风铎。第二层的四面分别铸有塔名、塔重、铸塔时间、工匠姓名及有关事迹。塔体为分段冶铸，逐层叠装，不加焊接，形态精致纤巧，玲珑挺秀。

金属塔坚固耐久，易于长久保存，但由于材质本身较重、价格昂贵，塔的高度及数量均受到限制，一般在 20 米上下，与木构或砖石塔相比则显得矮小。此外，在历史变革时期，许多精美的金属塔常被熔化而作他用，因此存世金属塔不过数十座而已。

一、楼阁式塔

1. 木构楼阁式塔

这一时期木构楼阁式塔的典型代表为山西应县的佛宫寺释迦塔（图 3-29），此塔位于佛宫寺山门之内、大殿之前的中轴线上，为寺院的主体建筑，建于辽清宁二年（1056 年），金代明昌年间（1190—1196 年）曾加固补作，因塔内供奉释迦牟尼，故得名佛宫寺释迦塔。塔后设高台，以甬道与塔座连接，上建大殿，站在山门处恰好可将全塔收入视线内，而大殿又恰好在塔后檐的范围内，这种以建筑体量的视觉范围确定总体布局的方法，应为此时建筑设计的一种法则[3]。木塔高 67 米，底层直径 30 米，平面八角形，五层，与辽代营建的另一座楼阁式建筑——独乐寺观音阁一样，也夹有暗层，

图 3-29　应县木塔

① 丘立诚：《中国最早的铁塔——广州光孝寺西铁塔》，《文物天地》1983 年第 2 期。

② 刘祚臣：《古塔史话》，中国大百科全书出版社，2000 年，第 102 页。

③ 刘敦桢：《中国古代建筑史》，中国建筑工业出版社，1980 年，第 198 页。

共为九层，塔下筑有两层大型砖石台基，高 4.4 米，下层方形，上层八角形，周围设有台阶，正南面辟门。

塔内底层迎面塑高约 11 米的释迦牟尼像，顶部有华丽的藻井，莲台下塑八尊力士像，西南面设有木质楼梯，可由此处登塔。自二层以上皆设斗拱，每层塔外均有宽敞的平坐、栏杆，可供游人凭栏远眺。二层主尊面南而坐，两侧分立胁侍及文殊、普贤菩萨坐像。三层塑四方佛坐像。四层与二层的设计相仿，中间为一坐佛二胁侍，两侧分别塑骑狮文殊及乘象普贤，五层塑一佛八大菩萨像。塔顶为八角攒尖式，上置铁刹，高达 10 米，使木塔更显挺拔、庄严。佛宫寺塔内部的壁画基本保持了辽代风格，反映了辽塔独特的装饰艺术。内槽四周墙壁上绘有坐佛六躯，高近 8 米，堪称巨作。南北门道两侧为金代重绘的四天王像，天王上隅露出辽代原有壁画遗迹，内槽南北门楣之上装有迎风木板六方，每方外侧各绘供养天女一躯。

图 3-30　应县木塔剖面图

在结构方面，塔身明暗各层都有内外两圈木柱，明层的柱插在暗层的柱上，暗层的柱又立于下层明层的梁架上，比下层略向内移，形成整个塔身向内递收的外形轮廓及双套筒式结构（图 3-30）。在明暗各层的柱顶上，都重叠了多层木枋，形成内外两道八角形木环，内外环之间又用梁和斗拱穿插拉结，形成一个整体[1]。此塔结构比南北朝、隋唐时期的木塔有了很大进步，前代木塔采用方形平面，中小型塔主要依靠塔内中央贯穿上下各层的中心柱维持其结构上的稳定性。应县佛宫寺塔平面改用八角形，比方形平面的稳定性增强，同时使用双层套筒式结构，相当于把中心柱扩大为内柱环，不但扩大了空间，而且大大增加了塔的刚度。金明昌年间又在暗层内增加许多梁柱、斜撑，使四个暗层成为四个加固钢环，从而加强了塔的整体性和稳定性[2]。

佛宫寺塔造型优美，比例适宜，其立面也经过精心的设计，全塔由第一层到第四层的每层高度，即第一层柱高与第二、三、四层包括柱、斗拱、屋檐和平坐四部分的总高度相等，因而在立面上构成了规则的韵律。各层屋檐依照总体轮廓所需要的长度和坡度，以华拱和下昂进行调整，不但创造了优美的总体轮廓，而且檐下部分富于变化，避免了重复韵律中的单调感[3]。顶部以攒尖顶和铁刹结束，其高度和造型与整个塔的造型比例也很得当。塔的总高恰等于中间层（第三层）外围柱头内接圆的周长，这也是佛宫寺塔设计中的一个重要的比例数字，这种以周长作为全塔高度的设计比例，可能为当时建筑设计的原则之一[4]。

总之，这座木塔作为中国现存最古老的全木结构高层塔式建筑，在建筑和艺术史上都占

[1] 晋文：《应县木塔》，《文物》1976 年第 11 期。
[2] 全佛编辑部：《佛教的塔婆》，全佛文化事业有限公司，2000 年，第 46 页。
[3] 刘敦桢：《中国古代建筑史》，中国建筑工业出版社，1980 年，第 206 页。
[4] 姚承祖撰，张至刚整理：《营造法源》，建筑工程出版社，1959 年，第 23 页。

有重要地位。近千年来，此塔经受住了多次强烈地震的考验，屹立如初，反映出中国木构建筑的高超技艺和卓著成就。

2. 楼阁式砖石塔

这一时期的楼阁式砖石塔以八角形平面为主，也有少量采用方形平面，更加注重外观装饰，装饰内容丰富，托塔力士、八仙过海、二龙戏珠、千佛、天王以及檐部脊兽、飞天等题材比较常见，砖石塔仿木构已达到惟妙惟肖的程度，与唐塔简练、豪放的风格相比，宋塔整体上给人柔和清丽之感。各层门窗的设置，有些仍分布在一条轴线上，但遇地震时易遭破坏，因此多数塔将门窗口错开，如苏州的罗汉院双塔，以预防塔身的纵向开裂，而苏州瑞光寺塔则部分施用了逐层变换门窗位置的手法，似乎仍处于摸索改进阶段①。

在结构方面，许多佛塔仍设有坚固的塔心柱，一些塔延续了前代流行的空筒式结构，但与前述佛宫寺释迦塔相近的双层套筒式结构逐渐流行，只是塔内不设暗层，这种双层套筒式结构的塔，内层为塔心室，外层为厚壁，中间夹以回廊，楼梯安置在回廊或塔心室中，多用砖石砌成，有穿心式、穿壁绕平坐式和壁内折上式等多种类型，灵活多变，南方的塔习惯在塔内回廊安置楼梯，北方则多将楼梯设置在塔心室内②。此外，还有一些兼容两种形式的塔，仅下层采用双层壁体，上层采用单壁体及木楼板。

这一时期的楼阁式砖石塔又可按构筑方式分为砖木混合以及纯用砖石砌造两种，前者为砖造塔身，外围采用木构，其外形与楼阁式木塔没有太大的区别，如宋代建造的苏州报恩寺塔及杭州六和塔③。全用砖石砌造的楼阁式塔在外观上不同程度地模仿木构楼阁特征，有的柱子、梁枋、斗拱、塔檐、门窗、平坐等均用砖石按照木构形式制造，再进行拼装，如五代末至宋初建造的苏州虎丘云岩寺塔、内蒙古辽代庆州白塔以及福建泉州的宋开元寺双塔等，有的则作了适当的简化，并非亦步亦趋地模拟木塔。平坐在五代以前的砖石塔中极少出现，五代中叶以后，才开始在楼阁式砖石塔中出现塔身外运用砖、石、木等建造的平坐及腰檐等全面模仿木塔式样的做法④。

苏州云岩寺塔建于苏州的虎丘山上，又称虎丘塔，据文献记载和塔内字砖等文物考证可以确定始建于吴越钱弘俶十三年己未（959年），落成于北宋建隆二年（961年）。塔平面八角形，共有七层，塔身由外壁、回廊、塔心构成，外壁每层转角处砌出圆柱，每面以檐柱划分为三间，中间为塔门，左右两间设有直棂窗，塔心室为八角形，从塔门经走道可以进入塔心室，塔室各层顶部设有藻井。此塔除了塔壁采用砖砌之外，其它如圆柱、额枋、斗拱、壶门、直棂窗等构件也使用砖砌，为了模仿木构建筑外观，砖砌的部分还绘以彩画⑤。

位于苏州西南上方山上的楞伽寺塔，据塔壁题记营建于北宋初期太平兴国戊寅三年（978年），原有副阶，通高23米左右，七层，平面八角形，底层四面辟门，门砌成壶门式，另四面隐出假壶门，内有八角形塔心室，无塔心柱，各门方位交替设置⑥。

① 张步骞：《苏州瑞光寺塔》，《文物》1965年第10期。
② 刘敦桢：《中国古代建筑史》，中国建筑工业出版社，1980年，第214页。
③ 刘祚臣：《古塔史话》，中国大百科全书出版社，2000年，第82页。
④ 张步骞：《苏州瑞光寺塔》，《文物》1965年第10期。
⑤ 蔡述传：《苏州云岩寺塔》，《文物》1980年第3期。
⑥ 王德庆：《苏州楞伽寺塔》，《文物》1983年第10期。

泉州开元寺双塔（图3-31）分立于福建泉州开元寺大殿前，相距约200米，均为楼阁式石塔，西塔名仁寿，东塔名镇国。仁寿塔始建于五代梁贞明二年（916年），镇国塔始建于唐咸通年间（860—873年），原皆为木塔，失火被毁后，先后以砖、石重建，现存的两塔都是南宋时期的遗物，也是中国现存最高、规模最大的石塔，工艺精湛，造型精巧，反映了宋代砖石建筑及雕刻艺术的高度发达。

仁寿塔高44米，第一层塔身之下筑有低矮的须弥座式基座，座身上下刻莲花、卷草各一层，八个转角处各雕一尊力士，束腰部分壶门内刻佛传故事、狮、象等，塔座周围有石栏，基座四正面各设五级台阶。塔身外壁四正面辟门，其余四斜面设有佛龛，龛像已不存，但两旁雕文殊、普贤、阿修罗或弟子像等，门两侧雕力士、天王，门、龛方向逐层互换，每层转角处雕圆形倚柱，每层塔身之外均设有平坐，构成环绕

图3-31 福建泉州开元寺双塔之一

塔身的外廊。塔平面分为外壁、塔心八角柱及两者之间的回廊。镇国塔形制、内部结构与仁寿塔座本相同，高48米。塔刹甚高，自下而上为覆钵、圆球、仰莲、相轮、宝盖等，顶尖如葫芦，并用八条铁链从宝盖斜系于八个角脊上[1]。

两塔的内部结构与一般砖塔的盘旋式或穿心式不同，楼梯不是砌在塔壁或塔心柱上，而是忠实地模仿原塔的楼阁形式，在靠近塔心柱的上侧留出方孔，安设楼梯。塔心柱为石砌实心柱体，无塔心室，只在正对塔门的一面设长方形佛龛，内置佛像。塔刹的形式是典型的楼阁式塔金属刹。为保持高大的铁刹的稳固性，在塔顶八角的垂脊上系八条铁链拉护。

北宋时期建造的开封祐国寺塔是中国现存最大的琉璃塔[2]，八角十三层，高54.66米，为琉璃砖仿木结构，所有角上的圆倚柱和额枋、墙面、门、窗、斗拱、腰檐以及飞天、龙、麒麟等各种纹饰都用琉璃面砖砌成，塔内设砖砌塔心柱，柱周围筑有盘旋踏道，使塔心柱和塔壁牢固地结合在一起，形成具有较强抗震性能的整体。塔底层有四个圭首门（图3-32），各门上部均用叠涩方法收成尖顶，以上每层只设一门，供登临眺揽，塔顶为八角攒尖式，有瓶形铜刹扣于莲花座上[3]。此外，墓葬及塔基地宫中也有小型琉璃塔出土。

内蒙古呼和浩特市的万部华严经塔为八角七层楼阁式砖塔，顶部残缺，现高61.45米。塔座大部

图3-32 河南开封祐国寺塔细部

① 林剑：《泉州开元寺石塔》，《文物》1958年第1期。
② 龙非了：《开封之铁塔》，《中国营造学社汇刊》1932年第3卷第4期。
③ 河南省博物馆：《祐国寺塔（"铁塔"）》，《文物》1980年第7期。

分埋于地下，仅存座上的斗拱、平坐，其上设三层莲瓣的仰莲座承托第一层塔身，南北两面设半圆形券门，门上嵌"万部华严经塔"匾额一方，塔身门窗多为假门、假窗，两旁各塑天王、力士、菩萨等，塑工甚佳。塔身各角角柱为圆形，上雕蟠龙，塔内梯级设置在塔心室中，可沿梯级逐级而上，也设一些假门、假窗，仅作通风换气之用。据县志及特征判断，此塔为辽金时期遗存[①]。

除大型楼阁式砖塔外，这一时期也有小型的石刻楼阁式塔和铜铁铸楼阁式塔，这些塔大多不能登临，制作精美，有些更雕刻、铸制出门窗、柱枋、斗拱、塔檐等仿木结构，如杭州灵隐寺双石塔、闸口白塔、当阳玉泉寺铁塔、镇江甘露寺铁塔等。

三、密檐式塔

密檐式塔盛行于北方地区，唐、宋时期装饰简洁，辽、金时期发展迅速，大部分为八角形平面，但也有一部分承袭唐代的方形平面，如河南洛阳白马寺塔、山西陵川县昭庆寺塔等。与早期密檐式塔相比，辽、金时期的密檐式塔通常为实心建筑，完全不可登临，下部台基之上普遍增加了一个高大的须弥座，座上雕饰佛像、菩萨、伎乐以及狮、象等动植物图案，上置斗拱及平坐，再上以莲瓣承托较高的第一层塔身。[②]这种形式的塔是在唐、五代的基础上发展起来的，如唐乾宁二年（895 年）兴建的山西晋城青莲寺慧峰塔、五代时期的南京栖霞寺塔均在须弥座及莲瓣上建有八角形塔身[③]。整个塔的造型以上下两部分的繁密来衬托中部的平整，第一层塔身也是辽金密檐式塔的装饰精华所在，雕饰如佛龛、佛像、菩萨、飞天、门窗、斗拱、椽檩以及塔、经幢、城楼、角楼、飞桥、城门、城墙等各种形象。辽末，又在塔身额枋下面增加一列装饰性的"如意头"[④]。塔身以上的各层檐子下增加了斗拱、椽子、飞头、瓦陇等仿木结构部分，使整个塔的外观繁复而华丽[⑤]。塔刹通常比较高大，以金属刹为主。此外，辽塔上还常见铜镜装饰，如辽庆州白塔塔体外部镶嵌着一千多面铜镜，表面以细线雕刻佛像、铭文等内容，据纪年题记，可能为塔体在重新维修时供施上去的[⑥]。这一时期比较著名的密檐式塔有北京天宁寺塔、通县燃灯塔、河北昌黎源影塔、正定临济寺青塔、辽宁锦州广济寺塔、北镇崇兴寺双塔、辽阳白塔、吉林农安塔等。

河北昌黎源影塔位于城内西北隅，高约 50 多米，八角十三层，塔基每面宽 4.25 米，束腰部分开龛，原雕有各式图像，基座以上用斗拱承托平坐，饰以卍字、十字、梯形等几何图案花纹，平坐以上置双层仰莲座承托塔身，第一层塔身较高，塔身各面以砖雕砌出天宫楼阁，楼阁正面均作假门，假门上饰门钉，十分逼真。自塔基至顶部除少量使用木构外，其余皆为砖石仿木构，檐角悬六棱或圆形风铎[⑦]。

山西灵丘觉山寺塔建于辽大安五年（1089 年），原在寺西部的塔院内。塔下有方形及八角形两层基座，上置须弥座两层，第二层须弥座上有斗拱及平坐，须弥座的束腰部分在壶门

① 朱希元：《内蒙古呼和浩特市的两座塔》，《文物》1961 年第 9 期。
② 全佛编辑部：《佛教的塔婆》，全佛文化事业有限公司，2000 年，第 47 页。
③ 刘敦桢：《中国古代建筑史》，中国建筑工业出版社，1980 年，第 215 页。
④ 全佛编辑部：《佛教的塔婆》，全佛文化事业有限公司，2000 年，第 47 页。
⑤ 刘祚臣：《古塔史话》，中国大百科全书出版社，2000 年，第 84 页。
⑥ 清格勒：《辽庆州白塔塔身嵌饰的两件纪年铭文铜镜》，《文物》1998 年第 9 期。
⑦ 冯秉其：《昌黎源影塔》，《文物》1958 年第 5 期。

内雕刻佛像，壸门之间及角上雕刻力士（图 3-33），平坐栏板饰以几何纹及莲花。平坐以上用三层莲瓣承托塔身。塔身各角都有圆倚柱，正向四面设门，但东西二面为假门，其余四面为假窗，檐下用砖砌出额枋、斗拱。塔身内有八角形内室，内室中央建中柱，与其它辽塔不同[1]。第一层塔身以上用砖砌斗拱支承密檐，最上为攒尖顶，顶端置铁刹，以八条铁链固定在屋脊上。

此外，位于北京广安门外的天宁寺塔（图 3-34）也是一座较典型的辽金时期密檐式塔，属辽末遗物，后经明代大修，但在结构、装饰等方面基本保持了辽代风格。全塔通高 57.8 米，八角十三层，为实心砖塔，不可登临。下筑方形基台，上建双层须弥座，第一层须弥座束腰内，每面砌六个小龛，内刻狮头，龛间以雕花间柱分隔。第二层须弥座束腰下部砌出五个小龛，内雕佛像，龛间以力士间隔。基座上部刻出斗拱、平坐，上置三重巨大的仰莲瓣承托第一层塔身。第一层塔身四正面有拱门及雕像，其上施十三层密檐，塔檐紧密相叠，不设门窗，每层塔檐次第内收，递收率逐层加大。塔刹用砖刻两层八角仰莲，上置须弥座，承托宝珠[2]。

图 3-33 觉山寺塔须弥座细部

图 3-34 天宁寺塔

四、花塔

花塔是宋、辽、金时期独有的一种高层塔，元代以后渐渐绝迹。从内部结构上讲，仍属楼阁式塔一类，只是更加突出外观装饰，塔身上半部雕刻佛龛、佛像、菩萨、天王、力士以及狮、象等反映佛教内容的装饰，远远看去，犹如巨型花束盛开，因而得名。

花塔的装饰经历了由简入繁的演变过程，早期的花塔是从装饰单层亭阁式塔的顶部和楼阁式、密檐式塔的塔身发展而成的，如山西省五台山佛光寺的唐代解脱禅师墓塔，塔顶之上装饰重叠的大型莲瓣，可以说是中国花塔的雏形[3]。受印度、东南亚一些佛教国家寺塔繁缛装饰风格的影响，至宋、辽、金时期，花塔才真正形成，有些原还涂有各种色彩或覆有琉璃

① 刘敦桢：《中国古代建筑史》，中国建筑工业出版社，1980 年，第 217 页。
② 刘祚臣：《古塔史话》，中国大百科全书出版社，2000 年，第 94 页。
③ 刘祚臣：《古塔史话》，中国大百科全书出版社，2000 年，第 96 页。

砖，雕饰繁丽、五彩缤纷，将佛塔装饰美发展到了极致。现存花塔实物不过十多处，可能当时建造的数量较少，其中河北正定的广惠寺花塔、曲阳修德塔、北京房山万佛堂花塔（图3-35）、敦煌成城子弯土塔等具有代表性。

敦煌成城子弯土塔全部用土建成，表面敷细泥塑出塔门及装饰，塔门在东面，其它三面作假门，券口上塑尖拱，塔身每角雕八角形柱，顶部为屋面，脊上挑出莲座一层，其上为塔顶部分，共有宝装莲瓣七层，每个莲瓣尖上塑单层小方塔一座，最上层莲瓣之上又起八角座，座上立有较大的单层方塔，据塔身装饰，此塔营建年代大致是在唐末宋初时期[1]。

河北正定广惠寺花塔（图3-36）又名多宝塔，始建于唐代，金代及明清曾有两次修茸，现存花塔为金代建筑，塔高40.5米，共分三层，第一层塔身平面八角形，四隅各附有扁平的六角形单层小塔一座，这种布局与后世流行的金刚宝座式塔相似，塔身及小塔正面均开圆形拱门，塔身及塔檐下设有专制斗拱，第二层塔身平面八角形，四正面辟方形门，门旁及其余四面设假窗，上有斗拱、塔檐、平坐承托第三层塔身，第三层塔身正面设方形门，其余三面设假门，其上设有宽大的平坐，塔身骤然缩成圆锥形，高度约占总体的三分之一，外壁按八面八角的垂直线将狮、象、龙、虎及佛、菩萨形象塑刻于塔身之上，形如巨大的花束，花束状塔身以上雕出斗拱、飞檐等仿木结构，上覆八角形塔檐，从塔的外表看，原均有彩画[2]。

图3-35　北京房山万佛堂花塔

图3-36　河北正定广慧寺花塔

五、宝箧印经塔

宝箧印经塔之名来源于《宝箧印陀罗尼经》："此陀罗尼藏三世诸佛合分之法身舍利，故云宝箧。"这种塔平面方形，一至三层，以单层塔为多，与前代的单层塔相比，四面均不开龛或辟门，主要分布于中国江苏、浙江、福建、湖南、广东、云南、新疆等地，有大、小两种，小者主要出土于地宫、天宫之中，大者作为佛寺的组成部分，在地上建造，一般为实心建筑物。

① 《敦煌附近的古建筑——成城子湾土塔及老君堂慈氏之塔》，《文物参考资料》1955年第2期。
② 华瑞·索南才让：《中国佛塔》，青海人民出版社，2002年，第304页。

　　这种类型的塔又名"阿育王塔"，据文献记载出现较早，道宣《广弘明集》中说："越州东三百七十里，鄞县塔者，西晋太康二年沙门慧达感从地出。高一尺四寸，广七寸，露盘五层，色青似石而非，四外雕镂，异相百千。"《唐大和尚东征传》又云："阿育王塔者，是佛灭度后一百年，时有铁轮王名阿育王，役使鬼神，造八万四千塔之一也。其塔非金、非玉、非土、非铜、非铁，紫乌色，镂刻非常。一面萨埵王子变，一面舍眼变，一面出脑变，一面救鸽变。上无露盘，中有悬钟。埋没地中无人得知者。唯有方墓高数仞，草棘蒙茸，罕有寻窥。至晋泰始元年（并州）西河离石人刘萨诃者，死至阎罗王界，阎罗王数令掘出。自晋、宋、齐、梁至于唐代时造塔造堂其事多矣。"

　　五代时期，吴越王钱弘俶仿仿古印度阿育王造塔事迹，于955年开始，经过十年时间也铸造的八万四千座小塔，作为藏经之用，当时还流传到日本，文献中有"钱忠懿王以五金铸十万宝塔，五百遣使颁日本"的记载，逐渐成为日本古塔中一种重要的类型，实物保存较多。又因其大多为金属铸制，外涂以金，故称金涂塔。除金属质地外，少数使用漆木雕刻。金涂塔在唐宋时期的塔基地宫中很常见，有时一个地宫内可以出土几个、十几个，如金华万佛塔一次就出土了十五个这样的小塔①。雷峰塔倒塌的天宫遗迹中发现了一座宝箧印经塔，银质涂金，甚为珍贵（图 3-37）。安徽博物馆藏 1967 年塔基出土的一座宝箧印经塔（图 3-38），保存完整，铜铸鎏金，金光闪耀。塔外还有一个银盒，另有记事的银牌，上写"绍兴二十五年九月二十日下工起塔。住持长老宗景施银牌子记"②。上海松江李塔明代地宫以及嘉定法华塔元代地宫中也有此类宝箧印经式小铁塔出土，后者为铁质，已残，前者与吴越国造阿育王塔对照，明显增加了一个托座，据推断为宋元时期遗物③。

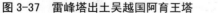

　　图 3-37　雷峰塔出土吴越国阿育王塔　　　　图 3-38　安徽省博物馆藏宋代金涂塔

　　一些寺庙中也建有大型的宝箧印经式露天石塔，但与楼阁式、密檐式塔相比，体量较小。这些塔多为宋至明清时建造的砖石塔，如福建泉州开元寺大殿前的宋代墓塔，普陀山普济寺

　　① 张驭寰：《关于我国"阿育王塔"的形象与发展》，《现代佛学》1964 年第 4 期。
　　② 罗哲文：《中国古塔》，中国青年出版社，1985 年，第 194 页。
　　③ 上海市文物管理委员会：《上海松江李塔明代地宫清理简报》，《文物》1999 年第 2 期。上海市文物管理委员会：《上海嘉定法华塔元代地宫清理简报》，《文物》1999 年第 2 期。

前元代石塔，明清时期广州海幢寺塔、长沙岳麓山阿育王塔等①。

第五节　元、明、清时期的塔

图 3-39　北京房山云居寺清代墓塔

元代在吸收中原传统文化的基础上，保持了特有的民族风格，同时大力扶持喇嘛教发展，因而藏传寺塔建造较多，如北京西城妙应寺白塔、北京居庸关过街塔等。明代的经济、文化事业发达，建塔数量超越前代，种类齐全，除佛塔外，还流行修建风水塔，以江苏、江西、云南、贵州等地最多，其式样或与佛塔相仿，或标新立异，如一些地方建有形如笔状的"文笔塔"，这种塔是伴随科举制度的建立与发展而产生的，供奉道教中主宰功名利禄的文魁星，又称"文星塔"、"文昌塔"等。在各式佛塔中，仍以仿木构楼阁式砖塔为主，而密檐式、宝箧印经式、喇嘛塔等前代流行的各类佛塔也不在少数，建筑质量及雕刻水平均大为提高，并着力模仿宋、辽、金各代的各式佛塔，但往往过于工丽，流于呆板、生硬，失去了古朴自然的韵味。清代统治者崇奉喇嘛教，各种藏式塔多有建造，而各民族的宗教、文化交流也促进了古塔类型的丰富。明清时期，处于西南边陲的傣塔已在村寨中普及，虽然分布地域较小，但数量较多，风格独特。僧人墓塔在佛寺中比较常见，布局或成排，或成林，少则一座，多则数十座。墓塔体型小，基本都是实心建筑，建材以砖石为主，少数采用琉璃建造，在外观上模仿各式佛塔，有喇嘛塔式（图 3-39）、馒头式、楼阁式、密檐式等类型，但不像佛塔需要遵循固定的格式和具体的要求，因而具有较大的灵活性，如元至元二十九年（1292 年）营建的白云寺普照禅师塔，在形制上受到喇嘛塔影响，塔座由双层须弥座构成，塔身呈鼓形，雕刻两层佛龛及塔铭，塔身之上的塔脖子刻有八个口衔花绳的狮首，其上再建三层八角形塔檐，翼角翘起，檐上刻圆形莲瓣刹座，上置宝瓶状刹②。

元代以后，塔的建材及结构基本延续前代遗制，只是运用娴熟，工艺更为精湛。明、清时期，以铜铸塔之风盛行，与铁相比，铜材在可塑性与色泽方面都具有显著的优越性，能够表现细密复杂的纹饰，如四川峨眉山的铜塔、山西五台山显通寺的双铜塔（图 3-40）等都是这一时期铜塔的上乘之作。铁塔时有出现，体量一般不大，明代所铸陕西咸阳千佛铁塔，高达 33

图 3-40　山西五台山组合式
铜塔

---

① 张驭寰：《中国塔》，山西人民出版社，2000 年，第 120 页。

② 杨焕成：《豫北石塔纪略》，《文物》1983 年第 5 期。

米，尚不多见。琉璃建材的运用在宋元时期还不普遍，明、清时期，帝王宫殿、坛庙、园林和寺观等普遍开始使用琉璃瓦件及装饰，大片金碧辉煌的建筑群出现在北京以及全国各地，为中国的传统建筑分外增彩，体现出浓厚的民族特色，由于明清时期琉璃建材产量的提高，琉璃塔数量渐多，一般为楼阁式样。据史料载，明永乐皇帝下诏修建的南京大报恩寺琉璃塔，高九层，约 78 米，是当时南京最高的建筑，由巨大的白瓷五色琉璃砖构件堆砌而成，每砖均刻佛像等图案。建造此塔烧制的琉璃瓦、琉璃构件和白瓷砖，都是一式三份，建塔用去一份，其余两份编号埋入地下，以备有缺损时，上报工部，照号配件修补。今塔虽不存，但还残留了许多精美的琉璃构件。现存明清时期露天的琉璃塔不下百处，在北京、山西等地尤为集中，如山西洪洞广胜寺飞虹塔、北京香山琉璃塔、承德须弥福寿寺琉璃塔，北京玉泉山、颐和园琉璃塔、南京灵谷寺琉璃塔、山西阳城海会寺琉璃双塔、山西阳城寿圣寺琉璃塔以及山西襄陵灵光寺琉璃塔等，这种情况与明清时期山西地区盛产琉璃有关[1]。清代还将琉璃建材应用于喇嘛塔的装饰上[2]。

　　明清时期制造的小型佛塔异彩纷呈，材质有金、银、珍珠、象牙、珐琅等。由于材质昂贵，这些塔一般只作供奉舍利或装饰之用，安置在塔基地宫、塔身之内或供奉于寺庙、宫廷之中，如北京故宫中的纯金塔；西藏、青海、甘肃等省区喇嘛庙中的金银珠宝舍利塔等。

一、覆钵式塔

　　元、明、清三代，在统治者的支持下，藏传佛教的覆钵式塔被引入内地，这种佛塔特征显著，通常由塔座、塔身、十三天及塔刹构成。塔身呈上大下小的覆钵状。塔身之上设有"平头"承托十三重相轮，相轮之上设伞盖，上置仰月、圆光、宝瓶等，塔身之下建有体量庞大的塔座，一般为多层多角的"亞"字形须弥座，整体形制比较忠实地保留了古印度佛塔的原貌，同时，受到尼泊尔同类佛塔装饰的影响，增设了塔门，半球形塔身逐渐变高。这种塔主要来自西藏地区的喇嘛教，因而也称"喇嘛塔"或"藏式塔"，在西藏、内蒙、青海等地藏传佛教流行区域较盛行，自元代起，随着喇嘛教在内地的发展，开始大事兴建，明清时期更是遍及全国，甚至很多禅宗寺院里，也用它作为和尚墓塔，成为中国古塔中的一种重要类型。有的覆钵式塔内藏舍利、佛经、经幢等物，一些大型覆钵式塔内部还建有佛殿。

　　此类佛塔虽自元代开始广泛传播，但在辽、金时期可见其过渡形式[3]，如现存两座辽代密檐式塔——天津蓟县观音寺白塔和北京房山云居寺北塔顶部都安置了一个较大的覆钵式塔，金、元时期，也有个别这样的例子。总体而言，覆钵式塔的造型庄重、匀称，外观上的变化并不像其它佛塔类型那样显著。早期的覆钵体较为平矮，显得肥硕、丰满。明末以后，覆钵体渐高，由上至下逐渐收分，形成一个倒置的圆锥体，并于腰部饰有称为"眼光门"的火焰形券龛，内置佛像[4]。元代喇嘛塔的伞盖部分较大，在塔的结束处理上采用了华盖、流苏及宝瓶等，如著名的妙应寺白塔，清代伞盖部分相对较小，塔刹改用天盘、地盘、日、月等。十三天的形制及比例也从元代的尖锥形发展到直筒形，且逐渐转向瘦高，塔身之下以数层方涩代替了双层须弥座承托莲瓣装饰。在总体风格上，元代喇嘛塔体型壮硕、风格粗犷，

　　① 陈万里：《谈山西琉璃》，《文物参考资料》1956 年第 7 期。
　　② 刘祚臣：《古塔史话》，中国大百科全书出版社，2000 年，第 129 页。
　　③ 刘祚臣：《古塔史话》，中国大百科全书出版社，2000 年，第 111 页。
　　④ 全佛编辑部：《佛教的塔婆》，全佛文化事业有限公司，2000 年，第 48 页。

表现出一种阳刚之美；清代喇嘛塔体型清瘦，风格典雅，呈现出一种阴柔之美，明代介于两者之间，带有过渡性特征[①]。此外，覆钵式喇嘛塔还通过不同的组合表达出多种的宗教含义。

元世祖忽必烈敕令尼泊尔匠师阿尼哥设计并主持修建的北京妙应寺白塔（图3-41）是元代喇嘛塔中的杰出代表。此塔建于"T"形台座之上，座上建平面呈"亞"字形的须弥座二重，须弥座上以硕大的莲瓣承托平面圆形而上肩略宽的塔身，再上为十三天，塔顶的青铜华盖与流苏之上原先安置宝瓶，现置一个小型的喇嘛塔。华盖四周悬挂着36个铜质透雕铃铎，塔高50余米，全用砖造，外抹石灰，呈白色。此塔各部分比例匀称，虽然塔身不加装饰，但却气势雄浑，巍峨庄重[②]。

湖北武昌首义公园内的"胜像宝塔"建于元至正三年（1343年），塔高9.36米，雕刻精美，塔座共分三层，最下层雕云神、水兽、海水、羯摩杵等纹饰，中层雕五方标帜，上层雕梵文，上有覆莲瓣一周承托塔身，塔身与十三天之间雕饰莲花等各种植物纹，十三天之上有仰莲承托伞盖，下面阴刻八宝纹，周边环以铜质流苏，塔刹为宝瓶形[③]。

明清两代在元代的基础上大量建造喇嘛塔，现存大型喇嘛塔主要有五台山塔院寺舍利塔、北京北海琼岛白塔（3-42）、扬州瘦西湖莲性寺白塔等。有些金刚宝座塔及过街塔的上部小塔，也采用这种形式。

图3-41　北京妙应寺白塔

图3-42　北京北海琼岛白塔

北京北海琼岛白塔耸立于北海公园的琼岛上，始建于清顺治八年（1651年），后经康熙、雍正年间两次重修。琼岛是辽、金、元、明时期的御花园。白塔高35.9米，周长72米。塔下为十字折角形的石砌须弥座，座上置覆钵形塔身，塔身正面有壶门式火焰门，上刻梵文。十三天高耸挺拔，其上有两层铜质伞盖，边缘悬铜铃。刹顶置仰月、宝珠。塔前高台上，建

①　刘祚臣：《古塔史话》，中国大百科全书出版社，2000年，第111页。
②　刘敦桢：《中国古代建筑史》，中国建筑工业出版社，1980年，第265页。
③　蓝蔚：《武昌黄鹤楼"胜像宝塔"的拆掘工作报道》，《文物参考资料》1955年第10期。

有一座琉璃小殿，名曰"善因殿"，殿的四周嵌砌琉璃砖制小佛数百尊。白塔建筑技艺高超，塔身装饰简洁，只在南面设一红底黄字藏文图案的佛龛，即"眼光门"。此塔雄踞琼岛之巅，处于皇城最高处，除宗教功能以外，还具有一定的军事用途，同时体量庞大的藏式白塔与雍容华贵的汉式皇宫相得益彰，营造出特有的氛围。

河北承德普宁寺大乘之阁的四角，中部界墙内侧建有四个喇嘛塔，南面两塔均建在高约 1 米余的台基上，台基前后置踏步，北面两塔由于地势原因，台基露出部分很少，前后无踏步，台基之上建高 3 米余的方形基座，中间有南北向拱道，拱道左右开藏式假窗，上段建女墙，从基座内部无法进入塔身，四塔都是下承"亞"字形须弥座，由覆钵体、十三天以及金属制的宝盖、日月、火焰宝珠等组成，但中段的覆钵部分的形制及壁面嵌饰各异，壁面嵌饰运用黄、绿、紫、群青、黑等色的琉璃砖表现八宝纹，使四塔在形象及色彩方面富于变化[①]。

二、过街塔

元代出现的藏式佛塔，除覆钵式喇嘛塔之外，还有过街塔。过街塔一般建在街道之中或大道之上，由一个或者几个小塔组成"过街楼"，塔下修成门洞，可容人或车马通行，有的规模较小，只容行人通过，不行车马。过街塔在塔下设门以通往来，因此又有"塔门"之称，如居庸关过街塔门券东壁汉文功德记有"如法安置□塔门"。这种建筑形式具有特殊的宗教含义，据《佛祖历代通载》卷二十二引《(世祖)弘教集》："外邦供佛舍利，帝云：'不独朕一人得福'，乃于南城彰义门高建门塔，普令往来皆得顶戴。"即行人从塔门中穿过，就意味着对佛进行了供养礼拜，可以"皈依佛乘，普受法施"。将繁琐的宗教仪轨简化到穿塔而过，有利于佛教在民间的普及，也体现出佛教与佛塔发展的世俗化趋势。元代喇嘛教盛行，建于过街塔上部的佛塔多为喇嘛塔式样，后世也有楼阁式塔、密檐式塔等类型，此类佛塔虽主要受到西藏喇嘛教萨迦派建筑影响，但同时也吸收了中国古代城关建筑的诸多因素，因此常被称作"关"。如北京居庸关过街塔（图 3-43），建于元至正二年（1324 年），据元代诗人葛罗禄乃贤"三塔跨于通衢，车骑皆过其下者"的记载，原在云台之上有三座并列的塔，现仅存塔座，即今天所见的居庸关。据塔铭得知，此塔在营建过程中有西藏萨迦喇嘛的参与，则三塔形制很可能与元大都大圣寿万安塔一样，为覆钵式喇嘛塔。云台的券门、券顶和券壁存有雕刻，其内容及排布方式与元大都大圣寿万安塔同出一源，券顶雕有五曼荼罗，券顶两侧的斜面雕有十方佛，十方佛间雕刻千佛，据题记可推知门券壁面雕像原有金饰装銮，以上内容主要表现生身舍利部分，法身舍利即门券两壁正中所雕《佛顶尊

图 3-43　北京居庸关云台过街塔座

① 卢绳：《承德外八庙建筑（三）》，《文物》1956 年第 12 期。

胜陀罗尼》、《佛顶放无垢光明入普门观察一切如来心陀罗尼经》，门券两壁的左、右角雕有护法四天王，门券顶部（图 3-44）中心为迦楼罗，左右为龙王，南北两券面各雕"六弩具"，券面足部各雕羯摩杵[①]。这些雕刻大多神情、姿态雄劲，渲染出生动、热烈的气氛，是元代"西天梵相"的代表作品，但四大天王为汉式风格的典范[②]，整个浮雕体现了汉藏两种风格的完美融合。

　　中国现存过街塔的数量较少，除了上述居庸关云台外，在桂林、镇江等地也有此类遗存（图 3-45）。镇江的云台山过街塔横跨于从前通往长江码头的通衢之上，下面是石制门楼，上建一个小型喇嘛塔，从形制上看为元代的建筑。[③]北京西郊法海寺门前原有一座塔门，跨于大道之上，上建一座喇嘛塔。北京颐和园后山香岩宗印之阁也是现存此类佛塔的重要实物[④]。河北承德普陀宗乘之庙在门、殿及僧房白台之上建塔的例子不在少数，有单塔、三塔、五塔之别。庙内碑亭以北，正中建有五塔门，门高 10 米余，中辟三个拱门，其上建三层藏式假窗，墙顶建女墙，顶部五座喇嘛塔式样各异，与普宁寺四座喇嘛塔相似。庙西门外的三塔水口门，跨于溪谷之上，中间部分前后突出，整体平面呈"十"字形，门有三拱，以通水流，上有两层梯形假窗，墙顶亦有女墙一圈，顶部建三座喇嘛塔，中间一塔较大，比例合度[⑤]。

图 3-44　券洞门外大鹏金翅鸟及龙王雕像

图 3-45　江苏镇江过街塔

三、楼阁式塔

　　明清时期，大型砖塔多采用楼阁式样，密檐式塔较少，塔平面有方形、六角形、八角形等，以八角形为主，塔内构造流行壁内折上式，装饰更加富丽，特别是基座部分制作细致，除雕刻佛教故事外，还增加了民间故事内容，如"二十四孝"、"喜鹊登梅"等，塔身仿木构建筑痕迹增多，塔的各层平坐围以栏杆，门窗、壁面大都磨砖对缝，表面光滑平整[⑥]，一些塔在造型上巧夺天工，别具一格。

① 宿白：《居庸关过街塔考稿》，《文物》1964 年第 4 期。
② 熊文彬：《元朝宫廷的"西天梵相"及其艺术作品（上）》，《中国藏学》2000 年第 2 期。
③ 刘祚臣：《古塔史话》，中国大百科全书出版社，2000 年，第 131 页。
④ 罗哲文：《中国古塔》，中国青年出版社，1985 年，第 47 页。
⑤ 卢绳：《承德外八庙建筑（三）》，《文物》1956 年第 12 期。
⑥ 张驭寰：《中国塔》，山西人民出版社，2000 年，第 50 页。

广胜寺飞虹塔（图 3-46）是一座比较典型的明代楼阁式塔，位于山西省洪洞县广胜上寺内，广胜寺分上下两寺，上寺建于山巅之上。飞虹塔历史悠久，相传始建于汉代，现存琉璃塔为明代遗物，正德十年（1515 年）开工，嘉靖六年（1527 年）落成，明天启二年（1622 年）又增设底层回廊，为纪念此塔当年的募建者达连大师（号飞虹），故称飞虹塔。此塔外壁镶嵌着各色琉璃砖，光彩夺目，如雨后彩虹，亦俗称琉璃塔。飞虹塔为八角十三层仿木楼阁式塔，通高约 47 米。塔身由青砖砌成，自下而上逐层收缩，状如锥形，各层设平坐、栏杆。檐下设琉璃砖仿木构的斗拱、柱枋等构件，檐角悬风铃。塔身各层装饰琉璃佛、菩萨、力士、盘龙、鸟兽、花卉等。塔内中空，阶梯沿内壁而设，可登至十层。塔刹造型奇特，为金刚宝座式，正中一塔为塔刹的主体，四小塔分立四方，五塔均为喇嘛塔式样，塔刹顶部有八条铁链与顶脊相连，以保持其稳固性[1]。此塔的基座由条石砌成，甚为牢固，塔

图 3-46　广胜寺飞虹塔

身收分大，上小下大，重心稳固，抗震能力强，外表琉璃色泽如新，是中国最高、保存最完整的琉璃塔。

四、金刚宝座式塔

金刚宝座式塔源自印度，基本特征为下设高大的塔座，在塔座上建造五塔，中塔较为高大，四角的塔较矮小，金刚宝座象征坛城，上面的五塔象征须弥山王[2]。五塔的须弥座上分别雕刻象、狮、马、孔雀、金翅鸟等动物形象，按照佛教经义，金刚界五部部主，中为大日如来佛、东为阿閦佛、南为宝生佛、西为阿弥陀佛、北为不空成就佛，依次代表理性、觉性、平等、智慧、事业，又称"五智如来"。五个部主各有坐骑，大日如来以狮子为坐骑、阿閦佛以象为坐骑、宝生佛以孔雀为坐骑、阿弥陀佛的坐骑为迦娄罗，即金翅鸟王，因此，金刚宝座塔的基座以及五小塔须弥座多雕饰五方佛的坐骑形象，五塔也象征着金刚界的五部主佛。

与印度原式样相比，中国的金刚宝座塔在形式上发生了很大变化，首先塔的基座部分被增高和扩大了，体现了中国本土高台建筑的特点。其次，印度金刚宝座式塔的中间大塔特高，与小塔比例悬殊，中国金刚宝座塔的中央大塔仅略高于四角小塔。第三，基座上的五塔形制丰富，主要为中国常见的密檐式、楼阁式、覆钵式等类型。塔身各部所雕的斗拱、柱子、椽飞、瓦垄等也都运用了中国传统的建筑结构形式[3]，在装饰上，一方面，表现出喇嘛教的题材及风格[4]，另一方面，如琉璃瓦、汉白玉等带有中国本土特色的建筑材料被运用到塔及塔的附属建筑中。

金刚宝座塔传入中国的时间较早，在北朝时期敦煌壁画中就已出现，但并未流行开来。

① 柴瑞祥：《文化百科丛书——天下洪洞》文物出版社，2004 年。
② 王世仁：《承德外八庙的建筑形式》，《中国古建探微》，天津古籍出版社，2005 年，第 315 页。
③ 刘祚臣：《古塔史话》，中国大百科全书出版社，2000 年，第 122 页。
④ 刘敦桢：《中国古代建筑史》，中国建筑工业出版社，1980 年，第 360 页。

四川省博物馆内收藏的一座北魏造像碑,其碑边上也有一座金刚宝座塔①。五台山南禅寺大殿内的石刻小形楼阁式塔,高仅51厘米,从塔的形制上看,大约与大殿同为中唐时期的作品,塔为四方形楼阁式,下有四方形台基,台基四角各刻圆形亭屋一个,与主塔构成五塔的形式②,虽然塔座较低,周围四塔甚小,但也可作为此类佛塔的雏形。金代重修的河北广惠寺花塔底层八角形塔身正四面也各附六角形单层小塔一座,构成五塔的组合形式。

从现存实物资料来看,中国大型的金刚宝座式塔建于明代以后,全国约有十多处,其中北京真觉寺金刚宝座塔、云南昆明官渡妙湛寺金刚宝座塔、湖北襄阳广德寺多宝佛塔、山西五台圆照寺金刚宝座塔、甘肃张掖金刚宝座塔、北京碧云寺金刚宝座塔、西黄寺金刚宝座塔、内蒙古呼和浩特五塔召金刚宝座塔等较具代表性。这些塔在统一的时代风格之下,又表现各自独特的形态。此外,还有一些采用了五塔形式的建筑物,如四川峨眉万年寺砖殿、北京雍和宫法轮殿等,只是下面的塔座变成其它建筑形式,上面五塔仍属此种类型,可作为金刚宝座塔的发展或变异③。

北京大正觉寺原名真觉寺,位于西直门外白石桥东,因寺内建有五塔,俗称五塔寺。寺内的金刚宝座塔(图3-47)始建于明成祖永乐年间(1403-1424年),由印度僧人班迪达设计,

图3-47 北京真觉寺金刚宝座塔

因建筑蓝图宏阔,工程浩繁,直至明宪宗成化九年(1473年)竣工,大约用去70年的时间。据真觉寺金刚宝座塔碑记,"其丈尺规矩与中印土之宝座无异也"。《帝京景物略》也记载:"成祖文皇帝时,西番板的达来贡金佛五躯,金刚宝座规式。"从上述文献可以看出,这座金刚宝座式塔确为仿照印度佛陀伽耶金刚宝座塔的形式修建。塔通高约17米,宝座内部用砖砌,外部用汉白玉石砌筑而成。南北长18.6米,东西宽15.73米,高7.7米。在宝座南北方向正中,辟券门一道,内设过室、回廊、塔室,正中方形塔柱,四面均有佛龛,龛内供奉佛像。过室东、西各有石阶44级,登石阶可至宝座台面。宝座台面分列五座密檐式方形石塔,中央大塔十三层,四角小塔各十一层。这些塔均由上千块凿刻好的石块拼装而成,在塔座上还另建一座重檐琉璃罩亭。宝座及塔身布满各种纹饰,除了常见于金刚宝座式塔的五种动物形象外,还有天王、降龙、伏虎罗汉、菩萨、佛像、八宝、金刚杵、菩提树、莲瓣、卷草以及梵文等浮雕装饰,精细华美,雕工娴熟。这座佛塔综合了多种建筑式样于一身,不仅为中国现存同类古塔中早期代表作,也是汉、藏、印文化交流的结晶,具有较高的研究价值。

五塔召又名慈灯寺,金刚宝座塔为此寺现存主要建筑物之一,建于雍正五年(1740年),塔座下层为须弥座式,束腰部分雕刻狮、象、法轮、罗汉、金刚杵等,上层挑出短檐七层,

---

① 刘祚臣:《古塔史话》,中国大百科全书出版社,2000年,第122页。
② 罗哲文:《中国古塔》,中国青年出版社,1985年,第45页。
③ 刘祚臣:《古塔史话》,中国大百科全书出版社,2000年,第123页。

檐下四周满布佛龛，南面辟券门，门正中嵌"金刚座舍利宝塔"匾额，券面雕刻金翅鸟、龙女、狮象等纹饰，门外两旁刻四天王像，券门内为长方形无梁殿三间，楼梯设于东面一间内，盘旋而上，出口处是一座方形四角攒尖亭子，出亭子即为金刚宝座式塔的台面，五塔均为密檐式，使用黄绿琉璃瓦建成，远望绚丽灿烂。当中小塔出檐七层，四隅小塔出檐五层，塔身上均密布雕刻，中央小塔的须弥座束腰部分有飞马、象、狮子、迦楼罗、佛足迹等，其间夹杂着轮、螺、伞、盖、花、罐、鱼、长等八宝图案[1]。

　　北京西黄寺清净化城塔（图3-48）是金刚宝座塔中的另一种式样，建于清乾隆四十七年（1782年）。基座较矮，共两层。座上正中建一高大的石喇嘛塔，四隅配以四座八角小石塔。小塔上遍刻经文，第一层基座前后各有一座石牌坊，整座塔群雕刻不多，形体多变，风格华丽[2]。

　　湖北襄阳广德寺"多宝佛塔"用砖石砌成，下为八方形平台，台上五塔高耸，塔座上叠浅檐，下承矮基，柱为八角砖砌，南、北、东、西四面各开石券门，门上有佛龛、佛像，南面正门佛龛之上嵌有"多宝佛塔"匾额一方，匾额之上有三个斗大的"佛"字等距排列，塔内建有一座砖砌亭阁式小塔，塔身正面嵌石雕佛龛及额、枋、斗拱等结构，形成环廊式塔室，塔北门左侧夹壁间石级可登至塔上平

图3-48　北京西黄寺清净化城塔

台，石级出口处有方形罩亭，攒尖式顶。台上建五塔，居中一塔为喇嘛塔，塔下须弥座上刻覆莲瓣四层，上承覆钵，覆钵之上又为八角形须弥座，饰小佛龛，座上置相轮，顶为铜质宝盖、宝珠。东南、西南、东北、西北四隅均建有亭阁式小塔，每塔嵌有石雕佛龛、佛像，《多宝佛塔记》载此塔建于明弘治七年至九年间[3]。

五、傣族佛塔

　　云南傣族佛塔也是明清时期重要的佛塔类型，由于傣族集居地区与缅甸接壤，因而这种塔与缅甸佛塔十分相似，也有人直接称之为"缅寺塔"。傣族佛塔历史悠久，但普遍筑塔是在15世纪以后，并逐渐成为傣族古老传统建筑艺术的体现，与傣族文化、生活联系密切。傣族佛塔体量较小，多为砖砌，由塔座、塔身和塔刹三部分组成，三者之间没有明显界限，塔座一般呈正方形，基座上四角建有供奉的小龛。塔身包括钟座和覆钵两部分，形式有八角形、折角"亞"字形等，但大多为钟形或圆形，呈葫芦状。塔刹包括莲座、蕉苞、宝伞、风标和钻球等部分，由塔身逐步过渡成有强烈向上趋势的尖针形刹杆。基座部分常常被施以彩绘，有些佛塔还要贴金，在佛龛边上饰以彩色卷云纹样，塔体表面涂白灰，塔中大多置有金板，上刻建塔年月，塔上还留有佛洞，以安放信徒们奉献的金、银、珠宝等财物[4]。傣族塔不仅

　　① 朱希元：《内蒙古呼和浩特市的两座塔》，《文物》1961年第9期。
　　② 刘敦桢：《中国古代建筑史》，中国建筑工业出版社，1980年，第363页。
　　③ 孙启康：《襄阳广德寺"多宝佛塔"》，《文物》1959年第8期。
　　④ 刘祚臣：《古塔史话》，中国大百科全书出版社，2000年，第136页。

造型独特，而且讲求组合，因而有独塔、双塔和群塔的区别，双塔可以形式完全一样，也可以不同，个体形式与独塔相同。

曼飞龙白塔（图3-49）位于云南省西双版纳傣族自治州景洪县飞龙村后山之上，为傣族

图 3-49　曼飞龙白塔

特有的群塔形式，很可能受到了金刚宝座式塔的影响，但金刚宝座式塔供奉金刚界五佛，而傣族则信仰南传上座部佛教，群塔中的塔数不同，形制差异也比较大。曼飞龙白塔形如破土而出的玉笋，当地傣家称之为"塔诺"，即"笋塔"之意。据西双版纳傣文经典记载，此塔建于南宋嘉泰四年（1204 年），由印度僧人设计①。其基本结构是在一座圆形须弥座上，同建九塔，塔座砌成四级，逐级收分，九塔皆为多层葫芦形，主塔居于正中，通高 16.29 米，八座小塔围绕主塔而建，高仅 9.1 米。每座塔的塔身建于三层莲花须弥座上，座下八方各向外延伸出一个方形佛龛座，座上砌成纵向两面坡的殿宇，并开有券门佛龛。龛内壁上排列着众多小型佛像浮雕，龛内中间供置石雕佛像一尊。佛龛正脊上装饰有龙、凤、孔雀、小型陶质佛像，佛龛券门沿面有花草、卷云等纹饰。各塔的塔刹由喇叭状仰莲座托三段葫芦形宝瓶，瓶上置铁质刹杆，刹杆上装有风铎及三层华盖，外贴金箔，远远望去，全塔造型秀丽挺拔、轮廓多变，色彩对比鲜明，体现了傣族塔群独特的魅力及浓厚的民族风情，为中国南传上座部佛塔的代表作。此外，位于潞西县风平的大佛殿重建于清雍正三年（1725 年），其中有两座典型的傣族佛塔——熊金塔、曼殊曼塔，塔下有复杂的"亞"字形基座，塔身比例修长②。除上述傣族佛塔之外，该地区还有亭式塔、井塔等其它类型，也别具地方特色。

第六节　经　幢

一、经幢的来源

经幢为一种雕刻经咒、佛名的石幢。"幢"在中国本土文化中出现较早，原为悬挂各种丝帛的杆柱，与幡、旗等相类，中国古代的帝王将相多使用幢、幡增显威仪或指挥三军。在佛教中，幡、幢之属也大多作为塔寺、佛前、道场内的庄严供养具，如《大日经疏·九》云："梵云驮缚若，此翻为幢；梵云计都，此翻为旗，其相稍异。幢但以种种杂色丝，幖帜庄严；计都亦大相同，而更加旒旗密号，如兵家作象、虎、鸟、兽等种种类型，以为三军节度。"《法华经·分别功德品》云："世尊说无量不可思议法……一一诸佛前，宝幢悬胜幡。"《观无量寿经》"十六观"中曾多处提到了"幢"，如称"楼阁千万，百宝合成，于台两边，各有百

① 史军超等：《云南名碑名塔》，云南美术出版社，2000 年，第 144 页。
② 全佛编辑部：《佛教的塔婆》，全佛文化事业有限公司，2000 年，第 49 页。

亿华幢，无量乐器，以为庄严"。《药师本愿功德经》中称："若有净信善男子、善女人等，欲供养彼世尊药师琉璃光如来者，应先造立彼佛形像，敷清净座而安处之。散种种花，烧种种香，以种种幢幡庄严其处。"现存唐代石窟壁画中，丝织幢的形象也较常见，如敦煌莫高窟盛唐时期的 158 窟《金光明经变》，正中上方赫然一对宝幢，都是在一根直竿上装置三层圆形丝织伞盖物，宝顶盖沿有长条帛状物下垂，以下各层周边有流苏或帐幔饰物，宝顶上有五颗如意珠，正中尖顶的一粒尤大[①]。中唐第 31 窟也画了一座三层带宝顶的幢，幢竿插在一个简单的覆钵状座子上[②]。

清代叶昌炽《释幢》云："释氏之幢亦取植义，起初当与幡盖等类同为佛前供养，以帛为之。至六朝始有刻石为幢。"北齐、北周时期流行一种利用石柱浮雕造像的造像幢，有四面方柱形、八角柱形和十六角柱形三种，如北齐天宝十年（559 年）夏侯显穆等造像幢[③]，四面方柱形，幢顶有榫，底有卯眼，原应有额及底座。安徽亳县咸平寺出土的八角形造像幢已残，对称的四面雕小龛，内雕菩萨，其它四面线雕图像。咸平寺出土的一件十六角形造像幢，通高 185 厘米，每面宽 7 厘米，上下雕凿小龛，龛内雕不同姿势的坐佛和菩萨。

现存经幢多为唐代以后的遗存，幢身一般刻有《佛顶尊胜陀罗尼经》，外形以柱式或塔式为主，上有宝盖，下有台座，界檐等处以线刻或浮雕的方式表现的垂幔纹，幢身表面开龛造像，平面多呈八边形，也有少数六边形、四方形、圆形，甚至十六边形平面的柱式幢及鼓形幢，如河北邢台开元寺有唐代所建的十六面残幢、陕西醴泉县赵村唐代鼓形经幢[④]等。从经幢的外观来看，主要来源于南北朝时期的造像幢，同时吸收了早期丝织幢的一些因素，其突出特色在于表面的刻经，使幢的主要功能从庄严供养转化为降灾祈福。

二、经幢的刻经

经幢所刻的《佛顶尊胜陀罗尼经》为密宗主要经典之一，这部经书的经文有 2600 多字，内容分为两个部份：第一部分是释迦牟尼说此经的原委，即"佛说尊胜陀罗尼"，主要内容为佛说陀罗尼的来历及功德，为经文部分；第二部分即"尊胜陀罗尼"，约三百多字，为咒语部分，又称真言，是密教信仰的核心，陀罗尼咒最重要的有火界咒、慈救咒、心咒三种，另有一些消灾灭罪的杂咒。在中原地区，这一部分为意译，而在云南白族地区多直接使用梵文。陀罗尼是密教僧众修行的重要内容，《瑜伽略纂・十二》载：陀罗尼有四种，一法（陀罗尼）、二义（陀罗尼）、三咒（陀罗尼）、四忍（陀罗尼），统称陀罗尼经或陀罗尼经咒。有的在前面冠以"尊胜"称"尊胜陀罗尼经咒"。"尊胜"是赞语，即"最胜"、"最上"之意。

据《开元释教录》陀罗尼经有五种译本：杜行顗译本、地婆诃罗译本、佛陀波利译本、地婆诃罗再译本、义净译本。另据慧琳《一切经音义》卷二十九附记有八种译本，杜译前曾有阇那耶舍译本，净译以后还有善无畏译本和不空译本，这三种译本现都失传[⑤]。又据《大中祥符法宝录》记载，宋代还有法天译本。陀罗尼经的流行和译经活动也大大促进了经幢的建造，由于译者不同，在切音注字上亦各不相同。九种译本中，北天竺罽宾高僧佛陀波利和

---

① 钟惠芳：《幢考》，《民族艺术研究》1999 年第 5 期。
② 陈明达：《石幢辩》，《文物》1960 年第 2 期。
③ 韩自强：《安徽亳县咸平寺发现北齐石刻造像碑》，《文物》1980 年第 9 期。
④ 张崇德：《礼泉赵村镇唐代鼓形经幢》，《考古与文物》1984 年第 2 期。
⑤ 林子青：《经幢石经》，《中国佛教》（第五卷），中国社会科学出版社，2004 年，第 235 页。

大唐译师杜行顗合译的《佛顶尊胜陀罗尼经》，大约成书于唐初，是较早出现并流行的一种译本。

除陀罗尼经之外，部分经幢刻写其它佛经，如《般若波罗蜜多心经》、《般若波罗蜜心经》、《弥勒上生经》、《父母恩重经》、《大佛顶首楞严经》、《白伞盖陀罗尼》、《大悲心陀罗尼》、《大随求即得大自在陀罗尼》、《大吉祥大兴一切顺陀罗尼》等，还有刻写道教经典或纪事内容的经幢，如刻有《睿宗大圣贞观施食台记》的石幢①、河北易县龙兴观道德经幢②等。

就幢身刻经的发展趋势而言，唐天宝以前，经、咒完备，华、梵并书，雕写精严，书写方式多画棋子方格，后世的经文部分逐渐缩减，咒语部分不断衍生、加长，至五代、宋初，刻经文者极少出现，或节选部分经文书写于咒语前后③。宋、辽、金时期，除经咒之外，还常见启请及佛名等内容。

三、经幢的名称、年代及分布

除刻经之外，经幢从名称、分布范围、流行时代到造像题材均与密宗信仰有着密切的联系。其幢身往往刻有造幢记，有些还直接刻出经幢名称，据此一般称经幢为"石幢"、"影幢"、"宝幢"、"尊胜幢"、"幢"等，又因幢身多刻《佛顶尊胜陀罗尼经》，一些经幢在上述名称前冠以"佛顶尊胜陀罗尼"、"尊胜陀罗尼"、"佛顶尊胜"、"陀罗尼"等称谓。后世的经幢更加突出《佛顶尊胜陀罗尼经》中咒语部分，因此有名为"尊胜真言石幢"、"尊胜真言幢"、"佛顶尊胜陀罗尼真言幢"的经幢，而由经幢消灾灭罪功能演化出的立于墓旁，为追荐亡者而建的墓幢，往往被称为"尊胜陀罗尼功德幢"，如宋仁宗庆历八年（1048）张昭范为其父在洛阳金谷乡所树立的墓幢④。西夏经幢上常有西夏文题记，可以翻译成"胜相幢"⑤。胜相幢亦称"胜幢"，《涅槃经》二十六云："能与魔王波旬战，能摧波旬所立胜幢。"

经幢流行时间较长，据《金石萃编》收录的唐幢铭文，自武周至唐末，经幢建造不断。《语石》卷四著录的龙门摩崖如意元年（692年）史延福刻《尊胜陀罗尼经》是现存最早的《佛顶尊胜陀罗尼》遗迹，《佛顶尊胜陀罗尼》及经幢在武周时期开始兴盛并非偶然，与武后既崇佛道，又尚神异有关⑥。中唐以后，密宗在民间得以弘扬和普及，也受到地方官僚权贵的支持，五代、宋辽时期，伴随密宗的传播及地域特色的形成，经幢的发展也达到了顶峰，不仅数量大增，分布范围也进一步扩展，几乎遍布全国。元代，藏传密教盛行，明代以后密教深入民间，经幢的建造始终没有断绝⑦。

陕西地区是汉传密教的发祥地，也是唐王朝的统治中心，初唐杂密以及由开元三大士传入的纯密都曾对于这一地区产生过巨大影响，也使这一地区成为经幢出现最早、分布最多的地区，据1958年陕西省进行的文物普查，发现石幢142座，初步确定有唐幢82座，宋幢8

① 刘莲香：《〈睿宗大圣真观施食台记〉石幢考》，《华夏考古》2000年第1期。
② 张洪印：《易县龙兴观与道德经幢》，《文物春秋》2002年第3期。
③ 林子青：《经幢石经》，《中国佛教》（第五卷），中国社会科学出版社，2004年，第238页。
④ 刘淑芬：《经幢的形制、性质和来源——经幢研究之二》，《中央研究院历史语言研究所集刊第六十八本·第三分》1997年第9期。
⑤ 李范文：《关于明代西夏文经卷的年代和石幢的名称问题》，《考古》1979年第5期。
⑥ 宿白：《敦煌莫高窟密教遗迹札记》，《中国石窟寺研究》，文物出版社，1996年，第280页。
⑦ 钟惠芳：《幢考》，《民族艺术研究》1999年第5期。

座，金幢 3 座，元幢 8 座，明幢 6 座，清幢 5 座，时代不明者 20 座[①]。五代至宋代，南方相对稳定，密教在江南、云南及四川中部地区迅速发展，杭州地区的石窟、四川大足石窟、云南剑川石窟等都建有经幢，甚至作为重要题材出现。

四、经幢的演变

盛唐时期，经幢的数量渐多，一般呈柱状，由幢座、幢身及幢盖等部分构成，形制简单。幢座多为覆莲座式，幢身呈八角形，刻《佛顶尊胜陀罗尼经》及建幢记，有些于近顶端雕刻龛像。幢盖也为八角形，每面造像。开元十六年（728 年）陕西陇县经幢[②]为这一时期比较典型的经幢，幢高 2.1 米，方形石基承宝装覆莲一层，莲瓣上立八角幢身，刻《佛顶尊胜陀罗尼经》及造幢记，字迹完整，笔法遒劲。幢顶与幢身相连，平面八角形，每面凿一尖拱龛，各雕佛坐像一尊。

中唐时期，经幢高度增加，幢身开始分为二至三段，各段幢身以界檐及仰莲间隔，界檐上饰兽面衔璎珞及垂幔纹，幢身仍为八角形，一般在下层刊刻《佛顶尊胜陀罗尼经》及建幢记，上层开龛造像。基座流行束腰须弥座式，幢盖以八角形攒尖屋顶式为主，顶立宝珠，有些经幢在顶檐下部雕饰飞天。贞元五年（789 年）陕西蒲城经幢现高 4 米，下部埋入土中，幢身刻佛顶经及造幢记（十余人名），上立八角形宝盖两层，下层每角雕出兽面，宝盖上有圆形仰莲两层，上承方形矮柱，每面坐佛一龛，矮柱上又有八角形宝盖，每角向下呈弧线凸出，其上以火焰宝珠结顶[③]，可作为这一时期的代表。

晚唐时期，经幢整体增高，幢身层级增加，基座部分出现了双层须弥座及平坐结构，下层须弥座束腰部分刻有金刚力士、蟠龙、护法狮子及壼门等，幢座与幢身之间刻有仰莲或平坐。幢身部分的经文、造像更加丰富，各级之间的界檐仍流行兽面衔璎珞装饰，并出现模拟殿堂式的浮雕。部分经幢的造像排布方式仿照密宗曼荼罗[④]，天王位于最下层，体量最大，突出了降魔护法的作用，佛陀在最上层，形体虽小，但雕刻得一丝不苟，法相庄严。八角形幢盖继续流行，仿木构建筑痕迹更加显著，如顶部雕出瓦垄，下部雕出斗拱，幢盖檐下雕刻飞天装饰，顶设宝珠。部分经幢在八角形的幢盖上雕出山花蕉叶及覆钵，酷似当时的塔刹。

上海松江县唐大中十三年（859 年）经幢[⑤]（图 3-50）高 9.3 米，共 21 级，幢身八面，刻有《佛顶尊胜陀罗尼经》并序，以及密宗佛、菩萨、天王、供养人、花卉瑞兽等，为这一时期经幢艺术的杰作。

唐咸通十五年（874 年）浙江海宁惠力寺经幢[⑥]（图 3-51）位于惠力寺山门两旁，东西各一，面对紫薇桥。两幢大小、形制相同，上下分 14 段，安置在方台上，最下为八边形的须弥座式基座，第一层束腰部分雕蟠龙，第二层束腰部分有四个狮子承托仰莲，幢身为八棱石柱，遍刻《尊胜陀罗尼经》，上部承有宝盖，每遇转角，皆饰兽面，口衔缨络带，上有一圆石，四面刻略似海堂的图案，再上为八棱顶，雕刻飘然若举的飞仙，二幢因年久残缺，已无宝珠，顶圆石下置一石，八面刻有坐像，整幢形制与佛塔接近。

① 陕西省文物管理委员会：《陕西所见的唐代经幢》，《文物》1959 年第 8 期。
② 陕西省文物管理委员会：《陕西所见的唐代经幢》，《文物》1959 年第 8 期。
③ 陕西省文物管理委员会：《陕西所见的唐代经幢》，《文物》1959 年第 8 期。
④ 张乃翥：《龙门藏幢读跋两题》，《敦煌研究》1989 年第 2 期。
⑤ 张宏，曹玉洁：《中国古建筑文化之旅》，知识产权出版社，2003 年。
⑥ 陈从周：《硖石惠力寺的唐咸通经幢》，《文物参考资料》1953 年第 5、6 期。

图 3-50　上海松江经幢

图 3-51　浙江海宁惠力寺经幢

　　唐中和五年（885 年）郑州开元寺经幢[①]为青石砌成，通体由幢座、幢身、盘盖、造像柱、幢盖等 5 部分组成，残高 3.5 米。幢座分上下两层，下层八立面各雕一壶门，内以减地法雕护法狮子、马等；上层雕圆形仰莲座，每瓣又刻莲花图案。幢身呈八棱柱状，正面刻篆书"尊胜幢"三个大字及楷书书写的建幢题记等内容，其余七面阴刻经咒；盘盖也为八棱柱状，上部稍斜出檐，出檐的每个棱角各浮雕一狮首，八狮口中共衔一条宝珠丝带，丝带垂附于下部雕刻的帷幔之上。空隙处浮雕佛像、供养人及飞天等，盘盖之上有一圆形仰莲盘座承托造像柱，柱身八面，每隔一面雕一佛龛，龛内各雕佛像一尊，四龛内容分别为一佛祖右说法，一佛祖右降魔，一佛穿通肩衣作禅定印，另一龛内雕北方多闻天王像，身穿甲胄，右手托塔，左手持戟，足踏夜叉，余四面分别线刻二弟子和二菩萨。幢盖为八角形平顶，带有仿木构瓦垄及檐枋，顶面刻瓦垄，下部刻仿木构一斗二升的斗拱，据《中国营造学社汇刊》第六卷第 3 期《汴郑古建筑纪录》载，此幢原有九段，顶部有葫芦宝瓶。

　　五代至宋，经幢继续向着繁缛华丽的方向发展，幢身造像部分的比例逐渐超过了刻经部分，层数增多，形体高大，丰润县经幢[②]还建有像佛塔一样的地宫，总之，从外观到结构皆模仿楼阁式塔。幢座多为束腰须弥座式，束腰部分除金刚力士、天王、盘龙、狮子等传统题材外，还常见佛传故事、出行图、山峦海水浮雕以及颇具时代特色的"妇人掩门"题材，有些经幢在座、身之间雕出须弥山及盘龙装饰，此外，以莲花柱或盘龙柱将立面分作三开间式的做法也比较流行，可作为仿木构建筑的表现之一。

　　北宋景祐五年（1038 年）河北赵县陀罗尼经幢[③]（图 3-52）是中国现存最高的经幢，也是这一时期北方经幢的典范，现高 16 米余，坐北朝南，共七级。最下面是一层边长 6.1 米的方形束腰台基，束腰处有莲花石柱、金刚力士及妇人掩门浮雕。台基上建平面八角形须弥座，分为两层，第一层束腰部分每面雕三尊坐莲菩萨，第二层束腰部分雕刻形似庙宇殿堂的房屋

　　① 赵灵芝，张霆，张松林：《唐中和五年石经幢》，《文物》1995 年第 1 期。
　　② 陈少伟：《丰润县经幢地宫出土文物》，《文物春秋》2000 年第 1 期（总第 51 期）。
　　③ 张永庆，刘元树：《赵州陀罗尼经幢》，《大时代》2001 年第 9 期。

以及山峦、宝塔、长廊、佛像等。须弥座之上为八棱状的六节幢身，第一节正面篆刻"奉为大地水陆苍生敬造佛顶尊胜陀罗尼幢"十八个大字，其它七面及第二、三节幢身上刻楷书经文，第四、五节幢身满刻佛像、经变故事等。第六节幢身上部为一八角亭，其上安置铜质火焰宝珠刹。幢身各节之间均置八棱形华盖或幢檐，层层相托，饰缨络垂幔、神兽及佛教故事等。

　　与北方相比，南方的经幢更显玲珑精致，雕饰繁密，且多成对出现于寺庙中。杭州灵隐寺吴越国经幢（图 3-53）是南方经幢的代表作，位于灵隐寺天王殿前两侧，两幢相距约 74 米，均为五层八面形。据幢铭记载，为吴越王钱俶所建，奉先寺废后，景祐二年（1035 年）灵隐寺慧明禅师迁两幢于今址。经幢基座雕刻蟠龙，上部为多层宝盖、短柱，重叠垒砌，各层构件均有雕刻，包括重瓣仰莲、飞仙、佛像等。

　　云南大理地藏寺经幢[①]（图 3-54）营建于大理国时期（937—1253 年），紧贴地面置八方形二级盘座，浅浮雕卷草等图案，盘座上置幢基，四周浮雕八龙，两龙相向为一组，龙体穿插盘绕，绵延一体。幢基上有八面界石，每面三格，浮雕莲纹。界石上托八面经石，阴刻正楷汉文《佛说般若波罗密多心经》、《大日尊发愿》、《发四宏誓愿》和《敬造佛顶尊胜宝幢记》，书法工整严谨。经石以上为幢身，分七级。第一级高浮雕四天王像，立于四隅。天王之间阴刻梵文《陀罗尼经》。幢座为圆形莲瓣图案、莲瓣下以藏传佛教密宗法器"降魔杵"为图案。第一级界檐八面，每面雕小型坐佛六躯，分坐两朵云中。八角皆以莲花、宝珠、缨络、垂幔等组成界柱。第一级幢身四面，圆雕四力士坐于四隅，均头戴武士盔，胸饰璎珞项圈、裸躯赤足，手足戴钏，披帛绕体，以一手力托上层界檐，一手握拳或扶柱助力，每面浮雕为殿堂式，正中一佛跏趺坐莲花须弥座上，两旁分立六胁侍。第二级界檐与第一级略同，唯体积稍小而内收。第三级幢身雕四大菩萨坐于龛内，四周雕飞天。第三级界檐八面，与第一、二级界檐略同，但檐面未刻小佛，改雕璎珞、垂幔纹样。第四级幢身四面，四角雕菩萨，均为结跏趺坐式，云中有二飞天。龛中各雕一佛及六胁侍。第四级界檐八面，呈略朝上凸弧形，每面横列宝珠六枚。第五级幢身的正中置一宝珠，腰部雕一周缨络。四周雕振翅弩目，铁嘴利

图 3-52　　　　　　　图 3-53　　　　　　　图 3-54　　大理地藏寺经幢
赵县陀罗尼经幢　　杭州灵隐寺经幢

① 杨晓东：《滇中大理国古幢石雕艺术》，《美术研究》1987 年第 3 期。

爪的灵鹫,鹫间均饰莲托宝珠。第五级界檐在宝珠顶上雕莲花托圆盘,上承云纹翻卷滚动,卷云又与第六级幢身紧密结合,烘托了第六、七两级的"佛陀世界",第六级幢檐为屋檐形,顶有瓦楞、瓦当和滴水,檐下有斗拱,幢身即为殿堂式佛龛,下有栏杆置于云状檐上,各方正面雕佛三躯,左右侧各雕佛一躯,均结跏趺坐式。第七级幢身四面,各角雕跏趺坐四臂观音一躯,每面雕坐佛一躯,佛侧各有六胁侍。第七级界檐八面,各角饰以宝珠、莲花、璎珞、垂幡等,正面各雕三折弧形的垂帘,第七级界檐上雕莲托宝珠封顶。此幢不但高大精美,而且具有云南大理的地方特色,当地经幢常见梵文经书及四壁佛母、四臂观音等密宗造像。

图 3-55　辽忏悔正觉大师遗行塔

辽金时期的经幢大致可分为柱式幢和塔式幢两种[①],柱式幢较简洁,塔式幢有多级幢身和多级界檐,模拟楼阁式塔或密檐式塔形制,有些自名为塔,如北京房山区张坊村的辽天庆六年(1116 年)忏悔正觉大师遗行塔(图 3-55)和门头沟区潭拓寺金大定二十八年(1188 年)政言禅师塔[②],亦可称为幢式塔。辽金经幢的幢座及幢盖多呈圆形、六角形或八角形,幢盖为一层或多层攒尖式,顶上置宝珠或葫芦形宝顶,宝珠多由单层或双层的仰莲承托,幢盖上一般雕有飞檐、瓦垄等仿木结构,幢身平面呈六角形或八角形,各面刻经文及造幢记等。

明清经幢多仿前代遗制。四川新都宝光寺中的明永乐十年(1412 年)经幢,其形制颇与唐幢接近,清代经幢中,以乾隆十七年(1752年)建于北京颐和园后山经堂的两座及二十四年(1759 年)建于北海公园天王殿前的两座为代表。这些经幢基本都为汉白玉造八角石幢,高各约八公尺,形式优美。下部须弥座有三层束腰,幢身之上为一稍大的宝盖。再上为三层佛龛,以仰莲相间,每面各雕坐佛一尊。最上为三层宝盖,冠以宝珠。所不同的是,颐和园经幢的幢身,左幢刻《佛顶尊胜陀罗尼经》,右幢刻《金刚本性清净不灭不坏经》,而北海公园天王殿的东幢刻《金刚经》,西幢刻《药师经》[③]。

经幢不独为石质,还有铁幢,现存实物有四川阆中铁塔寺和湖南常德乾明寺的两座铁幢。湖南乾明寺铁幢(图3-56)全用生铁铸成,圆柱形幢身,下大上小,高约 5 米,底部直径 0.9 来,重约 1.5 吨,建于八角形石台上,石台边缘雕有仰莲纹饰。全幢共分七层,第一层周围铸半身力士像八尊,双手上举与肩平齐,作用力擎托姿势,其头部

图 3-56　湖南常德乾明寺铁幢

① 周峰:《辽金经幢之美》,《佛教文化》2001 年第 6 期。
② 周峰:《辽金经幢之美》,《佛教文化》2001 年第 6 期。
③ 林子青:《中国佛教(五)》之《经幢石经》,第 237 页,中国社会科学出版社,2004 年。

旁边的空隙处铸金刚杵状花纹。第二层下部有互相间隔的龙虎各四,中部铸佛坐像十尊。三、四层柱身有联珠、仰莲等纹饰。第五层三个空孔相通,孔旁铸《般若波罗密般若心经》,上部出檐八面挑角。第六层有重叠覆莲纹饰,中铸一门,双扇紧闭,中有凸起门钉。第七层由五个铁轮组成幢顶,从造型、风格、装饰以及铭文、官职等特征推断,此幢为五代至北宋时期的遗物[①]。

五、经幢的功能

经幢的主要功能是通过刻经表现出来的。"陀罗尼"为梵语音译,意为"总持"。《大智度论·五》中称:"陀罗尼者,秦(中国)言能持,或言能遮。能持集种种善法,能持令不散不失,比如完器盛水,水不漏散。能遮者,恶不善心生,能遮不今生。若欲作恶罪,持令不作,是名陀罗尼。"据《佛顶尊胜陀罗尼经》,陀罗尼是释迦牟尼为解救善住天子而传授的。善住天子被告知将在七天之后短命寿终,并受七返畜生身和地狱之苦,便向帝释求救,而帝释亦无解救之法,反转求助于释迦牟尼,释迦牟尼传授以《佛顶尊胜陀罗尼经》。善住天子依法修持陀罗尼六昼夜,不仅没有死,还得以远离一切恶道之苦,住菩提道,长寿善终。

天竺僧佛陀波利译《佛顶尊胜陀罗尼经》中称:"佛告天帝,若人能书写此陀罗尼,安高幢上,或安高山,或安楼上,乃至安置窣堵坡(塔)中……天帝,若有比丘,比丘尼、优婆塞、优婆夷……或见、或于相近其影映身,或风吹陀罗尼幢等上尘,落在身上。天帝、彼诸众生,所有罪业,应堕恶道地狱,畜生、阎罗王界、阿修罗身、恶道之若,皆悉不受,亦不为罪垢污染。"又说:"此咒名净除一切恶道佛顶尊胜陀罗尼,能除一切罪业等障,能破一切秽恶道苦";"于四街通道造窣堵坡,安置陀罗尼,合掌恭敬……归依礼拜,供养者,名摩诃萨埵"。其它版本的《佛顶尊胜陀罗尼经》也有类似叙述。

根据经义,佛教徒认为《佛顶尊胜陀罗尼经》具有总持去恶存善、除灾成佛的功德,能为建造、供养、礼拜者带来诸般利益。建幢或塔安置、供养陀罗尼,符合经义的要求,是供养陀罗尼经的一种重要方式。很多佛教寺院中建有经幢,起到守卫佛殿的作用,中唐以后,净土宗也建造经幢,其中奉弥勒佛为主的佛殿一般仅在殿前建立一个经幢,奉阿弥陀佛或药师佛的佛殿则以两个或四个经幢分立殿前[②]。有些经幢建于私人宅第内,起庇护家宅、荫及子孙的作用,如白居易故居出土的经幢[③]。有些经幢建于墓前或墓道内,起超度亡魂的作用,称为墓幢,成书于宋元时期的葬书——《大汉原陵秘葬经》中《庶人中幢碣仪制》篇云:"凡下五品官至庶人,同于祖穴前按石幢,上雕陀罗尼经,柱上刻祖先姓名并月日。石幢长一丈二尺,按一年十二月也,或九尺,按地宫。庶人安之,亡者生天界,生者安吉大富贵。凡石者,天曹注生有石功曹,安百斤,得子孙大吉也。式云:常以虚丘加冢体,天梁下安之,大吉。安幢幡法当去穴二步安之,即吉庆也。"西安东郊高克从墓中唐大中二年(848年)经幢[④]的

① 国家文物事业管理局主编:《中国名胜词典·湖北、湖南分册》,上海辞书出版社,1986年,第85页。
② 刘敦桢:《中国古代建筑史》,中国建筑工业出版社,1980年,第217页。
③ 温玉成:《白居易故居出土的经幢》,《四川文物》2001年第3期。
④ 陕西省文物管理委员会:《陕西所见的唐代经幢》,《文物》1959年第8期。

**图 3-57　金华万佛塔
出土灯幢**

形制和《大汉原陵秘葬经》的记载是一致的，西昌、滇西地区火葬墓中的经幢①也属此类。宋、辽、金时期，塔基地宫中流行施入石刻经幢，与手抄经书一样作为供养具。有些经幢还用于纪事或作为寺院四至的界标，与立碑有着同样的意义。唐代的灯幢（图3-57）亦曰灯台，也为石柱状，幢身刻有铭、颂、赞等，前后多刻《尊胜陀罗尼》或《施灯功德经》，渤海上京龙泉府遗址中有规模较大的石灯幢，高约6米，底部为基座承托的莲花座，其上挺立着圆柱形柱石，上承莲花托及塔室，塔室八面、中空，每面透雕，上覆八角形宝盖，以相轮、宝珠结顶②。及至宋代，出现了香幢，亦称石香炉，以八角形石柱承之，每面只刻助缘人姓名、籍贯等③。上述几类都是以经幢之形，负载其它的功能。

此外，经幢上所刻的佛经及造幢记是研究佛教发展史和考证寺庙、墓葬年代的重要资料，有些造幢记还能够起到补史、证史的作用，石幢上精美的雕塑、俊逸的书法是研究中国雕塑艺术和书法艺术的珍贵遗存。

本章小结

中国佛塔的概念来源于印度的"窣堵波"，其建造伴随着佛教传播及发展的全过程，是弘传佛教的重要手段，在形制、装饰及功能等方面不断融入本土因素，成为历代佛教文化发展的一个缩影。

两晋、南北朝时期，佛教寺塔数量渐多，佛塔位于整个建筑组群的中心，礼佛活动围绕塔来进行，佛殿建在塔后，僧房楼观列于周围。佛塔类型主要包括楼阁式塔、密檐式塔及亭阁式塔，塔平面多呈方形，层级相对较少，木塔占据主流地位，也建有不少砖石塔，部分塔上使用金属部件及装饰。

隋唐时期，佛塔数量及分布范围进一步扩大，两京地区尤为集中。受到中国传统院落式布局的影响，佛塔在寺庙中的地位有所降低。建塔材料更为丰富，砖石塔数量渐多，并成功创造出楼阁式砖塔的新类型，除木、砖、石以外，还有铜、铁、琉璃、金、银等材质的塔。楼阁式塔、密檐式塔及亭阁式塔仍为佛塔的主流式样。塔平面仍以方形为主，层级与体量超越前代。五代时期，塔平面从方形逐步过渡到六角形和八角形，外观增加了不少雕饰，在构造方面则极力模仿木构建筑式样。塔的内部结构由唐代空筒式逐步转向宋代的回廊式、壁内折上式，从而使塔外壁、塔身、楼层三者紧密结合。

宋代流行塔在殿后的布局方式，也有塔在殿旁，殿塔并列或殿前建双塔等情况。辽金时期习惯将塔建在寺院中轴线上，佛塔在整个寺庙建筑群中占据显著位置。这一时期，佛塔总

① 谢道辛：《云南顺荡火葬墓地梵文碑刻的文化内涵》，《大理师专学报》2001年第4期（总第52期）。
② 陈显昌：《唐代渤海上京龙泉府遗址》，《文物》1980年第9期。
③ 林子青：《中国佛教（五）》之《经幢石经》，中国社会科学出版社，2004年，第239页。

体数量较前代大为增加，式样丰富，地域特色逐渐鲜明，除宗教功能之外，少数佛塔还兼具料望、引航等实用功能。宋塔以楼阁式为主，辽塔以实心密檐式为主，少数为仿唐代的楼阁式塔，塔上装饰别具特色。金代的塔多为仿唐、仿辽式样，也有少量幢式塔、金刚宝座式塔等新类型，塔座部分与辽塔相比更为醒目。此外，砖石塔中还有花塔以及规模较小的阿育王塔、亭阁式塔等类型。北宋中期以后，塔平面多采用八角形，少数为方形或六角形平面，盛行于辽金时期的密檐式塔也多采用八角形平面。宋、辽、金时期，砖石建筑水平进一步提高，多种建材的运用更加淋漓尽致，金属塔数量渐多，但由于材质本身的原因，塔的高度及数量均受到限制。

元代建造的藏式塔数量较多，以覆钵式喇嘛塔及过街塔为代表，其它类型的塔仍有修建。明代建塔数量超越前代，种类齐全，仍以仿木构楼阁式砖塔为主，而密檐式、宝箧印经式、覆钵式、金刚宝座式等前代流行的各类佛塔也不在少数，除佛塔外，还流行修建风水塔。清代统治者崇奉喇嘛教，多建各种藏式塔。明、清时期，以铜铸塔之风盛行，铁塔也时有出现，由于琉璃建材产量的提高，琉璃塔数量渐多。

经幢是石幢的一种，随着密宗的流行而产生，也是典型的密宗遗物之一，平面多呈八边形，也有少数为六边形、四方形、圆形等，早期经幢一般为柱式，由幢座、幢身、幢盖等部分构成，形制简单，五代以后，经幢外观以塔式为主，体量高大，结构复杂，装饰繁丽，至明清续有建造。与一般的造像幢不同，经幢表面一般都刻有《佛顶尊胜陀罗尼经》，部分经幢刻写其它佛经，甚至道教经典，据《佛顶尊胜陀罗尼经》记载，建幢或塔安置陀罗尼是供养陀罗尼经的一种重要方式，能为建造、供养、礼拜者带来诸般利益，这也使经幢的主要功能转向消灾祈福，因而被广泛设置于寺庙、街道、墓室、家宅、石窟等处。经幢还有许多变体形式，如灯幢、香幢等。

第四章　法　器

第一节　概　述

　　"法器"一词在佛教经典中一般有两种含义，一种是指"具有传承佛法才器的人"[①]，《释氏要览》卷下引《广百论》云："要具三德，名法器。一禀性柔和无有偏党，常自审察，不贪己利。二常希胜解，求法无厌，不守己分，而生喜足。三为性聪惠，于善恶言能正了知得失差别。若无如是，三德虽有，师资终无胜利。"《大日经》卷二云："若见众生堪为法器。远离诸垢，有大信解，勤勇深信，常念利他。"

　　法器的另一种含义泛指佛教用具，也称"道具"，是本书讨论的重点。《翻译名义集》第六十一篇"犍椎道具"中引《菩萨戒经》云："资生顺道之具。"《中阿含经》云："所蓄物可资身进道者，即是增长善法之具。"《禅林象器笺》也说："凡三衣什物，一切资助进道之身物，具名为道具。"在怀海禅师创制的禅宗规范制度《百丈清规》中还专辟有"法器"一章，介绍禅门法器的使用制度。佛教中的用具均须如法依制，处处体现教义及戒律要求，因而用于各类佛事活动，乃至僧人衣食住行之资具，统称法器。

　　法器作为佛具的统称，种类繁多，同种法器也会因宗派、时代、地域、制作手法等因素而表现出一定的差异性，根据主要用途可将其大致分为佛制准许僧尼自备的随身具及举行佛事活动必备的礼佛具，由于密宗特别重视修法仪轨，法器种类丰富，故单辟一类，略作介绍。

一、随身具

　　随身具是指僧侣日常生活及游方时必需之物，正如《摩诃僧祇律》中说："随物者，三衣、尼师坛、覆疮衣、雨浴衣、钵、大犍椎、小犍椎、钵囊、浴囊、漉水囊、二种腰带、刀子、铜匙、钵支、针筒、军持、澡罐、盛油皮瓶、锡杖、革履、伞盖、扇及余种种所应蓄物，是名随物。"随身具以"三衣六物"和"十八物"为代表，"六物"是在"三衣"的基础上，外加钵、尼师坛及漉水囊，又称比丘六物，是比丘生活中不可或缺，且符合佛制的物品，具有修行持戒的作用，据《行事钞》卷二云："何名为制，谓三衣六物，佛制令蓄，通诸一化并制服用，有违结罪。"其核心为衣钵，而衣钵正是出家人的标志，故《缁门警训》卷三有"护三衣如自皮，钵如眼目"之说。十八物是指杨枝、澡豆、三衣、净水瓶、钵、坐具、锡杖、香炉、漉水囊、手巾、刀子、火燧、镊子、绳床、经卷、律、佛像及菩萨像等。《梵网经》卷下

---

　　① 杜继文，黄明信：《佛教小辞典》，上海辞书出版社，2001年，第567页。

说："菩萨行头陀时及游方时，行来百里千里，此十八种物常随其身。"佛教传入中国以后，为适应本土气候及风俗习惯，僧侣生活用具的内容发生了很大变化，在统治者的大力支持下，寺院经济逐步发展，唐武宗灭佛后，多数佛教宗派深受打击，禅宗将印度传统的托钵乞食的生活方式逐渐转变为自食其力的定居生活，自身获得了很大发展，也影响了禅门僧侣的随身具种类，《百丈清规》中规定的僧侣生活必需品有三衣、坐具、偏衫、裙、直裰、钵、锡杖、挂杖、拂子、数珠、净瓶、滤水囊、戒刀等。

1．钵及随钵器

钵为梵文音译"钵多罗"的略称，《敕修清规·辨道具》称："梵云钵多罗，又呼云钵盂，即华梵兼名。"原为僧人云游乞食所用，佛教传入中国后，主要作为僧侣的食器，另在传戒仪式中使用。佛教律制对于钵的"体、色、量"都有相应的规定，钵因而又有"应器"、"应法器"、"应量器"之称，其形状呈矮盂形，腰部突出，钵口、钵底向中心收缩，直径比腰部短，这种形状可以使所盛的饭菜不易溢出。钵的材质只能为"瓦、铁"，色彩只能用"黑、赤、灰"，《四分律》规定其容量"大者可受三斗，小者可受半斗，中者比量可知"。《佛本行集经略》记载了四天王献石钵的故事，又据《大智度论》："三世诸佛得道时，皆四天王献上自然石钵。"可知佛钵为石质，不同于一般僧侣所用的瓷钵及铁钵。《出三藏记集》更为详尽地记载了佛钵的外观，称释迦石钵"光色紫绀，四边灿然"，"杂色而黑多，四际分明，厚可二分，甚光泽"。

塔基地宫中已出土了数件钵器，有的制作精美，仅具钵盂之形，并非实用器。陕西临潼庆山寺塔地宫出土的瓷钵，口部内收，圜底，通体施黑釉，色泽温润，有光泽[1]。陕西扶风法门寺出土了四件金银质钵盂，分别为迦陵频伽鸟纹金钵盂（图4-1）、迎真身素面金钵盂、鎏金团花银钵盂和迎真身纯金钵盂[2]，这些器物显然并非生活实用具，而是表现虔诚信仰的奉佛供器，其贵重的材质、精湛的工艺、华丽的纹饰无不彰显皇家风范，体现了唐代高超的金银器制作水平。上海松江李塔明代地宫出土石钵，采用一整块大理石凿刻、打磨而成，整体浑圆光滑[3]。

图 4-1　迦陵频伽鸟纹金钵盂

随钵器，据《翻译名义集》引《法宝解》，指"筋匙键镃等"。"键镃"又称为镈子，也是食器的一种，《翻译名义集》引《经音疏》云："钵中之小钵，今呼为'镈子'"，《四分律》称："键镃入小钵，小钵入次钵，次钵入大钵。"其形状与钵相近，平时叠置，用时取出，分盛不同的饮食。洛阳唐神会和尚身塔塔基中出土了大、中、小3件陶钵，重叠放置，其形制、胎质、色泽均相同，为细泥黑陶，敛口、深腹，小圆底，仅大小各异[4]。古时的钵还附有"钵支"，用以支撑钵身以防倾斜、易于捧持[5]。《释氏要览》中还提到了为钵配"钵袋"和"钵盖"，可见僧人对于钵器的珍视。

① 辛革：《塔中的秘密：佛宝》，上海文艺出版社，2003 年，第 50 页。

② 陈忠实主编，张高举编著：《佛骨灵光：佛教圣地法门寺》，三秦出版社，2003 年，第 98 页。

③ 上海市文物管理委员会：《上海松江李塔明代地宫清理简报》，《文物》1999 年第 2 期。

④ 洛阳市文物工作队：《洛阳唐神会和尚身塔塔基清理》，《文物》1992 年第 3 期。

⑤ 祥云：《佛教常用呗器、器物、服装简述》，福建省佛教协会，1993 年，第 57 页。

2．僧服

古印度僧服主要包括"三衣"及"五衣"。"三衣"指僧伽梨、郁多罗僧、安陀会，即九条衣、七条衣及五条衣，分别在不同的场合穿用；"五衣"是在"三衣"的基础上，增加僧衹支和涅槃僧，二者都是衬在三衣之内的内衣，为了避免衣服滑落，佛制许安钩纽。佛教自汉代传入中国，在漫长的发展过程中，逐渐形成了与古印度僧服差异较大的僧尼服装，汉传佛教僧服可以大致分为法服和常服两类，法服主要为袈裟，常服与俗服的式样接近，但表现出更强烈的保守性和稳定性，常见的僧尼常服有方袍、偏衫、直裰、长衫、罗汉裤等，一些外穿的袍衫也具有礼服性质。

3．尼师坛

尼师坛，梵语又称"尼师但那"，是一种坐、卧的敷具，《四分律》提到比丘携带尼师坛有三种意义，其"为三缘制之。一为护身，二为护衣，三为护众人床席卧具。"《释氏要览》引《五分律》云："为护身护衣护僧床褥故。"尼师坛的颜色、面料及制作要求与"三衣"相近，若用新布制作，"当用故物贴中盖坏其好也"。依据律典，其尺寸应取佛陀二拃手长，一拃手半宽的布料制作，据《释氏要览》的测算，"佛一拃手长二尺四寸，此合长四尺八寸，广三尺六寸"。行走时，应按照一定的方式将尼师坛叠好安置在衣囊中，"至本处当敷而坐"，使用时，应自行敷设，亲自收起。尼师坛在佛教中还具有一定的象征意义，据《戒坛图经》，受戒僧尼之身，即是五分法身之塔，而下敷尼师坛，"如塔之有基"。"随坐衣"和"敷具"的内涵限制了尼师坛的使用范围，唐代高僧义净在《南海寄归内法传》中批评了不合律制地适用尼师坛的现象，"南海诸僧，人持一布，长三五尺，叠若食巾，礼拜用替膝头，行时搭在肩上，西国比丘来见，咸皆莞尔而笑也。"

唐代的佛像与佛座之间，使用数组联弧纹表现的敷布往往清晰可见，这应该就是佛教律典中提到的"尼师坛"，而自北魏晚期以来一度流行的"悬裳座"，其特点为大衣下摆披覆佛座，佛座的具体形态被衣摆遮挡不得而知，佛座上是否有"敷具"更是无法了解。唐代对于尼师坛的表现至宋辽金时期仍可见余绪，但随着大仰莲座的盛行，这种表现手法逐渐被弱化了。

4．绳床

绳床是印度僧侣使用的一种典型坐具，也流行于西域地区，《高僧传》载："竺佛图澄者，西域人……澄坐绳床，烧安息香。"汉魏时期，床的用途非常广泛，《释名》中说："人所坐、卧曰床。床，装也，所以自装载也。"绳床作为异域坐具被引入后，自然称之为"床"，它经常用于僧侣坐禅，也称为"禅床"，佛教律制中有"不坐高广大床"的规定，《四分律》载"诸比丘至白衣舍，为敷长绳床、木床，请比丘，畏惧不敢坐"正体现了这种规定，由此也限制了绳床的体量。从外观来看，绳床是一种带有扶手及靠背的高型坐具，适合垂足而坐，为正四足椅的前身。敦煌莫高窟第285窟的西魏壁画中较完整地保存了绳床的形象，画面中的僧人盘坐于两旁有扶手、背后有靠背、下设四足的绳床上，扶手的构造与后世的椅子相近，座面用绳子编成网状[①]。

绳床不仅是大乘比丘随身携带的"十八物"之一，它与胡床、坐墩、方凳等高型椅凳类家具的传入，更悄然改变着中国席地踞坐的传统习俗。两晋以后，随着佛教的迅速传播，这

---

① 于伸：《木样年华：中国古代家具》，百花文艺出版社，2006年，第66页。

种椅凳类家具以及垂足坐的生活习惯以自上而下的方式在中国内地渐趋普及。

5．净瓶

净瓶，又称澡瓶、水瓶，文献中常使用其音译"军持"、"军迟"、"君持"、"君迟"、"捃稚迦"等，此类器物源于古代印度，是比丘"十八物"之一，游方时可随身携带贮水供饮用或洗濯，后世也作为佛前供器以及南洋群岛伊斯兰教徒的日常用器，净瓶的形制在义净的《南海寄归内法传》中有详细记载，出土的净瓶基本保持了双口水器的特征，一般为小口，细颈，顶部直立细管，下呈轮形或帽形圆盘，肩一侧有上仰的流。除实用功能外，净瓶（军持）还是密宗佛及菩萨的重要法器，如作为千手观音四十手持物之一。

6．锡杖

锡杖，梵语音译为"吃弃罗"、"吃吉罗"、"隙弃罗"，又称声杖、鸣杖、智杖、德杖等，作为一种"资生顺道之具"，其外观特征还被赋予了一定的佛教内涵。锡杖一般由"锡"、木柄及"鐏"组成，股数和环数有别，据《南海寄归内法传》，环可有六个或八个。为了在摇动时能够发出声响，杖头大环多由铁、铜等金属制成，杖头部分可以拆下放于袋中。

作为"十八物"之一，锡杖是应比丘云游乞食的生存需要而产生的，僧侣生活方式的改变也使锡杖丧失了最初的功能，现主要用于佛事法会，且不同的佛教宗派使用方法不完全相同。在石窟壁画及造像中，药师佛的形象一般为左手托钵、右手持锡杖，此外，释迦、地藏以及迦叶、阿难、舍利弗、目犍连等佛弟子、密宗十一面观音、不空羂索观音、千手观音等观音像均出现执锡杖的形象。

7．拂子与麈尾

拂子，也称拂尘，由兽毛、绵麻、树皮等捆束加柄而成，在印度原为一种驱除蚊蝇，拭除灰尘的用具。《摩诃僧祇律》及《毗奈耶杂事》均规定不能以贵重的材料制作拂子，《毗奈耶杂事》卷六云："有其五种祛蚊之物，一者捻羊毛作，二用麻作，三用细裂氎布，四用故破物，五用树枝梢，若用宝物，得恶作罪。"《僧祇律》云："佛听线拂、裂氎拂、芒拂、树皮拂。制若牦牛尾、马尾拂，并金银装柄者，皆不得执。"一些佛教造像中，由菩萨执拂子，中国的禅宗更将其从实用具发展为增显威仪的庄严具，在传戒、说法等仪式中使用，带有拂除心尘、指挥大众之意，住持或代理住持上堂时，持之为大众说法称为"秉拂"，拂子的这种功用与麈尾接近。

麈尾，又称毛扇，自汉末至南北朝时期，士人崇尚清谈，作为雅器和清谈时身份象征的麈尾颇为流行。《释氏要览》引《名苑》中说："鹿之大者曰麈，群鹿随之，皆看麈所往，随麈尾所转为准，故古之谈者挥焉。"徐陵《麈尾铭》云："爱有妙物，穷兹巧制，员上天形，平下地势，麾麾丝垂，绵绵缕细"，生动地勾勒出文人雅士手中麈尾的形象。《世说新语》云："王夷甫妙于谈玄，恒手捉白玉柄麈尾"，表明麈尾与拂子一样在后部按柄，但麈尾的名贵是拂子无法比拟的，这也使它在清谈道具之外，更成为社会上层身份与地位的象征，据日本奈良正仓院藏唐代麈尾实物及石窟中麈尾图像，其整体形制似扇，与拂子有别。自东晋以来，名士与名僧交游渐密，名僧亦出入清谈场中讲经说法，手中也执麈尾。云冈、龙门、敦煌等处的壁画中常见维摩、文殊问答场面，维摩诘的形象一般为手持麈尾，坐卧于床帐之内。南北朝时期，一些道像具有一手执麈尾，一手扶凭几的特征，此类形象的出现正是当时儒、释、道三家融合的真实写照。

8. 如意

如意，梵名"阿那律"，是自印度传入的佛具之一，在敦煌壁画中，与维摩论辩的文殊菩萨通常手持如意。其形状略似"心"字形，用来表示"妙心之义"。如意的用途主要有两种，一种是用来抓痒，也称"痒和子"。《音义指归》说："古之爪杖也，或骨角竹木刻作人手指爪，柄可长三尺许。或脊有痒，手所不到，用以搔痒，如人之意，故曰'如意'。"另一种作记事备忘之用，据《禅林象器笺》："如意之制，盖心之表也，故菩萨皆执之，状如云叶……今讲僧尚执之，多私记节文祝辞于柄，备于勿忘。要时手执目对，如人之意，故名'如意'。"此二种用途与中国古代的"搔杖"和用于记事的"笏"有着相通之处。此外，执持如意也具有维护佛法和显示威仪的作用。六朝时期，如意得到了普遍使用，名士清谈也有执如意者，江苏南京西善桥南朝大墓出土《竹林七贤与荣启期》画像砖，为白描勾勒，线条流畅，生动传神。画中七贤，加上荣启期共8人，其中王戎手持一柄如意（图4-2），形如心字，似云叶[①]。

图 4-2　西善桥南朝墓砖画中的王戎

制作如意的材质有竹、木、金、银、铜、铁、玉、瓷等多种。《续高僧传》卷七《释慧布传》载，慧布曾造访慧思，得到慧思的赏识，"以铁如意打案曰，万里空矣，此无智者"。唐代法门寺地宫出土了两件如意，分别为鎏金银如意（图 4-3）和素面银如意[②]。前者长50厘米，重765克，钣金成型，纹饰鎏金，执柄扁长、中空，下端较上端宽厚，顶端如意云头正中錾一佛，结跏趺坐于仰莲座上，坐佛两侧各有一供养弟子，面佛半跪于莲台之上。如意顶端之云头有如篆书铭文"心"字，正如《释氏要览》中所谓"盖心之表也"，

图 4-3　法门寺地宫出土鎏金银如意

錾刻的佛像也反映了其作为佛教法器的身份。此外，故宫博物院藏有很多明清时期的玉如意，均为宫廷遗物。这些如意玉质纯净，色泽莹润，制作精致，式样繁多，但在功能上已完全世俗化。后世又借鉴如意之形，创造出丰富多彩的如意纹饰，因吉祥的寓意，被广泛应用于建筑、日用器皿上。

9. 念珠

念珠又称数珠、诵珠、咒珠、佛珠等，主要在称名念佛或持咒时用以计数，隋唐时期，始自庐山慧远的弥陀净土信仰在民间盛行开来，净土宗教义精简，注重宗教实践，宣称念诵阿弥陀佛名号，死后即可往生净土，当时的人们称念佛名，或用数珠计数，"人各掐珠，口同佛号，每时散席，响弥林谷"；或"用麻豆等物而为数量，每一称名，便度一粒，如是率之，

① 梁白泉：《有关神仙思想的文物举例》，《辽海文物学刊》1989年第1期。

② 陈忠实主编，张高举编著：《佛骨灵光：佛教圣地法门寺》，三秦出版社，2003年，第98页。

乃集数百万斛者"。印度自古就有璎珞缠身的风俗，但佛经中并无持执、佩戴念珠的记载，有关念珠的使用最早见于《木槵子经》，也有观点认为念珠是由比丘计算布萨日数所持黑白三十珠演化而来[①]。念珠的数量、材质、把持方法在不同的佛教经典中有相应规定及不同含义，使用念珠的种种规定主要见于《苏悉地羯罗经》、《守护经》、《瑜伽念珠经》等各种密宗经典中，如《苏悉地羯罗经》卷下有："凡作供养，应具此法……以其手印而执数珠，置当心前而作念诵。"密宗诸尊也多有持念珠者，如毗俱胝菩萨代表大悲者，四只手中左边一手举莲花，一手持净瓶，右边一手施无畏印，另一手执持念珠，此外，数珠手观音、如意轮观音等亦持念珠。

二、礼佛具

佛教僧众在日常生活、修习佛法之外，还须定期或不定期地举行讲经、传戒、打七、行像、忏法仪式、水陆法会、盂兰盆会、焰口施食等佛事活动，各种宗教仪式离不开严净道场、虔诚供养的幡幢、香花、灯烛等物，以及起到报时、集众、指挥、节度作用的各类响器。

1．幡幢

幡是旌旗类的总称，又作"旛"，一般为长条形绸布片状物，有的幡上书写经文，有的绘制狮、龙等图案。在《佛般涅槃经》、《长阿含经》、《游行经》及《法华经》中都提到了"幡"，举行特殊宗教仪式还有各种专用的幡，如举行灌顶仪式所用的"灌顶幡"等。幢是一种长筒形的旗帜，在幢身两边间隔配置八条或十条丝帛，下边配置两条丝帛，幢身上常绣织佛像或描绘彩画，唐代以后，石幢渐盛，功能转向世俗化的消灾灭罪。

幡、幢之属早在佛教传入前就已出现，用于增显军威或作为出行仪仗必不可少的组成部分，佛教传入中国以后，主要作为供养佛、菩萨的庄严具，《洛阳伽蓝记》卷五载：北魏神龟年间，胡太后派遣沙门惠生（慧生）、宋云等，西行印度求法，并托惠生等携带五色百尺幡千面、锦香袋五百只，王公卿士则托带彩幡千面，以便西行途中供养各地道场[②]。法显《佛国记》中描绘了印度摩揭提国巴连弗邑村的行像仪式，"作四轮车，缚竹作五层，有承栌楯载高二丈许，其状如塔。以白氎缠上，然后彩画作诸天形像，以金银琉璃庄挍其上。悬缯幡盖，四边作龛，皆有坐佛、菩萨立侍"。可见悬挂幡、盖礼佛的做法源自印度。

2．伞盖

伞盖的形状主要有两种，一种是在盖的内部安装盖柄，以便撑持，早期的佛像多有配置（图4-4）。《增一阿含经》云："世尊受须摩提女请……毗沙门天王手执七宝之盖，处虚空中，在如来上，恐有尘土坌如来身。"毗沙门天王所执伞盖也应为此类；另一种则在盖顶中央系绳索，悬吊起来，后者又称为"宝盖"、"圆盖"、"花盖"、"天盖"，常见于佛寺殿堂之内，在模拟地面佛寺的佛殿窟顶也经常设置此类宝盖。伞盖在印度原为实用具，印度暑热，人们为遮阳挡雨经常使用伞盖，大而华丽的伞盖也是权贵的象征，在佛教中，最初规定除患病或高龄比丘外，一律不许使用伞盖，后来条件放宽，但对于伞盖大小、制作材料及用法都作了比较具

图4-4　鎏金铜佛坐像

① 圣凯：《念珠》，《世界宗教文化》2001年第3期。
② 圣凯：《中国汉传佛教礼仪》，宗教文化出版社，2004年，第148页。

体的规定，如《摩诃僧祇律》卷二十九载：伞盖可用树皮、多利、竹、摩楼、树叶、氍等六种材料制成。

3. 香及香器

古印度的香最初用来净化、除臭，《大智度论》卷九十三云："天竺国热，又以身臭，故香涂身共（供）养诸佛及僧。"由于香能祛除一切恶臭、污秽、烦恼，使人身心舒畅，因而常被用作供养的圣品，《十地经论》载：佛教中的"供养有三，一为利养供养，衣服卧具等之谓也。二为恭敬供养，香花幡盖等之谓也。三为行供养，修行信戒行等之谓也"。《苏悉地羯罗经》卷中《供养品》云："先献涂香，次施花等，后献烧香、次供饮食，次乃燃灯。"《大日经》载有水、涂香、花、烧香、饮食、灯明等六种供养，《行法肝叶抄》中以六种供养象征六波罗蜜。《大宝积经》卷十三记载了天人以香供佛之事，《法华经·授记品》云："诸佛灭后，各起塔庙，高千由旬，纵广正等五百由旬，告以金、银、琉璃、砗磲、玛瑙、玫瑰七宝合成，众花、璎珞、涂香、末香、烧香、缯盖、幢幡，供养塔庙。"这是用香供养舍利塔。除供养佛之真身以外，香也用作持诵经典前的庄严具和供养佛经的供养具，如《法华传记》卷十中说，若要供养《法华经》，须依经说略备十种供具，"一花、二香、三璎珞、四抹香、五涂香、六烧香、七幡盖、八衣服、九伎乐、十合掌也"，十种供具中，香就占了四种。佛经中还常以香作譬喻阐明佛法，信徒内心的虔诚、恭敬称为"心香"，佛教描绘的净土世界也充满种种妙香，如《维摩诘经》所说的"香积国土"，《华严经》中的华藏世界等，此外，佛教中的许多修法也与香有关，密教金刚界五部和胎藏界三部分别使用不同的香。

香器包括香炉、熏炉、手炉、熏球、香筒、香盒、香盘、洒水器等，其丰富的类型是为配合各种香的使用而产生的。炉具是香器中最常见的一类，外观及使用方法多样，熏炉出现较早，其形制来源于中国传统的日用香器，而敞开式的香炉出现较晚，流行于宋代以后，其形制多仿自古彝礼器。

图4-5　法门寺地宫出土的香囊

熏球造型别致，出现于唐代，也称"香囊"，多呈圆球状，有长链，球体镂空，并分成上下两个半球，以铆接的叶片状卡榫连接。球体内有小杯，以承轴悬挂于中央，可随时水平，因此无论如何转动，杯内正在焚烧的香品能够随时保持平衡，不会倾倒。慧林在《一切经音义》"香囊"条中说："案香囊者，烧香圆器也。""以铜、铁、金、银玲珑圆作……机关巧智，虽外纵横圆转，而内常平，能使不倾。妃后贵人之所用之也。"此类器物在明清时期仍有制作。

香筒为一种点燃直式线香的香具，又称作"香龙"，以便与插香的小筒区别，明清两代流行的香筒造型为长直筒，上有平顶盖，下有扁平的承座，外壁饰以镂空花样。

香盒是盛装散香、末香等的容器，其形状多为扁平的圆形，有大小之分，在宋代已配合焚香使用，除作为供养佛、菩萨的法器之外，还广泛用于饮茶、宴席等场合[①]。

洒水器是盛装香水的器具，与形体稍小的涂香器并称"二器"。

① 王建伟：《佛家法器》，天津人民出版社，2004年，第87页。

4．花及花器

在印度佛教中，花供养具有微妙义、开敷义、端正义、芬敷义、适悦义、巧成义、光净义、庄饰义、引果义、不染义等十种意义。将花献于佛、菩萨前称为"献花"；将花散布于佛坛、道场等地，称为"散花"。用来盛放供花的花器也大致可分为盛散花的衣裓和插花的花瓶两种。飞天散花的情形在石窟壁画中屡见不鲜，而中国"上香、供花习气，实发端于唐代之礼佛"①。花瓶作为佛前供器大约出现于唐代，陕西临潼庆山寺塔地宫中出土了一对宝相花纹长颈瓶②，位于释迦宝帐的两边，为红陶施彩器，高17厘米，口径4.5厘米，底径5.8厘米，侈口，长颈，扁球形器身，圈足外撇，胎质普通，胎上先涂金，然后通刷一层薄薄的白陶衣，在其上绘出浅紫色的卷云纹，又以卷云纹作衬底绘出四朵线描的红色宝相花，工艺精湛，彩瓶内各插一株通高30厘米的金荷花，花蕊中心嵌绿宝石，蕊外镶嵌珍珠一周，两瓶中间放置供盘，可见这对长颈瓶应属于宝瓶之列，作为供器使用。宁夏贺兰拜寺口西塔天宫的一对木雕花瓶（图4-6）③，为西夏遗物，造型与陕西所出者差别不大，高19厘米，底径8厘米，瓶颈处贴有金箔，腹部描出牡丹花，显得华贵富丽，腹与底座间的相轮，贴金描红，底座上用金色勾出的黑莲瓣，瓶内花束高41厘米，主干为竹质，分支部分则以细铁丝为骨，二者均以黄纸包裹，花朵和花叶用纸及绢纱制成，花形各异，有白、红、黄、绿、赭、橘红等色，五彩缤纷。此外，唐宋塔基中还常见所谓的"金莲花"或"银芙蕖"，木雕或金属制，也蕴含着"花供养"的含义。

图4-6 西夏木雕花瓶

5．灯及灯器

灯明，即点燃灯火，以取光明之意，也称为灯。佛教使用灯的缘由，据《四分律》第五十说："时诸比丘，居室患暗，佛许燃灯。……诸比丘问，灯何处置，佛听置床角瓶上，若置壁间，须防蚁食。若灯昏灭，须提灯炷，若恐污手，许做灯箸，箸易烧故，许用铁做。"可见佛教中的灯最初也为实用具，寺院燃灯的方式及次序在佛教戒律中也有相应的规定。佛教还将"法脉"称为"法灯"，传法于弟子，称为"传灯"，承续法脉，称为"续灯"、"无尽灯"、"长明灯"。在佛教经典中记载了很多关于灯的譬喻故事，如《贤愚经》中，贫女以至诚之心献灯；《菩萨本行经》中的阇那谢梨王为闻法，身燃千灯等等。《华严经·入法界品》中说："善财菩萨，燃法明灯，以信为炷，慈悲为油，以念为器，功德为光，除灭三毒之害。"这里用"以灯破暗"象征"以智除惑"。

灯器主要包括灯盏、灯笼和烛台，灯笼是围罩灯烛的器具，既可保护灯烛不被风吹熄，又可以防止蚊蛾之类被灯烛烧伤。烛台是插放蜡烛的用具，形态丰富，可以起到提升高度，放宽光亮，防范火灾的作用，是"三具足"的组成部分，所谓"三具足"指的是香炉、花瓶及烛台等三物不可或缺之意，如果是香炉一只，花瓶、烛台各一对，则称为"五具足"。明清时期，瓷质供器逐渐流行，嘉靖官窑还有所谓的"五供"，即一炉、两烛台、两花瓶的成套供

① 陆建初：《古陶瓷识鉴讲义》，学林出版社，2003年，第282页。
② 辛革：《佛塔中的秘密：佛宝》，上海文艺出版社，2003年，第47页。
③ 辛革：《佛塔中的秘密：佛宝》，上海文艺出版社，2003年，第137页。

器，也可以称为"五具足"，用于祭祀及太庙、寺观供奉等正式场合①，"五供"的形式一直延续至清代。

6．音乐呗赞器

音乐、呗赞供养是佛教中一种重要而特殊的供养形式，《妙法莲花经》卷一载："若使人作乐，击鼓吹角贝。箫笛琴箜篌，琵琶铙铜钹。如是众妙音，尽持以供养。或以欢喜心，歌呗诵佛德，乃至一小音，皆以成佛道。"具体指出了演奏"妙音"的乐器类别。唐窥基《妙法莲花经玄赞》曰："经：'若使人作乐'至'尽持以供养'。赞曰：此以音乐供养。……黄帝使伶伦作乐。《说文》：'五声八音之总名。'《礼记》：'干戚羽毛谓之乐。'郑玄云：'八音克谐谓之乐。'鼓，动也，鸣也，凡出音曰鼓。今木有皮，动之即鸣。角者，曲形而似角。贝者，螺也。《涅槃经》：'吹贝知时。'箫，管也。《玉篇》：'编小管所吹'。又籥也，笛七孔。篴，俗名直。《玉篇》：'五孔竹笛，羌笛三孔'。琴，禁也，君子守正自禁。神农所作。箜篌、琵琶，相可知矣。铙，如铃而大。《玉篇》：'小钲也。军法十长执铙。五人为伍，五伍二十五人为两，两司马执铎。'铜钹，两扇相击出声。有作'钹'，无所从，或为'跋'字。《发菩提心经》云：'音乐女色，不以施人，乱众生故。'此供养佛故不相违，如金藏中音乐供养事。"这里的音乐供养带有世俗供养的含义，以中国传统文化中的音乐观念解释佛教音乐中的各类乐器，并指出"音乐女色"施与他人，不仅无益，而且有害，与后秦佛陀耶舍、竺佛念译《长阿含经》所谓"伎乐六失"含义相近，同时"不听视歌舞"是佛教戒律之一，但在礼佛、赞佛、宣扬法理以及各种佛事活动中，音乐又是必要的形式及有力的宣传工具。

早期流行的伎乐为天宫伎乐，是佛国世界中不可或缺的组成部分，在汉译佛典中借鉴了中原的传统称谓，此外，佛教护法部中还有专司歌舞的乾闼婆与紧那罗。大乘佛教净土三经《无量寿经》、《观无量寿经》、《阿弥陀经》在渲染净土之妙时，也离不开对于伎乐的描述。除文献记载外，石窟壁画、佛像背光及佛座上常见手中各持琵琶、箜篌、笙箫等的伎乐形象，较完整地保存了佛教音乐中各类乐器的形态。中国佛教伎乐最早出现于新疆地区的石窟中，特别是在龟兹石窟中发展成型，龟兹地区小乘信仰盛行，石窟中的伎乐主要集中在后室涅槃像周围以及表现弥勒菩萨在兜率天宫说法的"说法图"中，此外，佛传、本生、因缘故事画中依据相应经典也有音乐歌舞的表现，比较有代表性的包括"梵天劝请般遮弹琴颂佛"、"佛渡善爱乾闼婆王"等。中原地区逐渐吸收了龟兹地区的伎乐表现形式，至隋唐时期日臻成熟，集中体现在大型经变画中，成为净土经变的重要组成部分，不仅有乐队、舞蹈的和谐配合，为突现佛教净土的异乎寻常，还绘有各类不鼓自鸣的乐器及不合常规的演奏方式。各种形式的伎乐被创造出来，伎乐更由天界走向人间，世俗伎乐供养人的大量出现可能与《法华经》十种供养的规定有关②。

梵呗，又称声呗、赞呗、经呗等，主要指以曲调赞咏、歌颂佛德，即《妙法莲花经》中提到的歌呗供养。《释氏要览》云："诸天闻呗，心则欢喜，故须作之。"梁慧皎《高僧传》载鸠摩罗什语："天竺国俗，甚重文制，其宫商体韵，以入弦为善……见佛之仪，以歌赞为贵。"梵呗在印度普遍流行，成为供养三宝及修行助道的重要方法。《法苑珠林》云："夫呗者赞咏之音也。当使清而不弱，雄而不猛，流而不越，凝而不滞，远听则汪洋以峻雅，近属则从容

① 张林：《佛教的香与香器》，中国社会科学出版社，2003 年，第 142 页。
② 龟兹石窟研究所：《龟兹艺术研究》，新疆人民出版社，1994 年，第 138 页。

以和肃。"对梵呗之音提出了具体要求,然而印度梵乐很难与中国的语言及音乐调和,从而影响了传播的广泛性,正如慧皎《高僧传》卷十三所说:"自大教东流,乃译文者众,而传声益寡。良由梵音重复,汉语单奇。若以梵音以咏汉语,则声繁而偈促;若以汉曲以咏梵文,则韵短而辞长。"相传曹魏时期,陈思王曹植在鱼山游历时,听闻空中梵天赞颂,深有体会,于是模仿其音节,撰写赞文,将《太子瑞应本起经》删改成"太子颂",这是中国人根据汉曲制定梵呗之始[①]。三国时期,东吴的僧人支谦擅长文辞音律,依据《无量寿经》、《中本起经》创作了《赞菩萨连句》、《梵呗》三契。另一僧人康僧会依据《泥洹经》创作了泥垣梵呗一契,唱呗也是其"设像行道"的主要内容之一,通过这样的改编,运用印度声律读诵汉译经文才真正开始广为流传。《梁高僧传·道安传》中称:东晋道安"德为物宗,学兼三藏,所制僧尼规范,佛法宪章条为三例:一曰行香定座,上经上讲之法;二曰常日六时行道,饮食唱时法;三曰布萨、差使、悔过等法。天下寺舍,遂则而从之"。开创了在上经、上讲、布萨等法事活动中唱梵呗的先例,并弘传帛尸黎蜜多罗所授的高声梵呗。帛法桥作三契经,支昙籥裁制新声,造六言梵呗[②]。至唐代,梵呗被立为译经道场的九种职位之一[③],在繁荣的文化艺术交流中吸取了很多新的外来因素,特别是由西域传来的龟兹乐及佛曲,渐盛于民间。唐代佛教兴盛,寺院中设有"戏场",每逢节日举行盛大的乐舞表演、百戏幻术等,成为群众的娱乐场所,这些表演者除来自宫廷、民间之外,更有寺院内的艺僧,从而促进了佛教音乐的世俗化。元代,随着经忏佛事的兴盛,梵呗的内容及唱念方法发生了很大的变化,元代的佛曲采用当时盛行的南北曲的曲调和赞唱,同时又受到喇嘛教固有赞唱方式的影响[④],高僧大德也制作了大量的梵呗,从而使其成为佛事活动的主要内容之一。

梵呗在唱的过程之中,必须与呗器相合,《高僧传》卷十五云:"东国之歌也,则结韵以成咏;西方之赞也,则作偈以和声。虽复歌赞为殊,而并以协谐钟律,符靡宫商,方乃奥妙。故奏歌于金石,则谓之以为乐;设赞于管弦,则称之以为呗。"佛教的梵呗在乐器使用及旋律方面皆有异于中国传统,管弦特色突出,而龟兹地区更是"管弦伎乐,特善诸国",典型乐器有羯鼓、筚篥、琵琶、五弦、竖箜篌、横笛、铜钹、腰鼓、笙、箫、贝等,自南北朝时期开始渐入雅乐,对中国的音乐产生了很大影响。随着梵呗形式的变化,古印度呗器逐渐被中国以打击为主的传统演奏形式所取代,中国常见的呗器主要有钟、鼓、磬、木鱼、法螺、铙钹、云板等,其中很多还具有报时、集众、日常行事等功能。

7. 集众报时器

古印度佛教所用报时器称为"犍椎",又作"犍槌"、"犍稚"、"犍迟"、"犍地"等。《玄应音义》卷一中说:"犍稚,直追反,经中或作犍迟。案梵本臂吒犍稚,臂吒此云打,犍稚此云所打之木。或檀,或桐,此无正翻,以彼无钟磬故也,但椎、稚相滥,所以为误已久也。"《五分律》卷十八载:"诸比丘不知以何木作犍稚,以是白佛。佛言:除漆树毒树,余木鸣者听作。"可见犍椎本为木制,依靠敲击发声。后世的犍椎多用金属制,在僧众生活中占有十分重要的地位,《敕修百丈清规·法器章》中说:"击犍椎以集众,演之为三藏,修之为禅定。"《大比丘三千威仪》卷下载,有五事须打犍稚,"一者常会时,二者旦食时,三者昼饭时,四

---

① 圣凯:《中国汉传佛教礼仪》,宗教文化出版社,2004年,第172页。
② 田光烈:《佛曲》,《中国佛教》(五),中国社会科学出版社,2004年,第127页。
③ 圣凯:《中国汉传佛教礼仪》,宗教文化出版社,2004年,第172页。
④ 陈景富:《中韩佛教关系一千年》,宗教文化出版社,1999年,第505页。

者暮投盘时，五者一切无常”。诸经律中所译犍椎的内涵并不完全一致，但均有集众功能，如《增一阿含经》云：“阿难升讲堂，击犍椎者，此是如来信鼓也。”《五分律》云：“诸比丘布萨时，不时集，妨行道，佛言当唱时至。若打犍椎，若打鼓吹螺，使旧住沙弥净人打，不得多，应打三通。”《大宋僧史略》卷上“别立禅居”条称：百丈怀海“有朝参暮请之礼，随石磬鱼为节度”。当时的僧众课诵以敲打法器为“节度”，已具有一定的仪式，但在唐宋时期，早晚课诵的修行方式还未形成普遍风气，至元代，释德辉受朝廷之命编订的《敕修百丈清规 法器章》中出现“住持朝暮行香时”鸣钟七下，“大殿早暮住持知事行香时”值殿者鸣磬，“大众看诵经咒时”值殿者鸣磬等详细规定，明清时期，此类仪式最终定型①。

中国商周时期的钟、鼓、磬主要作为礼乐之器，佛教的传入又为其注入了新的因素。中国传统的古乐钟大多为椭圆形或橄榄形口，佛寺使用的钟主要有梵钟和半钟两类，均为正圆口，此类正圆口钟适合用于集众和报时，是佛教重要的“犍椎”。梵钟体积较大，又有钓（吊）钟、撞钟、洪钟、鲸钟等称谓，“半钟”只有“梵钟”的一半大小。钟在寺院中的使用极为普遍，甚至成为佛寺存在的标志，寺中设有专司“晓钟、昏钟、齐钟、定钟”四时鸣钟的“执事僧”，敲钟前必先默诵《钟声歇》②。

《五分律》卷十八载，佛教中的鼓“应用铜、铁、瓦、木，以皮冠之”，种类、称谓繁多，《百丈清规》中所列举的鼓有“法鼓、茶鼓、斋鼓、晓鼓、昏鼓、更鼓、浴鼓”等，在诵戒、用餐、听法等场合，法鼓用于住持上堂、小参、普说、入室时敲击；斋鼓又称云鼓，在饭前敲击，用于集众；而晓鼓、昏鼓、更鼓均用于报时；僧人在洗浴及饮茶时敲的鼓称为浴鼓和茶鼓。佛寺通常设有钟鼓楼，将大型的钟、鼓分设于钟楼、鼓楼中，后为一些城市效仿，设置钟鼓楼用于报时及报警。鼓也是梵呗行列中的重要角色，作为“伎乐供养，庄严道场”的资具。

中国传统意义上的磬是一种悬挂敲击乐器，将石片或玉片琢磨成“矩”状，中间折曲，两端低垂，大致使用一枚到十六枚石片或金属片组合而成，利用石片或金属片的长短厚薄差异而发出不同的声调，是庆典、祭祀等活动中的重要乐器，《周礼·考工记》记载了它的制作方法。佛教的磬是僧人在诵经、梵呗及做佛事时所用的打击乐器，主要有“圆磬”、“扁磬”、“引磬”三种。“圆磬”又称为“大磬”，多用铜铁等金属制造，在诵经时起到指挥大众进退起止，号令赞颂的作用。《文献通考》云：“铜磬，梁朝乐器也，后世因之方响之制出焉，今释氏所用铜钵，亦谓之磬，盖妄名之耳，齐梁间，文士击铜钵赋诗，亦梵磬之类，胡人之音也。”③表明此类圆磬滥觞于南北朝时期，并非源于中国本土文化，甘肃灵台出土的舍利石棺④在棺身左侧雕刻的迎佛图中，有左手托敛口小底的钵形器，右手执小锤敲击的人物，所持器物即为圆磬，或称之为“梵磬”。其表面多铸有赞颂的铭文，设置在大雄宝殿中，做佛事时使用。扁磬一般悬挂在方丈廊外，呈云板形，主要用于报讯。“引磬”，据《禅林象器笺》记载：“小磬如桃大，底有窍，贯绪，连缚小竹枝为柄，以小铁桴（槌）击之，名为引磬，盖因导引众故名。”主要起引导作用。

木鱼又称为“木鱼鼓”、“鱼鼓”或“鱼板”，关于木鱼的产生有多种传说，《百丈清规》

① 张运华：《中国传统佛教仪轨》，（香港）中华书局，1997年，第83页。
② 祥云：《佛教常用呗器、器物、服装简述》，福建省佛教协会，1993年，第4页。
③ 《文献通考》卷一百三十四，乐七。
④ 秦明智，刘得祯：《灵台舍利石棺》，《文物》1983年第2期。

载:"相传云,鱼昼夜常醒,刻木像形击之,所以警昏惰也。"因此,其基本含义为警示僧众,消释懈惰,勤习佛法。一般而言,木鱼的形状有两种,一种是挺直的长鱼形,又称"梆子",多悬挂于寺院斋堂或库房廊下,另一种为团鱼形,有单鱼形、双鱼形及一身二头的龙形等多种,腹部中空,昂首缩尾,尾部盘绕,背部呈斜坡形,为敲击部位,两侧呈三角形,底部椭圆形,使用木锤敲击,通常放置在寺院殿堂里,在呗赞时敲击它,可以调节音调,提醒心神。

三、密宗法器的种类

密宗是大乘佛教的一个分支,又称为密教、秘密教、真言宗等,是大乘佛教、印度教与印度民间信仰混合的产物,以高度组织化的咒术、仪式、俗信为特征,宣扬日诵真言、手结印契、心作观想,通过这种"三密"的修持可以达到"即身成佛"的目的,注重修法仪轨,因而法器的种类十分丰富。密宗在中国分为三个支派,中原地区的密宗称为"华密",藏传佛教称为"藏密",以云南白族聚居地区为主要传播区域的密宗则称为"滇密",各派的法器不尽相同,所表达的含义也具有一定的差异性,藏密的法器,除了受到晚期印度佛教的影响之外,更吸收了西藏当地苯教的法器,如唐卡、摩尼轮、八吉祥、七宝、曼达、嘎乌等。密宗的法器主要在供养、修法、灌顶及护摩时使用,其特有的法器包括金刚杵、金刚铃、密教六器(火舍、阏伽器、涂香器、华鬘器、灯明器、饭食器)以及结界所用之金刚橛等,总称为大坛具[①]。

1. 七宝与八吉祥

《翻译名义集》卷三云:"佛教七宝,凡有二种,一者七种珍宝,二者七种王宝。""七宝"的前一种含义,据《大智度论》卷十:"宝有四种:金、银、毗琉璃、颇梨。更有七种宝:金、银、毗琉璃、颇梨、车渠、玛瑙、赤珍珠。"伴随佛教的传入而流行,在河北定县北魏塔基出土的石函内依次放置琉璃钵、铜钵、琉璃葫芦瓶,还有珠玉、钱币、饰品、印章等供养品,其中的 41 枚波斯萨珊银币很可能是作为"七宝"与舍利瘗埋在一起的[②]。"七宝"的后一种含义指转轮圣王所拥有的七种宝,据《长阿含经》卷三,这七种宝为轮宝、居士宝、象宝、马宝、珠宝、女宝、主兵臣宝,有关它们的记载虽然早在南北朝时期就已译出,但作为密宗的重要供具,直至唐初才开始流行。清中叶以来,官、民窑烧造粉彩"七珍"即为七种王宝的形象,下承莲花式底座。

八吉祥,又称"八宝",一般指轮、螺、伞、盖、花、罐、鱼、肠等八种吉祥物,为了区别民间的"八宝",通常称作"八吉祥"或"八宝吉祥"。八吉祥来源于藏传佛教,作为佛前供器或佛塔、寺院装饰,至元初,随藏传佛教的引入在内地流行。北京故宫珍宝馆里还陈列着小巧的金质"七珍"、"八宝",为清乾隆年间"造办处"所造[③]。

图 4-7 法门寺出土阏伽器

2. 阏伽器

阏伽器(图 4-7)为密教六器之一,是指盛装阏伽、涂香、华鬘等物的容器,一般在密

① 全佛编辑部:《佛教的法器》,中国社会科学出版社,2003 年,第 3 页。

② 辛革:《塔中的秘密:佛宝》,上海文艺出版社,2003 年,第 15 页。

③ 黄勇:《新编中国大百科全书 A 卷 考古文博 (图文版)》,延边大学出版社,2005 年,第 157 页。

教修法坛四方及中央的火舍左右，各陈列三个。关于阏伽器的材质，据《苏悉地羯罗经·奉请品》的记载："盛阏伽之器，当用金银，或熟铜，或以石作成，或以土木，或以螺作成，或以束底，或用荷叶缀成器物，或用乳树之叶作成。"其形体是附有高台的碗，和受台为一组，一般为金铜质地，碗的纹饰有素纹与莲花纹两种[①]。

3. 金刚杵

金刚杵，亦称金刚智杵，音译为"伐折罗"、"跋折罗"、"缚日罗"等，原为古印度的一种兵器，后成为密教中标志智德的法具，有坚固、摧破二德，表示以佛智坚固体摧破烦恼、障碍[②]。据《苏婆呼童子经》记载：金刚杵的大小有八指、十指、十二指、十六指、二十指等。制造金刚杵的材质有金、银、铜（图 4-8）、铁、石、水晶、白檀木、紫檀木等，其形状种类有独股杵、三股杵、五股杵、九股杵、人形杵、塔杵、宝杵等，其中独股杵、三股杵、五股杵、塔杵及宝杵合称五金刚杵，与相应的五金刚铃并用。独股杵、三股杵、五股杵比较常见，分别象征着独一法界、三密三身、五智五佛。金刚杵各股形状或呈鬼面，或为人形，股的上方则呈握状，可供行者手持之用。羯磨杵又称羯磨金刚，亦称十字羯磨、轮羯摩等，是由两个三股杵交叉组合成"十字形"，三股表示身、口、意三业承办，两个三股杵交叉表示众生、诸佛平等无二的境界。金刚铃（图 4-9）也有独股铃、三股铃、五股铃之别，如果将以上三种铃安置于塔顶宝珠形上端，则称为塔铃、宝铃。金刚盘是修法时用来安置金刚杵、金刚铃等的器皿。在佛教的护法诸天中，密迹金刚以持金刚杵为特征。敦煌莫高窟中晚唐时期的窟顶壁画中已出现羯摩杵及金刚杵的形象[③]，法门寺出土迎真身银金花双轮十二环锡杖上錾有五股金刚杵，均反映了当时密宗信仰的盛行。明、清时期的藏式塔，如北京大正觉寺金刚宝座塔、内蒙五塔召金刚宝座塔表面均饰金刚杵，北京居庸关过街塔还饰羯磨杵，与六弩具、五佛坐骑等并存，属于典型的藏传密教图像。

图 4-8 云南大理千寻塔
天宫铜质金刚杵

图 4-9 明宣德铜鎏金梵文铃杵

---

① 全佛编辑部：《佛教的法器》，中国社会科学出版社，2003 年，第 39 页。
② 王建伟：《佛家法器》，天津人民出版社，2004 年，第 161 页。
③ 宿白：《敦煌莫高窟密教遗迹札记》，《中国石窟寺研究》，文物出版社，1996 年，第 283 页。

4. 曼荼罗

曼荼罗在古印度原指国家的领土和祭祀的祭坛，现指将佛、菩萨等尊像，或种子字、三昧耶形等，依一定的方式加以配列的图样，又译作"曼拿罗"、"满荼罗"、"曼陀罗"、"漫荼罗"等，意译为"坛城"、"中围"、"轮圆具足"、"坛场"和"聚集"。4、5世纪，印度密教中出现了持明密教，也称杂密，即持咒与古印度早已有之的手印相结合，形成了不同于单纯持咒的原始密教，像法和曼荼罗逐渐形成。

两部曼荼罗指金刚界曼荼罗及胎藏界曼荼罗，金刚界是根据《金刚顶经》、《大教王经》所说，带有"智"、"果"、"始觉"、"智证"等含义，以五股金刚杵为体，象征如来实相智慧之坚实，在五股金刚杵上建立坛场，由佛部、金刚部、宝部、莲华部、羯摩部等五部组成，象征成就五智。在现图曼荼罗中，金刚界共有九会，中央为羯摩会，周围八会均以此为依止，在羯摩会的中台安置五佛，五佛即五部，中央的大日如来是佛部，东方阿閦如来为金刚部，南方宝生如来为宝部，西方无量寿如来为莲华部，北方不空成就如来为羯摩部，五部均由佛部展开而成。

胎藏界全称为大悲胎藏生，以《大日经》为根本经典，《大日经》卷三中运用"胞胎"、"莲花"来比喻"胎藏"之意，与金刚界的除障成身、自受法乐不同的是，胎藏界属于化他门，具有大定、大智、大悲三德，以莲花为体，代表众生八叶之肉团心，并在其上建立坛场。《大日经》的中心教义为"菩提心为因"、"大悲为根"、"方便为究竟"，胎藏界曼荼罗据此来描绘，分为佛、金刚、莲华三部，三部的部主、明王及忿怒尊等在经典中论说不一，如果以三部配三密，则佛部为身密，金刚部为意密，莲华部为语密。

唐代曾流行瑜伽密教绘画，不空三藏由师子国携来许多曼荼罗画，《京洛寺塔记》载：兴善寺曼殊堂内，有不空由西域携来的泥金帧画遗品。其后，沙门惠果还在他所住的青龙寺灌顶堂壁，图画了两部曼荼罗，惠果曾从不空受金刚界法，又从善无畏弟子玄超受胎藏法，始创金胎不二法门，随着密宗教法的弘播，此画更由中国流传于海外，日僧空海、圆仁、圆行、宗睿等所携归的为数不少的密宗图像，即大多出于李真、王惠等唐代名画家手笔[1]。此外，还有主张金、胎两部对立的台密，在两部之外另立苏悉地部，《苏悉地经》融合了理智二门，诠释金、胎不二之旨。

大曼荼罗、三昧耶曼荼罗、法曼荼罗以及羯磨曼荼罗合称四种曼荼罗，简称"四曼"。诸尊具足相好容貌的图画，称为大曼荼罗，亦称尊形曼荼罗，相当于金刚界曼荼罗中的成身会。将表示本尊的法器、持物，以图示象征的三昧耶形表示，称为三昧耶曼荼罗，相当于金刚界曼荼罗的三昧耶会。书写种子梵字于诸尊的本位，或以法身三摩地以及一切经论的文义等来表现，称为法曼荼罗，亦称种子曼荼罗，相当于金刚界的微细会。将诸尊的威仪事业铸造成像，形成立体、行为的三度乃至四度空间的行动性曼荼罗，称为羯磨曼荼罗，相当于金刚界的供养会。佛像是佛身、口、意"三密"的反映，密教中的三密相对显教而言，更具有图像意义，在代表佛之三密的四大曼荼罗组合造像中，相好具足的大曼荼罗即为佛之身密；三昧耶曼荼罗为佛之意密；法曼荼罗为种子、真言、陀罗尼等言教，即佛之语密[2]。这四种曼荼罗，一般又各含有三种曼荼罗，即都会曼荼罗、部会曼荼罗和别尊曼荼罗[3]。都会曼荼罗指

---

① 高观如：《佛教与中国绘画》，《中国佛教》（五），中国社会科学出版社，2004年，第59页。

② 李翎：《藏传佛教造像特征浅议》，《西藏研究》2003年第1期。

③ 全佛编辑部：《佛教的法器》，中国社会科学出版社，2003年，第166页。

各部诸尊聚集在一起的曼荼罗；部会曼荼罗指某一部会的诸尊会聚在一起的曼荼罗；别尊曼荼罗指以一位本尊为中心的曼荼罗，同时列出此尊所属的部族及眷属等，主要依据《宝楼阁经》、《不空羂索神变真言经》、《一字金轮佛顶经》等经典建立，大约可以分为如来、佛顶、诸经、观音、菩萨、天等部别，例如：如来部的阿弥陀曼荼罗、释迦曼荼罗，观音部的如意轮曼荼罗等。

印度的法器传入中国以后，在形式、用法、含义等方面发生了很大的变化，呈现出本土化趋势，佛教中的各个宗派在法器的制作和使用上也不尽相同，致使法器呈现出庞杂繁复的局面。以下就僧服、净瓶、锡杖、炉具、梵钟等几类常见的法器作简要介绍。

第二节　僧　服

一、僧服的特征、功能及来源

僧服是与俗服相区别的宗教服饰，在式样、颜色等方面代表着一定的佛教教义，它的形成是宗教、历史、民族、社会等因素共同作用的结果。古印度僧服在体、色、量方面均有着严格的规定，在种类上主要包括"三衣"和"五衣"。

三衣，音译为"支伐罗"，指僧伽梨、郁多罗僧、安陀会，其制法一般将整块布割截成长短不一的布片，缝制成条，而后按照规定的条数缝合成衣，整体都是方形的，如同水田，故称"水田衣"或"田相衣"。田相，即"福田相"，《释氏要览》"田相缘起"条称："《僧祇律》云：佛住王舍城，帝释石窟前经行，见稻田畦畔分明，语阿难言，过去诸佛衣相如是，从今依此作衣相。《增辉记》云：田畦贮水，生长嘉苗，以养形命，法衣之田，润以四利之水，增其三善之苗，以养法身慧命也。"据《四分律删补随机羯磨疏》卷四的解释，袈裟之条相模仿田地之畦畔，田用畦盛水，生长嘉禾，以长养身命；法衣之田，则弘布四利、增三善之心，长养法身之慧命，因取其义而称之为福田衣。《十诵律》规定："若衲衣不贴田相，不诈披入聚落。"与田相衣相对，不贴田相的僧服，称为缦衣，梵文音译为"钵吒"，"凡出家者，未识割截法只着此衣"。《释氏要览》引《十诵律》云："比丘居山野，许着缦条衣。"

"三衣"之僧伽梨，意译为"大衣"、"复衣"、"重衣"，在说法、见尊长、进入王宫和出入城镇、村落时穿用，即僧人的礼服，又称为"祖衣"，用九至二十五条布缝制而成，称为"九条衣"，穿在最外层，分三品九种：下品三种分别为九条、十一条、十三条，每条布片均为两长一短；中品三种分别为十五条、十七条、十九条，每条为三长一短；上品三种分别为二十一条、二十三条、二十五条，每条为四长一短。大衣条数与隔数的多少反映了穿衣者身份的高低。郁多罗僧，意译为"上衣"、"中价衣"、"入众衣"，用七条布缝制而成，每条两长一短，又称"七条衣"，在礼诵、听讲等场合穿用，穿在内衣之外。安陀会，意译为"内衣"、"下衣"、"中着衣"、"中宿衣"，用五条布缝制而成，每条一长一短，又称"五条衣"，属于单衣，平时穿在最里面。

"三衣"合为"袈裟"，袈裟的本意指"坏色"、"不正色"，因而在颜色的选用方面有着严格的限定。《毗尼母经》卷八云："诸比丘衣色脱，佛听染用十种色，十种色者：一泥，二陀婆树皮，三婆陀树皮，四非草，五乾陀，六胡桃根，七阿摩乐菓，八佉陀树皮，九施设婆树皮，十种种杂和用染。如是等所应染者，此十种色。是衣三点作净法：一用泥，二用青，三用不均色。用此三种三点净衣。"《十诵律》卷十五说："若比丘得新衣，如青衣、泥衣、茜衣、黄衣、赤衣、白衣者，应以青、泥、茜三种色中，随一坏是衣色。"《五分律》卷二十说："不听着纯青黄赤白黑色衣。"《摩诃僧祇律》卷二十八云：比丘"不听着上色衣，上色者，丘佉染、迦弥遮染、俱毗婆染、勒叉染、卢陀罗染、真绯染、郁金染、红蓝染、青染、皂色、华色，一切上色不听。"

综合上述规定可以得出如下两点结论，一是"三衣"颜色不能使用上色和纯色，二是所有新衣须有一处用指定的颜色进行"点净"，或称"坏色"，以破坏衣服的整齐和美观。佛教律制中，袈裟可以选用的颜色虽有多种，但最常见的是赤色。如《大唐西域记》卷二载："那揭罗曷国有释迦如来的僧伽胝袈裟，是细毡所作，色黄赤。"又据《一切经音义》卷五十九："加沙字本从毛作'加沙'二形。葛洪后作《字苑》始改从'衣'。按外国通称袈裟，此云不正色。……真谛三藏云：'袈裟此云赤血色衣。'"表明古印度"三衣"的颜色以赤色为主，面料较为厚重。在部派佛教阶段，五部律众的袈裟颜色虽各不相同，但赤色袈裟似乎仍在五部中通用，且最初只以不同的"点净"区别，如《一切经音义》卷五十九引真谛三藏说："外国虽有五部不同，并皆赤色。言者黑木兰者，但点之异耳。"佛教传入中国之初，西来僧人大多保留着原有的生活方式，据《弘明集》引《理惑论》载，当时的僧人"被赤布，日一食，闭六情，自毕于世。"

古印度袈裟应为"衲衣"，即使用人们弃置不用的各种衣服制成，也称"粪扫衣"。穿着粪扫衣是比丘四依止之一，佛教认为，出家人不应受好衣，"若求好衣，生恼致罪费功废道"。以上有关僧众穿着割截衣、坏色衣、衲衣，甚至粪扫衣的种种规定，不仅在衣着上将僧俗分开，更重要的是，为使修行的僧众远离贪著，同时也可避免僧人在游方时因穿着好衣而招致贼难，甚至送命。依据袈裟在佛教中的意义，它还有"离染服"、"离尘服"、"出世服"、"去秽衣"、"无垢衣"、"莲花衣"、"忍辱铠"等称谓。

所谓"五衣"，是在"三衣"之外，加上僧祇支和涅槃僧。《大唐西域记》卷二云："沙门法服唯有三衣及僧却崎、泥缚些那。三衣裁制部别不同。或缘有宽狭、或叶有大小。僧却崎覆左肩，掩两腋，左开右合，长裁过腰。泥缚些那既无带襟，其将服也集衣为褶，束带以绦。褶则诸部各异，一色亦黄赤不同。"《释氏要览》载："《根本百一羯磨》云：'梵语泥伐散那，唐言裙'。诸律旧译，或云涅盘，僧或云泥洹僧，或译为内衣，或云圌衣。"《南海寄归内法传》卷二云："其僧脚崎衣，即是覆膊，更加一肘始合本仪，其披着法露左肩，交搭左膊，恒着于房者，惟此舆裙。"由此可知，僧祇支遮覆左肩，为"三衣"的内衬，涅槃僧即下裙，是系于腰部的长方形布片，缝合两端制成，穿时束以绦带。尼众的服装与僧众不完全相同，僧祇支本为尼众所穿，后来成为僧尼的通服，而尼众为掩饰双乳及两肩，在僧祇支外，还穿着覆肩衣[①]，另有学者认为僧祇支即覆肩衣，只是尼众的穿着方法为通肩式[②]。

为避免衣服滑落，比丘起先将尼师坛安置在左肩上镇衣，后因外道指出"此（三衣）既有是功德可贵，岂得以所坐之布居其上"；"比丘白佛。佛因制移安左臂衣下"，"则肩上无镇衣，不整齐，乞食时被风吹落，佛遂许安钩纽"。一般在左肩处缝衣钩，背后做衣纽，可以使

① 黄卓越：《中国佛教大观》，哈尔滨出版社，1995 年，第 856 页。
② 吉村怜：《论古代如来像和比丘像的衣服及其名称》，《2004 年龙门石窟国际学术研讨会论文集》，第 629 页，2006 年。

前后两片袈裟合在一起，佛制规定衣钩应使用牙、骨、香木制成。

符合律典规定的袈裟披着方式为"偏袒右肩"和"通肩"两种，《释氏要览》引《舍利弗问经》云："于何时披袒。佛言，随供食时，应偏袒，以便作事故。作福田时，应覆两肩现福田相故"，即在礼佛、入众、供养、问讯等场合下应偏袒；在坐禅、诵经、入聚落时应通披袈裟，并显示"田相"。纵观中国的佛教造像，通披两肩的袈裟并非都形似田畦，仅取"福田"之意，然而大量青州北齐佛像在雕刻好的薄衣贴体、无衣纹的单尊石制立佛上绘制田相格，格内彩绘其它内容，表现手法独特，可能受到了笈多萨尔纳特佛像样式的影响[①]。

二、僧服的演变

佛教传入中国以后，在汉、藏、傣等不同民族中形成了不同的佛教系统，僧服也因民族、地域、气候、习俗的差异各有不同，特别是汉传佛教的僧服与古印度僧服差异较大，在将传统的"三衣"、"五衣"作为法服之外，又据佛制"许蓄百一长物"的规定，增设了种类繁多、形制复杂的常服，如海青及各种衫、褂等，僧服在颜色、式样上的规定不如古印度严格，这也是佛教本土化的表现之一。

佛教初传之时，汉人出家者少，僧服仍以赤色为主，据《魏书·释老志》："汉世沙门皆衣赤衣，后乃易以杂色。"赞宁《大宋僧史略》载："案汉魏之世，出家者多着赤布僧伽梨，盖以西土无丝织物，又尚木兰色并干陀色，故服布而染赤然也。"一般认为这些出家者主要是西来僧人，他们的服装面料、式样以及着装方式与中国的俗服区别显著，甚至赤乌十年（247年）康僧会来南京时，当地人还认为他所穿的僧服是"客服非恒"。天竺习俗尚白而贱赤，佛制取坏色染衣，表达离尘出世之意，但中国汉代尚赤色，出家者着赤色则无法取"坏色"之意，因此"缁衣"渐渐流行，由于当时缺乏戒律约束，僧服式样没有明确规定，当时的僧人仅剃去须发，穿"缁衣"以示出家。缁衣是一种黑中微有赤意的颜色[②]，僧人穿缁衣是从三国时期开始流行的，当时俗服尚白，从而形成了"缁素"之别。东晋、十六国时期，僧人数量渐多，已有"缁衣"、"缁流"之称，如南朝刘宋时期，孝武帝礼敬高僧，崇信慧琳，并让其参政，时称"黑衣宰相"；齐初荆州竹林寺僧慧与玄畅并称为"黑衣二杰"。

缁衣大约来自道士的服色，不同于印度传统的赤色袈裟。北魏郦道元《水经注》卷六"涑水注"云："地有固活、女疏、铜芸、紫菀之族也。是以缁服思玄之士，鹿裘念一之夫，代往游焉。"[③]由此可见，缁色是中国古代的宗教服色，佛教初传之际依附于本土的道教，在服饰上趋同也是必然现象，随着佛教的发展壮大，缁衣渐成为佛教的专服，沙门称为"缁衣"，而道士称为"黄冠"。《北史·上党王涣传》云："初术士言亡高者黑衣，由是自神武后每出门行不欲见桑门，为黑衣故也。"[④]"桑门"是"沙门"的音译，忌见沙门而不忌见道士，可见当时的道士已不穿缁衣了[⑤]。北周武帝更因此谶语，禁沙门服缁，令改服黄色，此后僧侣常服的颜色更为丰富。宋赞宁《僧史略》卷上云："今江表多服黑色赤色衣，时有青黄间色，号为黄褐、石莲褐也。东京关辅尚褐色衣，并部幽州则尚黑色。"又云："昔唐末预章有观音禅

---

① 邱仲鸣：《"福田"衣与金色相——以青州龙兴寺出土北齐佛像为例》，《饰：北京服装学院学报艺术版》2006年第1期。

② 周叔迦：《法苑谈丛插图本 佛教寺院文化总汇》，上海辞书出版社，1999年，第191页。

③ 《水经注疏》，江苏古籍出版社，1989年，第592页。

④ 唐·李延寿：《北史》第六册，上海辞书出版社，1999年，第1864页。

⑤ 周叔迦：《法苑谈丛插图本 佛教寺院文化总汇》，上海辞书出版社，1999年，第194页。

师见南方禅客多搭白衲，常以瓯器盛染色劝令染之。今天下皆谓黄衲为观音衲也。"当时僧人的服色不仅多样，而且表现出鲜明的地域特征，"衲衣"原指裂袈，后来成为僧服的通称。永乐二年（1404 年），明成祖朱棣拜道衍"资善大夫、太子少师，复其姓，赐名广孝……命蓄发，不肯。赐第及两宫人，皆不受。常居僧寺，冠带而朝，退仍缁衣"。表明在明代穿着缁衣仍然是僧人的重要标志。

中国僧尼常服的种类较多，主要有偏衫、方袍、直裰、长衫、罗汉褂等等，多数随着时代的变迁，与当时俗服基本一致，只是穿在外面的袍衫有其特定的式样。《续高僧传》卷十《法上传》云："自（法）上未任已前，仪服通混，一知纲统，制样别行，使夫道俗两异，上有功焉。"表明至东魏末年，法上任昭玄统以后，僧侣常服才在式样上有了特殊规定，僧服裙方、袖宽，称为方袍，有别于当时窄袖、曲裙的俗服，并一直沿用，"方袍"的名称自唐代起逐渐普遍，它的另一个名称叫做"海青"，明代郑明选著《秕言》卷一云："吴中方言称衣之广袖者谓之海青。按太白诗云：'翩翩舞广袖，似鸟海东来。'盖东海有俊鹘名海东青，白言翩翩广袖之舞如海东青也。"

中国僧尼所穿的内衣主要包括印度式的僧祇支及中国式的汗衫或偏衫。汗衫实为一种俗服，有右袒式、左袒式和两领式等式样，其中的右袒衫极易与印度传入的僧祇支相混，但由于两者在式样上的差别，根据塑、画像上衣襞的多少即可将两者分开，中国式的汗衫带袖，衣襞少；印度式的僧祇支为长方形布片，因而穿着时衣襞多，此外也有将汗衫与僧祇支并穿的情况[1]。

唐代僧侣的常服相当复杂，《南海寄归传》卷二《衣食所须章》云："且如神州祇支偏袒，覆膊方裙；禅裤袍襦，咸乖本制。"又云："考其偏袒正背元是蹲斯（玄播）而作，剩加右畔，失本威仪。"又云："自馀袍裤袗衫之类，咸悉决须遮断。严寒既谢，即是不合摄身，而复更着偏衫，实非开限。"虽然偏衫在唐代十分盛行，但并非始自唐代，由于气候、习俗的关系，在南北朝晚期[2]就出现了这种中西合璧的、开脊接领式的偏衫，而后不断演化。赞宁在《僧史略·服装法式》中记述："后魏宫人见僧自恣，偏袒右肩，乃施一肩衣，号曰偏衫，全其两肩衿袖，失祇支之体，自魏始也。"《释氏要览》卷上引《魏录》也有类似的记载："魏宫人见僧袒一肘，不以为善，乃作偏袒缝于僧祇支上，相从因名偏衫。"偏衫可以遮覆肩臂，僧尼袒肩不合礼制的现象得到了改善。唐代又将偏衫与裙合为一体，制成直裰。直裰也作"直掇"，背面分成左右两个衣片，中间一道直线缝合，正面对襟大袖，一般用麻布、棉布做成，在宋代十分流行，除僧人之外，道士、文人也经常穿着，称为"道袍"、"直缝"。

长衫，又叫大褂、褂子，衣身长及脚背，斜襟，穿时自左向右腋下系扣或系带，袖子没有海青那样宽[3]，更便于日常生活穿用，成为僧人外出及见客时最常穿着的僧服，衣领用三层布叠成，叫做"三宝领"，俗服中也有长衫，但式样更显复杂。此外，还有与长衫款式相同的"二衫"、"三衫"，又称为"中衫"和"短衫"，二衫长仅过膝，三衫长未及膝，这两种服装仅适用于在寺院内部生活及劳动时穿用。罗汉褂出现于近代，制作简单，为对襟，衣领仅用两层布，是一种可自由穿着的常服。僧人所穿的裤子在腰身处及裤脚处较宽，腰部束带，裤脚束于袜内。

---

[1] 吉村怜：《论古代如来像和比丘像的衣服及其名称》，《2004 年龙门石窟国际学术研讨会文集》，第 629—632 页，2006 年。
[2] 另说"魏"指"三国曹魏"，即在三国曹魏时期就已出现了"偏衫"。
[3] 潘明权：《上海佛教寺院纵横谈》，宗教文化出版社，1996 年，第 211 页。

在中国，作为法服的袈裟只在参加法会等佛事活动时穿着。三国时期，昙柯迦罗译《僧祇戒心》，并请梵僧立羯摩法受戒，此后中国僧人亦遵袈裟之制。自东晋至唐代，以丝织品作袈裟的现象渐多，违反了佛教的戒律，因而唐道宣在《四分律删繁补阙行事钞》中针对这一现象进行了修正[①]。汉地法服的颜色比较复杂，一般而言，受到常服颜色变化的影响，但仍然偏重红色。

据《唐书》记载，武则天依唐代三品以上服紫的规定，给重译《大云经》的僧人赐紫衣，以示尊宠，开赐衣制度之先河。明洪武元年（1368年）朱元璋任命慧昙禅师为"演梵善世利国崇教大禅师，住持大天界寺，统诸山释教事，降诰命，俾服紫方袍。"《明史·李仕鲁传》又载："帝（明太祖）自践阼后，颇好释氏教，诏征东南戒德僧，数建法会于蒋山，应对称旨者辄赐金襕袈裟衣，召入禁中，赐坐与讲论。"洪武十五年，为了加强对于寺僧的管理，太祖下令将寺院、僧人分作禅、讲、教三类，并规定了各自僧服的颜色，据明代《礼部志稿》云："洪武十四年，令凡僧道服色，禅僧茶褐常服、青绦、玉色袈裟。讲僧玉色常服、绿绦、浅红色袈裟。教僧皂常服、黑绦、浅红袈裟。"惟有僧录司高级僧官才准许在袈裟纹边饰金，以示殊荣。又据《山堂肆考》云："今制禅僧衣褐，讲僧衣红，瑜伽僧衣葱白。瑜伽僧，今应赴僧也。"至明末，僧侣衣制又发生了新的变化。

僧尼服饰除了衣服之外，还包括帽、鞋、袜等。僧帽，也叫头巾、禅巾、菩萨巾等，形制多样，《事物绀珠》载："毗卢帽、宝公帽、僧伽帽、山子帽、班哦吒帽、瓢帽、六和中、顶包、八者，皆释冠也。"宝公帽，即志公帽，相传由中国南朝萧齐时宝志和尚始创，后世遂有"志公帽"之称，广泛用于禅林。僧帽的主要用途是御寒，在礼佛等法事活动中，不能佩戴，如《大比丘三千威仪》中说："不得着帽为佛作礼。"

据《禅林象器笺》和《释门归敬仪》记载，古印度的僧尼是准许穿鞋子的，"天竺国中，地多湿热，以革为履，制令服之，如见尊上，即令脱却。"现在的南传佛教还保持着这种礼仪。中国的僧鞋大致有芒鞋、罗汉鞋及僧鞋三种，芒鞋为草鞋，罗汉鞋及僧鞋都是布鞋，罗汉鞋的式样仿照芒鞋，鞋面尖部用三层布缝制，鞋帮处缝有一些方孔，据说有教人看破一切的寓意，僧鞋全身无孔，只在鞋面前端做出一根竖的硬梗，与世俗便鞋相仿。

第三节　净　瓶

一、净瓶的特征、功能及来源

净瓶，又称澡瓶、水瓶，文献中常使用其梵文音译"军持"、"军迟"、"君持"、"君迟"、"捃稚迦"等，此类器物源于古代印度，是比丘"十八物"之一，游方时可随身携带贮水供饮用或洗濯，后世也作佛前供器以及南洋群岛伊斯兰教徒的日常用器。

关于净瓶的记载最早见于晋法显所著的《佛国记》，原文有"法显亦以军墀及澡罐并余物弃至海中……"，在其它佛教典籍中也提到了净瓶及其用途，《大唐西域记》云："捃稚迦，即澡瓶也，旧曰'军持'讹也。"唐玄应《一切经音义》载："军持，正言捃稚迦，此译云瓶也，

---

① 费泳：《佛像袈裟的披着方式与"象鼻相"问题》，《敦煌研究》2008年第2期。

谓双口澡罐也。论文作铧铦，字无所出，经中或作军迟。"唐慧琳《一切经音义》中解释说："君稚迦，僧所受用；君持，铜瓶是也。"《敕修百丈清规·办道具》中说："净瓶，梵语捃椎迦，此云瓶。"《释氏要览》："净瓶，梵语军迟，此云瓶，常贮水，随身用以净手。"《祖庭事苑》引《四分律》云："有比丘遇无水处，水或有虫，渴杀。佛知制戒，令持浊净二瓶，以护命故。"

　　《南海寄归内法传》卷一"水有二瓶"条，对此作了更加详尽的描述："凡水分净、浊，瓶有二枚。净者咸用瓦、瓷，浊者任兼铜、铁。净拟非时饮用。浊乃便利所须。净则净手方持，必须安著净处。浊乃浊手随执，可于浊处置之。唯斯净瓶及新净器所盛之水，非时合饮。余器盛者，名为时水，中前受饮，即是无愆。若于午后，饮便有过。其作瓶法：盖须连口，顶出尖台，可高两指，上通小穴，粗如铜箸，饮水可在此中。旁边则别开圆孔，拥口令上。竖高两指，孔如钱许——添水宜于此处，可受二三升，小成无用。斯之二穴，恐虫、尘入，或可著盖，或以竹、木，或将布叶而裹塞之。"为了携带方便，或制瓶袋装之[①]。据此可知，水瓶有净、浊（不净）两种，净水瓶为瓦、瓷制，浊水瓶为铜铁器，义净所描述的净瓶形制与出土的实物资料基本吻合。在传入中国以后，其外观、用途等各方面不断变化，但基本保持了双口水器的特征，一般而言，其形制特征为小口，细颈，顶部直立细管，下呈轮形或帽形圆盘，肩一侧有上仰的流。

　　除实用功能外，净瓶（军持）还是密宗佛及菩萨的重要法器，如《千手千眼观世音菩萨大悲心陀罗尼》中，军持为千手观音四十手的持物之一，故又被称为"千手观音军持手所持之物"。又如胎藏界曼荼罗诸尊中，中台八叶院之弥勒菩萨、观音院之毗俱胝菩萨及不空羂索菩萨、苏悉地院之十一面观自在菩萨及外金刚部之火天等皆持军持[②]。据一些学者的研究，此类器物的出现与持明密教有关[③]。持明密教是继原始密教之后形成的早期密教，自6世纪后半叶传入中国，传译弘扬，日趋兴隆，在持明密教的菩萨像中，最具特点、流传最广的就是观音菩萨像，如十一面观音、千手观音、马头观音等，这些尊像均为多臂，其中的一手持有军持。

二、净瓶的演变

　　中国最早发现的净瓶是1975年出土于江西省新建县乐化郭台林场一座隋代砖墓中的"象首长颈瓶"[④]，通高23厘米，口径1.8厘米，小盂状口，束长颈，颈上有扁状凸棱，浑圆腹，圆饼状实足，肩部塑象首流，施青釉，呈炒米黄色，带有冰裂纹。

　　唐代，南北方都产净瓶，北方以白瓷为主，多发现于两京地区，黄堡窑址还出土了黑釉、三彩净瓶残器，两京地区有完整的三彩器出土。南方以外销为主的长沙窑也产青瓷净瓶。

　　唐代净瓶一般形体高大，胎体厚重，高度在25厘米左右，小口，细颈，颈部有圆盘状凸起，圆盘上部较细，或有弦纹为饰，腹部呈椭圆形或圆球形，肩部有一短流，有些呈"L"形，口呈盂形或漏斗形，矮圈足外撇，早期多为饼形实足。外观素雅，基本无其它装饰，有些净瓶的下腹部及底部无釉。如陕西高陵出土的唐代净瓶（图4-10），26厘米，腹径13厘米，胎色灰白，釉色白中泛青，施釉不到底。盂形小口，颈上部有圆盘盖状凸起，细长颈，中部略

① 全佛编辑部：《佛教的法器》，中国社会科学出版社，2003年，第110页。
② 全佛编辑部：《佛教的持物》，中国社会科学出版社，2003年，第10页。
③ 张沛心：《军持浅谈——从馆藏两件器物定名谈起》，《陕西历史博物馆馆刊》（第六辑）。
④ 陈柏泉：《记新建隋墓出土的军持》，《江西历史文物》1985年第2期。

细，鼓腹似球形，平底，假圈足外撇，肩一侧安酒杯式短流，造型新颖别致。又如陕西西安三桥镇出土的三彩净瓶（图 4-11），通高 24 厘米，腹颈 12.1 厘米，细颈，鼓腹，小圈足，颈部饰弦纹，有轮状突起，肩部有一流，形如侈口小盂。颈部、腹部施绿釉，以黄白二色点染，形成层次丰富的装饰效果，瓶腹下部露胎无釉。湖南长沙窑所产青瓷净瓶，形体小巧秀丽，器高多在 10 厘米左右，胎体轻薄，与北方厚重高大的特征形成了鲜明对比。

图 4-10　唐白瓷净瓶　　　图 4-11　唐三彩净瓶　　　图 4-12　定窑白瓷龙首流净瓶

　　宋代净瓶的生产和使用范围扩大，北方的主要窑场皆产净瓶，且各具特色，有定窑白瓷净瓶、耀州窑青瓷净瓶、磁州窑低温绿釉净瓶等不同品种。宋代净瓶多形体修长，清新秀丽，集多种装饰手法于一身，与唐代朴实浑厚的风格异趣。器形为小口，细长颈，颈中部有一帽形或轮形圆盘，与前代相比，圆盘上部的柱体加长，丰肩，鼓腹，胫部内收，卧足或矮圈足，肩部有一上仰的流，或作龙首形，或为两节圆管式，后者带有子母口盖，里侧贴圆片形双系。在北方众多窑场中，北宋定窑所产的净瓶不仅数量较多，而且工整清雅，颇具典型意义。如

图 4-13　定窑白釉刻花
龙首流净瓶

图 4-12 定窑白瓷龙首流净瓶[1]，高 32.3 厘米，腹径 13 厘米，小口，细长颈，颈中部有帽状圆盘，丰肩，鼓腹，瘦底，矮圈足外撇，肩部置龙首形流，龙首造型以管状为基础，堆塑出眼、角、嘴等细节，简洁生动，与整体和谐统一，通体白釉，釉质薄润，呈暖白色调，整体柔和雅静，工艺严谨规整。此器为北宋定窑早期的产品，器形具有过渡性特征，装饰相对简练，仅在颈部圆盘和肩部饰以两周弦纹，上下呼应，而流部的龙首造型被定窑后期的作品沿用。

　　河北定州净众塔出土的定窑白釉刻花龙首流净瓶[2]（图 4-13），高 60.5 厘米，口径 2 厘米，腹径 19.1 厘米，足径 10.1 厘米，胎质细腻洁白，乳白色釉，稍有垂浆釉痕，足底无釉。采用了堆贴、刻花、划花等技法，纹饰布满器身，繁而不乱，反映出高超的制瓷水平。净瓶小口，细长颈，瓶颈上部划覆仰莲瓣纹，以双弦纹隔开，相轮形圆盘，鼓面饰覆莲纹两层，颈下部饰弦纹，

①　李正安：《中国陶瓷艺术图典》，湖南美术出版社，1999 年，第 304 页。
②　马自树：《中国文物定级图典·一级品（上卷）》，上海辞书出版社，2006 年，第 63 页。

肩部刻覆莲纹三层，上腹部刻缠枝花纹，枝叶蔓卷，下腹部刻仰莲纹四层，主题为缠枝花卉纹，肩、下腹至底分别刻上下呼应的仰覆莲瓣纹，纹饰疏朗典雅，富有层次感。颈中部外凸，颈上部及盖状物饰莲纹及蕉叶纹，颈下部竹节纹。修肩，鼓腹，下腹内收，至底微侈，卧足，肩部塑一龙首状流，龙头高昂，颈短粗，前额突耸，双角并合后折，上扬，怒目，侧耳，上颌启扬，露门牙和舌尖，下颌有一撮龙须，整体巍峨挺拔。1969 年，河北定县北宋静志、净众两塔塔基共出土 24 件定窑白釉净瓶，可见定窑净瓶产量之丰，这件净瓶是其中之一，作为供器于北宋至道元年被施入塔基，除此之外，两塔塔基还出土了其它品种的瓷质净瓶及金属净瓶，反映了当时供施净瓶的流行。河北定州静志塔塔基出土的磁州窑绿釉颈瓶，高 18.1 厘米，口径 0.9 厘米，足径 5.1 厘米，小口，长颈，颈中部覆一轮状圆盘，圆肩，长腹下收，圈足外撇，肩部有盘口短流，黄色胎，通体施绿釉，集堆塑、划花、模印于一身，颈下部饰弦纹，肩部饰弦纹和花朵纹，腹部饰篦划波浪纹，釉色鲜亮，胎质细腻，纹饰清晰，北宋太平兴国二年（977 年）被施入塔基，属于北宋早期三彩釉陶的典型器物。

　　北宋静志寺塔地宫出土的鎏金银净瓶，与同期出土的瓷质净瓶特征相仿，肩部有一短流，钵形口，采用了焊接錾凿技法，胎体较薄，肩部錾覆莲瓣一周，下腹饰仰莲瓣两层，纹饰明快淡雅，挺拔俊秀，颈部圆盘面上刻"张氏、李氏、刘氏、十王氏、崔氏、梁氏、张氏、樊吴三，弟子愿生生供养"的铭文，表明此类器物的制作目的主要为佛前供器。

图 4-14　辽绿釉净瓶

　　辽代的三彩供器较常见，图 4-14 为辽绿釉净瓶，通高 24.1 厘米，口径 1.3 厘米，整体器形与北宋相仿，但装饰方面别具特色，瓶颈饰多道突起的弦纹，状如竹节，上部较密集，下部稀疏，颈中部突出的圆盘呈仿木构六角攒尖屋脊状，肩部有一短流，盘口，肩部贴附一周印有花纹的莲瓣，瓶腹饰缨络纹，带有异域风格。北京顺义县辽代净光舍利塔基地宫中出土了四件定窑白瓷净水瓶[1]，与北宋时期特征相仿。

图 4-15　高丽青瓷
九龙净瓶

　　中国的近邻朝鲜在 10 至 14 世纪称为高丽，将佛教奉为国教，也产青瓷净瓶，宋徽宗时访问高丽的使臣随员徐兢在《宣和奉使高丽图经·卷三十一》中记载了高丽净瓶："净瓶之状，长颈，修腹，旁有一流，中为两节，仍有辘轳盖，颈中间有隔，隔之上复有小颈，像簪笔形，贵人国官观寺民舍皆用之，惟可贮水高一尺二寸，腹径四寸，容量三升。"这种特征与宋辽时期北方窑场所产的净瓶相仿，高丽瓷器自创烧之始就受到中国瓷器的影响，12 世纪高丽王朝与宋、辽关系密切，在器型、纹饰、釉色、装烧方法等方面皆仿照北宋定窑、磁州窑、汝窑等窑场，《宣和奉使高丽图经》称："复能作碗碟栖瓯，花瓶汤琖，皆窃放定器制度。"说明高丽瓷器多以定窑制度为标准。[2]高丽时代的青瓷九龙净瓶（图 4-15）[3]，高 33.5 厘米，龙首形口，细颈，颈中部

①　北京市文物队：《顺义县辽净光舍利塔基清理简报》，《文物》1964 年第 8 期。
②　陈进海：《世界陶瓷艺术史》，黑龙江美术出版社，1995 年，第 49 页。
③　李正安：《外国陶瓷艺术图典》，湖南美术出版社，1999 年，第 181 页。

突起圆盘，盘上塑四龙首，丰肩，肩上塑三龙首，鼓腹，腹部阴刻海水龙纹，胫部微敛，矮圈足，肩部有一上仰的龙首流，龙作张口状，眼、角、牙、须等处雕刻入微，酷似前文所述定窑龙首净瓶的流部，可能是"窃放定器制度"的表现，并在此基础上进一步发展。按照古代的度量制度，净瓶的高度与徐兢的记载基本一致。烧造于12世纪中叶的青瓷镶嵌蒲柳水禽纹净瓶，其纹饰和镶嵌工艺更多地体现出本民族特色，而水禽纹饰的流行很可能受到了辽代影响[1]。

　　元、明以降，净瓶多称为"军持"。宋元时期，中国东南沿海地区窑场，包括福建德化窑、泉州磁灶窑及广州西村窑等多产军持，主要作为定烧的外销品种专供销往东南亚各国，当地原信仰婆罗门教和佛教，约自13世纪末年，逐渐改为崇拜伊斯兰教，但仍然习惯使用印度军持类两口水壶[2]，此时的军持在造型上不断演化，日趋实用与美观。

　　自宋太祖开宝四年（971年）在广州设立市舶司以后，广州成为了重要的贸易港口，西村窑产品以外销为主，军持产量较大，装饰风格受耀州窑影响，但在形制上不同于北方的"两口水瓶"，似乎更加接近"两口水壶"[3]，器形较矮，最矮者仅11.5厘米，颈部较短，圆鼓形腹，腹部较大，肩部有一上扬的管状流。据学者研究，大约13世纪末年，中国商船将南洋群岛地区的人们喜欢使用的陶制两口水壶携带归国，模仿烧制，因此，南部沿海诸窑生产的专供外销的"两口水壶"式军持吸收了南洋土著居民的水壶造型[4]。

**图4-16　南宋德化窑
青白釉军持**

德化窑军持主要发现于碗坪仑、屈斗宫、后坑垄等宋代窑址中[5]。南宋时期的福建德化窑生产影青釉军持，往往因窑变呈青灰色，胎釉与前代相比略显粗糙，器形宽矮，并出现实足、喇叭口、细颈、鼓腹、平底，腹部多模印莲瓣纹、云水纹，器高一般为10余厘米，不是同模制作，故器形略有变化。如图4-16：南宋德化窑青白釉军持，高16.3厘米，喇叭口，细颈，颈中部略细，扁圆腹，肩及腹部饰覆仰莲纹，矮实足微凹，圆管状长流，浆胎模制，制作精巧，造型雅静美观。元代德化窑军持的口部呈喇叭形，细长颈，圆腹略扁，平底实足，流附在肩、腹之间，上翘形成上细下宽的管状流，器形较前代瘦削，腹部为模制，印卷草纹、覆仰莲瓣纹、盘龙纹或云纹等，造型、体量基本一致，胎质洁白、细致、坚硬，以青白釉为主，底部及内腹壁无釉，温润细腻，淡雅美观。

　　福建泉州磁灶窑主要生产低温釉陶印花军持，多出土于土尾庵、蜘蛛山及童子山等处，胎体粗糙，釉色种类多样，有黑釉、酱釉和青釉等，还有低温绿釉产品，造型的共同特点为子母口，颈部细长，腹部呈扁圆形[6]。在南洋地区也发现了很多磁灶窑出产的军持，可作为窑址标本的补充，如菲律宾发现的双龙抢球、缠枝牡丹花等纹饰的绿釉军持及黑釉（无纹）

① 陈进海：《世界陶瓷艺术史》，黑龙江美术出版社，1995年，第51页。
② 韩槐准：《谈中国明清时期的外销瓷器》，《文物》1965年第9期。
③ 韩槐准：《谈中国明清时期的外销瓷器》，《故宫博物院七十年论文选》，紫禁城出版社，1995年。
④ 韩槐准：《谈中国明清时期的外销瓷器》，《故宫博物院七十年论文选》，紫禁城出版社，1995年。
⑤ 叶文程：《略谈德化窑的古外销瓷器》，《中国古外销瓷研究论文集》，故宫博物院紫禁城出版社，1988年。
⑥ 叶文程，林忠干：《福建陶瓷》，福建人民出版社，1993年，第230页。

军持；马来西亚沙捞越博物馆收藏的磁灶窑黑釉龙纹军持等[①]。此外，在中国台湾澎湖列岛也有宋元时期的军持出土，说明"经由泉州、澎湖到南洋的澎湖航线乃宋元时期中国陶瓷外销航路重要一环"[②]。

明清时期，景德镇窑的制瓷技术炉火纯青，生产的青白釉、釉下青花、釉里红、釉上五彩军持也多作为外销产品。小口，呈子母口式，直颈，较短粗，球形或扁球形腹，兼具美观性与实用性。如明洪武釉里红牡丹纹军持（图 4-17），为景德镇窑出口东南亚的外销瓷，高14 厘米，口径2.3 厘米，小口，出沿，短颈，肩饰覆莲纹，扁球形腹，下腹部内收，绘缠枝牡丹纹，平底，肩部有尖管状流，通体以釉里红为饰，虽有晕散，但红色纯正，为明代早期的典型器[③]。

图 4-17 明洪武釉里红牡丹纹军持

晚明时期，景德镇窑烧制的青花和五彩军持造型一般为轮盘式口，直颈，腹部浑圆，流为圆球形或乳突状，或塑成龙首、凤首形，颇具异域情调，同时这种风格也影响了国内制瓷业的发展[④]。万历青花五彩凤首流军持（图 4-18），高 21 厘米，小口，出沿，长颈，器身整体为凤形，凤首流较高，器身饰以青花五彩凤羽纹饰，造型新颖，青花五彩军持在万历时期比较常见，这件器物为此中精品。另一件万历时期的青花军持（图 4-19）也具有代表性，高19 厘米，口径3.4 厘米，足径10.3 厘米，小口，出沿，长颈，扁球形腹，矮圈足，造型墩厚庄重，在肩部的一侧有乳状流。另在华南窑生产的一般外销瓷中也有军持类产品[⑤]。

清乾隆时期创制的宫廷用器——贲巴壶（图 4-20）应属军持一类，"贲巴"为军持的藏语音译[⑥]，贲巴壶在藏传佛教中主要用于灌顶等宗教仪式，基本形制为盘口、细颈，肩部有弯曲的长流，球腹下呈喇叭形足，传世品有红彩、金彩以及各种色地的粉彩等。

图 4-18 万历青花五彩凤首流军持

图 4-19 万历青花八宝纹军持

图 4-20 斗彩贲巴壶

① 叶文程，苏垂昌，黄世春：《晋江磁灶窑的发展及其外销》，《中国古陶瓷研究会 中国古外销陶瓷研究会，一九八七年晋江年会论文集》，第 62 页。
② 陈信雄：《澎湖宋元瓷器》，澎湖县立文化中心，1985 年。
③ 陈润民，光冉：《中国古瓷集珍》，文物出版社，1997 年，第 125 页。
④ 叶佩兰：《五彩名瓷》，山东美术出版社，2005 年，第 191 页。
⑤ 叶佩兰：《五彩名瓷》，山东美术出版社，2005 年，第 190 页。
⑥ 马云华：《奇幻瑰丽:清代宫廷瓷制藏传佛教精品》，《紫禁城》2006 年第 1 期。

第四节　锡　杖

一、锡杖的特征、功能及来源

锡杖，梵语音译为"吃弃罗"、"吃吉罗"、"隙弃罗"，又称声杖、鸣杖、智杖、德杖等，关于其名称的来源，在《佛说得道梯隥登锡杖经》中称："佛告比丘：'汝等应受持锡杖。所以者何？过去、未来、现在诸佛皆执故。又名智杖，彰显圣智故。亦名德杖，行功德本故。圣人之表帜，贤士之明记，道法之正幢。'迦叶白佛：'何名锡杖？'佛言：'锡者轻也，倚依是杖，除烦恼，出三界故，锡，明也，得智明故。锡，醒也，醒悟苦空三界结使故。锡，疏也，谓持者与五欲疏断故。'"由此可见，锡杖是佛、比丘、佛法的标帜，僧人云游时皆随身执锡杖，称为"飞锡"、"巡锡"、"杖锡"等，在某处停留，称为"留锡"、"挂锡"、"住锡"等。《高僧传·初集·卷一》载："安世高……值灵帝之末，关雒扰乱，乃振锡江南。"这里的"振锡"也象征着弘传佛法[1]。

锡杖一般由"锡"、木柄及"鐏"组成。《南海寄归内法传》卷四对此作了较为详细的记载："西方所持锡杖，头上唯有一股铁卷，可容二三寸。安其鐏管，长四五指。其竿用木，粗细随时。高与肩齐，下安铁纂，可二寸许。其环或圆或匾，屈合中间，可容大指。或六或八，穿安股上，铜铁任情。"《比丘三千大威仪经》中说："杖头状如塔形，为用锡料所造，杖柄应用本杆为之。"为了在摇动时能够发出声响，杖头大环多由铁、铜等金属制成，如《有部毗奈耶杂事》卷三十四中称："杖端置如环金属，摇动作声，以示警觉。"锡杖的股数和环数有别，据《南海寄归内法传》，环可有六个或八个，杖头部分可以拆下放于袋中，此袋即《十诵律》卷五十提到"杖囊"，并说："佛听许以络囊盛杖，为爱护故莫令破失。""络囊"所盛之物应指杖头部分，而《大乘比丘十八物图》亦将杖头部及木柄部予以分离，且有锡袋的图示[2]。《大唐西域记》卷二云："如来锡杖，白铁作环，栴檀为柄，宝筒盛之。"表明当时以筒置放锡杖。锡杖作为一种"资生顺道之具"，其外观特征还被赋予了一定的佛教内涵。《佛说得道梯隥登锡杖经》载，释迦佛为四股十二环，迦叶佛为二股十二环。二股象征二谛，即世俗谛、第一义谛，四股象征断四生（即胎生、卵生、湿生、化生）、念四谛（即苦、集、灭、道）、修四等（即慧、悲、喜、舍）、入四禅，十二环则象征十二因缘通达无碍及修行十二门禅等。同经中又说锡杖有三鐏，代表忆念三涂苦恼，则修戒、定、慧；念三灾（即老、病、死），则除三毒（即贪、嗔、痴）等。三重四股，以念如来"七觉意"法，通鐏钻八，以念"八正道"。

锡杖作为比丘随身携带的"十八物"之一，应云游乞食的生存需要而产生，《大比丘三千威仪》卷下，列举了持杖的三种基本功能："一者为蛇虫故，二者为年老故，三者为分卫故。"即：（1）驱遣蛇、毒虫等物，用于防身。《四分律》卷五十二说："诸比丘道行，见蛇、蝎、蜈蚣、百足，未离欲之比丘见皆怖白佛。佛言：'听投锡杖摇动，若筒盛碎石摇令作声，若摇破竹作声。'"《十诵律》卷五十六也有："杖法者，佛在寒园林中住，多诸腹行毒虫，啮诸比

① 牛龙菲：《敦煌壁画乐史资料总录与研究》，敦煌文艺出版社，1991年，第447页。
② 杨维中：《中国佛教百科全书·仪轨卷》，上海古籍出版社，2001年，第205页。

丘。佛言：'应作有声杖，驱遣毒虫。'是名杖法。" 又《南海寄归内法传》卷四"亡财僧现"条中说："言锡杖者……元斯制意，为乞食时，防其牛犬。"（2）古时比丘在托钵行乞时，作为传达化缘这一特定信息的响器。如《毗奈耶杂事》中说："苾刍乞食入人家，做声警觉，拳打门扇，家人怪问。佛言'应作锡杖'。比丘不解，佛言：'杖头安环，圆如盏口，安小环子。'摇动做声而为警觉。……至不信家，久摇锡时，遂生疲倦，而彼家人竟无出问。佛言：'不应多时摇动，可二三度摇，无人问时，即须行去。'" 这样既可以起到提醒施主的目的，又不会惊扰他人。（3）僧侣生病或年迈时，用来支撑身体，《四分律》卷五十二载"听任老比丘持杖"。关于执持锡杖的方法在佛教中也有相应规定，用以规范比丘的行为，如《三千威仪经》和《佛说得道梯隥锡杖经》中出现的"持锡杖法"，包括持杖不得入众、日中后不得持、不得担于肩上、出入见佛像不得使锡作声、不能以杖指人、不得用杖于地面写字等"二十五事威仪"。

托钵乞食、振锡云游是古代比丘的重要生活方式，钵盂、锡杖也就成为了佛、菩萨及僧人形象、智慧与法力的标志，从而使锡杖衍生出破难除灾、驱邪伏魔、平息干戈等功能。《高僧传》载："僧稠……后诣怀州西王屋山修习前法，闻两虎交斗咆哮震岩，乃以锡杖中解，各散而去。"《景德传灯录》卷八之"五台隐峰禅师邓氏"条载："隐峰于唐元和年中（806—820年），登五台山，路经淮西，时官贼交锋，不决胜负，师乃欲解其患，掷锡空中，飞身而过。两军将士仰观，斗心顿息。"僧侣生活方式的改变也使锡杖丧失了最初的功能，主要用于在佛事中增显威仪，且不同宗派对于锡杖有着不同的使用方法。锡杖作为一种响器，对于很多民族的乐器和乐舞产生了深远影响，也用于民间祭祀和喜庆场合中[①]。

在佛教诸尊中，药师佛的形象一般为左手托钵、右手持锡杖，此外，释迦、地藏以及迦叶、阿难、舍利弗、目犍连等佛弟子、密宗中的八臂十一面观音、不空羂索观音、千手观音等观音像均出现了执锡杖的形象。

有关锡杖的实物资料比较稀少，主要集中于唐代塔基地宫中，但石窟中的壁画、造像及绢画等保留了大量锡杖图像，为研究其演变规律提供了丰富的资料。锡杖的实物及图像与文献记载基本吻合，但在等级上并未严格奉行佛教经典的规定，长度不一，有二股、四股两种，杖头大环呈圆形、桃形或葫芦形，杖头尖端及大环中间大多饰有宝珠、宝塔、宝瓶等，大环底部多绕成卷云状，两侧各套小环，有六环、八环、十环、十二环等数种，杖头与杖柄之间一般使用錞管相连，杖柄底端带有尖锐的铁纂。塔基中出土的锡杖并非实用器具，因而通体金属质，敦煌莫高窟壁画中的锡杖，多以色彩变化表现杖头、杖柄材质的差异，如杖柄部分一般绘成赭色，代表木质；錞管及铁纂多为青白色，代表金属[②]。

二、锡杖的演变

最早的锡杖图像出现于唐代，莫高窟初唐第 322 窟东壁绘有药师三尊像，主尊药师佛左手托药钵，右手执二股六环锡杖，立于莲台上，杖头顶端饰四层宝珠，大环中间饰宝瓶或宝塔状装饰物[③]。盛唐时期，锡杖数量增多，除二股六环锡杖外，还有二股八环、十二环，四股十二环等式样，陕西临潼庆山寺塔地宫为盛唐开元年间营建，出土了一件四股十二环锡杖

---

① 乐声：《中华乐器大典》，民族出版社，2002 年，第 608 页。
② 胡同庆：《敦煌壁画中的杖具——锡杖考》，《敦煌研究》2007 年第 4 期。
③ 胡同庆：《敦煌壁画中的杖具——锡杖考》，《敦煌研究》2007 年第 4 期。

（图4-21）^①，长32厘米，杖头呈桃形，由四根银丝组成，每条银丝上套有三个银质小环，大环中间饰有一座铜质鎏金的方形亭阁式塔，下承八棱形杖柄，杖柄亦为铜鎏金，制作精良。

中晚唐时期的经变画中出现了佛弟子及地藏菩萨持锡杖的图像，如莫高窟晚唐第85窟主室南壁东侧《报恩经变相·序品》中的托钵持锡化缘僧^②，所执锡杖的杖头与杖柄之间由錞管连接，柄下端安有铁纂（图4-22）^③。

法门寺塔基地宫出土了三件锡杖，分别以金、银、铜制作而成，其规格和等级各不相同，颇具代表性，其中单轮十二环金锡杖，应为迦叶佛之物，单轮六环铜锡杖属于辟支佛，即缘觉所用，而四股十二环锡杖，杖首鎏文是为迎真身而敕造的，显然应属释迦佛所持。^④

迎真身银金花双轮十二环锡杖（图4-23）无论在形制、等级及工艺方面都堪称举世罕见的珍宝，比现藏于日本正仓院长1.75米的白铜头锡杖还要宏伟^⑤。这件锡杖全长1965毫米。杖杆直径22.5毫米、轮高345毫米，重2390克，采用浇铸、钣金成型。杖首用外侧鎏有流云纹饰的银丝盘曲成两个垂直相交的桃形轮，相邻桃轮的侧面共鎏84字，说明此杖造于咸通十四年，是懿宗皇帝为迎送佛骨舍利，敕令宫廷工匠花费了八个月的时间专门制作的。桃轮上套置十二枚外径67毫米、内径48毫米的圆环，四股各套置三枚，圆环侧壁鎏出缠枝花草。轮顶焊有两重流云束腰仰莲座，座上各托一颗智慧珠。杖杆为圆形，中空，通体鎏花纹。纹饰从下至上分为三段：下段以联珠纹为界可分为三组，上两组为海棠花，下组为二云连接的一整二破团花。中段为主体花纹，鎏有十二体缘觉僧，均有头光，身披袈裟，手持法器，立于莲台之上，周围衬以蔓草。上段为蜀葵、山岳、团花等纹样。顶有两重仰莲座，莲座之间以五钴金刚杵相接，上层莲座承托智慧珠。杖纂为扁球状，鎏一周八瓣覆莲。该锡杖做工精细，设计巧妙，纹饰布局美观大方。金刚杵是密教重要法器之一，它的出现表明这件锡杖与密教信仰有关。

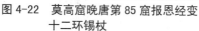

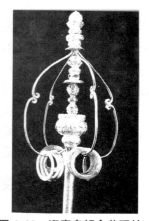

图4-21　陕西临潼　　　图4-22　莫高窟晚唐第85窟报恩经变　　　图4-23　迎真身银金花双轮
　　　庆山寺塔　　　　　　　　十二环锡杖
　　　地宫出土
　　　的锡杖

① 辛革：《塔中的秘密：佛宝》，上海文艺出版社，2003年，第51页。

② 牛龙菲：《敦煌壁画乐史资料总录与研究》，敦煌文艺出版社，1991年，第446页。

③ 胡同庆：《敦煌壁画中的杖具——锡杖考》，《敦煌研究》2007年第4期。

④ 李炳武主编，韩伟分册主编：《中华国宝：陕西珍贵文物集成 金银器卷》，陕西人民教育出版社，1998年，第116页。

⑤ 潘守永：《佛教与工艺杂项》，天津人民出版社，1996年，第50页。

单轮十二环纯金锡杖（图 4-24），也称手杖，通常为法会时所持，振鸣以合颂梵呗，通体以纯金锻打制成，无纹饰，长 27 厘米，重量 210 克。杖杆为圆柱形，顶部为桃轮形杖首，杖杆顶端有莲座，其上坐佛有背光。杖首顶部承托智慧珠，两股轮辐上各套置六环。这件纯金锡杖制作小巧精致，金光灿烂，从其纯金用料及外观来看，应是唐懿宗敕命文思院所造，在舍利供养法会时献给大阿阇梨所用的[①]。"文思院"专为皇室制造器用，创建于唐宣宗大中八年（854 年），系由大明宫内望仙台改建，晚唐时期，至少在唐懿宗咸通九年（868 年）已成为给宫廷打制金银器的作坊[②]。

鎏金单轮六环铜锡杖（图 4-25），铜质鎏金，环直径 12 厘米，重 3412 克。杖杆为中空六棱柱形。杖柄原为三段，锈蚀严重，中间一端以木杆套接，出土时已朽，故其原长度和重量不明。现仅存杖头、杖尾二段铜质，高度均为 31 厘米。杖头两重莲台，杖首作二股六环，每股挂置三个四棱圆坏。铜质杖柄錾文"僧弘志、僧海云、僧智省、僧义真、僧玄依、僧志坚、僧志共、沙弥愿思、弟子李甄、薛氏父王惟忠、毋阿李为从实"[③]。唐代佛教宗派林立，善无畏、金刚智和不空先后在洛阳和长安传播密教，并开始在两地建置曼荼罗灌顶道场，广收门徒，盛极一时。大兴善寺和青龙寺是唐代密宗的传法道场，法门寺则继慈恩寺之后成为唐皇室的内道场[④]，而"结坛于塔下"的实际组织策划者是以智慧轮、义真为代表的唐都长安大兴善寺和青龙寺的大阿阇黎。法门寺出土的三件锡杖是地宫内四枚舍利的供养物，义真之名也见于二股十二环铜锡杖上[⑤]。

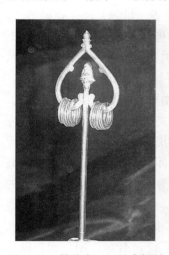  

图 4-24　单轮十二环纯金锡杖　　图 4-25　鎏金单轮六环锡杖　　图 4-26　明晚期铜鎏金罗汉立像

五代至宋代，锡杖的出现更为频繁，与密宗信仰联系密切，在敦煌莫高窟壁画中，地藏菩萨、密宗多面多臂的观音像大多执锡杖。明清时期，部分金铜罗汉像也执锡杖，有的甚至是等级较高的四股十二环锡杖，如图 4-26。上海松江李塔明代地宫出土了三尊执锡杖罗汉坐

　　① 陈忠实主编，张高举编著：《佛骨灵光：佛教圣地法门寺》，三秦出版社，2003 年，第 100 页。
　　② 石兴邦：《法门寺地宫珍宝的发现及其相关问题》，《首届国际法门寺历史文化学术研讨会论文选集》，陕西人民教育出版社，1992 年，第 59 页。
　　③ 陈忠实主编，张高举编著：《佛骨灵光：佛教圣地法门寺》，三秦出版社，2003 年，第 102 页。
　　④ 梁中效：《慈恩寺与法门寺佛教文化比较研究》，《法门寺文化研究·佛教卷》。
　　⑤ 吴立民：《法门寺地宫唐密曼荼罗之研究提要》，《佛学研究》1994 年第 3 期。

像，由薄银片钣制而成，罗汉眉目清秀，身穿交领僧服，双手持二股锡杖①。

第五节　炉　具

一、炉具的特征、功能及来源

　　中国用于焚香礼佛的炉具千姿百态，往往配合不同的香及焚燃方式使用，从形制上大致可分为封闭式和敞开式两种，前者称为熏炉，后者称为香炉，在汉传佛教中，香炉是佛前供桌上必备的"三具足"之一，也是大乘比丘随身携带的"十八物"之一。从使用方式上，可将其大致分为置香炉和手炉两类。置香炉又称供炉或座炉，一般指不须用手擎持的香炉，包括不带盖的各式仿古炉、高足杯式炉以及带盖的各式兽形炉、莲花形炉等不同式样。手炉，又称"柄香炉"，是一种可以用手执持，在行动中使用的炉具，也有带盖及不带盖两种，关于手炉的形制，《法苑珠林》云："天人黄琼说迦叶佛香炉，略云前有十六师子白象。于二兽头上别起莲华台以为炉。后有师子蹲踞。顶上有九龙绕承金华。华内有金台宝子盛香。佛说法时常执此炉，比观今世手炉之制，小有仿法焉。"后世的手炉大多仿效这种式样，但相对简单，手柄处稍作变化，有鹊尾形、狮子形镇、塔形镇及瓶形镇等。《金光明经》卷二《四天王品》中说："世尊！是诸人王于说法者，所坐之处，为我等故，烧种种香，供养是经，是妙香气，于一念顷，即至我等诸天宫殿。（中略）佛告四王，是香盖光明，非但至汝四王宫殿；何以故？是诸人王，手擎香炉，供养经时，其香遍布。"反映了执炉烧香的供养方式。手炉一般在剃度、礼忏、奉请等场合下使用，如《沙弥得度》中说："几上安香炉、手炉，戒乃至，戒师秉炉白。"隋唐时期的寺院已出现由梵呗衍生的唱导及专职的唱导僧人，寺僧每日初更时候，绕佛行礼，导师手擎香炉，登高座唱导。《高僧传·唱导总论》云："至如八关初夕，旋绕行周，烟盖停氛，灯帷静耀。四众专心，义指缄嘿。尔时导师则擎炉慷慨，含吐抑扬，辩出不穷，言应无尽。"在这场以唱导为中心的佛事活动中，导师须手持特定法器，即手炉进行唱导。敦煌莫高窟壁画中，持手炉者并不鲜见，包括供养菩萨、供养人、飞天、僧人等，如第220窟北壁的二身供养菩萨、第98窟的于阗王及王妃、第108窟的曹议金等②，主要为唐、五代时期的遗存。除置香炉和手炉之外，一些特殊的场合下还要使用专用香炉，如：坐禅时使用的钓香炉、灌顶时受者跨越而以净身的象炉等③。中国制作香炉的材料十分广泛，有金、银、铜、铁、玉、石、陶瓷、琉璃、象牙、紫檀等。

　　佛教中的香种类繁多，内涵丰富，是一种不可或缺的供养品。焚香礼拜是礼佛的重要方式，这种习俗在很大程度上受到佛教原产地南亚地区的影响④。佛教在传入之初，尚处于附属地位，礼佛形式主要借用了中国饮食供奉的传统习俗，如《高僧传·昙柯迦罗传》记载：（三国时魏国供佛）"设复斋忏，事法祠祀"。焚香则局限在生活领域中，中国早在战国时期就已有室内熏香的习俗，《周礼》载："翦氏掌除蠹物，以攻攻之，以莽草熏之。"焚燃的香料

---

　　① 上海市文物管理委员会：《上海松江李塔明代地宫清理简报》，《文物》1999年第2期。
　　② 王明珠：《定西地区博物馆藏长柄铜香炉》，《敦煌研究》2001年第1期。
　　③ 王建伟：《佛家法器》，天津人民出版社，2004年，第85页。
　　④ 肖路：《佛教文物与焚香之风》，《文物世界》1993年第4期。

以草本植物为主，用以驱灭蚊虫，消除秽气，清净环境。从出土情况看，汉代熏香的风气，南方比北方更盛，在广州地区发掘的 200 多座汉墓中，有一半墓葬出土熏炉[①]，这或许与当时的许多高级香料从南海输入内地有关[②]，汉通西域以后，更从陆路自西域输入香料。这一时期，在神仙信仰的影响下，产生了一种形制特殊的博山炉，盛行于两汉至魏晋时期，其基本特征为：在圆形铜盘中央竖立承托炉身的直柄，炉身为上仰的半球形，山形盖，开有许多小的镂孔，各种树木、鸟兽、人物点缀其间，雕饰精美。两晋、南朝时期，带有承盘的圆罐式及豆式熏炉也比较流行。

南北朝时期，伴随着佛教的盛行，异域焚香之风也在佛寺中传播开来，所用器具仍源于本土，实现了异域风俗与本土文化的融合。在佛教的发展过程中，大量引进各种香料及用香的观念、方法，从而丰富、发展了中国的香及香器。焚香的炉具常见于佛塔地宫之中，在石窟、地宫及墓葬的壁画中也屡见不鲜，充分体现了它与佛教的密切关系，也为我们留下了各类炉具演化的珍贵资料。

二、炉具的演变

两晋、南北朝时期，炉具在承袭传统式样的基础上，流行莲花装饰，以瓷质为主，铜质次之，形制有博山炉、莲花炉及豆式炉等，炉身之下多带有承盘。莲花炉将佛教中莲蕾的造型巧妙地运用到炉身之上，与博山炉有着明显的承袭关系，如图 4-27 江西永丰县出土的南朝青瓷炉，炉盖造型由层层山峰改作莲瓣。石窟造像及单体像的底座正面也常刻有莲花炉或博山炉的形象。河南巩县石窟第 1 窟的供养人行列中出现了手擎长柄炉的侍女，其手炉的形制很可能源于汉代的鐎炉，但在功能上发生了转化。这一时期还有一种多足香炉，或三足或五足，尺寸一般较小。北周王德衡墓出土了一件五足铜盘、一件铜瓶、一件铜钵及其它随葬品。铜盘有圆鼓形盖，浅直腹，腹的下部斜直内收成平底，腹的中部有弦纹二周，五个蹄形足，足间饰四个环耳。从出土的这三件随葬品组合来看，很像一套佛具，因此这件五足铜盘很可能为香炉[③]。这种香炉的形制是唐宋时期流行的多足炉的雏形。

图 4-27　南朝青瓷炉

隋唐时期，炉具形式多样，大多带有器盖，包括狮形炉、莲花炉、带盖樽式炉、塔式炉、手炉等，多足炉盛行，金属炉具增多，中外交往的频繁也为这一时期的炉具平添了异域文化因素，炉身装饰上更多地借鉴了诸如莲花、莲叶、塔、狮子、金刚力士等佛教题材，唐代还出现了形体高大的香炉，通高约二三十厘米。唐代的狮形炉多于炉顶之上塑造出狮子的造型，狮子呈蹲坐状，酷似石窟造像座两侧的对狮，其张口的姿态可使香烟从狮口散出，兼具美观性与实用性。炉座或为台座式，或为多足式，如西安西郊三印厂十二号唐墓出土的一件汉白玉香炉，通高 12.8 厘米，外方内圆的半球形炉身，四周略作山峰环抱，炉盖上一尊坐狮，出

① 高阿申：《民窑瓷收藏实践·香炉篇》，《收藏家》2003 年第 6 期。
② 张林：《佛教的香与香器》，中国社会科学出版社，2003 年，第 133 页。
③ 冉万里：《唐代金属香炉研究》，《文博》2000 年第 2 期。

烟孔由狮子腹下直通口中[①]。福建博物院藏一件带有唐天祐四年（907 年）纪年铭的鎏金铜炉，炉身直壁平底，下承五个兽蹄足，炉口翻出花式大宽折沿，覆钵式炉盖，顶端一个张口出烟的蹲狮，高 40.1 厘米，铭文自称"狮子香炉"（图 4-28）。

这一时期的莲花炉工艺精湛，式样优美，底部通常有带足的承盘，承盘与莲蕾之间以盘龙柱连接，莲蕾顶端有柱状花芯，如日本出光美术馆藏唐代绿釉莲瓣蟠龙博山炉，一对蟠曲的蛟龙托着仰莲炉座，炉盖沿袭了博山旧式，但将传统的山峰制成了花瓣形，其上装点孔雀翎纹（图 4-29）。

唐代的多足炉为三足、五足或六足，繁缛富丽，常在炉足上装饰兽面、力士等，多带有覆钵形盖，盖顶有宝珠状钮或狮形钮，盖上镂孔，有些香炉的足下承托台座，上饰镂空的壶门结构，颇具时代特色。唐皇室曾多次于法门寺迎送释迦牟尼佛骨舍利，法门寺文物中的鎏金银香熏、鎏金银香囊等都是皇室为迎送真身舍利而专门制造的[②]。西安临潼庆山寺地宫出土的兽面衔环六足铜炉（图 4-30），青铜鎏金，高 13 厘米，口径 13 厘米，由盖、炉身、六个兽足组成。盖呈三级覆钵形，顶沿上有桃形和梅花形镂空，炉身直腹，六个兽足上部为虎头形，下部为爪形，刚健有力，兽足间分别饰兽面衔环，该物 1985 年发现于庆山寺舍利塔下地宫内释迦如来宝帐的前方，炉内积满香灰，说明曾被使用过[③]。

图 4-28　狮子香炉　　　图 4-29　唐绿釉莲瓣　　　图 4-30　兽面衔环六足铜香炉
　　　　　　　　　　　　　　　　　蟠龙博山炉

塔式炉一般个体较高，由盖、炉身及高台座组成，盖顶有宝珠状钮，盖或钮部镂空，炉身为宽折沿，高台座上有镂空的壶门，整体形如一座覆钵式塔。典型代表为镇江丁卯桥出土的塔形门银熏炉[④]。

带有长柄的手炉在唐代颇为流行，镇柄形制多样，有瓶形、狮子形、鹊尾形等，许多手炉带有平面或隆起的圆盖，如西安北郊白家口出土的带盖柄香炉，由炉身、长柄以及带长柄

① 刘云辉：《北周隋唐京畿玉器》，重庆出版社，2000 年，第 27 页。
② 张林：《佛教的香与香器》，中国社会科学出版社，2003 年，第 138 页。
③ 王兆麟：《唐寺塔基下的罕见奇珍》，《人文杂志》1985 年第 5 期。
④ 韩伟：《海内外唐代金银器萃编》，三秦出版社，1989 年。

的圆盖组成，手炉柄端有瓶镇。江西瑞昌唐墓出土了一件青铜塔式镇柄香炉（图 4-31）[①]，由炉身、炉座、炉柄三部分组成，底座覆莲形，炉身敞口、折沿、深腹、平底、杯形，炉座及炉身均饰有精细弦纹，炉柄与炉体连接处有 S 形托钩，近炉口部设桃形饰片，后部透雕云头形图案，炉柄尾部有一圆锥塔式镇。河南洛阳唐神会和尚身塔塔基出土手炉一件[②]，整体形制与上述瑞昌长柄炉相近，唯长柄端有狮形镇。狮形镇及塔形镇手炉在日本传世的炉具中

图 4-31 江西瑞昌唐墓出土手炉

均有发现，反映了唐代中日佛教的密切联系。此外，石窟壁画、单体像及造像座表面也有擎手炉的菩萨像及罗汉像，如河北河间出土的一件隋唐时期的铜鎏金菩萨像[③]，右臂下垂，持宝轮，左臂上屈，持鹊尾香炉。

　　宋代，异域焚香之风得到了全社会的普及与接受，香的使用量很大，不仅用于寺观、宗庙等庄严场所，而且成为日常生活的重要组成部分，成为所谓"烹茶、焚香、挂画、插花"的文人四艺之一，置炉、赏炉也渐成时尚，宋人焚香常同时使用香炉及香盒，也流行将香料压成"香篆"，将粉末状的香料模子压出固定的形状，然后点燃。宋人还有所谓的"试香"，于幽室焚香，有时在庭园内的"诗禅堂"试着燃点新制的合香，品评香的气味、香雾的形状和焚烟的久暂，《遵生八笺》等宋人笔记还载有各种香方。宋代的炉具可谓历代集大成者，在材质及式样上体现出阶层、地域的差异性，有狮形炉、鸭形炉、莲花炉、带三足香球、高足杯式炉、仿古式炉、手炉等，其中敞开式香炉渐趋流行。

　　宋代的狮形炉，又称"狻猊出香"，在香炉顶端置一张口狮子，有些则整体做成狮形，造型富于变化，不像唐代狮子那样威武雄壮。安徽宿松县北宋元祐二年（1087 年）墓出土一件绿釉狻猊出香，通高 32 厘米，炉身为覆莲座捧出莲花状，炉盖呈莲蓬状，盖顶一只戏球的坐狮，偏头、张口、翘尾，颈部戴三枚响铃，生动活泼。《宣和奉使高丽图经》中称："狻猊出香，亦翡色也，上有蹲兽，下有仰莲以承之，诸器惟此最精绝。"与中国的狮形炉形制接近，反映了中韩两国在瓷器生产和文化交流中的密切联系[④]。

　　炉具上的飞鸟装饰早在战国时期就已出现，浙江余姚老虎山一号墩战国中晚期墓葬中出土的一对原始瓷香炉[⑤]，通高分别为 24 厘米和 23.2 厘米。炉身形若深腹豆，下有圈足，上置盖，盖面镂孔，高耸的三重盖钮顶端一只立鸟，下边两重各贴饰小鸟，小鸟之间又各有出烟孔，炉盖装饰三角形的山形纹，炉身饰细密的水波纹。陕西凤翔出土的一件战国时期凤鸟衔环铜熏炉[⑥]，由覆斗形底座、空心斜角方柱以及带有凤鸟衔环的椭圆形炉体组成。西汉时期出现铜质的雁炉，与其相仿的鸭形炉在宋代有整体呈鸭形及盖顶做成鸭形两种。芝加哥美术馆藏北宋景德镇窑青白瓷香鸭是鸭形炉中的一件精品，香炉通高 18.8 厘米，下有如意花头

　　① 张翊华：《析江西瑞昌发现的唐代佛具》，《文物》1992 年第 3 期。
　　② 洛阳市文物工作队：《洛阳唐神会和尚身塔塔基清理》，《文物》1992 年第 3 期。
　　③ 王敏之，何占通：《河北河间出土隋唐鎏金铜造像》，《文物》1991 年第 2 期。
　　④ 王霞：《汝窑莲花形香炉源流考证》，《考古与文物》2007 年第 1 期。
　　⑤ 浙江省文物考古研究所：《沪杭甬高速公路考古报告》，文物出版社，2002 年，第 74 页。
　　⑥ 景宏伟，王周应：《凤翔发现战国凤鸟衔环铜熏炉》，《文博》，1996 年第 1 期。

足的承盘，一只小鸭伏卧在双重莲瓣托举起来的莲台上，炉身开有镂孔，小鸭张口，徐送香烟。

与唐代相比，宋代的多足炉装饰相对简化，如河北定州静志寺塔基地宫出土的北宋定窑五足熏炉[1]，炉身为樽式，五足上塑金刚力士，覆钵式炉盖，出宽檐，顶立火焰宝珠状钮，盖及盖钮上镂出圆形气孔，足下带有环形平托，唐炉的特征依稀可见，但整体更为稳重端方（图4-32）。塔式炉的形制也源自唐代，宁波市天封塔地宫出土的一件南宋錾花银香炉，足部做成如意花头型，在炉盖顶端的莲花钮上引出细长的小管，炉内香烟由此而出[2]（图4-33）。

宋辽时期，在唐代香球的基础上演化出一种球形炉身、带足的小型熏炉，多为瓷制品，有三足式和矮圈足式两种，炉内没有了唐代香球层层相套的机巧，此类器物至元代仍有出土[3]。河北易县静觉寺舍利塔建于辽末，其地宫中出土了一件球形影青瓷炉[4]，通高8厘米，盖口径3.6厘米、高4.2厘米，炉口径3厘米、深3.2厘米，足高0.8厘米，炉盖作博山形，盖顶中央一个八角形孔，其下分布六个尖顶扁状镂孔，均布于山峦之间，圆底，下承三个小矮足。

宋代最常见的两种炉为高足杯式炉及仿古式炉，前者多属民用，在陕西、河北、河南、宁夏、江西、四川等地的窑场中都有发现，一般体型较小，一种如吉林农安辽塔中发现的白瓷高圈足炉[5]，口部带有平展的大宽沿，下接直壁或斜向下折的炉膛，细腰，喇叭形座；另一种纹饰精美，炉身多饰有重层仰莲纹，足部常做成莲叶形或覆莲形，如图4-34：出土于宋代耀州窑址的一件青瓷香炉[6]，仰莲捧出炉身，最下层为仰覆莲花的托座，座与炉的连接处加出一重宽沿，宽沿上贴饰六只海兽，复原后通高14.3厘米。这种高足杯式炉在唐代就已出现，如陕西西安唐代大雁塔门楣上的石刻菩萨双手捧持香炉，香炉下有承盘，上部炉体为敞口式，呈盛开莲花状[7]。

图4-32　北宋定窑五足香炉　　　图4-33　南宋錾花银香炉　　　图4-34　宋耀州窑青瓷炉

两宋名窑多产仿古式炉，包括簋式炉、鬲式炉、樽式炉、鼎式炉等，体量较小，宋人日

①　《"中国文物事业五十年"展览巡礼》，《文物》1999年第10期。
②　扬之水：《两宋香炉源流》，《中国典籍与文化》2004年第1期。
③　唐昌朴：《江西波阳出土的元代瓷器》，《文物》1976年第11期。
④　河北省文物管理处：《河北易县净觉寺舍利塔地宫清理简报》，《文物》1986年第9期。
⑤　冉万里：《辽代香炉的初步研究》，《文博》2002年第4期。
⑥　陕西省考古研究所，耀州窑博物馆：《宋代耀州窑址》，文物出版社，1998年，第327页。
⑦　肖路：《佛教文物与焚香之风》，《文物世界》1993年第4期。

用焚香大都使用此类小型香炉，其形制承袭了三代青铜器的古制，对于后世香炉影响深远，如赵希鹄《洞天清录集·古钟鼎彝器辨》载："古以兰艾达神明而不焚香，故无香炉，今所谓香炉，皆以古人宗庙祭器为之。"南宋官窑及龙泉窑所产的此类香炉典雅大方，以造型、釉色取胜，如图4-35：日本静嘉堂文库美术馆藏官窑青瓷三足炉[①]，高13.7厘米，口径16.8厘米，为南宋时期作品，炉两侧贴有鬲式耳，双耳高出口沿，通体施青釉，釉面开片。定窑、景德镇窑、汝窑、龙泉窑、吉州窑等窑场皆产一种樽式炉，或称为"筒式炉"，宋人以"奁"、"小奁"或"古奁"称之，如图4-36汝窑青瓷三足炉，高15厘米，口径23.7厘米，直筒形、平底，带有三个兽蹄形足，炉身装饰凸起的弦纹，釉色天青，造型简洁雅致。

图4-35 官窑青瓷三足炉

图4-36 汝窑青瓷三足炉

此外，宋辽塔基中还有手炉出土，形制与唐代类似，由高足杯式的炉身及长柄组成，典型器如辽宁朝阳北塔天宫发现的石质带柄香炉，长21.6厘米，炉身宽檐盆状，下承喇叭形底座，炉腹下半部装饰仰莲纹，侧接一长柄，外端下折，正面雕一只蹲狮坐于云纹台基上[②]。

元代流行"一炉两瓶"的成套香具，炉具在供器中的地位提高，仍以中小型香炉为主，其式样基本沿袭宋制，流行三足鼎式炉，如江西波阳元代墓葬中出土影青香炉[③]以及四川三台县文管所收藏的元青花香炉[④]，均为直口、方唇、短颈、鼓腹，三兽足外撇，口腹部贴塑两立耳的造型，有些香炉还配有器盖，此类香炉也成为明清时期的主流式样之一[⑤]。龙泉窑及钧窑的仿古香炉颇负盛名，主要有鼎式炉、鬲式炉等。龙泉窑所产悬足炉为一种创新式样，在原有三足的基础上，于底部多加了一个高圈足，使胫部承足因高于圈足而悬空[⑥]。钧窑香炉造型敦厚，釉色优美，别具一格。内蒙古博物馆藏钧窑纪年香炉[⑦]（图4-37），天青色，高

图4-37 钧窑纪年香炉

① 李正安：《中国陶瓷艺术图典》，湖南美术出版社，1999年，第620页。
② 辛革：《塔中的秘密：佛宝》，上海文艺出版社，2003年，第112页。
③ 唐昌朴：《江西波阳出土的元代瓷器》，《文物》1976年第11期。
④ 钟治：《元代青花双环象耳瓶和三足鼎式炉》，《文物》1998年第10期。
⑤ 任志录：《再记山西离石出土的一件琉璃熏炉》，《文物世界》2007年第2期。
⑥ 高阿申：《民窑瓷收藏实践·香炉篇》，《收藏家》2003年第6期。
⑦ 薛翔：《中国古瓷器》图173，湖北美术出版社，2003年。

42.7 厘米，口径 22.5 厘米，直口，鼓腹，底部接三个兽足。口部两侧各有一直耳，颈腹部之间另有兽形耳，颈部刻有麒麟纹，在正面两个麒麟之间有一方形题记，阴刻"己酉年九月十五小宋自造香炉一个"15 字楷书铭文，腹部贴有兽面衔环铺首纹饰。这件香炉的出土地点恰巧在呼和浩特市白塔西北角，由此推断它很可能是当时寺庙使用的佛前供器。

明清时期，线香普遍使用，香炉尺寸偏大，式样以仿古为主，兽形炉有角端、狻猊、麒麟、鸭等式，种类繁多，大多整体做成兽形。仿古式炉有瓷、铜、玉、珐琅等多种材质，铜炉渐多。据《宣德鼎彝谱》、《宣德彝器图谱》及《宣德彝器谱》等文献记载，宣德三年（1428年），因郊坛、宗庙以及内廷陈设的鼎彝器"式范非古"，皇帝特命参照《博古》、《考古》等书籍，并以内库所藏各种款式典雅的古物出样，以暹罗国进贡的风磨铜铸造鼎彝器，满足内廷陈设、宗庙祭祀之需。所铸器物中，包括后世所谓的"宣德炉"，制作宣德炉所用的原料为铜、锌、锡等合金的精炼黄铜，最多可达十二炼，掂在手里有重实感。宣德炉造型古朴，圆润玲珑，精光内敛，深得宋炉之韵，其皮色据《宣炉博论》载"有三种流金：仙桃色、秋葵花色、栗壳色"，据《宣德彝器谱》载"有流金单傅本色如蜡茶、藏经本色。"此外，其表面还留有各种锈色。器底铭文多为阳文楷书"大明宣德年制"。宣德炉传世数量虽少，但促成了仿制之风，民间仿品中也不乏精好之作，"宣德炉"因而成为此类铜炉的通名。由于铜炉色泽可以因"炼"而变，好事者兴起"炼炉"之风，沈氏《宣炉小志》载，"朝夕拂拭，辨质辨色，辨款式，辨工夫，群相矜尚"，这也使宣德炉失去了日用焚香的实用功能，而成为文人雅士的案头清玩。两宋名窑乃至明初官窑制作的各式瓷香炉也多作为珍贵文玩，明中晚期以后，为其配置底座及器盖蔚然成风，《长物志》卷七载："炉顶以宋玉帽顶及角端、海兽诸样随炉大小配之，玛瑙、水晶之属，旧者亦可用。"这种做法可能仿自宣德彝器的安置，当时陈设于宫廷及分赐于王府的新制器大都配置沉香盖座及各式玉顶[1]，至清代，为各式古香炉配置座、盖更成为常见的做法。

明清瓷质香炉以景德镇窑产品为大宗，部分香炉承袭宋元遗风，讲究釉色及神韵，但多数香炉更加注重装饰，以青花彩绘为主，集实用性与观赏性于一身，器形主要有筒式炉、鬲式炉、鼎式炉、钵式炉等。明清玉质香炉做工精湛，多为观赏陈设器，不具实用功能，如故宫博物院藏明代青玉角端熏炉[2]，高 10.5 厘米，炉身琢出祥云、龙凤，古趣盎然。

第六节　梵　钟

一、梵钟的特征、功能及来源

梵钟，又称大钟、吊钟、撞钟、洪钟、鲸钟，"梵"字为婆（梵）罗摩的略音，意为清净，佛教沿用"梵"称呼与其有关的事物，如梵钟、梵音、梵刹等。梵钟的形态特征为钟腔横截面正圆形，口沿为平口或曲口，钟体呈直筒状、馒头状或喇叭状，形体硕大，外壁大多铸有花纹、题记、经咒等，弧顶，顶部设钟钮，有简单的桥形钮，也有结构复杂、造型生动的蒲

①　扬之水：《两宋香炉源流》，《中国典籍与文化》2004 年第 1 期。
②　国家文物局：《中国文物精华大辞典·金银玉石卷》图二二〇，上海辞书出版社，1999 年。

牢钮。撞木多呈鱼形，一般悬挂在钟侧，撞钟时，横推撞木，敲击梵钟的撞座部分发声。薛综注《西京赋》云："海中有大鱼名鲸，又有兽名蒲牢，蒲牢素畏鲸鱼，鲸鱼击蒲牢，蒲牢辄大鸣呼，凡钟欲令其声大者，故作蒲牢于其上，撞钟者名为鲸鱼，钟有篆刻之文，故曰华。""蒲牢"、"鲸鱼"及"华"是对于中国大钟的钟钮、撞木及铭文的通称，此外，梵钟各部分又有特定的称谓，悬钟的钟钮部分称为钓手，下端相对的两个莲花形撞座，称为八叶，撞座以下为草间，下缘为驹爪，中间部分则分为池间和乳间，连接撞座呈直角的交叉条带，称为袈裟举，又叫六道，另在钓手旁有呈圆筒状的筒插与内部相通[1]。

梵钟的产生、发展与普及不仅受到印度佛教钟铃类法器的影响，更以中国悠久的古钟铸造历史为基础。中国古钟的铸造可追溯到遥远的先秦时期，当时的钟主要作为宗庙祭祀、宴享时的礼乐之器，现藏于台北故宫博物院的宗周宝钟为西周晚期厉王所造，带有较长的铭文[2]，反映了钟作为礼器的纪事功能。中国的古乐钟可分为钟顶铸悬挂柄的甬钟及钟顶铸悬挂钮的钮钟，单独的钟称为特钟，成组的钟称为编钟，钟体外壁常饰以钟乳，在诸多的钟类器物中，除錞于为正圆口之外，其余均为合瓦形，平面呈橄榄形或椭圆形，这是中国古乐钟与梵钟的显著区别，也是梵钟为实现钟声远播的效果而吸收外来因素的部分。《梦溪笔谈》载："古乐钟皆扁，如盒瓦。盖钟圆则声长，扁则声短。声短则节，声长则曲，节短处皆相乱，不成音律。"梵钟圆形的钟体更有利于声音远播，因而适合作报时、集众之用。《古今乐录》一书将中国的钟类乐器分为钟、镈、錞、钲、铙、铎六种，其中的镈钟为钮钟的一种，顶部作扁环钮或兽形钮，钮上常见复杂的花纹，平口，钟体呈筒状，形体庞大，其特征与梵钟具有一定的相似性。印度的铃铎为正圆口，在佛教初传之时，"金盘宝铎"是佛教寺塔醒目的标志，随着佛教在中国的发展、壮大，佛寺数量不断增加，佛教的戒律体系不断完备，梵钟在保留外来特征的基础上，深植于中国的本土文化，取代印度犍椎的功能而产生，也促使中国古钟的主要功能由乐器转向报时、报警的响器，并在儒、佛、道的融合中，实现了梵钟的普及化以及功能的复杂化。

梵钟在佛教中的用途很多，包括报时、集众、举办法会、迎接高僧等，同时也是寺庙的一种标志和象征，王维在《过香积寺》中称："不知香积寺，数里入云峰。古木无人径，深山何处钟。"一些大型的佛寺设有钟、鼓二楼，梵钟一般悬挂在钟楼的顶层，其敲击板眼和方法随门派、地域及佛事活动的不同而变化。一般来说，佛钟有三下、七下、十八下、三十六下、一百零八下等敲击法。按照《敕修百丈清规》中的规定，大钟的击法"引杵宜缓，扬声欲长，平日凡三通，各三十六下，总一百八下，起止三下稍紧。过节看经，上殿下殿，各十八下。僧堂集众、迎送官员住持尊宿，依具体情况而定，住持赴众入堂时鸣七下，斋粥下堂放参，旦望巡堂、吃茶下床时各三下，堂前念诵时念佛一声，轻鸣一下，末叠一下，朝暮行香时鸣七下。"《群谈采余》说："钟声晨昏叩一百八声者，一岁之义也。盖年有十二月，有二十四气，又有七十二候，正得此数。"在北京大钟寺大雄宝殿中陈列着明万历四十六年（1618 年）的"晨昏钟"以及清康熙五十二年（1713 年）的"百八钟"，钟体表面铸有佛偈，在敲钟过程中，边敲击边诵唱[3]。有些佛钟则专为法会而设，如北京戒台寺内主要用于地藏法会的幽冥

① 王建伟：《佛家法器》，天津人民出版社，2004 年，第 52 页。

② 李建伟，牛瑞红：《中国青铜器图录》，中国商业出版社，2000 年，第 17 页。

③ 冶金报社，冶金部科技司：《冶金科普读物·冶金科学导游 2》，北京科学技术出版社，1990 年，第 26 页。

钟[①]。佛教教义认为"声为教体"，即《法华经·序品》所谓"梵音微妙，令人乐闻"，依据《释氏要览》"梵音"条所说，梵音必须具备正直、和雅、清澈、深满、遍周、远闻五音，而梵钟之声正合五音。《敕修清规·法器章》云："大钟，丛林号令资始也，晓击则破长夜、敬睡眠，暮击则觉昏衢、疏冥昧。"在维持日常生活及戒律要求外，更赋予梵钟醒世、觉迷的作用，许多佛教经典都提到梵钟的祈福降灾、救拔众苦的功能，如《增一阿含经》云："若打钟时，一切恶道诸苦，并得停止。"五台山圆照寺内的铁钟上有"闻钟声，烦恼轻，离地狱，出火坑，菩提长，智慧增，愿成佛，度众生"的铭文[②]，在《高僧传》、《大唐西域记》等佛教经典中也有类似叙述。由于梵钟及钟声蕴藏的深刻内涵，铸钟也成为佛教信徒祈愿和做功德的一种形式，很多大钟的铭文中都记载了信徒姓名及捐献钱物的清单。

在佛教之外，朝钟、道钟以及城市钟楼钟也都借用了梵钟之形，只在表面的纹饰、铭文上稍作区别。唐武宗废佛，使僧尼、佛寺数量大为减少，被拆毁小寺的经书、佛像移入大寺，钟送道观，在客观上促进了梵钟的普及和使用范围的拓展。宋代洪迈撰写的《容斋随笔》中记载了江西饶州紫极观的一口唐钟，形制清坚，钟体表面的刻铭中出现了"专检校内供奉道士王朝隐，又道士七人"的内容，反映出释道融合及梵钟的广泛使用。《三国志·魏书》中有"譬犹钟鸣漏尽而夜行不休"表明当时的钟已经作为报时器使用了。《南史》载，南朝齐武帝因宫深不闻端门鼓漏声，乃于景阳楼上置钟，于三更、五更打点报时。此后，历代皇宫、官署都有钟鼓楼之设，元代以后，钟楼在各大城市普遍出现，其内悬挂巨钟，有事报警，无事报时，成为重要的报时器和防御工具。《天工开物》载："凡钟为金乐之首，其声一宣，大者闻十里，小者亦及里之余。故君视朝，官出署，必用以集众，而乡饮酒礼，必用以和歌；梵宫仙殿，必用以明挕谒者之诚，幽起鬼神之敬。"反映出梵钟在当时社会生活中的重要作用。

二、梵钟的材质及铸造方法

梵钟外观雄伟，钟声低沉、洪大而悠长，它的制作凝聚着中国古代艺术、音乐、冶铸技术的卓著成就。

早在商周时期，中国的匠师就已经掌握了精湛的铸铜工艺。梵钟的制作方法主要有泥范法和失蜡法两种，失蜡法适用于铸造精致复杂的铸件；泥范法使用广泛，铸件上有范缝的痕迹，范缝分布随钟体形状及纹饰、文字的繁简程度而变化，按照范块的不同组合方式，又可以分成块范式拼合与圈范式套合两类，前者在梵钟的钟体表面有纵向、横向的范缝相交，表明钟体由若干范块拼合而成[③]，铁质梵钟的铸造也多用此法。圈范式套合则采用横向分铸法，钟体铸范由几层圈形范套合而成，如现藏于大钟寺的永乐年铸大铜钟，钟体内外布满经文，钟外表面共有上下六条经文分界线，其上有打磨痕迹以及气孔夹渣等铸造缺陷，说明这座著名的"钟王"是采用七层圆形圈范套合铸造的[④]。

梵钟上简单的倒"U"式钟钮为泥范法铸造，而蒲牢的形象集牛头、鹿角、虾眼、蛇身、鹰爪、狮尾于一体，钟钮上往往带有镂孔、卷曲等精细装饰，结构复杂，适用于失蜡法铸造。梵钟钟体与蒲牢钟钮的结合采用了分铸技术，即先将钟钮铸成，然后嵌入钟体范上，有时在

① 袁树森，齐鸿浩：《戒台寺的大钟》，《北京文物报》1998 年第 6 期。
② 王建伟：《佛家法器》，天津人民出版社，2004 年，第 56 页。
③ 吴伸仪：《明清梵钟的技术分析》，《自然科学史研究》第 7 卷第 288—296 页，1988 年第 3 期。
④ 吴坤义：《梵钟的研究与仿制》，《北京科技大学学报》2002 年增刊。

内芯上留下两个或四个凹槽，浇铸后合为一体，从而提高结合的强度，使钟钮与钟体能够更好的定位，部分蒲牢钟钮内部还以铁筋为骨[1]。少数梵钟全部采用失蜡法铸造，如古钟博物馆藏清乾隆年间所铸朝钟，钟体外铸大小飞龙二十余条，钟钮为盘曲的双龙，姿态雄伟，是使用失蜡法制造大型铸件的代表作。

梵钟主要有铜钟和铁钟两类，铁的熔点较高，流动性较差，因而表面粗糙，纹饰不清，宋应星在《天工开物》中说："凡铸钟高者铜质，下者铁质。"铜钟多数为青铜，少数为黄铜制品，黄铜在音效及性能方面与青铜相近，并具有成本低，光泽如金的特点，因而也可用来制造梵钟。《考工记·六齐》载："六分其金而锡居一，谓之钟鼎之齐。"即铜与锡的比例为 5：1 或 6：1，锡的加入可以改善合金的机械性能，提高强度，降低熔点，增加流动性，而锡的含量达到"六齐"的比例时，强度和韧性最为适宜，使梵钟的音调低沉，音声远传。此外，梵钟材质中还含有少量或微量的镍、砷、锑、金、银等，金、银可能是在铸钟时有意加入的，《天工开物》记载："每口共费铜四万七千斤，锡四千金，金五十两，银一百二十两于内。"

钟声产生于撞钟时引起的振动，其强弱、高低、音色主要取决于钟体的形状和材质，中国很早就已经认识到钟形与音响效果之间的关系，《考工记·凫氏》和《周礼·春官·典同》等文献还初步进行了总结。中国的古乐钟声音衰减较快，分别敲击鼓部两侧某部位与正中时能够发出两个频率音，也称"双音钟"。春秋战国时期，铸钟工艺已经达到极高的水平，如湖北随县曾侯乙墓中出土的一套完整编钟，可达 64 件之多，整套编钟以大小和音高为序，编成八组悬挂在三层钟架上。梵钟的上端闭塞，下端钟口开放，形成钟顶小、钟腰细、钟身长、钟口外张如喇叭、钟壁厚度不同的形态特征，从而在撞钟时能够达到良好的音响效果。

三、梵钟的演变

文献记载的梵钟最早见于《广弘明集》卷二十八北周天和五年（570 年）周武帝制"大周二教钟铭"，而现存最古的梵钟铸造于陈太建七年（575 年），现藏日本奈良国立博物馆（图4-38），钟高 39 厘米，上有纪年铭文，横断面为正圆形、桶状、平口、口部略内收，前后共有两个撞座，位置较高，位于钟体中部。袈裟举纹简单，不具有乳廓及其它装饰。此钟为正圆口大钟之祖形，这种平口特征也见在朝鲜钟上，南朝时期佛教兴盛，寺庙众多，此钟或属于这些寺中之物[2]。

南北朝以后，历代不断铸钟。据《高僧传》第二十九卷《智兴传》记载："隋大业五年，兴住京师禅定寺司'时钟'之役。"唐代诗人张继在畅游苏州寒山寺时留下了脍炙人口的《枫桥夜泊》，诗中体现了钟声的深沉、悠远，令人回味无穷。唐代的梵钟不仅数量增加，而且式样繁多，分布广泛，在甘肃、四川、陕西、江苏、广西等地相继发现了数十件，敦煌莫高窟壁画及藏经洞唐代线描图画上也可见梵钟形象[3]，与前代相比，外表

图 4-38 陈太建七年铜钟

① 吴坤义：《梵钟的研究与仿制》，《北京科技大学学报》2002 年增刊。
② 刘显叔：《中国历史图说（六）魏晋南北朝》，（台湾）世新出版社，1984 年，第 246 页。
③ 金申：《佛教美术丛考》，科学出版社，2004 年，第 395 页。

图 4-39　广西信乐寺
唐代铜钟

纹饰更加精美，飞天、天王、龙、虎、蔓草等都是大钟表面常见的装饰题材，梵钟表面大多铸有铭文，内容包括寺院名、捐助者身份、姓名以及一些佛教经咒内容。唐钟的形制在前代基础上不断丰富，有的形如陈太建七年钟，具有平口、桶形的特征，如浙江诸暨县出土的唐广德元年（763 年）铸造的小型铜钟，高 45 厘米，下口直径 25 厘米，重 13.25 公斤，钟身桶形，钟钮为双蒲牢交缠状，钟身下腹部饰有突起宽带纹一周，并在相对位置设撞座，撞座位置较陈代钟略低，周饰莲瓣纹，钟身上下纹饰对称，以双线勾勒，共分八格。钟体铭文内容包括发愿文、经咒以及祝缘人名[①]。此外，广西融水打捞的信乐寺铜钟（图 4-39）以及容县人民公园内的开元寺铜钟都是比较典型的唐代平口钟[②]。五代以后，此类平口钟在南方地区依然存在，体现了梵钟发展的地域性特征[③]。

　　另一种较流行的唐钟形制为整体馒头形、下缘六波曲口，以陕西富县唐贞观三年（629 年）宝室寺大钟（图 4-40）和江苏丹阳唐钟为代表，前者是目前国内保存的年代最早的梵钟[④]，钟高 145 厘米，上细下粗，钟裙宽大，呈馒头状，肩部饰莲瓣纹，钟体被带状纹饰分为十八块，自上而下铸有飞天、朱雀、青龙、乳钉等，纹饰华丽，反映了唐代特有的艺术风格。钟体内刻铸铭文 318 字，记载铸钟目的及工艺方法，具有重要的史料价值。此钟采用块范拼合法铸成，钟身的四段由 24 片铸型而成，每片四边饰以蔓草界隔。江苏丹阳唐钟，因铸造于唐僖宗中和三年（883 年），故称为唐中和铜钟[⑤]。该钟钟体还刻有当时的县令、县丞和县尉的官阶和姓名。丹阳唐钟采用了中国传统的戴帽泥范法，即前文所说的圈范式套合，用四圈泥范套戴帽，钟高 2 米余，内壁几乎没有缺陷，表面光滑严密，范缝细，并经过磨挫，立面呈微开的莲花状，

图 4-40　唐代宝室寺钟

饰矩形纹，下端六棱形，由六只护法狮子拱托，钟体铜绿斑驳，简洁大方。唐代也有一些梵钟兼具桶状钟体和波曲口两种特点，此类佛钟延续时间较长，至明清时期仍为主流式样之一。

　　宋、辽、金时期，铜资源匮乏，铁钟比较常见，梵钟表面多铸有佛偈和祈祝内容。波曲口梵钟在唐代基础上由六波曲口发展为八波曲口，如辽宁省博物馆藏卤簿钟[⑥]，高 231 厘米，口径 82 厘米，在由凸出线带横向分割成五段的钟身上铸有卤簿仪仗（天子仪仗队）以及四神等图案，钟裙部呈八棱形，带有阴刻题记，为宋辽时期所铸大钟，钟下端附近铸出的两个火焰宝珠被看作撞座，与前代相比，撞座位置下移明显。这一时期，梵钟形制演化的一个突出表现是钟口下缘呈莲瓣状的梵钟开始流行，此类钟整体呈喇叭状，钟口外侈，是中国元、明、清时期最常见的一类梵钟，至此"典型的中国钟"已基本定型，并一直持续到清代末年。金

①　方志良，张光助：《浙江诸暨发现唐代铭文铜钟》，《文物》1984 年第 12 期。
②　蒋廷瑜：《广西所见唐和南汉时期的佛钟》，《收藏》2003 年第 10 期。
③　［日］神崎胜著，高凯军译：《关于中国钟的分类》，《北京文博》2004 年 6 月。
④　潘守永：《佛教与工艺杂项》，天津人民出版社，1996 年，第 29 页。
⑤　庐山：《岁月沧桑古运河》，中国文史出版社，2002 年，第 183 页。
⑥　王明琦：《卤簿钟的年代研究》，《辽海文物学刊》1992 年第 2 期。

代梵钟特色鲜明，纹饰内容带有民族特色，如甘肃庆阳县城内钟楼巷慈云寺金太和元年（1201年）铁钟，高2.55米，重约4000公斤，双蒲牢钮，肩部饰莲瓣纹一周，腹部在大小不同的方格内铸有女真文及汉文，上层方格内横书女真文56字，下写"皇帝万岁，臣佐千秋"八个大型汉字，字间列菩萨名，其下为铸钟时间、工匠名等，纹饰内容包括奔马、鸡、兔、莲花、牡丹等，钟口部呈八瓣莲花形，口部以上饰弦纹，弧角处饰禽兽花草纹[①]。一些梵钟的口沿处已出现八卦纹，这在明清时期的佛钟、朝钟上都是常见内容之一。

明清时期是梵钟铸造的鼎盛时期，在技术和产量上都有显著的提高，各主要组成部分尺寸比例的数值接近，向标准化方向发展[②]，很多皇家寺庙内的梵钟也为官造，形体巨大、铸造精美的梵钟层出不穷，反映了中国明清时期冶铸技术的高超水平。其形制多模仿前代，钟钮千姿百态，钟体纹饰丰富，主要流行网纹、格纹、云纹、龙纹、八卦纹等，还出现少量鹤及佛像等，铭文大为拓展，除了纪事、发愿及佛偈等内容之外，更流行在梵钟表面铸刻各类经咒，经咒有汉、梵两类，反映了儒、佛、道三教合流以及藏传佛教引入后，汉藏融合的总体态势。

明代法海寺大钟为法海寺竣工后，明英宗赐与的法器[③]，高1.75米，重1068公斤，双蒲牢钟钮，八瓣莲花形口，以泥范法铸成，钟顶铸梵文咒偈一周，其下以菩提叶环绕一周，内铸佛母、菩萨、天王名，其下为12圈汉文题名的梵文偈咒真言，钟腰饰两条环带，刻有纪年铭文及助缘人姓名。

现藏北京觉生寺的永乐大钟（图4-41）铸造于明成祖永乐年间，重达46.5吨，通高6.75米，口外径3.3米，唇厚0.185米，采用《天工开物》铸造千斤钟的陶范法铸成，在一个巨大的地坑中完成制作内、外范的工序，而后在外范周围筑夯土，最后浇注而成。钟体内、外壁铸满了经文，达23万字之多，内容包括用汉文和梵文书写的佛教经咒一百多种，其中梵文四千余字，为首的一部经是明成祖永乐十五年（1417年）御制的《诸佛世尊如来菩萨尊者神僧名经》，铭文内容还涉及明代的政治、经济、外交等诸多方面。撞钟时，钟声优雅、洪亮，可持续2分钟以上，明清两代的文献中也赞曰"昼夜撞击，声闻数十里，其声欲欲，时远时近，有异他钟"，被誉为"钟王"。"钟王"的铸造反映了政权与神权结合的思想，既是佛教的梵钟，又是代表皇权的朝钟[④]。

图4-41 明永乐大钟

本章小结

法器在佛教经典中一般有两种含义，一是指人，一是指物，后者包括用于各类佛事活动，乃至僧人衣食住行的所有资具，这些用具均须如法依制，处处体现佛教教义及戒律，统称为

① 凌业勤：《中国古代传统铸造技术》，科学技术文献出版社，1987年，第207页。
② 吴坤仪：《明清梵钟的技术分析》，《自然科学史研究》第7卷，第3期（1988年）：288—296。
③ 曹彦生，高方杰：《燕都说故》，北京燕山出版社，1996年，第424页。
④ 潘守永：《佛教与工艺杂项》，天津人民出版社，1996年，第31页。

"法器"。法器作为佛具的统称，种类繁多，同种法器也会因宗派、时代、地域、制作手法等因素而表现出一定的差异性，根据主要用途可将其大致分为佛制准许僧尼自备的随身具和举行佛事活动必备的礼佛具，由于密宗特别重视修法仪轨，法器种类非常丰富，故单辟一类，略作介绍。

随身具是指僧侣日常生活及游方时必需之物，以"三衣六物"和"十八物"为代表。古印度僧服主要包括"三衣"与"五衣"，"三衣"指僧伽梨、郁多罗僧、安陀会，即九条衣、七条衣及五条衣，分别在不同的场合穿用，"五衣"是在"三衣"之外再加上僧祇支和涅槃僧。佛教自汉代传入中国，在漫长的发展过程中，逐渐形成了与古印度僧服差异较大的僧尼服装，汉传佛教僧服可以大致分为法服和常服两类，法服承袭印度式样，以袈裟为主，常服与俗服式样相近，常见的僧有方袍、偏衫、直裰、长衫、罗汉褂等，一些外穿的袍衫也具有礼服性质。"六物"是在"三衣"的基础上，外加钵、尼师坛及滤水囊，是符合佛制的生活必需品，同时也具有修行、持戒的作用。"十八物"包括杨枝、澡豆、三衣、净水瓶、钵、坐具、锡杖、香炉、滤水囊、手巾、刀子、火燧、镊子、绳床、经卷、律、佛像及菩萨像等。佛教传入中国后，僧尼生活方式发生了很大变化，生活用具的内容也随之改变，如禅宗在《百丈清规》中规定的生活必需品包括三衣、坐具、偏衫、裙、直裰、钵、锡杖、拄杖、拂子、数珠、净瓶、滤水囊、戒刀等。其中锡杖是应比丘云游乞食的生存需要而产生的，一般由"锡"、木柄及"鐏"组成，"锡"和"鐏"用铁、铜等金属制成，杖头部分可拆下放于袋中。作为一种"资生顺道之具"，锡杖的外观被赋予了一定的佛教内涵，现主要用于佛事活动中。净瓶，又称澡瓶、水瓶，音译为"军持"，是一种双口水器，用于游方时贮水饮用或洗濯，后世也将其作为佛前供器以及南洋群岛伊斯兰教徒的日常用器，除实用功能外，净瓶（军持）还是密宗佛及菩萨的重要法器。

佛教僧众在日常生活、修习佛法之外，还要举行各类佛事活动，这就离不开严净道场、虔诚供养的幡幢、宝盖、香花、灯烛等物，以及起报时、集众、指挥、节度作用的钟、鼓、磬、木鱼等响器。在佛教寺院中，钟的使用极为普遍，甚至成为佛寺的标志，按照体量大小可分为梵钟和半钟两类，二者均为正圆口，不同于中国传统的椭圆形或橄榄形平面的古乐钟，适合作报时、集众具。焚香礼拜是礼佛的重要方式，炉具则是香器中最为常见的一类，从形制上大致可分为封闭式和敞开式两种，前者称为熏炉，后者称为香炉，熏炉出现较早，其形制来源于中国传统的日用香器，敞开式的香炉出现较晚，流行于宋代以后，其形制多模仿中国的古彝礼器。从使用方式上，又可将炉具分为置香炉和手炉两类。置香炉一般指不须以手擎持的香炉，包括不带盖的各式仿古炉、高足杯式炉以及带盖的各式兽形炉、莲花形炉等。手炉，又称"柄香炉"，是一种可以用手执持，在行动中使用的炉具，也有带盖及不带盖两类。

密宗是大乘佛教的一个分支，密宗法器主要在供养、修法、灌顶及护摩时使用，种类丰富，其特有的法器包括金刚杵、金刚铃、金刚橛、密教六器等。中国的密宗可大致分为三个支派，即"华密"、"藏密"及"滇密"，各派法器不尽相同，所表达的含义也有一定差异性。藏密的法器除了受到晚期印度佛教影响之外，更吸收了西藏当地苯教的法器，如唐卡、摩尼轮、八吉祥、七宝、曼达、嘎乌等。

附录一　插图目录及引用来源表

（本表按照图序先后排序，部分图的名称与原图不同，凡引书见于"主要参考书目"中者，本表不再注明作者、出版社及出版时间。）

图号	图　题	引用来源
1-1	克孜尔第 47 窟（大像窟）平面及主室正壁立面图	《中国石窟寺研究》
1-2	克孜尔第 6 窟（僧房窟）平面图	《中国石窟寺研究》
1-3	克孜尔第 38 窟前壁弥勒菩萨说法图	《西域国宝录：英汉对照》
1-4	库木吐喇新 2 窟主室顶部	《中国石窟寺研究》
1-5	莫高窟第 268 窟后壁	
1-6	莫高窟北朝中心柱窟示意图	《中国佛教石窟考古文集》
1-7	莫高窟第 285 窟平、剖面图	《中国古代建筑史　第二卷：两晋、南北朝、隋唐、五代建筑》
1-8	莫高窟第 285 窟覆斗顶部壁画	《敦煌沧桑》
1-9	金塔寺东窟中心柱下层飞天	《马蹄寺、文殊山、昌马诸石窟调查简报》
1-10	炳灵寺第 169 窟西秦壁画	《调查炳灵寺石窟的新收获》
1-11	炳灵寺 169 窟第 6 龛主像	《调查炳灵寺石窟的新收获》
1-12	麦积山第 121 窟胁侍菩萨像	
1-13	麦积山第 127 窟壁画分布示意图	《麦积山第 127 窟为乙弗皇后功德窟试论》
1-14	麦积山第 62 窟佛与菩萨（北周）	《麦积山石窟的分期》
1-15	须弥山第 46 窟平、剖面窟	《佛教石窟考古概要》
1-16	庆阳北石窟寺第 165 窟正壁	《丝绸之路与石窟艺术　第二卷　河西胜境》
1-17	云冈第 20 窟大佛	《云冈石窟》
1-18	云冈第 9 窟释迦多宝并坐像	《云冈石窟》
1-19	宾阳中洞南壁立佛	《龙门石窟》
1-20	北魏孝昌三年（527 年）宋景妃造像龛	《龙门石窟》
1-21	巩义第 1 窟礼佛图	《巩县石窟寺》
1-22	北响堂山第 7 窟塔形龛饰	《中国宗教美术史》
1-23	天龙山第 10 窟前廊	《山野佛光：中国石窟寺艺术》
1-24	小南海中窟窟门	《中国名窟：石窟寺 摩崖石刻与造像》
1-25	大佛洞左壁菩萨	《广元千佛崖简介》
1-26	莫高窟唐代佛坛窟示意图	《中国佛教石窟考古文集》
1-27	莫高窟第 45 窟彩塑一铺像	《敦煌沧桑》

续表

图号	图　　题	引用来源
1-28	莫高窟第 149 窟西壁菩萨像（盛唐）	《敦煌艺术之最　（修订版）》
1-29	炳灵寺石雕弥勒像	《甘肃石窟艺术（雕塑编）》
1-30	庆阳北石窟寺第 222 窟正壁	《丝绸之路与石窟艺术　第二卷　河西胜境》
1-31	彬县大佛寺大佛洞坐佛	《陕西古代佛教美术》
1-32	大佛背光伎乐	《陕西古代佛教美术》
1-33	彬县大佛寺大佛洞立菩萨局部	《陕西古代佛教美术》
1-34	奉先寺卢舍那像	《文物》1980 年第 1 期。
1-35	天龙山第 9 窟	《山野佛光：中国石窟寺艺术》
1-36	释迦双头瑞像	《巴中摩崖造像艺术》
1-37	大足北山第 245 龛	《大足北山和宝顶山摩岩造像》
1-38	伯孜克里克第 41 窟回鹘供养人像	《新疆文物古迹大观》
1-39	莫高窟第 98 窟于阗国王供养像	《中国书画鉴赏辞典》
1-40	莫高窟第 465 窟后室西壁中铺	《西夏藏传绘画：黑水城出土西夏唐卡研究　（彩版图集）》
1-41	安西榆林窟第 2 窟水月观音	《甘肃石窟艺术壁画编》
1-42	榆林第 3 窟五十一面千手观音	《中国音乐文物大系　甘肃卷》
1-43	富县石泓寺第 1、2 窟平面图	《陕西古代佛教美术》
1-44	阁子头石窟涅槃图	《延安宋代石窟艺术》
1-45	子长钟山石窟三世佛之一	《延安宋代石窟艺术》
1-46	万佛洞第 1 窟文殊菩萨像	《延安宋代石窟艺术》
1-47	冷泉溪布袋弥勒像及十八罗汉像	《人间天堂杭州》
1-48	杨琏真加造多闻天王像	《人间天堂杭州》
1-49	北山佛湾数珠观音	《大足北山和宝顶山摩岩造像》
1-50	宝顶山第 8 窟千手眼观音	《大足石窟》
1-51	大足石刻第 30 龛牧牛图	《名雕塑解读》
1-52	剑川石钟山第 2 窟南诏王像	《山野佛光：中国石窟寺艺术》
2-1	须弥座	自绘
2-2	莲花座	自绘
2-3	椭圆形仰覆莲座	自绘
2-4	1．禅定印　2．无畏印　3．与愿印　4．降魔印　5．说法印	《佛教的手印》
2-5	旅顺博物馆收藏犍陀罗佛像	《摇钱树佛像与印度初期佛像的关系》
2-6	秣菟罗佛像	《摇钱树佛像与印度初期佛像的关系》
2-7	印度笈多时代佛立像	《文物参考资料》1955 年
2-8	乐山麻浩崖墓后室门上方佛像	《四川钱树和长江中下游部分器物上的佛像》
2-9	四川彭山崖墓出土的陶器座	《四川钱树和长江中下游部分器物上的佛像》
2-10	江宁县太康元年墓釉陶五联罐颈部贴饰	《四川钱树和长江中下游部分器物上的佛像》
2-11	后赵建武四年铜佛坐像	《中国历代纪年佛像图典》
2-12	中书舍人施文造佛坐像	《中国历代纪年佛像图典》
2-13	[十六国]鎏金铜佛坐像	《小型金铜佛像造型初探》
2-14	酒泉程段儿石塔	《中国历代纪年佛像图典》

图号	图　题	引用来源
2-15	牛猷造弥勒立像一铺	《中国历代纪年佛像图典》
2-16	北魏延兴五年（475 年）张讠戴造释迦立像	《中国历代纪年佛像图典》
2-17	阳氏造鎏金铜佛坐像	《中国历代纪年佛像图典》
2-18	北魏砂石雕三尊像	《中国古代佛像目录》
2-19	北魏延兴二年释迦多宝并坐	《中国历代纪年佛像图典》
2-20	仇寄奴造观音立像	《中国历代纪年佛像图典》
2-21	北魏熙平三年（518 年）昙任造观音立像	《中国历代纪年佛像图典》
2-22	北魏景明二年（501 年）四面造像碑	《文物鉴定指南》
2-23	北齐武平六年（575 年）石观音立像	《中国佛像目录》
2-24	东魏武定元年（543 年）骆子宽造石佛立像	《文物鉴定指南》
2-25	山东青州龙兴寺出土石雕菩萨像	《青州龙兴寺佛教造像窖藏清理简报》
2-26	北齐天宝二年金铜观音像	《小型金铜佛像造型初探》
2-27	北齐河清四年（565 年）思维菩萨像	《中国历代纪年佛像图典》
2-28	北齐天宝十年（559 年）造像碑	《文物鉴定指南》
2-29	梁普通四年（523 年）释迦一铺像	《文物鉴定指南》
2-30	元嘉十四年（437 年）韩谦造铜佛像	《中国历代纪年佛像图典》
2-31	梁中大同元年（546 年）释慧影造释迦像	《文物鉴定指南》
2-32	开皇四年（584 年）董钦造阿弥陀像	《小型金铜佛像造型初探》
2-33	开皇十四年（594 年）造佛像	《山西寿阳出土一批东魏至唐代铜造像》
2-34	释迦牟尼像	《金铜佛像》
2-35	神龙元年（705 年）石雕弥勒坐像	《中国历代纪年佛像图典》
2-36	开皇元年（581 年）车长儒造观音像	《中国历代纪年佛像图典》
2-37	立姿菩萨	《陕西临潼邢家村发现唐代鎏金铜造像窖藏》
2-38	唐砂石菩萨坐像	《中国古代佛像目录》
2-39	观世音菩萨	《金铜佛像》
2-40	十一面观音像	《河南荥阳大海寺出土的石刻造像》
2-41	鎏金银捧真身菩萨	自拍
2-42	阿难像	《河北河间出土隋唐鎏金铜造像》
2-43	力士像	《山西寿阳出土一批东魏至唐代铜造像》
2-44	老子像	《陕西临潼邢家村发现唐代鎏金铜造像窖藏》
2-45	隋开皇李阿昌造像碑	《隋开皇元年李阿昌造像碑》
2-46	李怀秀造佛碑像	《中国历代纪年佛像图典》
2-47	南宋绍熙年间铜佛像	《浙江碧湖宋塔出土文物》
2-48	辽红铜镀金阿弥陀佛像	《金铜佛像》
2-49	陈十五娘造青白釉佛像	《中国历代纪年佛像图典》
2-50	宋代菩萨铜像	《金铜佛像》
2-51	加彩木雕观音座像	《中国古代佛像目录》

图号	图　　题	引用来源
2-52	南宋观音坐像	《中国陶瓷名品珍赏丛书 陶瓷（青白瓷）》
2-53	辽代铜观音菩萨坐像	《故宫博物院 50 年入藏文物精品集》
2-54	北宋金铜金刚力士像	《勇锐威猛的北宋金刚力士》
2-55	木雕天王像	《浙江瑞安北宋慧光塔出土文物》
2-56	明永乐四臂观音菩萨	《明代永乐宣德宫廷藏式金铜佛像（下）》
2-57	元青铜释迦牟尼像	《元朝宫廷的"西天梵相"及其艺术作品（上）》
2-58	明永乐铜鎏金释迦像	《明代永乐宣德宫廷藏式金铜佛像（上）》
2-59	明景泰元年（1450 年）药师佛	《元明清北京宫廷的藏传佛教造像艺术风格及特征》
2-60	清乾隆铜鎏金释迦牟尼佛像	《中国古代佛像目录》
2-61	元青铜释迦坐像	《中国古代佛像目录》
2-62	明十六世纪铜鎏金佛坐像	《中国古代佛像目录》
2-63	大明永乐年制绿度母像	《金铜佛像》
2-64	元影青瓷观音像	《中国陶瓷艺术图典》
2-65	何朝宗款塑渡海观音像	《故宫珍藏的德化窑观音瓷塑》
2-66	石雕罗汉像	《三明市发现一批明代石造像》
2-67	何朝宗塑渡海达摩像	《明清德化瓷的装饰艺术》
2-68	大黑天像	《明代永乐宣德宫廷藏式金铜佛像（上）》
2-69	托塔天王像	《河北赤城鎏金铜造像宝藏》
3-1	桑奇大窣堵波	《世界美术史（第四卷）古代中国与印度的美术》
3-2	犍陀罗佛塔示意图	《中国建筑史》
3-3	山西大同云冈石窟塔柱	《中国古塔》
3-4	佛陀迦耶的正觉大塔	《佛国之旅》
3-5	莫高窟第 428 窟金刚宝座塔图	《敦煌学大辞典》
3-6	仙游寺法王塔地宫开启时的面貌	《仙游寺法王塔的天宫地宫与舍利子》
3-7	北京天宁寺塔细部	《中国建筑艺术全集（24）建筑装修与装饰》
3-8	塔刹示意图	《谈中国古塔的几个问题》
3-9	北魏天安元年小石塔	《北魏曹天度造千佛石塔》
3-10	北魏永宁寺塔基遗址	《中国古代建筑史 第二卷：两晋、南北朝、隋唐、五代建筑》
3-11	嵩岳寺塔全景	《中国美术全集 建筑艺术编 宗教建筑（袖珍本）》
3-12	河南登封嵩岳寺塔平面	《中国古建筑分类图说》
3-13	河南安阳灵泉寺北齐道凭法师烧身塔	《中国古代建筑史 第二卷：两晋、南北朝、隋唐、五代建筑》
3-14	西安兴教寺玄奘塔	封底：《文物》1966 年第 1 期
3-15	香积寺善导塔	《西安香积寺与善导塔》
3-16	西安大雁塔	《唐长安大小雁塔》
3-17	云居寺唐塔	《林徽因讲建筑》
3-18	法王寺塔	《中国的佛塔》
3-19	云南大理崇圣寺三塔	自拍
3-20	南京西霞寺舍利塔	《中国古代建筑史》

图号	图　题	引用来源
3-21	神通寺龙虎塔	
3-22	神通寺四门塔	《谈中国古塔的几个问题》
3-23	净藏禅师塔	《林徽因讲建筑》
3-24	泛舟禅师墓塔	《唐泛舟禅师塔》
3-25	五台山佛光寺祖师塔	《中国古塔》
3-26	上海松江方塔	《中国古塔》
3-27	河北定县料敌塔	《料敌塔——现存最高的古建筑》
3-28	湖北当阳玉泉寺铁塔细部	
3-29	应县木塔	封底：《文物》1976年第11期
3-30	应县木塔剖面图	《中国古代建筑史》
3-31	福建泉州开元寺双塔之一	《中国古塔》
3-32	河南开封祐国寺塔细部	《祐国寺塔（"铁塔"）》
3-33	觉山寺塔须弥座细部	《中国美术全集　建筑艺术编　宗教建筑（袖珍本）》
3-34	天宁寺塔	《中国建筑》
3-35	北京房山万佛堂花塔	《中国古塔》
3-36	河北正定广慧寺花塔	《中国古塔》
3-37	雷峰塔出土吴越国阿育王塔	
3-38	安徽省博物馆藏宋代金涂塔	《中国古塔》
3-39	北京房山云居寺清代墓塔	
3-40	山西五台山组合式铜塔	《中国古塔》
3-41	北京妙应寺白塔	《北京的古塔》
3-42	北京北海琼岛白塔	《北京的古塔》
3-43	北京居庸关云台过街塔座	《中国古塔》
3-44	券洞门外大鹏金翅鸟及龙王雕像	《北京的古塔》
3-45	江苏镇江过街塔	《谈中国古塔的几个问题》
3-46	广胜寺飞虹塔	《中国古塔》
3-47	北京真觉寺金刚宝座塔	《北京的古塔》
3-48	北京西黄寺清净化城塔	《北京的古塔》
3-49	曼飞龙白塔	《中国建筑精华　中英文版》
3-50	上海松江经幢	《中国古建筑文化之旅》
3-51	浙江海宁惠力寺经幢	《硖石惠力寺的唐咸通经幢》
3-52	赵县陀罗尼经幢	《赵州陀罗尼经幢》，《大时代》2001年第9期。
3-53	杭州灵隐寺经幢	《杭州的经幢》
3-54	大理地藏寺经幢	《大理国经幢人事考》
3-55	辽忏悔正觉大师遗行塔	《辽金经幢之美》
3-56	湖南常德乾明寺铁幢	
3-57	金华万佛塔出土"经幢"	《金华万佛塔出土石经幢考辨》
4-1	迦陵频伽鸟纹金钵盂	自拍
4-2	西善桥南朝墓砖画中的王戎	
4-3	法门寺地宫出土鎏金银如意	自拍
4-4	鎏金铜佛坐像	《中国美术全集　雕塑编　3　魏晋南北朝雕塑　魏晋

图号	图　　题	引用来源
		南北朝雕塑》
4-5	法门寺地宫出土的香囊	自拍
4-6	西夏木雕花瓶	《塔中的秘密：佛宝》
4-7	法门寺出土阏伽器	
4-8	云南大理千寻塔天宫铜质金刚杵	《塔中的秘密：佛宝》
4-9	明宣德铜鎏金梵文铃杵	《中国古代佛像目录》
4-10	唐白瓷净瓶	《文物鉴定秘要（图录）》
4-11	唐三彩净瓶	《中华国宝：陕西珍贵文物集成：唐三彩卷》
4-12	定窑白瓷龙首流净瓶	《中国陶瓷艺术图典》
4-13	定窑白釉刻花龙首流净瓶	《中国文物定级图典·一级品（上卷）》
4-14	辽绿釉净瓶	《中国佛教文物精华鉴赏》
4-15	高丽青瓷九龙净瓶	《中国陶瓷艺术图典》
4-16	南宋德化窑青白釉军持	
4-17	明洪武釉里红牡丹纹军持	《中国古瓷集珍》
4-18	万历青花五彩凤首流军持	《五彩名瓷》
4-19	万历青花八宝纹军持	《明清民窑瓷器鉴定 嘉靖 隆庆 万历卷》
4-20	斗彩贲巴壶	《奇幻瑰丽:清代宫廷藏瓷制藏传佛教精品》
4-21	陕西临潼庆山寺塔地宫出土的锡杖	《塔中的秘密：佛宝》
4-22	莫高窟晚唐第85窟报恩经变	《敦煌壁画中的杖具——锡杖考》
4-23	迎真身银金花双轮十二环锡杖	《佛骨灵光：佛教圣地法门寺》
4-24	单轮十二环纯金锡杖	自拍
4-25	鎏金单轮六环锡杖	《法门寺地宫珍宝》
4-26	明晚期铜鎏金罗汉立像	《中国古代佛像目录》
4-27	南朝青瓷炉	《中国陶瓷全集·三国两晋南北朝》
4-28	狮子香炉	《福建博物院文物珍品》
4-29	唐绿釉莲瓣蟠龙博山炉	《两宋香炉源流》
4-30	兽面衔环六足铜香炉	《塔中的秘密：佛宝》
4-31	江西瑞昌唐墓出土手炉	《析江西瑞昌发现的唐代佛具》
4-32	北宋定窑五足香炉	《"中国文物事业五十年"展览巡礼》
4-33	南宋錾花银香炉	《两宋香炉源流》
4-34	宋耀州窑青瓷炉	《宋代耀州窑址》
4-35	官窑青瓷三足炉	《中国陶瓷艺术图典》
4-36	汝窑青瓷三足炉	《中国陶瓷艺术图典》
4-37	钧窑纪年香炉	《中国钧瓷艺术》
4-38	陈太建七年铜钟	《中国历史图说（六）魏晋南北朝》
4-39	广西信乐寺唐代铜钟	《广西所见唐和南汉时期的佛钟》
4-40	唐代宝室寺钟	《中国古代传统铸造技术》
4-41	明永乐大钟	《华夏钟文化漫谈》

附录二　主要参考书目

1．书籍

[1]罗哲文，王振复：《中国建筑文化大观》，北京大学出版社，2001 年。

[2]宿白：《中国石窟寺研究》，文物出版社，1996 年。

[3]闫文儒：《中国石窟艺术总论》，天津古籍出版社，1987 年。

[4]李涛：《佛教与佛教艺术》，台北：水牛出版社，1992 年。

[5]马世长：《中国佛教石窟考古文集》，新竹：觉风佛教艺术文化基金，2001 年。

[6]任继愈：《中国佛教史》（第三卷），中国社会科学出版社，1988 年。

[7]李裕群：《古代石窟》，文物出版社，2003 年。

[8]朱英荣，韩翔：《龟兹石窟》，新疆大学出版社，1996 年。

[9]苏北海：《丝绸之路与龟兹历史文化》，新疆人民出版社，1996 年。

[10]中国大百科全书总编辑委员会，《考古学》编辑委员会：《中国大百科全书·考古学》，中国大百科全书出版社，2004 年。

[11]杨永生：《中外名建筑鉴赏》，同济大学出版社，1997 年。

[12]常书鸿：《新疆石窟艺术》，中共中央党校出版社。

[13]邹卓然，刘松柏：《库车——龟兹佛韵　乐都风情》，新疆大学出版社，1993 年。

[14]季羡林：《敦煌学大辞典》，上海辞书出版社，1998 年。

[15]国家文物局教育处：《佛教石窟考古概要》，文物出版社，1993 年。

[16]董玉祥：《梵宫艺苑：甘肃石窟寺》，甘肃教育出版社，1999 年。

[17]张兵，李子伟：《陇右文化》，辽宁教育出版社，1998 年。

[18]中国大百科全书总编辑委员会，《考古学》编辑委员会：《中国大百科全书·考古卷》，中国大百科全书出版社，1986 年。

[19]陈少丰：《中国雕塑史》，岭南美术出版社，1993 年。

[20]甘肃省文物工作队，庆阳北石窟寺文管所：《庆阳北石窟寺》，文物出版社，1985 年。

[21]温玉成：《中国石窟与文化艺术》，上海人民美术出版社，1993 年。

[22]李裕群：《山野佛光——中国石窟寺艺术》，四川人民出版社，2004 年。

[23]王伯敏：《中国美术通史 2》，山东教育出版社，1996 年。

[24]河南省古代建筑保护研究所：《宝山灵泉寺》，河南人民出版社，1991 年。

[25]罗哲文：《中国名窟：石窟寺　摩崖石刻与造像》，百花文艺出版社，2005 年。

[26]李振刚：《2004 年龙门石窟国际学术研讨会文集》，2006 年。

[27]杨新华，董宁宁：《石刻》，上海古籍出版社，1998 年。

[28]中国佛教协会：《中国佛教》（五），中国社会科学出版社，2004 年。

[29]段文杰:《敦煌石窟艺术论集》,甘肃人民出版社,1988年。

[30]辰闻:《宗教与艺术的殿堂 古代佛教石窟寺》,辽宁师范大学出版社,1996年。

[31]中国大百科全书总编辑委员会等:《中国大百科全书·美术卷》(上、下册),中国大百科全书出版社,2003年。

[32]李焰平,赵颂尧,关连吉:《甘肃窟、塔、寺庙》,甘肃教育出版社,1999年。

[33]李淞:《陕西古代佛教美术》,陕西人民教育出版社,2000年。

[34]韩伟:《磨砚书稿:韩伟考古文集》,科学出版社,2001年。

[35]陕西省文物局:《陕西文物古迹大观:全国重点文物保护单位巡礼之一》,三秦出版社,2003年。

[36]张明远:《山西石刻造像艺术集萃》,山西科技出版社,2005年。

[37]《大足石刻研究文选:四川石窟艺术研讨会暨重庆大足石刻研究会第三届年会专集》,1995年。

[38]《巴中文史资料》第一辑,中国人民政治协商会议四川省巴中县委员会文史资料委员会,1987年。

[39]刘长久:《中国西南石窟艺术》,四川人民出版社,1998年。

[40]李淞:《长安艺术与宗教文明》,中华书局,2002年。

[41]大足县文物保管所:《大足石刻》,文物出版社,1984年。

[42]楚启恩:《中国壁画史》,北京工艺美术出版社,2000年。

[43]郎绍君等:《中国书画鉴赏辞典》,中国青年出版社,1988。

[44]张伯元:《安西榆林窟》,四川教育出版社,1995年。

[45]刘凤君:《考古学与雕塑艺术史研究》,山东美术出版社,1991年。

[46]潘守永:《佛教与工艺杂项》,天津人民出版社,1996年。

[47]金申:《佛教美术丛考》,科学出版社,2004年。

[48]王建伟:《佛家法器》,天津人民出版社,2004年。

[50]徐华铛:《佛像艺术造型》,上海文化出版社,2005年。

[51]中国佛教研究所:《中国佛像艺术》,中国世界语出版社,1993年。

[52]丁福保:《佛学大辞典》,上海书店出版社,1991年。

[53]史树青:《金铜佛像》,中国水利水电出版社,2005年。

[54]阮荣春:《佛教南传之路》,湖南美术出版社,2000年。

[55](日)镰田茂雄:《简明中国佛教史》,上海译文出版社,1986年。

[56]朱凤瀚:《文物鉴定指南》,陕西人民出版社,1995年。

[57]金申:《中国历代纪年佛像图典》,文物出版社,1994年。

[58]邱东联:《中国佛像目录》,南方出版社,2001年。

[59]阮荣春,黄宗贤:《佛陀世界》,江苏美术出版社,1995年。

[60]金申:《佛教雕刻名品图录》,北京工艺美术出版社,1995年。

[61]宁夏文管会:《须弥山石窟》,文物出版社,1988年。

[62]金申:《佛像的鉴藏与辨伪》,上海辞书出版社,2002年。

[63]冯先铭:《中国陶瓷》,上海古籍出版社,1997年。

[64]李仲谋:《中国陶瓷名品珍赏丛书 陶瓷(青白瓷)》,上海人民美术出版社,1998年。

[65]故宫博物院：《故宫博物院50年入藏文物精品集》，紫禁城出版社，2005年。

[66]李正安：《中国陶瓷艺术图典》，湖南美术出版社，1999年。

[67]鲍家声，倪波等：《中国佛教百科全书——建筑卷、名山名寺卷》，上海古籍出版社，2003年。

[68]罗哲文：《中国古塔》，文物出版社，1983年。

[69]张驭寰：《中国塔》，山西人民出版社，2000年。

[74]黄心川：《南亚大辞典》，四川人民出版社，1998年。

[76]楼庆西：《中国建筑艺术全集（24）建筑装修与装饰》，中国建筑工业出版社，1999年。

[77]刘敦桢：《中国古代建筑史》，中国建筑工业出版社，1980年。

[78]王盛恩：《洛阳》，中国地图出版社，2005年。

[79]李焰平：《甘肃窟塔寺庙》，甘肃教育出版社，1999年。

[80]傅熹年：《中国古代建筑史 第二卷：两晋、南北朝、隋唐、五代建筑》，中国建筑工业出版社，2001年。

[81]刘祚臣：《古塔史话》，中国大百科全书出版社，2000年。

[82]孙大章：《中国古今建筑鉴赏辞典》，河北教育出版社，1995年。

[83]姜怀英，邱宣充：《大理崇圣寺三塔》，文物出版社，1998年。

[84]林徽因：《林徽因讲建筑》，陕西师范大学出版社，2004年。

[85]全佛编辑部：《佛教的塔婆》，全佛文化事业有限公司，2000年。

[86]姚承祖撰，张至刚整理：《营造法源》，建筑工程出版社，1959年。

[87]柴瑞祥：《文化百科丛书——天下洪洞》，文物出版社，2004年。

[88]王世仁：《中国古建探微》，天津古籍出版社，2005年。

[89]史军超等：《云南名碑名塔》，云南美术出版社，2000年。

[90]张宏，曹玉洁：《中国古建筑文化之旅》，知识产权出版社，2003年。

[91]国家文物事业管理局：《中国名胜词典·湖北、湖南分册》，上海辞书出版社，1986年。

[92]杜继文，黄明信：《佛教小辞典》，上海辞书出版社，2001年。

[93]圣凯：《中国汉传佛教礼仪》，宗教文化出版社，2004年。

[94]祥云：《佛教常用呗器、器物、服装简述》，福建省佛教协会，1993年。

[95]张林：《佛教的香与香器》，中国社会科学出版社，2003年。

[96]黄勇：《新编中国大百科全书 A 卷 考古文博 （图文版）》，延边大学出版社，2005年。

[97]陈景富：《中韩佛教关系一千年》，宗教文化出版社，1999年。

[98]牛龙菲：《敦煌壁画乐史资料总录与研究》，敦煌文艺出版社，1991年。

[99]辛革：《塔中的秘密：佛宝》，上海文艺出版社，2003年。

[100]陈忠实主编，张高举编著：《佛骨灵光：佛教圣地法门寺》，三秦出版社，2003年。

[101]朱伯谦：《中国陶瓷全集·三国两晋南北朝》，上海人民美术出版社，2000年。

[102]福建博物院：《福建博物院文物珍品》，福建教育出版社，2002年。

[103]韩伟：《海内外唐代金银器萃编》，三秦出版社，1989年。

[104]安徽省博物馆：《安徽省博物馆藏瓷》，文物出版社，2002 年。

[105]浙江省文物考古研究所：《沪杭甬高速公路考古报告》，文物出版社，2002 年。

[106]陕西省考古研究所，耀州窑博物馆：《宋代耀州窑址》，文物出版社，1998 年。

[107]国家文物局：《中国文物精华大辞典·金银玉石卷》，上海辞书出版社，1999 年。

[108]全佛编辑部：《佛教的持物》，中国社会科学出版社，2003 年。

[109]马自树：《中国文物定级图典·一级品》（上卷），上海辞书出版社，2006 年。

[110]陈进海：《世界陶瓷艺术史》，黑龙江美术出版社，1995 年。

[111]李正安：《外国陶瓷艺术图典》，湖南美术出版社，1999 年。

[112]《故宫博物院七十年论文选》，紫禁城出版社，1995 年。

[113]《中国古外销瓷研究论文集》，故宫博物院紫禁城出版社，1988 年。

[114]叶文程，林忠干：《福建陶瓷》，福建人民出版社，1993 年。

[115]陈信雄：《澎湖宋元瓷器》，澎湖县立文化中心，1985 年。

[116]陈润民，光冉：《中国古瓷集珍》，文物出版社，1997 年。

[117]叶佩兰：《五彩名瓷》，山东美术出版社，2005 年。

[118]白化文：《汉化佛教法器服饰略说》，商务印书馆，1998 年。

[119]陆建初：《古陶瓷识鉴讲义》，学林出版社，2003 年。

[120]杨维中：《中国佛教百科全书·仪轨卷》，上海古籍出版社，2001 年。

[121]乐声：《中华乐器大典》，民族出版社，2002 年。

[122]李炳武主编，韩伟分册主编：《中华国宝：陕西珍贵文物集成 金银器卷》，陕西人民教育出版社，1998 年。

[123]《首届国际法门寺历史文化学术研讨会论文选集》，陕西人民教育出版社，1992 年。

[124]李建伟，牛瑞红：《中国青铜器图录》，中国商业出版社，2000 年。

[125]冶金报社，冶金部科技司：《冶金科普读物 冶金科学导游 2》，北京科学技术出版社，1990 年。

[126]刘显叔：《中国历史图说（六）魏晋南北朝》，世新出版社，1984 年。

[127]金申：《佛教美术丛考》，科学出版社，2004 年。

[128]凌业勤：《中国古代传统铸造技术》，科学技术文献出版社，1987 年。

[129]曹彦生，高方杰：《燕都说故》，北京燕山出版社，1996 年。

[130]于明：《世界美术全集·工艺卷》（上卷），青海人民出版社，2003 年。

[131]高大伦，蔡中民，李映福：《中国文物鉴赏辞典》，漓江出版社，1991 年。

[132]国家文物局：《中国文物精华大辞典·陶瓷卷》，上海辞书出版社，1996 年。

[133]周叔迦：《法苑谈丛插图本 佛教寺院文化总汇》，上海辞书出版社，1999 年。

[134]潘明权：《上海佛教寺院纵横谈》，宗教文化出版社，1996 年。

[135]华瑞·索南才让：《中国佛塔》，青海人民出版社，2006 年。

2．期刊

[1]宿白：《凉州石窟遗迹与"凉州模式"》，《考古学报》1986 年第 4 期。

[2]宿白：《南朝龛像遗迹初探》，《考古学报》1989 年第 4 期。

[3]陈建彬：《西藏摩崖造像调查简报》，《考古与文物》1990 年第 4 期。

[4]马世长：《关于敦煌藏经洞的几个问题》，《文物》1978年第12期。

[5]阎文儒：《莫高窟的创建与藏经洞的开凿及其封闭》，《文物》1980年第6期。

[6]史岩：《凉州天梯山石窟的现存状况和保存问题》，《文物参考资料》1955年第2期。

[7]甘肃省文物工作队：《马蹄寺、文殊山、昌马诸石窟调查报告》，1965年第3期。

[8]甘肃省文化局文物工作队：《调查炳灵寺石窟的新收获》，《文物》1963年第10期。

[9]麦积山文物保管所：《麦积山石窟的新通洞窟》，《文物》1972年第12期。

[10]黄文昆：《麦积山的历史与石窟》，《文物》1989年第3期。

[11]孙晓峰：《麦积山北朝窟龛形制的演变规律》，《敦煌研究》2003年第6期。

[12]傅熹年：《麦积山石窟中所反映出的北朝建筑》，《文物资料丛刊》四，文物出版社，1981年。

[13]董玉祥：《麦积山石窟的分期》，《文物》1983年第6期。

[14]朱希元：《宁夏须弥山圆光寺石窟》，《文物》1961年第2期。

[15]陈悦新：《龟兹石窟与须弥山石窟中的穹窿顶窟》，《考古与文物》2004年第1期。

[16]宿白：《〈大金西京武州山重修大石窟寺碑〉校註》，《北京大学学报》（人文科学版）1956年第1期。

[17]宫大中：《龙门石窟艺术试探》，《文物》1980年第1期。

[18]王去非：《关于龙门石窟的几种新发现及其有关问题》，《文物参考资料》1955年第2期。

[19]李裕群：《天龙山石窟分期研究》，《考古学报》1992年第1期。

[20]连颖俊：《天龙山石窟雕塑艺术》，《文物世界》2005年第1期。

[21]宿白：《〈莫高窟记〉跋》，《文物参考资料》1955年第2期。

[22]宿白：《敦煌莫高窟密教遗迹札记（上）》，《文物》1989年第9期。

[23]韩伟：《陕西石窟概论》，《文物》1998年第3期。

[24]常青：《陕西麟游慈善寺石窟的初步调查》，《考古》1992年第10期。

[25]张若愚：《伊阙佛龛之碑和潜溪寺、宾阳洞》，《文物》1980年第1期。

[26]李文生：《龙门唐代密宗造像》，《文物》1991年第1期。

[27]金维诺：《四川石窟造像》，《雕塑》2004年第4期。

[28]魏葳：《古代四川地区密宗造像的发展及成因》，《四川文物》2002年第4期。

[30]安志：《四川巴中县石窟调查记》，《考古与文物》1986年第1期。

[31]曾德仁：《四川安岳石窟的年代与分期》，《四川文物》2001年第2期。

[32]吐鲁番地区文物管理所：《柏孜克里克千佛洞遗址清理简记》，《文物》1985年第8期。

[33]王静如：《敦煌莫高窟和安西榆林窟中的西夏壁画》，《文物》1980年第9期。

[34]张智：《黄陵万佛寺、延安万佛洞石窟寺调查》，《文物》1965年第5期。

[35]史岩：《杭州南山区雕刻史迹初步调查》，《文物参考资料》1956年第1期。

[36]洪惠镇：《杭州飞来峰"梵式"造像初探》，《文物》1986年第1期。

[37]赖天兵：《杭州飞来峰藏传佛教造像题材内容辨析》，《文博》1999年第1期。

[38]洪惠镇：《杭州飞来峰杨琏真伽龛及其他》，《文物》1989年第3期。

[39]上海市文物管理委员会：《上海松江李塔明代地宫清理简报》，《文物》1999年第2期。

［40］常叙政，李少南：《山东省博兴县出土一批北朝造像》，《文物》1983 年第 7 期。

［41］涤烦子：《江阴发现"泗州大圣"舍利子》，《江苏地方志》2004 年第 3 期。

［42］谢路军：《佛教中的二十四诸天》，《法音》2005 年第 1 期（总第 245 期）。

［43］李翎：《古代印度佛教造像》，《法音》2007 年第 2 期（总第 270 期）。

［44］李晓敏：《造像记：隋唐民众佛教信仰初探》，《郑州大学学报》（哲学社会科学版）2007 年第 1 期。

［45］宿白：《四川钱树和长江中下游部分器物上的佛像》，《文物》2004 年第 10 期。

［46］俞伟超：《东汉佛教图像考》，《文物》1980 年第 5 期。

［47］吴焯：《四川早期佛教遗物及其年代与传播途径的考察》，《文物》1992 年第 11 期。

［48］何志国：《四川绵阳何家山 1 号东汉崖墓发掘简报》，《文物》1991 年第 7 期。

［49］罗二虎：《陕西城固出土的钱树佛像及其与四川地区的关系》，《文物》1998 年第 12 期。

［50］吴焯：《四川早期佛教遗物及其年代与传播途径的考察》，《文物》1992 年第 11 期。

［51］曾昭燏等：《沂南古画像石墓发掘简报》，《考古通讯》1955 年第 2 期。

［52］湖北省文物管理委员会：《武昌莲溪寺东吴墓清理简报》，《考古》1959 年第 4 期。

［53］熊寿昌：《论鄂城出土的"佛兽镜"及其相关问题》，《考古》1993 年第 7 期。

［54］王仲殊：《关于日本的三角缘佛兽镜——答西田守夫先生》，《考古》1982 年第 6 期。

［55］裴淑兰，冀艳坤：《河北省征集的部分十六国北朝佛教铜造像》，《文物》1998 年第 7 期。

［56］临潼县博物馆，赵康民：《陕西临潼的北朝造像碑》，《文物》1985 年第 4 期。

［57］刘双智：《陕西长武出土一批北魏佛教石造像》，《文物》2006 年第 1 期。

［58］洛阳古代艺术馆：《洛阳魏唐造像碑撷说》，《文物》1985 年第 4 期。

［59］樊子林，刘友恒：《河北正定收藏的一批早期铜造像》，《文物》1993 年第 12 期。

［60］易县文管所，金申：《河北易县发现一批石造像》，《文物》1997 年第 7 期。

［61］李少南：《山东博兴出土百余件北魏至隋代铜造像》，《文物》1984 年第 5 期。

［62］王思礼：《山东省广饶、博兴二县的北朝石造像》，《文物》1958 年第 4 期。

［63］罗福颐：《河北曲阳县出土石像清理工作简报》，《考古通讯》1955 年第 3 期。

［64］山东省青州市博物馆：《青州龙兴寺佛教造像窖藏清理简报》，《文物》1998 年第 2 期。

［65］李裕群：《试论成都地区出土的南朝佛教石造像》，《文物》2000 年第 2 期。

［66］丁明夷：《谈山东博兴出土的铜佛造像》，《文物》1984 年第 5 期。

［67］杨泓：《试论南北朝前期佛像服饰的主要变化》，《考古》1963 年第 6 期。

［68］金申：《雷锋塔地宫出土的金铜佛坐像》，《中国历史文物》2002 年第 5 期。

［69］金申：《旃檀佛像的源流及样式》，《文物天地》1996 年第 2 期。

［70］金申：《谈半跏思惟菩萨造像》，《中国历史文物》2002 年第 2 期。

［71］张总：《北朝半跏思惟造像的形式及题材演变》，《美术史论》1995 年第 2 期。

［72］何正璜：《介绍陕西省博物馆新建的石刻艺术陈列室》，《文物》1964 年第 1 期。

［73］郭同德：《山西沁县南涅水的北魏石刻造像》，《文物》1979 年第 3 期。

［74］王景荃：《试论北朝佛教造像碑》，《中原文物》2000 年第 6 期。

[75]宿白：《青州龙兴寺窖藏所出佛像的几个问题》，《文物》1999 年第 10 期。

[76]夏名采：《青州龙兴寺佛教造像的艺术特色》，《中国历史博物馆馆刊》2000 年第 1 期。

[77]罗世平：《青州北齐造像及其样式问题》，《美术研究》2000 年第 3 期。

[78]李长民：《小型金铜佛像造型初探》，《美术观察》2005 年第 12 期。

[79]王景荃：《试论北朝佛教造像碑》，《中原文物》2000 年第 6 期。

[80]李静杰：《佛教造像碑尊像雕刻》，《敦煌学辑刊》1996 年第 2 期。

[81]费泳：《论南北朝后期佛像服饰的演变》，《敦煌研究》2002 年第 2 期。

[82]丁明夷：《关于临潼邢家村出土鎏金铜佛像的若干问题》，《文物》1985 年第 4 期。

[83]临潼县博物馆：《陕西临潼邢家村发现唐代鎏金铜造像窖藏》，《文物》1985 年第 4 期。

[84]晋华，吴建国：《山西寿阳出土一批东魏至唐代铜造像》，《文物》1991 年第 2 期。

[85]李静杰：《造像碑的涅槃经变》，《敦煌研究》1997 年第 1 期。

[86]姜克任，刘炎：《西安发现唐代礼佛奏乐图石刻佛座》，《文物》1984 年第 10 期。

[87]赵崤桐：《西安唐代礼佛奏乐图石刻佛座内容浅议》，《文物》1985 年第 3 期。

[88]王敏之，何占通：《河北河间出土隋唐鎏金铜造像》，《文物》1991 年第 2 期。

[89]张总：《金铜七佛与千佛》，《文物天地》1995 年第 1 期。

[90]河南省郑州博物馆：《河南荥阳大海寺出土的石刻造像》，《文物》1980 年第 3 期。

[91]花平宁：《浅谈十一面观音铜造像》，《文物天地》2000 年第 3 期。

[92]吴立民，韩金科：《法门寺唐代地宫捧真身菩萨曼荼罗》，《东南文化》2000 年第 6 期。

[93]李静杰：《佛教造像碑》，《敦煌学辑刊》1998 年第 1 期。

[94]秦明智：《隋开皇元年李阿昌造像碑》，《文物》1983 年第 7 期。

[95]翟春玲：《陕西青龙寺佛教造像碑》，《考古》1992 年第 7 期。

[96]苏州市文管会：《苏州虎丘云岩寺发现文物内容简报》，《文物》1957 年第 11 期。

[97]金志超：《浙江碧湖宋塔出土文物》，《文物》1963 年第 3 期。

[98]陈丽华：《宋影青瓷观音像》，《文物》1991 年第 11 期。

[99]金申：《谈辽代佛像的一种样式》，《美术研究》1991 年第 2 期。

[100]张光明，魏洪昌：《淄博宋代彩瓷的发现与研究》，《故宫文物月刊》1996 年第 5 期。

[101]济南市文化局文物处，长清县博物馆：《山东长清县宋代真相院释迦舍利塔地宫》，《考古》1991 年第 3 期。

[102]定县博物馆：《河北定县发现两座宋代塔基》，《文物》1972 年第 8 期。

[103]杜会平：《勇锐威猛的北宋金刚力士》，《文物春秋》2002 年第 2 期。

[104]浙江省博物馆：《浙江瑞安北宋慧光塔出土文物》，《文物》1973 年第 1 期。

[105]黄春和：《元明清北京宫廷的藏传佛教造像艺术风格及特征》，《法音》2001 年第 1 期。

[106]金维诺：《佛教艺术与藏传金铜佛像》，《收藏家》2002 年第 10 期。

[107]丹曲：《灵相佛光——藏传佛教金铜佛像艺术漫谈》，《西藏艺术研究》2003 年第 2 期。

[108]熊文彬：《元朝宫廷的"西天梵相"及其艺术作品（上）》，《中国藏学》2000年第2期。

[109]罗文华：《明代梵式佛造像》，《收藏家》1997年第1期。

[110]黄春和：《明代永乐宣德宫廷藏式金铜佛像（上）》，《收藏家》2003年第4期。

[111]金申：《康乾两朝宫廷造藏式佛像》，《收藏家》1996年第2期。

[112]王建华：《故宫珍藏的德化窑观音瓷塑》，《文物》1994年第7期。

[113]李建军：《三明市发现一批明代石造像》，《文物》1991年第2期。

[114]黄汉杰：《明清德化瓷的装饰艺术》，《文物》1999年12期。

[115]黄春和：《藏传佛教造像题材分类及其艺术特征》，《法音》2001年第8期。

[116]孙机：《关于中国早期高层佛塔造型的渊源问题》，《中国历史博物馆馆刊》1984年第6期。

[117]河北文化局文物工作队：《河北定县北魏石函》，《考古》1966年第5期。

[118]中国社会科学院考古研究所洛阳工作队：《北魏永宁塔基发掘简报》，《考古》1981年第3期。

[119]朱捷元，秦波：《陕西长安和耀县发现的波斯萨珊朝银币》，《考古》1974年第2期。

[120]李思维，冯先诚：《成都发现唐小型铜棺》，《考古与文物》1983年第2期。

[121]刘建国，杨再年：《江苏句容行香发现唐代的铜棺、银椁》，《考古》1985年第2期。

[122]甘肃文物工作队：《甘肃泾川出土的唐代舍利石函》，《文物》1966年第3期。

[123]刘呆运：《仙游寺法王塔的天宫地宫与舍利子》，《收藏家》2000年第7期。

[124]陕西省法门寺考古队：《扶风法门寺塔唐代地宫发掘简报》，《文物》1988年第10期。

[125]杨泓：《法门寺塔基发掘与中国古代瘗埋制度》，《文物》1988年第10期。

[126]苏州文管会：《苏州虎丘灵岩寺塔发现文物内容简报》，《文物参考资料》1957年第11期。

[127]苏州文管会：《苏州市瑞光寺塔发现一批五代、北宋文物》，《文物》1979年第11期。

[128]云南省文物工作队：《大理崇圣寺三塔主塔的实测和清理》，《考古学报》1981年第2期。

[129]苗家生：《辽宁朝阳北塔出土大批珍贵文物》，《光明日报》1989年11月23日。

[130]王菊耳：《辽代无垢净光舍利塔地宫四天王壁画初探》，《北方文物》1988年第4期。

[131]上海市文物管理委员会：《上海嘉定法华塔元代地宫清理简报》，《文物》1999年第2期。

[132]李桂红：《中国汉传佛教佛塔与佛教传播探析》，《五台山研究》2000年第4期。

[133]刘瑞：《法王塔地宫发现的重大意义》，《西北大学学报》1999年第1期。

[134]河南省古代建筑保护研究所：《登封嵩岳寺塔天宫清理简报》，《文物》1992年第1期。

[135]刘宝兰：《早期佛塔中国化刍议》，《文物世界》2003年第6期。

[136]韩有富：《北魏曹天度造千佛石塔塔刹》，《文物》1980年第7期。

[137]史树青：《北魏曹天度造千佛石塔》，《文物》1980年第1期。

[138]钟晓青：《北魏洛阳永宁寺塔复原探讨》，《文物》1998 年第 5 期。

[139]河南省古代建筑保护研究所：《河南安阳宝山灵泉寺塔林》，《文物》1992 年第 1 期。

[140]张渝新：《中国古建"亭"的发展演变浅析》，《四川文物》2002 年第 3 期。

[141]袁万里，笑山：《西安香积寺与善导塔》，《文物》1980 年第 7 期。

[142]蒋靖：《小雁塔》，《文物》1979 年第 3 期。

[143]林元白：《房山云居寺塔和石经》，《文物》1961 年第 4、5 期。

[144]杨焕成：《豫北石塔纪略》，《文物》1983 年第 5 期。

[145]罗哲文：《料敌塔——现存最高的古建筑》，《文物天地》1986 年第 2 期。

[146]徐伯勇：《北宋东京两名塔——铁塔和繁塔》，《文物天地》1984 年第 4 期。

[147]河南省博物馆：《祐国寺塔（"铁塔"）》，《文物》1980 年第 7 期。

[148]胡悦谦：《蒙城宋代砖塔调查记》，《文物》1965 年第 5 期。

[149]丘立诚：《中国最早的铁塔——广州光孝寺西铁塔》，《文物天地》1983 年第 2 期。

[150]晋文：《应县木塔》，《文物》1976 年第 11 期。

[151]张步骞：《苏州瑞光寺塔》，《文物》1965 年第 10 期。

[152]林剑：《泉州开元寺石塔》，《文物》1958 年第 1 期。

[153]龙非了：《开封之铁塔》，《中国营造学社汇刊》1932 年第 3 卷第 4 期。

[154]王德庆：《苏州楞伽寺塔》，《文物》1983 年第 10 期。

[155]朱希元：《内蒙古呼和浩特市的两座塔》，《文物》1961 年第 9 期。

[156]清格勒：《辽庆州白塔塔身嵌饰的两件纪年铭文铜镜》，《文物》1998 年第 9 期。

[157]冯秉其：《昌黎源影塔》，《文物》1958 年第 5 期。

[158]张驭寰：《关于我国"阿育王塔"的形象与发展》，《现代佛学》1964 年第 4 期。

[159]陈万里：《谈山西琉璃》，《文物参考资料》1956 年第 7 期。

[160]蓝蔚：《武昌黄鹤楼"胜像宝塔"的拆掘工作报道》，《文物参考资料》1955 年第 10
期。

[161]宿白：《居庸关过街塔考稿》，《文物》1964 年第 4 期。

[162]钟惠芳：《幢考》，《民族艺术研究》1999 年第 5 期。

[163]陈明达：《石幢辩》，《文物》1960 年 2 期。

[164]韩自强：《安徽亳县咸平寺发现北齐石刻造像碑》，《文物》1980 年第 9 期。

[165]张崇德：《礼泉赵村镇唐代鼓形经幢》，《考古与文物》1984 年第 2 期。

[166]刘莲香：《<睿宗大圣真观施食台记>石幢考》，《华夏考古》2000 年第 1 期。

[167]张洪印：《易县龙兴观与道德经幢》，《文物春秋》2002 年第 3 期。

[168]刘淑芬：《经幢的形制、性质和来源——经幢研究之二》，《中央研究院历史语言研
究所集刊第六十八本·第三分》1997 年第 9 期。

[169]李范文：《关于明代西夏文经卷的年代和石幢的名称问题》，《考古》1979 年第 5 期。

[170]陕西省文物管理委员会：《陕西所见的唐代经幢》，《文物》1959 年第 8 期。

[171]张乃翥：《龙门藏幢读跋两题》，《敦煌研究》1989 年第 2 期。

[172]陈从周：《硖石惠力寺的唐咸通经幢》，《文物参考资料》1953 年第 5-6 期。

[173]赵灵芝，张霆，张松林：《唐中和五年石经幢》，《文物》1995 年第 1 期。

[174]陈少伟：《丰润县经幢地宫出土文物》，《文物春秋》2000 年第 1 期（总第 51 期）。

[175]张永庆，刘元树：《赵州陀罗尼经幢》，《大时代》2001 年第 9 期。

[176]杨晓东：《滇中大理国古幢石雕艺术》，《美术研究》1987 年第 3 期。

[177]周峰：《辽金经幢之美》，《佛教文化》2001 年第 6 期。

[178]李美霞：《临潼县博物馆藏北周造像座唐代造像与经幢》，《文博》1992 年第 2 期。

[179]温玉成：《白居易故居出土的经幢》，《四川文物》2001 年第 3 期。

[180]谢道辛：《云南顺荡火葬墓地梵文碑刻的文化内涵》，《大理师专学报》2001 年第 4 期（总第 52 期）。

[181]陈显昌：《唐代渤海上京龙泉府遗址》，《文物》1980 年第 9 期。

[182]刘精义，齐心：《辽应历五年石幢题记初探》，《北方文物》1985 年第 4 期。

[183]秦明智，刘得祯：《灵台舍利石棺》，《文物》1983 年第 2 期。

[184]洛阳市文物工作队：《洛阳唐神会和尚身塔塔基清理》，《文物》1992 年第 3 期。

[185]梁白泉：《有关神仙思想的文物举例》，《辽海文物学刊》1989 年第 1 期。

[186]李翎：《藏传佛教造像特征浅议》，《西藏研究》2003 年第 1 期。

[187]王明珠：《定西地区博物馆藏长柄铜香炉》，《敦煌研究》2001 年第 1 期。

[188]肖路：《佛教文物与焚香之风》，《文物世界》1993 年第 4 期。

[189]高阿申：《民窑瓷收藏实践·香炉篇》，《收藏家》2003 年第 6 期。

[190]冉万里：《唐代金属香炉研究》，《文博》2000 年第 2 期。

[191]王兆麟：《唐寺塔基下的罕见奇珍》，《人文杂志》1985 年第 5 期。

[192]张翊华：《析江西瑞昌发现的唐代佛具》，《文物》1992 年第 3 期。

[193]王霞：《汝窑莲花形香炉源流考证》，《考古与文物》2007 年第 1 期。

[194]景宏伟，王周应：《凤翔发现战国凤鸟衔环铜熏炉》，《文博》，1996 年第 1 期。

[195]扬之水：《两宋香炉源流》，《中国典籍与文化》2004 年第 1 期。

[196]唐昌朴：《江西波阳出土的元代瓷器》，《文物》1976 年第 11 期。

[197]河北省文物管理处：《河北易县净觉寺舍利塔地宫清理简报》，《文物》1986 年第 9 期。

[198]钟治：《元代青花双环象耳瓶和三足鼎式炉》，《文物》1998 年第 10 期。

[199]任志录：《再记山西离石出土的一件琉璃熏炉》，《文物世界》2007 年第 2 期。

[200]张沛心：《军持浅谈——从馆藏两件器物定名谈起》，《陕西历史博物馆馆刊》（第六辑）。

[201]陈柏泉：《记新建隋墓出土的军持》，《江西历史文物》1985 年第 2 期。

[202]北京市文物队：《顺义县辽净光舍利塔基清理简报》，《文物》1964 年第 8 期。

[213]韩槐准：《谈我国明清时期的外销瓷器》，《文物》1965 年第 9 期。

[214]胡同庆：《敦煌壁画中的杖具——锡杖考》，《敦煌研究》2007 年第 4 期。

[215]吴立民：《法门寺地宫唐密曼荼罗之研究提要》，《佛学研究》1994 年第 3 期。

[216]袁树森，齐鸿浩：《戒台寺的大钟》，《北京文物报》1998 年第 6 期。

[217]吴伸仪：《明清梵钟的技术分析》，《自然科学史研究》第 7 卷，1988 年第 3 期。

[218]吴坤义：《梵钟的研究与仿制》，《北京科技大学学报》2002 年增刊。

[219]方志良，张光助：《浙江诸暨发现唐代铭文铜钟》，《文物》1984 年第 12 期。

[220]蒋廷瑜：《广西所见唐和南汉时期的佛钟》，《收藏》2003 年第 10 期。

[221]（日）神崎胜著，高凯军译：《关于中国钟的分类》，《北京文博》2004 年 6 月。

[222]王明琦：《卤簿钟的年代研究》，《辽海文物学刊》1992 年第 2 期。

[223]邱仲鸣：《"福田"衣与金色相——以青州龙兴寺出土北齐佛像为例》，《饰：北京服装学院学报艺术版》2006 年第 1 期。

[224]费泳：《佛像袈裟的披着方式与"象鼻相"问题》，《敦煌研究》2008 年第 2 期。

后　记

　　佛教是世界三大宗教之一，它的传入对于中国本土的绘画、音乐、建筑、雕塑、器用等领域均产生了深刻的影响，佛教文物不仅体现了佛教自身的发展，更是当时社会风貌、文化艺术、意识形态的反映。

　　本书以文物为依据，选取遗存较为丰富的石窟寺、塔及经幢、可移动造像、法器等四部分阐述佛教文物在中国的现存及发展状况。各部分根据内容特点及需要设置章节。石窟寺、塔及经幢、可移动造像部分按照时代脉络，结合社会政治、文化及佛教发展背景，重点介绍其外在形态上的演变，同时兼顾地域性、材质及题材等因素，力图全面揭示上述物质文化形态的特征及内涵。由于佛教法器品类繁杂，本书先对其进行简要分类，再选取典型性、代表性强的几个侧面，深入浅出地介绍庞杂的法器体系。

　　自 2006 年 12 月起，我开始搜集有关佛教文物方面的资料，至今历时三年有余，在本书的编写过程中，得到了南开大学刘毅教授的悉心指导，同时南开大学的郭长虹教授、贾洪波教授、袁胜文教授等也对本书的章节设置及内容提出了宝贵意见，南开大学博士臧天杰在本书搜集资料的过程中给予了很大帮助，在此一并表示衷心的感谢。

　　我毕业于南开大学考古与博物馆学专业，能够参与此次南开大学"文博系列丛书"的编写工作感到万分荣幸，在此特别感谢刘毅教授给了我这样一个机会，但是由于写作时间仓促以及在学识、教学经验等方面的欠缺，本书尚有很多疏漏及不足之处，诚恳地希望读者给予批评、指正，并提出宝贵的意见和建议。